La reparación del daño en forma específica

El puesto que ocupa entre los medios de tutela del perjudicado

PALOMA TAPIA GUTIÉRREZ

Dykinson, S. L.

Colección "Monografías de Derecho Civil"
Dirección de D. Mariano Yzquierdo Tolsada

Editorial DYKINSON, S.L. Meléndez Valdés, 61 - 28015 Madrid
Teléfono (+34) 91 544 28 46 - (+34) 91 544 28 69
e-mail: info@dykinson.com
http://www.dykinson.es
http://www.dykinson.com

Consejo editorial: véase www.dykinson.com/quienessomos

ISBN: 978-84-9031-270-4
Depósito Legal: M-10848-2013

Maquetación:
Balaguer Valdivia, S.L. - german.balaguer@gmail.com

Impresión:
Coimpress. clientes@coimpress.es

A Miguel, Paula y Héctor, mis vidas.

ÍNDICE

AGRADECIMIENTOS 11

ÍNDICE DE ABREVIATURAS 13

PRÓLOGO 15

INTRODUCCIÓN 21

CAPÍTULO PRIMERO. CONCEPTO Y NATURALEZA JURÍDICA DE LA REPARACIÓN EN FORMA ESPECÍFICA 27

I. Introducción 27
II. El concepto doctrinal de la reparación en forma específica 28
 1. Algunas definiciones doctrinales 28
 2. Concepto que se propone 30
III. Cuestiones de terminología 32
 1. Sobre el daño o perjuicio 32
 2. Sobre la reparación 34
IV. La (relativa) relevancia del concepto de daño 41
V. El debate doctrinal sobre la naturaleza jurídica de la reparación en forma específica 45
 1. La reparación específica como remedio autónomo 48
 2. La reparación específica como forma de reparación del daño 50
 3. La reparación específica como criterio de cuantificación del daño 55
VI. Aproximación a una perspectiva de la reparación en forma específica en el Derecho comparado 58
 1. Sistemas que nada dicen sobre la forma de reparación 59
 2. Sistemas de arbitrio judicial 62

3. Sistemas que establecen la preferencia de la reparación pecuniaria 64
4. Sistemas que establecen la preferencia de la reparación en forma específica 65
4.1. Alemania 67
4.2. Austria 72
4.3. Hungría 74
4.4. Portugal 75
4.5. Brasil 76
5. Sistemas que establecen como criterio preferente la opción de la víctima 77
5.1. Italia 78
5.2. Polonia 84
5.3. Méjico 84
5.4. Argentina 85
6. La reparación en forma específica en el Derecho anglosajón 89
7. Adscripción de nuestro sistema de responsabilidad 92

CAPÍTULO SEGUNDO. LA REPARACIÓN EN FORMA ESPECÍFICA EN EL DERECHO POSITIVO ESPAÑOL 93

I. La reparación en forma específica en el Código Civil 93
II. La reparación en forma específica en el Código Penal 101
III. La reparación en forma específica en algunas Leyes especiales 103
1. La LO 1/82, de Protección del Derecho al Honor, a la Intimidad Personal y Familiar y a la Propia Imagen 103
2. Ley 29/1994, de Arrendamientos Urbanos 104
3. Ley 11/1986, de Patentes 105
4. Ley 29/2009, de Competencia Desleal 107
5. Ley 17/2001, de Marcas 108
6. Ley de Propiedad Intelectual (RDL 1/1996) 108
7. Ley de Contrato de Seguro 111
8. La Ley orgánica de responsabilidad penal de los menores 112
9. La Ley 30/1992, de Régimen Jurídico de la Administración del Estado y del Procedimiento Administrativo Común 117
10. Ley 26/2007, de Responsabilidad Medioambiental 119

CAPÍTULO TERCERO. LA SITUACIÓN FRONTERIZA DE LA REPARACIÓN EN FORMA ESPECÍFICA CON OTROS REMEDIOS DEL PERJUDICADO 123

I. Introducción: los diversos tipos de tutela 123
II. La distinción entre la tutela reparadora (o curativa) y las tutelas reintegradora y restitutoria 128
1. La distinción entre la tutela reparadora y la tutela reintegradora 129
2. La distinción entre la tutela reparadora y la tutela restitutoria 141
3. La aplicación jurisprudencial de la *reintegrazione in forma specifica* 145

3.1. La aplicación del párrafo primero del artículo 2058 del Codice Civile 145
3.2. La aplicación del párrafo segundo del artículo 2058 del Codice civile 150
III. La distinción entre la tutela reparadora y la tutela ejecutiva (o la confusión entre la reparación específica del daño por incumplimiento contractual y el cumplimiento forzoso *in natura*) 154
1. El estado de la cuestión en la doctrina 154
2. La interpretación jurisprudencial de la reparación en la responsabilidad por ruina 159
IV. Las fronteras con la tutela inhibitoria 169
1. La distinción en la doctrina y jurisprudencia españolas (especialmente, en el ámbito de las inmisiones) 169
2. La solución italiana: la aplicación jurisprudencial del artículo 2058 del *Codice civile* y el debate doctrinal sobre la misma 179
V. *Excursus* sobre la naturaleza jurídica de la publicación de la sentencia condenatoria 187
1. Los argumentos legales, doctrinales y jurisprudenciales a favor de la tesis sustentadora del carácter reparador de la medida 188
2. Los argumentos legales, doctrinales y jurisprudenciales a favor de la tesis sustentadora del carácter *sui generis* de la medida 192
3. Los argumentos legales y doctrinales a favor de la tesis del carácter restablecedor o reintegrador de la medida 197

CAPÍTULO CUARTO. LA OPERATIVIDAD DE LA REPARACIÓN EN FORMA ESPECÍFICA 201

I. La naturaleza de la relación entre las formas de reparación 201
1. La tesis de la preferencia de la reparación en forma específica 202
2. La tesis de la preferencia de la reparación por equivalente 209
3. El criterio de la elección judicial 211
4. La tesis que atribuye la elección al perjudicado 212
4.1. Estado de la cuestión en la doctrina y la jurisprudencia españolas 212
4.2. La opción por la *reintegrazione in forma specifica* en el Derecho italiano 215
5. La tesis del carácter alternativo de las pretensiones 217
5.1. Introducción y panorama en el Derecho español 217
5.2. Los argumentos esgrimidos por la doctrina italiana 217
5.3. El modelo germánico 221
6. La tesis de la adecuación 224
II. Las formas que puede adoptar la reparación en forma específica 225
1. La multiformidad o ductilidad de la reparación en forma específica 225
2. Modalidades más frecuentes de reparación específica 228
2.1. Sustitución del bien destruido por otro 228
2.2. Reparación o restauración de la cosa dañada 229
3. La "restauración económica": ¿reparación en forma específica o reparación por equivalente? 231

III. Los límites de la operatividad de la reparación en forma específica 238
1. La imposibilidad 239
2. La excesiva onerosidad 244
2.1. Los criterios de interpretación de la excepción 246
2.2. Los supuestos de "reparaciones antieconómicas" 254
3. La insuficiencia de la forma específica de reparación 257

CAPÍTULO QUINTO. LA INFLUENCIA DE LA INTERPRETACIÓN DE LAS NORMAS PROCESALES EN LA OPERATIVIDAD DE LA REPARACIÓN EN FORMA ESPECÍFICA 259

I. Introducción 259
II. La formulación de la categoría abstracta de la acción 260
III. El derecho a la tutela judicial efectiva 261
IV. El modelo codificado de reparación del daño 263
V. Las normas procesales contenidas en el Código Civil 268
1. Los artículos 1098 y 1099 del Código Civil 268
2. El principio dispositivo y el deber de congruencia 271

CONCLUSIONES 277

ÍNDICE CRONOLÓGICO DE SENTENCIAS 285

BIBLIOGRAFÍA 289

AGRADECIMIENTOS

Quiero expresar mi profundo agradecimiento a todos y cada uno de los miembros que integraron el Tribunal evaluador de mi Tesis Doctoral: los Doctores D. Mariano Yzquierdo Tolsada, Dª Mª Teresa Echevarría de Rada, D. Ignacio Gallego Domínguez, D. Eugenio Llamas Pombo y Dª Mª Mar Heras Hernández. Constituye un verdadero privilegio para cualquier doctorando que su trabajo sea evaluado por tan reconocidos especialistas en la materia abordada, cuyas observaciones y sugerencias he atendido con interés y han contribuido a disminuir los defectos de este trabajo.

Quiero expresar asimismo mi sincera gratitud a la Directora de mi Tesis Doctoral, la Dra. María Medina Alcoz. Si este trabajo reuniese las condiciones de calidad pretendidas, ello se deberá, sin duda, a su dedicación, a su paciencia, a sus enriquecedoras críticas y sugerencias, a nuestros vehementes debates y, sobre todo, al rigor científico que la caracteriza (valor que aprecio y que en ella especialmente admiro). Todos los defectos del trabajo son, por tanto, de mi única y exclusiva responsabilidad.

Deseo también evocar el recuerdo del Prof. D. José Pérez de Vargas, quien no dudó en prestarme su apoyo e impulso para la elaboración de la Tesis y a quien agradezco su petición a la Dra. Medina Alcoz para que se hiciese cargo de su dirección.

Expreso mi sincero agradecimiento a la Universidad Rey Juan Carlos, especialmente, a su Excmo. Rector, D. Pedro González-Trevijano, y a su Secretario General, D. Andrés Gambra, por confiar en mí, y a mis compañeros, especialmente a las Profesoras Dras. Dª Eva Jordá, Dª Verónica de Priego, Dª Eva Martín y Dª Mercedes Alberruche.

Gracias, también, al Ilustre Colegio Notarial de Madrid, y, especialmente, a Juan Carlos, Rosana y Urbano, encargados de su Biblioteca, que me han hecho sentir como en casa.

Gracias, ante todo y sobre todo, a Miguel, a Paula y a Héctor. Por absolutamente todo.

ÍNDICE DE ABREVIATURAS

AAJL:	Academia Aragonesa de Jurisprudencia y Legislación
AAVV:	Autores Varios
ABGB:	Allgemeines Bürgerliches Gesetzbuch (Código civil austríaco)
AC:	Actualidad Civil
ADC:	Anuario de Derecho Civil
AcP:	Archiv für die Civilistische Praxis
Ar. Civ:	Aranzadi Civil
BGB:	Bürgerliches Gesetzbuch (Código civil alemán)
CC:	Código civil
CCDJ:	Cuadernos de Derecho Judicial
CE:	Constitución española
CENDOJ:	Centro de Documentación Judicial (Consejo General del Poder Judicial)
Cont. e Imp.:	Contratto e impressa
CP:	Código Penal
DLL:	Diario La Ley
Dig.:	Digesto
DC&P:	Diritto-Concorsi&Professioni
ED:	Estudios de Deusto
Foro it.:	Il Foro Italiano
Giur. It.:	Giurisprudenza italiana
Just.:	Justicia: revista de Derecho Procesal
LAU:	Ley 29/1994, de Arrendamientos Urbanos
LCD:	Ley 29/2009, de Competencia Desleal
LCS:	Ley 50/1980, de Contrato de Seguro
LEC:	Ley 1/2000, de Enjuiciamiento Civil

LM:	Ley 17/2001, de Marcas
LORPM:	Ley Orgánica 5/2000, de responsabilidad penal de los menores
LOPDH:	Ley Orgánica 1/82, de Protección del Derecho al Honor, a la Intimidad Personal y Familiar y a la Propia Imagen
LP:	Ley 11/1986, de Patentes
LPI:	Real Decreto Legislativo 1/1996, que aprueba el Texto Refundido de la Ley de Propiedad Intelectual
LRJAEyPAC:	Ley 30/1992, de Régimen Jurídico de la Administración del Estado y del Procedimiento Administrativo Común
LRM:	Ley 26/2007, de Responsabilidad Medioambiental
MCR:	Marco Común de Referencia
NJ:	Noticias Jurídicas
Pte.:	Ponente
RAAERCS:	Revista de la Asociación de abogados españoles de responsabilidad civil y seguro
RPJ:	Revista del Poder Judicial
RPDD:	Revista Práctica Derecho de daños: revista de responsabilidad civil y seguros
RRCCS:	Revista de Responsabilidad Civil, Circulación y Seguro
Riv. Dir. Civ.:	Rivista di Diritto Civile
Riv. Dir. Comm.:	Rivista di Diritto Commerziale
Riv. Trim. Dir. Proc. Civ.:	Rivista Trimmestrale di Diritto e Procedura Civile
RJ:	Repertorio de Jurisprudencia Aranzadi
SAP:	Sentencia de la Audiencia Provincial
STC:	Sentencia del Tribunal Constitucional
STS:	Sentencia del Tribunal Supremo
Vniv.:	Universitas

PRÓLOGO

En las primeras páginas de un trabajo sobre "Las formas de reparación del daño" que publiqué en 2009, constataba cómo el esquema [supuesto de hecho-consecuencia jurídica] de toda norma de responsabilidad es bien conocido: El *supuesto de hecho* se identifica por la situación en que un sujeto (la víctima) sufre un daño que es causalmente consecuente a la conducta activa u omisiva de otro (el responsable), que resulta imputable por razón de culpa, riesgo u otros elementos. Se concibe, así, el daño como un simple hecho jurídico, tal como lo configuró De Cupis. Y la *consecuencia jurídica* es el nacimiento de una obligación, que consiste en "reparar el daño causado" para el artículo 1902 del CC, o en "indemnizar los daños y perjuicios" para el artículo 1101 del CC. Se trata, por tanto, de una obligación que aparentemente habría que considerar como "típica" en cuanto a su objeto prestacional, identificado siempre con la *reparación* del daño. Sin embargo, pese a lo que parece, y al menos respecto de su contenido prestacional, esa obligación de reparar no es precisamente típica. Por el contrario, la reparación puede consistir tanto en un *facere,* como en un *non facere* (así lo creo, aunque en contra de tal posibilidad se ha manifestado mi buen amigo Mariano Yzquierdo Tolsada en su valoración crítica del artículo 112 del CP), como en una prestación de dar, que a su vez puede tener contenido pecuniario o no. A menudo se toma el todo por la parte, y se identifica aquella genérica obligación de reparar con esa específica obligación pecuniaria, denominada tradicionalmente *id quod interest*.

Además, tampoco existe un concepto legal de lo que es "reparar" o de lo que significa "indemnizar", pues nada aclara ninguno de tales preceptos. Y aunque sí se refieren explícitamente al problema, tampoco resultan muy esclarecedores: a) Ni el artículo 110 del CP donde sí se esboza un intento de clasificar los distintos medios reparatorios: "1º) Restitución; 2º) reparación del daño; y 3º) indemnización de los perjuicios materiales y morales". b) Ni el artículo 114.4 de la Ley 30/1992, de 26 de noviembre, de régimen jurídico de las administraciones públicas y procedimiento administrativo común, cuando señala que: "La indemnización procedente podrá sustituirse por una compensación en especie o ser abonada mediante pagos periódicos, cuando resulte más adecuado para lograr la reparación debida y convenga al interés público, siempre que exista acuerdo con el interesado".

Por otra parte, a diferencia de lo que acontece con el mencionado supuesto de hecho, que ha sido largamente estudiado por la doctrina y la jurisprudencia (hay ríos de tinta a propósito de los requisitos de la responsabilidad contractual y extracontractual, o sea, acerca de cómo surge la obligación de reparar), los contornos jurídicos de la consecuencia jurídica, o sea, en qué consiste esa obligación de reparar, no han merecido tanta atención, por lo que a menudo se presentan difusos, cuando no confusos. ¿Qué significa "reparar" el daño? ¿Es lo mismo reparar que indemnizar? ¿Existe una única "reparación" o caben distintos caminos, medios o formas de reparar? Y de admitirse la existencia de diversas formas de reparación, ¿Integran un *numerus clausus*? ¿Cómo se identifican? ¿Son equiparables entre sí? ¿Quién tiene la facultad de determinar cuál de ellas es aplicable al caso? ¿Qué criterios determinan la vía adecuada de reparación en cada supuesto? A la reflexión sobre todas esas preguntas, como digo, se ha dedicado muy poca atención doctrinal. Y, sin duda, ello constituye una importante dificultad a la hora de resolver algunos de los problemas que frecuentemente se suscitan en la jurisprudencia.

En todo caso, si algo podemos concluir en relación con los problemas de la reparación del daño es que, dada la variada tipología de daños, cada uno merecerá una forma de reparación diferente. Existe un resarcimiento *ad hoc* para cada modalidad de daño y cada una de las diferentes formas de reparación cumple una función diferente, es decir, opera de manera distinta frente al daño, unas veces por sustitución, otras por compensación y otras por mera recompensa satisfactiva.

Por estos motivos, cuando en el curso de las conversaciones que, a propósito de su tesis doctoral, mantuve ya hace unos cuantos años con la doctora Paloma Tapia Gutiérrez, ella misma me sugirió la posibilidad de trabajar en torno a la reparación del daño en forma específica, me pareció una excelente línea de investigación. Y ello porque, si la reparación y sus formas constituye una materia poco estudiada, la reparación en forma específica se encuentra todavía más huérfana de estudios monográficos. Hasta el punto de que, con frecuencia, se da por buena una simple identificación entre *reparación del daño* e *indemnización pecuniaria*, cuando nada autoriza a efectuar la misma. O, al menos, a hacerlo de una manera irreflexiva. Porque, ciertamente, la propia admisibilidad de dicha forma específica de reparación constituye el esencial elemento de partida para afrontar rigurosamente el tema. En el ámbito contractual, aparte los problemas interpretativos que provoca la dicción del propio artículo 1101 del CC (sujeción a la "indemnización de daños y perjuicios", con el contenido del artículo 1106 del CC), la cuestión es más complicada aún, por cuanto se inscribe dentro del laberinto de los denominados "remedios" del acreedor frente al incumplimiento contractual, entre los que se encuentra el cumplimiento por equivalente, tan frecuente como irreflexivamente confundido con la reparación del daño, cuando nada tiene que ver con ésta, por tratarse de una forma de cumplimiento de la obligación en caso de imposibilidad sobrevenida. De ello me ocupé extensamente en otro lugar y no es este el lugar oportuno para insistir en los argumentos. Pero admitida la que entonces denominé "teoría de la autonomía del equivalente pecuniario", nos encontramos con la duda de si, una vez reintegrada la prestación por equivalente, y a la hora de reparar estrictamente el perjuicio al acreedor, nuevamente se abre la posibilidad de una reparación en forma específica, como sostiene la autora a lo largo de estas páginas, o en tal caso ya sólo es posible la vía de la indemnización pecuniaria.

Si seguimos las enseñanzas del nunca suficientemente ponderado PUIG BRUTAU, "la reparación o reintegración en forma específica impone al autor del daño la obligación de crear una situación material que sea reproducción de la que existía antes de haberse ocasionado el daño. La propia expresión *reintegración en forma específica* expresa la aptitud de este remedio para obtener un resultado que corresponda materialmente a la situación anterior". Esta reparación *in natura,* "natural" (como la denomina ROCES, en sus archiconocidas notas a FISHER), en especie o en forma específica, que consiste en la reposición del *status quo* en que se encontraba el perjudicado antes de que tuviera lugar la conducta dañosa, la restitución de las cosas a su estado anterior o, desde una visión patrimonialista, la recomposición material del activo patrimonial de la víctima es, sin duda, la forma más elemental o genuina de reparar el daño.

Sin embargo, si tratamos de precisar algo mejor este concepto vemos que, en realidad, siempre resulta metafísicamente imposible retornar al estado anterior, y por el contrario, más bien, lo que hacemos a través de este mecanismo es "imaginar" cómo habría evolucionado el estado de cosas en caso de no haberse producido el daño, es decir no tanto contemplar "cómo estaba *entonces* el perjudicado", como averiguar "cómo estaría *hoy* de no haberse irrogado el daño", y llevar al perjudicado a dicha situación ideal, hipotética o imaginaria. En otras palabras, construir "la situación que, según los cálculos de la experiencia humana y las reglas de lo probable, existiría de no haber acontecido el daño", por decirlo en boca del mencionado FISCHER, idea que va mucho más allá que limitarse a "devolver las cosas al estado anterior" mediante una sustitución estática de activos, pues incluye dentro del perjuicio reparable todo aquello que hubiera podido obtener, realizar o disfrutar la víctima está dentro del curso normal y razonable de los acontecimientos, desde una perspectiva dinámica del patrimonio.

Pero, cuidado, como agudamente señala Fernando PANTALEÓN, no se debe confundir la reparación en forma específica con "la reintegración" del derecho subjetivo o situación jurídica lesionado o lesionada, que es el objeto de las acciones reivindicatoria, negatoria, de cesación o eliminación del estado lesivo de las cosas, que no presuponen necesariamente la existencia de un daño, pues no es función de la responsabilidad civil la protección de los derechos subjetivos absolutos. Si de reparación *del daño* hablamos, el mecanismo de la responsabilidad civil sólo puede tener lugar cuando efectivamente nos encontremos en presencia de un daño reparable. Más lejanas aún de la noción de responsabilidad civil se encuentran las denominadas formas de "reintegración jurídica", de carácter restitutorio de los negocios jurídicos en los casos de nulidad, la rescisión, la resolución o la revocación de los contratos, pues en tales casos el daño sencillamente brilla por su ausencia como requisito o elemento de la acción.

Y para continuar con lo que *no es* reparación *in natura*, en contra de lo que mayoritariamente se dice, la reparación en forma específica nunca incluye la tutela inhibitoria del daño, pues eso no es responsabilidad civil, ya que obedece a criterios y requisitos distintos, como he explicado en otro lugar. La tutela inhibitoria forma parte, sin duda, del Derecho de Daños; pero no puede confundirse con la tutela resarcitoria, objeto de la genuina responsabilidad civil, y "la otra cara" de dicho Derecho, como la he denominado hace algún tiempo. En ausencia de un precepto genérico que consagre la tutela inhibitoria atípica, la jurisprudencia acostumbra a imponer la remoción de la causa generatriz del daño o la adopción de medidas preventivas del daño, como consecuencia de la responsabilidad civil, lo que aproxima tal tutela a una suerte de forma de resarcimiento, que a menudo consiste en la paralización de la actividad causante de los perjuicios. Es lo que en ocasiones se ha denominado "el *enmascaramiento de la acción negatoria* bajo los postulados de la responsabilidad extracontractual", una constante en las inmisiones vecinales, y que el Tribunal Supremo justifica apoyándose en el carácter antijurídico del fenómeno inmisorio que, como tal, obliga al juez a no permanecer impasible ante un ilícito que amenaza con perdurar en el tiempo y que se presenta como actual en el momento en que conoce del mismo. Lo que sucede es que tal absorción de la acción de cesación o inhibitoria por la de resarcimiento de daños, tan útil en la práctica, no deja de ser una evidente incorrección teórica, según he venido defendiendo. Y además, en aras de la inexcusable e importantísima finalidad preventiva de los daños, entraña una importante limitación: sólo puede operar cuando ya ha existido un daño (que amenaza con continuar o repetirse), nunca frente a un daño amenazante no consumado. La tutela inhibitoria, por el contrario, sólo precisa un daño amenazante y portador de una inexcusable carga de antijuridicidad, que justifica la adopción de la *injunction* positiva o negativa, que caracteriza dicho mecanismo.

En ocasiones se ha identificado la reparación en forma específica con una mera obligación negativa, consistente en cesar en la fuente del daño, en eliminar las consecuencias del hecho dañoso. Sin embargo, la construcción de ese estado de cosas a la que se refiere FISCHER es algo que va mucho más lejos, y que puede consistir tanto en un *dare* (cosas o, incluso, dinero), como en un *facere* como en un *non facere*. Y por esa razón, no existe una única forma de reparación *in natura*, sino que ésta debe adecuarse a cada tipo de daño: restituir (devolver) la cosa sustraída, rembolsar el importe los gastos que hubo de desembolsar el perjudicado, reponer el computador averiado por otro idéntico, reconstruir (por sí o por otros) la pared derribada con el vehículo siniestrado, o cesar en la emisión de un programa televisivo que lesiona la intimidad de la víctima, son todas formas bien distintas de reparación en forma específica. Y pese a reconocer la imposibilidad de establecer un *numerus clausus* de tales obligaciones, es sin duda necesario un mínimo intento de clasificación sistemática de las mismas.

Por último, pese a las coincidencias terminológicas, tampoco debemos confundir la reparación (de los daños) en forma específica con el cumplimiento forzoso de la prestación en caso de lesión del derecho de crédito. La primera se ubica en sede de responsabilidad (contractual o extracontractual), o sea, es responsabilidad por incumplimiento en el ámbito contractual, y la segunda hay que colocarla en sede de cumplimiento de las obligaciones sin necesidad de que se haya producido daño alguno.

Sobre todos estos problemas, y algunos más, incluidos los importantes aspectos procesales del asunto, versa la presente obra, que acomete con solvencia y rigor una temática que, como decía, podía considerarse hasta la fecha huérfana de un tratamiento completo y monográfico. Bajo el título "La reparación del daño en forma específica: el puesto que ocupa entre los medios de tutela del perjudicado", el trabajo constituyó la memoria de Tesis Doctoral elaborada por la Dra. Paloma TAPIA GUTIÉRREZ en la Universidad Rey Juan Carlos de Madrid bajo el sabio y generoso auspicio del llorado profesor Dr. José PÉREZ DE VARGAS MUÑOZ, y contó con la dirección de la profesora Dra. María MEDINA ALCOZ, quien es ya una reconocida autoridad científica dentro del Derecho de Daños español. Mereció entonces la máxima calificación académica, y ahora ve la luz editorial como primera aportación monográfica de la Dra. Tapia, a quien auguro una brillante carrera académica y científica.

Isavarre, diciembre 2012

EUGENIO LLAMAS POMBO
Catedrático de Derecho Civil
Universidad de Salamanca

INTRODUCCIÓN

Es un hecho notorio que la responsabilidad civil constituye un ámbito jurídico que ha adquirido una enorme importancia desde el punto de vista cuantitativo en la estadística jurisprudencial en el último medio siglo, lo cual demuestra que se trata de uno de los sectores más vivos del Derecho, en constante movimiento, crecimiento y transformación.

Es sabido también que la teoría de la responsabilidad civil constituye, en esencia, el resultado de la labor de interpretación llevada a cabo tanto por la jurisprudencia como por la doctrina, una labor de destilación constante y exhaustiva de los escasos preceptos dedicados a la misma por el Código Civil. Es ya lugar común la referencia al "laconismo" de determinados preceptos de este cuerpo legislativo, como el artículo 1902, norma sobre la que, principalmente, se sustenta todo el conjunto de sistemas de responsabilidad civil extracontractual vigentes en nuestro ordenamiento jurídico. Dicho precepto constituye un ejemplo paradigmático de formulación de una norma a través de un silogismo, esto es, la descripción de un supuesto de hecho al que se anuda una consecuencia jurídica: *"El que por acción u omisión causa un daño a otro, interviniendo culpa o negligencia, está obligado a reparar el daño causado"*.

Pues bien, puede afirmarse que la mayor parte del interés suscitado se ha centrado casi de forma exclusiva en la primera parte de la proposición *("El que por acción u omisión causa un daño a otro, interviniendo culpa o negligencia... ")*, que describe el supuesto de hecho de la norma y que constituye lo que podríamos llamar "primera fase" del juicio de responsabilidad civil: la que se desarrolla hasta la declaración de la obligación de reparar (el *an*), esto es, la que afecta a la concurrencia y verificación de los elementos o presupuestos de la responsabilidad. Existen algunos estudios acerca del daño, la causalidad, la culpa, la antijuridicidad, las causas de exoneración, la multiplicidad de agentes responsables y acerca de otras muchas y variadas cuestiones que se plantean a propósito de la delimitación del supuesto de hecho, si bien es cierto que la producción doctrinal en materia de teoría general del daño aún es relativamente escasa; no obstante, ha sido principalmente la labor de análisis jurisprudencial lo que ha permitido que la escueta expresión legal diga mucho más de lo que, a primera vista, parece decir.

Pero peor suerte parece haber corrido la segunda parte del silogismo del artículo 1902 *("...está obligado a reparar el daño causado")* o lo que llamaremos "segunda fase" del juicio global de responsabilidad civil (el *quantum*): la que tiene lugar cuando, una vez verificada la concurrencia de los presupuestos necesarios para el nacimiento de la responsabilidad –esto es, una vez emitido el juicio de responsabilidad propiamente dicho–, el juez establece la consecuencia jurídica, la "sanción" para aquél en quien concurran los requisitos previamente descritos: es decir, declara la *obligación de reparar el daño*. La norma se limita aquí a imponer al que causa un daño a otro, interviniendo culpa o negligencia, la obligación de "reparar el daño causado".

La jurisprudencia y la doctrina poco han añadido a este postulado. Una teoría jurídica sobre la responsabilidad civil debería comprender también una teoría jurídica *completa* sobre la reparación. Puede afirmarse que la reparación pecuniaria, si bien de forma desigual en sus diversos aspectos, ha sido ya objeto de un cierto interés. Sin embargo, la ciencia jurídica no parece haberse ocupado hasta ahora en gran medida de analizar en profundidad la obligación de "reparar el daño causado" cuando ésta adopta la forma de la llamada reparación "en forma específica" y son, en consecuencia, muchas las cuestiones por aclarar en relación con la misma (la primera de ellas, la relativa a la propia admisibilidad y virtualidad de la figura). Resulta llamativo comprobar, incluso, cómo acreditados especialistas en Derecho de daños ni siquiera la tienen en cuenta a la hora de presentar o configurar la reparación –en general– del daño. Utilizando las palabras de CASTRONOVO, "la investigación sobre el resarcimiento en forma específica se ha mantenido al margen de la gran literatura sobre la responsabilidad civil"[1] (y ello, teniendo en cuenta que la producción doctrinal en Italia sobre este tema es muy superior a la nuestra). Dentro de nuestras fronteras, podría decirse, incluso, con poco temor a equivocación, que la reparación en forma específica "ha pasado de largo" en el escenario jurídico. No disponemos ni hemos dispuesto nunca de una norma como el artículo 2058 del *Codice civile*, que nos obligase a detenernos a analizar y a encajar la figura, como en el caso de Italia; y los estudios doctrinales y las corrientes europeas, progresivamente, evidencian que, cada vez en mayor medida, *reparación del daño* se identifica directamente con *indemnización pecuniaria*.

1 CASTRONOVO, C. (2006), p. 797.

El esquema silogístico antes expuesto podría en principio trasladarse, en el ámbito de la responsabilidad civil contractual, al artículo 1101 del Código Civil, en el que la consecuencia jurídica es la "sujeción a la indemnización de daños y perjuicios", si bien en esta sede (además de utilizar el término *indemnización* y no *reparación)*, el legislador se ha preocupado de precisar en cierta medida el posible contenido de esa obligación de reparar, aunque sólo y exclusivamente en cuanto se refiere a una de las dos supuestas modalidades de reparación: la reparación pecuniaria. Por otra parte, la cuestión de la reparación en forma específica adquiere unos peculiares matices en el ámbito de la responsabilidad contractual, por las conexiones –y confusiones– existentes entre la responsabilidad civil propiamente dicha –esto es, los daños causados por el incumplimiento– y el cumplimiento forzoso de la obligación, así como por la distinción, como modalidades de éste, entre el cumplimiento en forma específica o *in natura* y el cumplimiento en forma de equivalente pecuniario. Este trabajo tiene como objeto de estudio la reparación en forma específica del daño extracontractual; no obstante, será inevitable incidir, de forma colateral, en este aspecto del ámbito del daño contractual, sólo a los efectos delimitadores a los que acabo de referirme.

Tradicionalmente, la generalidad de la doctrina y la jurisprudencia[2] viene interpretando que la obligación de reparar el daño admite estas dos distintas modalidades: la reparación en forma específica (generalmente denominada reparación *in natura*) y la reparación por equivalente. La interpretación general, además, de un lado, marca unos límites a la operabilidad de la reparación en forma específica: ésta procederá –se afirma– siempre que *sea posible* y que *no resulte excesivamente onerosa;* de otro lado, suele atribuir una preferencia existencial a la primera sobre la segunda. Sin embargo, esta preferencia es una situación puramente platónica, en la que el mundo de lo real se enfrenta al mundo de lo ideal, por cuanto resulta, en la práctica, desvirtuada por abundante jurisprudencia que, repleta de vagas y grandilocuentes declaraciones acerca de la "superioridad ideal" de la reparación en forma específica, como forma "más natural" de reparar el daño, cuando desciende desde el plano de la teoría (el del deber ser) al plano de la aplicación práctica (el del ser), presenta tal número de casos en los que entra en juego alguno de los dos límites mencionados (esto es, la excepción) y tan escasos los supuestos a los que puede aplicar la norma general (es decir, la tesis de la preferencia), que es esta supuesta norma general la que, a la postre, acaba por convertirse en excepción. Y es la reparación por equivalente la que se erige en verdadera norma general y la forma de reparación del daño que, de hecho, es asumida en la inmensa mayoría de las resoluciones.

---

[2] La numeración de referencia de la jurisprudencia utilizada en este trabajo es la correspondiente al Centro de Documentación Judicial, base de datos de libre acceso del Consejo General del Poder Judicial (www.poderjudicial.es).

Cabe, pues, preguntarse cuáles son los motivos a los que responde la paradójica situación que resulta: de un lado, de esta permanente contradicción entre las declaraciones –de principios– *obiter dicta* y la realidad que reflejan los fallos; de otro lado, de la proclamación mayoritaria por parte de la doctrina patria del carácter "ideal" y preferente de una institución que, en realidad, carece hasta la fecha de un análisis medianamente profundo; cabe preguntarse, en definitiva, los motivos del confinamiento de la reparación en forma específica, en nuestro ordenamiento jurídico, en esta especie de "tierra de nadie".

El debate sobre la reparación en forma específica apenas ha sido planteado en nuestro país. Y este debate ha permanecido más bien dormido en los ordenamientos europeos que, en el momento de la codificación, ignoraron o al menos no reconocieron abiertamente la institución. Nuestro Derecho Civil pertenece, como es sabido, al grupo de ordenamientos considerados como directamente influidos por la codificación napoleónica y, a través de ésta, herederos directos del Derecho romano. El Código Civil francés ejerció su influencia no sólo en buena parte de los códigos europeos (como el nuestro o el Código Civil italiano de 1865), sino también en los ordenamiento civiles de otros continentes. Frente a éste, otro grupo de ordenamientos se configuró con una menor influencia de los desarrollos del Derecho romano y acusando, en cambio, un mayor influjo de las corrientes iusnaturalistas de los siglos XVII y XVIII, que cristalizaron en los Derechos germánicos, algunos de los cuales, asimismo, no sólo se han reflejado más allá de las fronteras europeas, sino que incluso han ejercido una decisiva influencia en algunos de los ordenamientos considerados, en principio, como "de corte francés" (como el ordenamiento italiano, que acusa dicho influjo en el posterior *Codice* de 1942).

El tratamiento de la reparación específica es una de las cuestiones en las que aparece una radical diferencia entre ambos grupos de ordenamientos. Así, mientras el Código civil francés *ignora* la reparación específica, del mismo modo que la ignora nuestro Código Civil y la ignoraba el Código civil italiano de 1865, por el contrario, los ordenamientos de corte germánico, en los que la influencia del Derecho romano quedó muy tamizada por la influencia de las doctrinas iusnaturalistas de los siglos XVII y XVIII, adoptaron –no sin fuertes críticas internas– un modelo de regulación expresa de la figura: no sólo reconociendo la modalidad reparatoria específica (como "restauración natural"), sino privilegiándola expresamente respecto a la reparación pecuniaria.

En relación con el Derecho comparado[3], pese a lo antedicho, este trabajo no incide apenas en el análisis del Derecho germánico, sino en el modo en que el Derecho italiano ha afrontado la paradoja que hemos tratado de describir,

[3] La traducción de los textos legales de Derecho comparado incluidos en este trabajo es mía, a menos que expresamente se indique otra cosa.

y tomaremos como punto principal de referencia el debate –aún latente– en el seno de la doctrina de este país, por dos motivos. En primer lugar, porque nuestro Derecho pertenece al grupo de ordenamientos de influencia clara y predominantemente francesa y, dentro de éstos, sólo el italiano contempla expresamente la figura. En segundo lugar, y principalmente, porque ha sido en este país donde ha surgido el más rico debate sobre la naturaleza jurídica y funcional de la reparación en forma específica, configurada la figura con arreglo a unos perfiles similares a como la entendemos configurada en nuestro propio Derecho, perfiles que presentan algunas diferencias con los sistemas germánicos.

La *reintegrazione in forma specifica* ha provocado especiales quebraderos de cabeza a la doctrina italiana, que no tiene más remedio que intentar definir, caracterizar y aun ubicar una figura que el codificador de 1942 introdujo expresamente, ignorando la tradición jurídica anterior, por cuanto el *Codice* de 1865 instauraba una regulación de la responsabilidad civil similar a la de los Códigos francés y español. La nueva norma, de indudable inspiración germánica, supuso todo un impacto, que se transformó en perplejidad ante la justificación ofrecida para tal cambio de orientación por la Exposición de Motivos del nuevo Código. Tendremos ocasión de constatar las contradicciones y las confusiones a las que conduce la –un tanto esquizofrénica– situación resultante de la introducción de un precepto muy difícil de ubicar en un sistema que, en su conjunto, parece responder a otros principios.

Este debate nos va a ayudar a trazar los puntos de análisis de este estudio, pues nos sitúa ya en una determinada toma de posiciones en cuanto a la propia admisibilidad de la figura de la reparación en forma específica, y nos ofrece un punto de referencia en cuanto a las pautas a seguir en orden a una caracterización precisa de la figura. Tales pautas suponen una gran ayuda para una investigación en la que la producción nacional es realmente escasa.

El título de este trabajo de investigación pone a su autora en la misma disyuntiva que se le presentaba al profesor DE ÁNGEL YÁGÜEZ, cuando, al afrontar la elaboración de su ponencia titulada "Puesto que ocupa el Derecho de daños en el Derecho de obligaciones", en el Congreso Internacional sobre la reforma del Derecho contractual y la protección de los consumidores, celebrado en Zaragoza, del 15 al 18 de noviembre de 1993[4], se planteaba si hablar del "puesto que ocupa" implicaba una formulación descriptiva o el planteamiento de una pregunta.

El objetivo de este trabajo es intentar abarcar simultáneamente ambos aspectos: de un lado, trataremos de exponer "el estado de cosas", esto es, exponer

---

4 Publicada en *Estudios de Deusto*, Secc. 54535, artículo 1.864, fascículo 43/1, pp. 13-57.

cuál es el papel que de hecho está jugando –el "puesto que está ocupando"– la reparación en forma específica en la práctica del Derecho de Daños; de otro lado, intentaremos verificar si tal tratamiento se ajusta y es verdaderamente conforme o no con una interpretación sistemática coherente no sólo con el sistema general de responsabilidad civil, sino con el conjunto de remedios o medios de tutela ofrecidos por el ordenamiento jurídico –el "puesto que debería ocupar"–. Modestamente, intentamos acometer la tarea de vitalizar el debate teórico y práctico sobre la reparación en forma específica.

CAPÍTULO PRIMERO
CONCEPTO Y NATURALEZA JURÍDICA DE LA REPARACIÓN EN FORMA ESPECÍFICA

I. INTRODUCCIÓN

La premisa básica de la responsabilidad civil está constituida por la afirmación de que, de la causación de un daño, surge para su autor la obligación de repararlo.

La responsabilidad civil es, en realidad, la consecuencia del incumplimiento de la obligación de reparar el daño, obligación generada por el hecho productor del daño injusto. Dice O'CALLAGHAN MUÑOZ[5] que, a pesar de que está muy arraigada la terminología que llama a la obligación nacida de hecho ilícito "responsabilidad extracontractual", la responsabilidad es otra cosa, es *la situación en que se coloca al deudor que ha incumplido una obligación*, tanto si ésta es contractual como si deriva de hecho ilícito. En términos de MEDINA ALCOZ[6], es el incumplimiento de la obligación de reparar el daño injusto lo que da lugar a la responsabilidad tendente a su reparación.

Este concepto de la doble obligación u "obligación en dos tiempos" implica que, en primera instancia –despojando absolutamente a esta expresión de su significado procesal–, el perjudicado puede dirigirse directamente al responsable solicitando la reparación del daño (y en este momento ya puede elegir en qué forma) y, si tal petición no es atendida por éste, podrá aquél dirigirse al juez para la declaración y exacción de la responsabilidad derivada de esta desatención.

Es sobradamente conocido que nuestro sistema legal de responsabilidad civil, aun sin previsión expresa alguna por parte del legislador, con carácter

---

5 O'CALLAGHAN MUÑOZ, X. (1995), p. 846.

6 Idea que dicha autora [MEDINA ALCOZ, M. (2003), p. 35] apoya en la de la doble obligación resarcitoria expresada ya en el s. XVIII por HEINECCIO: *"el que hizo el daño a otro está obligado a resarcirle"* y *"el que niega a otro este resarcimiento le hace un nuevo perjuicio y por lo mismo le hace daño otra vez"*.

general, tradicionalmente admite que la reparación del daño se puede llevar a cabo de dos formas: en forma específica o por equivalente económico[7].

II. EL CONCEPTO DOCTRINAL DE LA REPARACIÓN EN FORMA ESPECÍFICA

1. Algunas definiciones doctrinales

Como sucede con casi cualquier institución jurídica –sobre todo, si ésta no tiene un concepto ni una configuración legal–, cada autor que sobre ella se detiene establece su propia definición de la reparación en forma específica. Entre las numerosas definiciones ofrecidas por la doctrina, podemos destacar algunas de las más representativas.

Para DE ÁNGEL YÁGÜEZ[8], la reparación en forma específica consiste en la remoción de la causa del daño y en la realización de la actividad necesaria para reponer las cosas o bienes dañados a su estado primitivo. Según PUIG BRUTAU[9], la reparación o reintegración en forma específica impone al autor del daño la obligación de crear una situación material que sea reproducción de la que existía antes de haberse ocasionado el daño. LACRUZ[10] la define como la reposición al perjudicado en una situación igual a la que existía antes de la causación del perjuicio. Según CONCEPCIÓN RODRÍGUEZ[11], la reparación en forma específica tiene lugar cuando se tiende a la remoción de la causa del daño y a la realización de la actividad necesaria para reponer la cosa o los bienes

---

7 Ha de tenerse en cuenta, no obstante, que la idea germinal de la responsabilidad civil, que podemos situar en el Derecho romano, fue la "composición pecuniaria", desde Las Doce Tablas hasta los desarrollos de la *Lex Aquilia*: primero, a través de la *manus iniectio*, que tenía lugar en forma pecuniaria tanto para el *iudicatus* (deudor condenado *ex obligatione contracta*) como para el *damnatus* (el que debía pagar una *poena ex delicto*); se trataba en ambos casos de una *poena* cuyo único modo de liberación era la entrega de la pecunia; después, en virtud de la *condemnatio*, toda condena a realizar una prestación debía ser expresada en una suma de dinero: el demandado no podía ser condenado a la entrega de la cosa o a la realización de la prestación, sino sólo al pago de la cantidad en que aquéllas se estimaban, lo que evidencia el carácter de resarcimiento del *damnum* de la *Lex Aquilia.* Es ya en la época de los glosadores y postglosadores cuando puede hablarse de una tendencia a considerar que con la acción indemnizatoria se puede obtener no sólo un resarcimiento pecuniario, sino también, cuando el caso lo requiera, la reparación *in natura,* si bien la influencia de las corrientes iusnaturalistas fue menos intensa y más tardía en nuestro país, donde sólo empieza a hablarse de la posibilidad de reparación en forma específica cuando, a principios del siglo XX, comienza a conformarse la tutela de derechos e intereses extrapatrimoniales [*Vid.* FUENTESECA DEGENEFFE, M. (1997), *passim*].

8 DE ÁNGEL YÁGÜEZ, R. (1993), p. 907.

9 PUIG BRUTAU, J. (1991), pp. 190-191.

10 LACRUZ BERDEJO, J.L. (2009), p. 489.

11 CONCEPCIÓN RODRÍGUEZ, J.L. (1999), p. 46.

dañados a su estado primitivo. Para SANTOS BRIZ[12], esta forma de reparación consiste en reintegrar la esfera lesionada a su estado anterior a la causación del daño. En idéntico sentido y términos, para NAVEIRA ZARRA[13], consiste en restablecer la situación que existía con anterioridad a la producción del daño. Para MARTÍN CASALS[14], la reparación en forma específica significa que el responsable está obligado a reponer –en la medida de lo posible– el estado original que existiría sin el evento dañoso.

Entre la doctrina italiana, podemos mencionar las definiciones de DE CUPIS[15], para quien la reparación específica persigue obtener un resultado que materialmente corresponde a la situación precedente, y DI MAJO[16], el cual considera que la reparación *in natura* del daño quiere decir asegurar la reconstitución de la misma situación de hecho que *habría existido* si el hecho dañoso no se hubiese producido.

Puede observarse que algunas de las definiciones ofrecidas hasta ahora refieren la reposición o reintegración a la situación *existente con anterioridad* al daño, obviando así en la definición el daño *medio tempore,* mientras que otras, con mayor precisión, se refieren a la situación *que habría existido en la actualidad de no haberse producido* el daño. Y resulta asimismo comprobable que la doctrina, con frecuencia, utiliza aleatoriamente los términos *reparación, reposición* y *reintegración.*

Especial interés, a mi juicio, presenta la definición que ofrece SALVI[17], según el cual, la reparación específica (o, teniendo en cuenta la terminología del *Codice,* la "reintegración en forma específica") constituye una modalidad indirecta de reparación, consistente en la prestación de una cosa o de una actividad que resulte adecuada, a la vista de la situación fáctica, a fin de eliminar las consecuencias dañosas del hecho lesivo. Incide este concepto en dos ideas esenciales en la institución de la reparación específica: de un lado, el carácter *múltiple y diverso* del eventual contenido de la obligación; de otro lado, esta diversidad tiene su razón de ser en motivos de exigencia material, de *adecuación* al tipo y naturaleza del daño que se ha de reparar.

La doctrina alemana sostiene, por lo general, la idea de que con la restauración (*in pristinum statum restituere*) se elimina una lesión consistente o en la *disminución de la integridad de una cosa* o en la *destrucción o sustracción* de la misma, mientras que con el resarcimiento se elimina la *lesión de un valor*,

12 SANTOS BRIZ, J. (1984), p. 188.
13 NAVEIRA ZARRA, M. (2006), p. 211.
14 MARTÍN CASALS, M. (2008), p. 213.
15 DE CUPIS, A. (1975), p. 811.
16 DI MAJO, A. (2003), p. 262.
17 SALVI, C. (1989), p. 1093.

de modo que la diversidad entre restauración y resarcimiento corresponde a una diversidad del objeto a reparar.

2. Concepto que se propone

Podemos partir, en cualquier caso, de una observación: cabrían, en realidad, dos criterios para distinguir la reparación específica y la reparación por equivalente, criterios bajo los cuales subyace la dialéctica entre los dos modos de ver el significado o la función de la reparación, a los que se refieren los hermanos MAZEAUD y TUNC[18]: desde el punto de vista del responsable o desde el punto de vista del perjudicado: ¿ha de entenderse la reparación específica como modo de restablecer una determinada situación fáctica y jurídica, o como modo de proporcionar una satisfacción mediante el restablecimiento de una situación económica lo más aproximada posible a la que existiría de no haber ocurrido el hecho dañoso?

El primero de los criterios aludidos sería aquél que tiene en cuenta el contenido de la "transferencia prestacional" del deudor, esto es, en qué consiste la prestación; si lo que el deudor tiene que hacer es, en definitiva, entregar al perjudicado una cantidad de dinero, nos hallaríamos ante una reparación por equivalente, mientras que si lo que el deudor tiene que hacer es desarrollar una determinada actividad u observar un determinado comportamiento, o entregar una cosa distinta del dinero, estaríamos ante una reparación específica. Desde este punto de vista, si nos paramos a examinarlo, podemos observar lo paradójico del lenguaje de la reparación: llamamos reparación en forma *específica* a lo que en realidad es una forma *genérica* de designar un conjunto de "sub-formas" específicas de cumplir la obligación de reparar. Si el opuesto terminológico de "específico" es "genérico", estaríamos adjudicando este último carácter a la reparación por equivalente, cuando, si se analiza detenidamente, ésta es una forma en realidad más específica de reparar el daño que la reparación específica –pues aquélla consiste en la obligación de dar una cosa concreta y única (el dinero)[19], mientras que es generalmente aceptado que la reparación en forma específica puede consistir en una diversidad de prestaciones, tanto de dar como de hacer.

---

[18] MAZEAUD, H., L. y J. y TUNC, A., [(1977), p. 489]. Cuando, en los casos de imposibilidad de reparación específica, la obligación de reparar se traduce, en cuanto al responsable, en la obligación de abonar una suma de dinero (el importe de los gastos de ejecución), *"en cuanto a la víctima –y esto sólo es lo que importa porque en ello se halla el resultado–, la reparación es, desde luego, en especie. Por el hecho del cumplimiento, la víctima se encuentra colocada en la misma situación que si el demandado no se hubiera resistido"*.

[19] Sin perjuicio de que, a su vez, la entrega de éste pueda hacerse de diversas formas.

El segundo de los criterios referidos para distinguir la reparación en forma específica de la reparación por equivalente, sería aquél que tuviera en cuenta el resultado obtenido, es decir, el hecho de que el perjudicado recupere las mismas utilidades perdidas u otras diferentes. El criterio distintivo entre la reparación específica y la reparación por equivalente, según NAVEIRA ZARRA[20], no es otro que el modo a través del cual se produce el restablecimiento de la situación *ex ante,* pues mientras que la reparación por equivalente lo consigue por medio de la atribución al perjudicado de utilidades diferentes a las utilidades perdidas (dinero), la reparación *in natura* lo logra proporcionando a aquél las mismas utilidades que habría obtenido en ausencia del evento dañoso. Es ésta la razón que, a juicio de la citada autora, lleva a la práctica totalidad de la doctrina a considerar la reparación específica como el modo más perfecto y adecuado de reparación y a otorgarle, por ello, un lugar preferente o primordial –al menos a nivel teórico–, calificando como "plena" la tutela dispensada por esta forma de resarcimiento del daño. En su opinión, desde el momento en que la reparación específica procura al dañado la misma utilidad de la que fue privado a consecuencia del hecho dañoso, se puede afirmar que esa forma de resarcimiento es la más adecuada para alcanzar o satisfacer el fin ideal de la reparación, que no es otro que colocar al sujeto perjudicado en una situación lo más parecida posible a aquélla en la que se encontraría en ausencia del evento dañoso[21].

En mi opinión, el fallo que presentan muchas de las definiciones ofrecidas radica, esencialmente, en la generalidad de los términos que incluyen, los cuales no permiten distinguir la "remoción de un estado de cosas" o la "reposición al perjudicado en una situación igual a la que existía antes de la causación del perjuicio" debidas al ejercicio de una acción de reintegración o de restitución, de las obtenidas mediante una acción de reparación del daño.

Puesta en la tesitura de ofrecer un concepto de la reparación en forma específica, con carácter previo y a efectos de coherencia con los desarrollos posteriores, considero que puede definirse la misma como aquella forma de reparación que, persiguiendo el objetivo general de la reparación del daño, esto es, la eliminación de las consecuencias de éste, consiste en la obligación del responsable de ejecutar una o varias prestaciones no pecuniarias dirigidas a reconstruir o restaurar física y económicamente la situación jurídica que el perjudicado tendría de no haber ocurrido el hecho dañoso, y siempre que tales prestaciones no constituyan medidas de reintegración o restitución de un derecho, o de cumplimiento forzoso *in natura* de una obligación.

---

[20] NAVEIRA ZARRA, M. M. (2006), pp. 212-213.

[21] Intentaremos valorar, a lo largo de este trabajo, si existe o no una justificación suficiente para la colocación apriorística de la reparación específica en esta especie de posición de superioridad.

III. CUESTIONES DE TERMINOLOGÍA

1. Sobre el daño o perjuicio

Resulta pertinente, en primer término, preguntarse si "daños" es o no lo mismo que "perjuicios".

El concepto de daño fue incorporado al Diccionario de Autoridades –nos dice CASTÁN VÁZQUEZ– a través de varias voces, la primera de las cuales era el sustantivo "*daño*", que la Academia definió como "detrimento, perjuicio, menoscabo que se recibe en hacienda, persona u honra", señalando sus antecedentes, con el mismo sentido, en el *damnum* latino y en el Fuero Real. Como "concepto próximo" al de daño califica el ilustre civilista el de *perjuicio*, que la Academia consideró como el "daño, pérdida o menoscabo que se recibe o causa".

El DRAE contempla actualmente tres acepciones del término "*perjuicio*": 1. Efecto de perjudicar; 2. Detrimento patrimonial que debe ser indemnizado por quien lo causa; y 3. Indemnización que se ha de pagar por este detrimento. El concepto de "perjuicio" que se deduce de la segunda de estas acepciones –y de la tercera, por su expresa remisión– es un concepto claramente *patrimonial*, pero la primera acepción ensombrece en gran medida esta claridad, teniendo en cuenta que "*perjudicar*" es "ocasionar daño o menoscabo material *o moral*".

Los preceptos que el Proyecto de Código Civil de GARCÍA GOYENA dedicaba a la responsabilidad contractual estaban encabezados por la rúbrica "*Del resarcimiento de daños* o *perjuicios y abono de intereses*", utilizando una conjunción disyuntiva que invita a interpretar los términos como sinónimos; la misma expresión se utiliza en el artículo 1016 del citado texto[22]. Sin embargo, conforme al artículo 1015 del malogrado Proyecto, "*(s)e reputan daños* y *perjuicios el valor de la pérdida que haya experimentado, y el de la utilidad que haya dejado de percibir el acreedor, salvas las disposiciones contenidas en los artículos siguientes de esta sección*", lo cual puede interpretarse a modo de definición distributiva: es daño el valor de la pérdida experimentada, y es perjuicio la utilidad dejada de percibir. Apoya esta interpretación el argumento histórico-legislativo representado por las leyes de Partidas, donde aparece la expresión "*daños e menoscabos*", que el Proyecto relaciona con el Digesto ("*quantum mihi abest*" es el daño; "*quantumque lucrari potui*"[23] es el me-

[22] Artículo 1016 del Proyecto de Código civil de GARCÍA GOYENA: "*En el resarcimiento de los daños o perjuicios, sólo se comprenderán los que fueren consecuencia inmediata y necesaria de la falta de cumplimiento del contrato (...)*".

[23] Dig., ley 13, título 8, libro 46.

noscabo –o perjuicio–). O lo que conocemos, respectivamente, como daño emergente y lucro cesante.

El artículo 110 del Código Penal[24] parece adoptar este criterio y terminología (“*La responsabilidad establecida en el artículo anterior comprende: 1º. La restitución. 2º. La reparación del daño. 3º. La indemnización de perjuicios materiales y morales*”). No obstante, un importante argumento en contra de esta interpretación está representado por el artículo 113 del mismo cuerpo legal (*“La indemnización de perjuicios materiales y morales comprenderá no sólo los que se hubieran causado al agraviado, sino también los que se hubieran irrogado a sus familiares o a terceros”*), ya que no tendría sentido que el precepto pretendiese excluir a los familiares o a los terceros de la indemnización del daño emergente.

Tal como afirman QUINTERO OLIVARES y TAMARIT SUMALLA[25], de la relación establecida por este precepto destaca la consideración de la reparación del daño como una de las formas de la responsabilidad civil, no obstante la posición doctrinal –mayoritaria– que la identifica con el objeto de la misma, posición previamente manifestada en el artículo 109 (*“La ejecución de un hecho descrito por la Ley como delito o falta obliga a reparar, en los términos previstos en las leyes, los daños y perjuicios por él causados”).* Los mismos autores denuncian, asimismo, el solapamiento del contenido de la reparación con el de la indemnización; a su juicio, la delimitación entre ambos supuestos es una cuestión polémica que la nueva regulación no ha sabido resolver.

Muchos autores consideran que no existe, ni en el Código Civil ni en el Código Penal, ningún precepto que proporcione criterios legales para diferenciar ambos términos[26]. A juicio de GÓMEZ ORBANEJA[27] y de YZQUIERDO TOLSADA[28], la expresión “daños y perjuicios” es sólo un pleonasmo más de los que se acostumbra a utilizar en el lenguaje jurídico; en similar sentido y restando relevancia práctica a la cuestión, SANTOS BRIZ[29] entiende que la palabra “perjuicios” es una palabra anfibológica que responde a un concepto amplio del daño y que en sentido estricto ni siquiera puede contraponerse a la de daños directos en la forma que, al parecer, hace el Código Civil, al hablar

---

24 Sobre el que volveremos más adelante.

25 QUINTERO OLIVARES, G. y TAMARIT SUMALLA, J.M. (2008), p. 755.

26 Entre los civilistas, YZQUIERDO TOLSADA, M. (1997), p. 79, SANTOS BRIZ, J. (1984), p. 160 o MÚRTULA LAFUENTE, V. (2000), p. 233; entre los penalistas, QUINTERO OLIVARES, G. (1996), p. 530; entre los procesalistas, GÓMEZ ORBANEJA, J.A. (1949), p. 211 y (2009), p. 301.

27 GÓMEZ ORBANEJA, J.A. (1949), p. 211 y (2009), p. 301.

28 YZQUIERDO TOLSADA, M. (1997), p. 79.

29 SANTOS BRIZ, J. (1984), p. 160.

de "daños y perjuicios". NAVEIRA ZARRA[30] considera que el examen de las fuentes históricas, así como el artículo 1106 del Código Civil, permiten concluir que, en todos aquellos casos en los que se utiliza la expresión *daño* o la expresión *perjuicio* de forma aislada, tal expresión ha de ser entendida en un sentido amplio, esto es, como comprensiva de cualesquiera daños que puedan causarse. En cambio, cuando la empleada es la locución *daños y perjuicios* parece que el codificador ha querido identificar el daño con el daño emergente y el perjuicio con el lucro cesante[31].

A mi juicio, es inevitable la sensación de que, bajo la utilización por el legislador de la expresión "indemnizar daños y perjuicios" subyace un énfasis del carácter económico de la reparación, mientras que éste, sin embargo, pierde su papel protagonista cuando se trata de "reparar el daño".

2. Sobre la reparación

Los problemas de caracterización y ubicación de la reparación en forma específica tienen como primer exponente la propia terminología utilizada tanto por el legislador como por la doctrina y la jurisprudencia. En sede de responsabilidad extracontractual, el legislador habla de "reparar el *daño*", mientras que, en sede contractual, habla de "indemnizar *daños y perjuicios*". Los términos "reparación", "resarcimiento", "indemnización", "restitución", "reintegración", "restauración" y "reposición" son, con frecuencia, utilizados por la doctrina y la jurisprudencia con una falta de rigor –con una *fungibilidad* semántica– que no contribuye en absoluto a una correcta delimitación del significado y de los contornos conceptuales de cada uno de los fenómenos que respectivamente expresan.

Para ilustrar la profusión y confusión de términos relacionados con la idea de *reparación*, y su constante entrecruce, alternándose en las posiciones de "definido" y de "definición", basta con ver el significado que a cada uno de ellos atribuye el diccionario de la Real Academia de la Lengua Española.

El vocablo *indemnizar* es definido como "resarcir de un daño o perjuicio".

---

30 NAVEIRA ZARRA, M. (2006), pp. 46-47.

31 La autora (*Id.*) hace una exhaustiva relación de los preceptos del Código Civil que contienen las expresiones "daños y perjuicios" (artículos 220, 229, 360, 379, 511, 562, 690, 712, 715, 1101, 1106, 1107, 1108, 1122, 1135, 1150, 1270, 1298, 1486, 1489, 1540, 1556, 1559, 1571, 1591, 1625, 1686, 1718, 1729, 1769, 1838.4° y 1903), "daños" (artículos 576, 590, 612, 1023.3°, 1063, 1390, 1393.2°, 1752, 1784, 1902, 1904, 1906, 1907, 1908, 1909 y 1910) y "perjuicios" (382, 383, 493, 520, 564, 577, 587, 588, 1295, 1779, 1889 y 1893).

De las diversas acepciones del término *reparar*, nos interesan las siguientes: "2. Enmendar, corregir o remediar"; "3. Desagraviar, satisfacer al ofendido"; "4. Remediar o precaver un daño o perjuicio".

El término *resarcir* se define como "indemnizar, reparar, compensar un daño, perjuicio o agravio".

La voz *reintegrar* presenta también varias acepciones, de las cuales resulta interesante observar las siguientes: "1. Restituir o satisfacer íntegramente algo"; "2. Reconstituir la mermada integridad de algo"; "4. Recobrarse enteramente de lo que se había perdido, o dejado de poseer"; y "5. Volver a ejercer una actividad, incorporarse de nuevo a una colectividad o situación social o económica".

Por su parte, el también polisémico término *restituir* puede significar, entre otras cosas: "1. Volver algo a quien lo tenía antes"; "2. Restablecer o poner algo en el estado que antes tenía".

Finalmente, el término *restaurar* presenta también diversos significados, de los que destacaremos dos: "1. Recuperar o recobrar"; "2. Reparar, renovar o volver a poner algo en el estado o estimación que antes tenía".

Según el Diccionario de Autoridades, *reparar* es "componer, aderezar o enmendar el menoscabo que ha padecido alguna cosa"; *indemnizar* significa "hacer a alguno libre, indemne o exento de algún daño"[32].

Parece aceptada, en principio, la consideración de que el término *reparación* es el *genus*, susceptible de englobar a todos los demás, en cuanto actividad, en general, dirigida a "remediar" o "enmendar" un daño, actividad que puede eventualmente asumir diversas formas[33]. En este sentido, DE CUPIS[34] señala que el término "reparación" sirve para designar genéricamente todo remedio pecuniario o no pecuniario que en beneficio del perjudicado tenga carácter represivo del daño patrimonial o no patrimonial, como por abarcar la forma de resarcimiento de la índole que sea, incluso cuando se trate de reintegración en forma específica. No parece ser éste, sin embargo el criterio de nuestra ju-

[32] CASTÁN TOBEÑAS, J. (2001), p. 74.

[33] La interpretación literal de la expresión "en forma específica" sugeriría, sin embargo, la ausencia de carácter *genérico*. Una clasificación terminológicamente coherente de las formas de reparación del daño, por tanto, implicaría oponer a la reparación en forma específica la reparación "en forma genérica" que consiste en la entrega, como compensación por el daño, de una determinada cantidad –que al mismo equivalga– de la cosa –conforme a este razonamiento– más *genérica* existente en nuestro sistema socio-económico-jurídico: el dinero. En consecuencia, cabría afirmar que sería específica toda forma de reparar un daño que consistiese en una actuación distinta de la entrega de una suma de dinero, es decir, que actúa sobre algo más *específico* que éste. Véase, no obstante, al respecto, lo expresado *supra* (p. 7).

[34] DE CUPIS, A. (1975), p. 813.

risprudencia, ya que la sentencia de la Sala Primera del Tribunal Supremo de 3 de marzo de 1978[35] declaró que «*si bien es cierto que los verbos indemnizar, a que se alude entre otros muchos, en el artículo 1101 de dicho Texto legal* (se refiere al Código Civil), *y reparar, empleado en el artículo 1902, responden a la misma finalidad de restablecer la situación económico y patrimonial del perjudicado, con lo que ambos están incluidos en el concepto jurídico que a la palabra indemnización asigna el artículo 1106 de aquel Código, según, entre otras, reconocen las sentencias de esta Sala de 22 de octubre de 1932*[36] *y 9 de junio de 1949*[37]*, no lo es menos que el primero de ellos constituye una forma de resarcimiento del daño de mayor amplitud y generalidad que el segundo, cuyo significado, según el Diccionario Oficial de la Lengua, se limita a «componer, aderezar o enmendar el menoscabo que ha padecido una cosa» (...)»*. La misma doctrina se contiene asimismo en la jurisprudencia de la Sala Tercera del Alto Tribunal[38], de la cual se deriva que en modo alguno puede sostenerse que el hecho de que la Ley 30/1992, de Régimen Jurídico de las Administraciones Públicas y del Procedimiento Administrativo Común, se refiera únicamente a *indemnización,* ello signifique que quede excluida en todo caso la reparación específica.

Resarcimiento es en algunas ocasiones utilizado como sinónimo de "reparación" y en otras como sinónimo de "*indemnización*".

La utilización indistinta de los términos resarcir y reparar es una posición muy común en las doctrinas italiana[39] y alemana[40], lo cual parece lógico a la vista de la propia nomenclatura legal (respectivamente, artículos 1218, 1453 ó 2043 del *Codice* y §§ 249 y siguientes del BGB, que más adelante examinaremos).

Pero el concepto de "reparación" es, según la opinión de un importante sector doctrinal, distinto de los conceptos de "resarcimiento" o "indemnización", constituyendo éstos especies respecto del primero[41]. ALPA y BESSONE[42]

---

35 RJ 759/1978.

36 RJ 1245/1932.

37 RJ 730/1949.

38 Entre otras, en las SSTS (Sala 3ª) 4106/1995, de 11/07/1995 y 7303/2000, de 11/10/2000.

39 Así, EBENE COBELLI, C. (1987), *passim*; SCOGNAMIGLIO, R. (1996), *passim*; GIORGIANNI, (1975), *passim*; MANDRIOLI, D. (1922), *passim*; MANDRIOLI, C. (1953), *passim*; PROTO PISANI, A. (1983), *passim*; SALVI, C. (1989), *passim*; VERGA, A. (1940), *passim*. Dice DE CUPIS [(1975), p. 812] que la doctrina usa también las expresiones de reparación, restitución, resarcimiento *in natura*, restitución al estado anterior, expresiones todas que desde un punto de vista negativo vienen a significar la exclusión del dinero como medio de subrogación.

40 Vid., por ejemplo, FISCHER, H. (1928), *passim*.

41 Aunque un sector de la doctrina italiana invierte los significados, considerando la reintegración el *genus* y la reparación la *species*.

42 ALPA, G. y BESSONE, M. (1980), p. 23.

afirman que *responsabilidad* no es lo mismo que *resarcimiento*; dichos autores amplían –quizá excesivamente– el sentido del primer término, al considerar que "las reglas de responsabilidad civil pueden cumplir también una función de *deterrence*, de prevención de la actividad peligrosa, y, en consecuencia, de prevención del daño". EBENE COBELLI[43] parece sostener también la diversidad de significado, cuando, a propósito de la distinción reintegración/resarcimiento, afirma que estos dos términos son sinónimos sólo para quienes consideran la reintegración como una modalidad de resarcimiento, junto a la del equivalente pecuniario, y no una forma de reparación del daño alternativa al resarcimiento.

Entre los términos "resarcimiento" e "indemnización" existe un cruce de definiciones que invita a deducir una estrecha afinidad y a interpretar ésta en una dirección: que ambos tienen sólo un sentido pecuniario. Aunque el término *indemnización* es también utilizado a veces en el sentido genérico que le otorgaba el Diccionario de Autoridades, de "hacer a alguno libre, indemne o exento de algún daño"[44], ambos términos, resarcimiento e indemnización, son frecuentemente considerados como sinónimos y alusivos a la forma de reparación del daño constituida por la "reparación por equivalente" o reparación económica o pecuniaria[45].

El texto del Borrador del Marco Común de Referencia para la unificación del Derecho Privado patrimonial europeo (*Draft Common Frame of Reference*) (en adelante, MCR)[46] se adhiere al criterio más común en Europa, que es el que denomina *resarcimiento* genéricamente a todo tipo de reparación legal que

[43] EBENE COBELLI, C. (1984), pp. 92-93.

[44] El alemán FISCHER [(1922), p. 132] parece atribuir también al término "indemnizar" este sentido general, al afirmar como axioma inconcuso que *"toda reparación de daños representa una indemnización (...) dado que no se puede borrar lo ya ocurrido, dado que el curso normal de los hechos se interrumpe por el suceso dañoso, a lo que el responsable puede aspirar"* –quizá sería más propio decir 'a lo que el perjudicado puede aspirar que haga el responsable'– *"es a provocar una nueva cadena de acontecimientos que se acerque lo posible a la realidad truncada"*. Asimismo, tal como ya hemos señalado, a esta línea interpretativa apunta también un sector jurisprudencial [SSTS, Sala Primera, de 22 de octubre de 1932 (RJ 1245/1932) y 9 de junio de 1949 (RJ 730/1949), y Sala Tercera, 4106/1995, de 11/07/1995 y 7303/2000, de 11/10/2000].

[45] *"El resarcimiento establece una situación económicamente equivalente a la que comprometió el daño producido"* [DE CUPIS, A. (1975), p. 811]. El autor se inclina por entender que no debe dilatarse la noción rigurosa y estricta de resarcimiento heredada del derecho romano y el derecho común –y más allá de eventuales influencias iusnaturalistas–. *"El término «resarcimiento» expresa la idea de que, respecto a la prestación de una cosa, entra el dinero como equivalente de ella, subrogando una utilidad comprometida para restaurarla económicamente"* (*Ibid.*, p. 822).

[46] Utilizamos las siglas MCR del nombre del documento en español (Marco Común de Referencia), en lugar de las siglas DCFR correspondientes a la terminología inglesa.

sirve para enmendar el daño que ya se ha producido, e *indemnización* a la forma "específica" de reparación en dinero[47].

Para BADOSA COLL[48], "indemnización" no es sinónimo de eliminación de los daños causados por la infracción obligacional, ya que éstos pueden eliminarse en especie actuando sobre sus causas –como es el caso del artículo 1098 II CC, *in fine*–. La obligación de indemnizar es sólo uno de los medios de dicha eliminación, el más importante debido a su generalidad que lo hace aplicable a todo tipo de daños, ya que actúa sobre ellos y no sobre su causa y actúa por compensación del daño mediante dinero y no por su eliminación. Se trata de una obligación con dos características: la de ser "secundaria" o "accesoria" y la de ser "pecuniaria".

El término *restitución* no es directamente relacionado por la doctrina actual con la reparación de daños, por cuanto hace referencia a otro fenómeno jurídico independiente de ésta y constituye el concepto nuclear de la llamada *tutela restitutoria*, a su vez asociada, en un principio, sólo a la tutela de los derechos reales, y posteriormente extendida a derechos de distinta naturaleza. El título para obtener la restitución puede ser muy diverso: la propiedad o la posesión del bien, el enriquecimiento sin causa, etc. Será, pues, necesario analizar los respectivos límites conceptuales de la restitución y de la reparación de daños en forma específica, para deducir cuál es la relación existente entre ambos fenómenos.

Por su parte, el término *reintegración*, aunque es utilizado a veces con un sentido general –como cuando se habla de *reparación* como "reintegración" de la situación jurídico-patrimonial del perjudicado al estado en que se encontraría de no haberse producido el hecho dañoso–, es más frecuentemente considerado como sinónimo de "restitución". En efecto, ambos conceptos presentan en principio un cierto trasfondo común de "materialidad", que los conecta de algún modo con la noción de *reparación del daño en forma específica*. En este sentido, en la doctrina española, PUIG BRUTAU[49] considera que la reparación o reintegración en forma específica impone al autor del daño la obligación de crear una situación material que sea reproducción de la que existía antes de haberse ocasionado el daño, y que la propia expresión "reintegración en forma específica" expresa la aptitud de este remedio para obtener un resultado que corresponda materialmente a la situación anterior. También, entre la doctrina italiana, SCOGNAMIGLIO[50] considera que la reintegración es sinónimo de

[47] SAN JULIÁN PUIG, V.: (2011), p. 467. Es de resaltar la expresión utilizada por la autora, cuando dice que la indemnización es una forma "específica" de reparación, idea que hemos expresado y argumentado *supra*, en el epígrafe I de este Capítulo.

[48] BADOSA COLL, F. (1991), p. 34.

[49] PUIG BRUTAU, J. (1991), p. 192.

[50] SCOGNAMIGLIO, R. (1996), p. 538.

reparación en forma específica y significa la obligación del responsable de reconstituir la situación fáctica antecedente. DE CUPIS[51] es partidario de utilizar el término *reintegración* en forma específica, por expresar más adecuadamente la aptitud del remedio para obtener un resultado que materialmente corresponde a la situación precedente, y por estimar, *ab initio*, que es un remedio que queda fuera del resarcimiento, reservando este término exclusivamente para la reparación pecuniaria. Según EBENE COBELLI[52], como ya hemos observado, "reintegración en forma específica" y "resarcimiento del daño" son sinónimos sólo para quienes consideran la reintegración como una modalidad de resarcimiento, junto a la del equivalente pecuniario, y no una forma de reparación del daño alternativa al resarcimiento.

El término *restauración* presenta una gran afinidad con los dos anteriores, en el sentido de que también parece exigir implícitamente una realidad material a modificar y devolver a su estado original. Es un término que presenta un especial interés, porque es el que mejor se ajusta al significado de algunas expresiones latinas que, si bien no han calado en nuestro ámbito nacional, sí lo han hecho, a propósito de la materia que estamos examinando, en la doctrina y jurisprudencia italianas. Se trata del término *ripristinare* y las expresiones *restituzione in pristino* y *riduzione in pristino*, comunes en el derecho civil romano –en los desarrollos posteriores de la *Lex Aquilia*–, donde se hablaba de *in pristinum statum redire,* o de *in pristinum statum restituere*, o sea, de la devolución de los bienes dañados a su estado primario, mediando reparación a cargo del que lesionó. *Ripristinare,* de difícil traducción al castellano, es definido en el actual diccionario italiano como *"ristabilire, rimettere in vigore"*, es decir, "restablecer, volver a poner en vigor", utilizándose por los autores hasta la actualidad, con mucha frecuencia, las expresiones latinas mencionadas, además de otras similares (como *"reduzione del pristino stato").*

Cabe también referirse al término *reposición*, con el que, en alguna versión, se traduce la terminología utilizada por el §249 BGB, y que ha de hacerse coincidir con los de *restaurar* o *restablecer*, por los que se opta en otras ocasiones[53]. El término es también utilizado, en este mismo sentido de "restauración material", por el legislador argentino en el artículo 1621 del malogrado aunque interesante Proyecto de Código Civil de 1998[54].

---

51 DE CUPIS, A. (1975), p. 813.

52 EBENE COBELLI, C. (1987), pp. 92-93.

53 Así, en sus respectivas traducciones, hablan de "reponer" LAMARCA I MARQUÉS y ARROYO [(2008), p. 78], y habla de "restaurar", en cambio, ROCES, en el Anexo a su traducción de la obra de FISCHER [(1928), p. 301].

54 Artículo 1621 del Proyecto de Código Civil de 1998:

"El daño es reparable, según el caso, mediante:

a) La reposición al estado anterior al hecho generador de la responsabilidad.

Es frecuente también encontrar otra expresión para designar a la reparación específica: la *reparación natural*. Es un término extendido en la doctrina germánica, entre la cual, la *Naturalwiederherstellung* es entendida, en esencia y como sinónimo de lo que el BGB llama *reparación efectiva*, como "obligación de dar o hacer con el fin de restituir". Así, se afirma que para alcanzar la meta de la reparación, la práctica ofrece dos caminos: la reparación natural (que "restaura") y la indemnización en metálico (que "resarce")[55].

Asimismo, es procedente destacar en este lugar la confusión ínsita en la propia expresión "reparación *in natura*", que con mucha frecuencia sustituye a la más propia y exacta "reparación en forma específica". Todo hace pensar que la frecuente utilización de la expresión "reparación o resarcimiento *in natura*" por parte de numerosos autores responde a una inercia doctrinal y jurisprudencial, que tiende a extender al ámbito extracontractual la disciplina del cumplimiento forzoso *in natura* de las obligaciones, en los ordenamientos en los que la reparación en forma específica no está expresamente regulada[56]. Una obligación previamente contraída es susceptible, en fase de ejecución, de ser cumplida *in natura*, es decir, en los propios términos acordados originariamente en la obligación; no puede, sin embargo, ser cumplida *in natura* una obligación que nace *ex novo* del acto ilícito, pues ningún término de tal obligación ha podido ser previamente establecido entre los interesados.

En relación con la utilización por parte del legislador de términos distintos en los artículos 1101 ("indemnizar") y 1902 ("reparar") del Código Civil –como asimismo ocurre en el *Code*–, nos asalta la duda[57] sobre si tal diversidad en la utilización de términos revela o no un propósito deliberado del legislador, en el sentido de restringir a la reparación por equivalente la posibilidad de reparación del daño contractual.

Procedemos ahora a determinar el significado de los términos que con más frecuencia utilizaremos a lo largo de este trabajo. Entenderemos la "reparación" del daño como el contenido de la obligación genérica enunciada en el artículo

b) La restitución de lo que el responsable está obligado a devolver, o de lo que obtuvo indebidamente.

c) El resarcimiento del valor del daño patrimonial.

d) La satisfacción del valor del daño extrapatrimonial.

También procede, en su caso, el reembolso del valor de gastos o inversiones".

55 FISCHER, H. [(1928), p. 132], quien incluso distingue, dentro de la "reparación natural" la llamada "reparación natural material" y la "reparación natural económica", conceptos a los que más adelante nos referiremos.

56 En los ordenamientos que, en cambio, prevén expresamente la reparación específica en el ámbito extracontractual –como el italiano–, la tendencia es la inversa: se busca denodadamente el fundamento de una tutela reparatoria específica en el ámbito contractual a través de la aplicación extensiva o analógica del artículo 2058 del *Codice Civile*.

57 Sobre la cual volveremos *infra*.

1902 CC, como un término comprensivo de diversas formas de eliminación del daño y sus consecuencias, mientras que con el término "indemnización", salvo indicación expresa o evidente de referencia a un sentido más general por su contexto doctrinal o legal, aludiremos concretamente sólo a una de esas posibles formas de reparar el daño: la reparación por equivalente económico o reparación pecuniaria. Por otra parte, y en aras de la brevedad, a menudo sustituiremos el circunloquio "reparación en forma específica" por la más escueta expresión "reparación específica". Además, conviene señalar especialmente que, a lo largo del trabajo, es posible que en determinadas ocasiones alguno de estos términos sea utilizado en el sentido que el autor del argumento o la tesis que se exponga quisiera atribuir, o, en definitiva, nos refiramos a un determinado término porque es el concretamente empleado por el autor o por una ley, aunque no coincida con los significados anteriormente sentados[58].

IV. LA (RELATIVA) RELEVANCIA DEL CONCEPTO DE DAÑO

Como lo ya ocurrido (esto es, el *daño-evento*) no puede ser –ni ontológica ni cronológicamente– eliminado de la realidad, el problema de la reparación deviene, en definitiva, en el de encontrar el criterio o método más adecuado para eliminar las consecuencias dañosas del ilícito (es decir, el *daño-consecuencia*) y poner a la víctima en una situación en cuanto sea posible equivalente a la que existiría en ausencia del hecho lesivo.

Ahora bien: *cómo* se pueda reparar depende de *qué* se haya de reparar[59]. Esta constatación nos plantea algunas cuestiones.

En primera instancia, nos sitúa ante la cuestión de la definición adecuada de "daño" o, más bien, de la perspectiva desde la cual debe éste definirse. En este sentido –y haciendo una muy sucinta exposición–, se han formulado diversas teorías.

La primera de ellas en el tiempo, la *teoría del daño como diferencia patrimonial*, parte de un concepto objetivo y abstracto del daño, que es identificado como la diferencia negativa del patrimonio del perjudicado antes y después de ocurrido el evento dañoso –es por lo tanto, fruto de un cómputo meramente ideal y abstracto– y considera plenamente satisfecha la finalidad reparadora a través del pago de una cantidad equivalente a dicha diferencia; concepción en

---

58 Así, es frecuente en la doctrina y la jurisprudencia italianas la utilización del término *resarcimiento* para designar lo que nosotros entendemos como *reparación*, o del término *reintegración* en forma específica para designar lo que nosotros llamaremos *reparación* en forma específica.

59 Según SALVI [(1989), p. 1085], el concepto de reparación, como figura general y unitaria, nace, en la fase de formación del Derecho moderno, paralelamente a la noción, también general y unitaria, de daño.

cuya base se halla la matriz romanística de la *condemnatio* pecuniaria, depurada de toda incrustación o connotación punitiva. Nuestro Tribunal Supremo ha acogido esta teoría con frecuencia para el cálculo de los daños patrimoniales.

Pero la teoría de la diferencia presenta varios puntos débiles, el principal de los cuales, tal como señalan DÍEZ-PICAZO[60] o YZQUIERDO TOLSADA[61], es que contempla el daño en abstracto y desprecia las singularidades concretas de cada evento dañoso.

Así, DÍEZ-PICAZO estima que este concepto, además de revestir una ineludible complicación de cálculos y operaciones si se quiere verdaderamente aplicar, no es apto para explicar aquellos supuestos en los que el valor real de la pérdida concreta sufrida puede no coincidir con los valores objetivos en el patrimonio. Pero, sobre todo, la principal dificultad de la teoría de la diferencia, desde nuestra perspectiva, se presenta –como observa el autor citado– cuando el sistema de reparación natural (o reparación específica) es el único modo de que el perjudicado vea reparado el daño[62].

También PANTALEÓN PRIETO[63] ha puesto de manifiesto los graves defectos que la teoría de la diferencia presenta, derivados de la relevancia exoneradora de las causas hipotéticas del daño y la admisión indiscriminada de la *compensatio lucri cum damno*.

Entre la doctrina italiana y en la misma línea, SCOGNAMIGLIO[64] reprocha a la teoría de la diferencia su incapacidad para definir un fenómeno real y concreto, como es el daño, en los términos de una entidad abstracta y preconcebida como, en cambio, es el patrimonio, incapacidad que propicia un concepto que, en su aparente actitud de abarcar en una fórmula unitaria el daño y su propia entidad (sus consecuencias), resulta confuso y equívoco, operando un salto lógico que va de la fase de visualización del fenómeno a una fase ulterior –y eventual– como es la liquidación en dinero de todo el daño resarcible.

---

[60] DÍEZ-PICAZO Y PONCE DE LEÓN, L. (1999), p. 312.

[61] YZQUIERDO TOLSADA, M. (2001), p. 145.

[62] DÍEZ-PICAZO Y PONCE DE LEÓN, L. (1999), pp. 313-314.

[63] PANTALEÓN PRIETO, F. (1991), p. 1989.

[64] SCOGNAMIGLIO, R. (1969), pp. 469-472. Asimismo, el autor rechaza la arbitraria reducción del daño resarcible al daño patrimonial. La propia determinación del daño patrimonial puede resultar difícil o incluso imposible, si se quieren tener en cuenta sus repercusiones en un compendio patrimonial extenso e indiferenciado, dado el carácter fluctuante de sus componentes y de su propio valor global. No menos graves objeciones opone respecto a la determinación de las ulteriores consecuencias dañosas, por cuanto la tesis aludida no proporciona, en su abstracción, elemento válido alguno para determinar la esfera de las consecuencias resarcibles, lo cual puede convertirse en el principal problema si se admite que la reparación no puede extenderse a *todos* los efectos dañosos.

Por todo ello, resulta en mayor medida aceptado por la doctrina un concepto subjetivo[65] (que tome en consideración las circunstancias concretas del interés del perjudicado) y real-concreto del daño (que parta de los singulares factores de daño, cada uno de ellos "daño en sí" y no meros componentes virtuales de un conjunto).

La llamada *teoría del daño concreto* –de inspiración alemana– parte de un modelo "real" o material del daño, identificado, no con la diferencia patrimonial *in abstracto*, sino con el perjuicio concreto experimentado por una persona en su patrimonio, la destrucción o alteración del bien físico, perceptible en el mundo exterior, situándose paralelamente la esencia de la reparación en la reconstitución fáctica o *in natura* de la situación material.

En una línea acorde a una configuración subjetiva y concreta del daño, otro sector doctrinal propone un concepto de éste como *lesión de un interés,* o, más propiamente, como alteración o perjuicio de un interés[66]: el daño asume relevancia para el Derecho en cuanto es la lesión de un interés que es objeto de tutela jurídica. A juicio de SCOGNAMIGLIO[67], tampoco este criterio ofrece la base, los elementos idóneos para una definición rigurosa, ya que el concepto de interés propone la consideración amplia e indeterminada de todas las relaciones entre las necesidades de un sujeto y el ente que puede satisfacerlas.

Otra dirección doctrinal identifica el daño con la destrucción o alteración de una situación favorable o, si se quiere, de una ventaja; de esta forma, se configura como un fenómeno que no posee una consistencia autónoma y de un modo negativo, como negación de una situación favorable. Para ello es necesario mantener un concepto amplio de "bien", referido a todo fenómeno que resulta idóneo para satisfacer una necesidad socialmente relevante, y que se presta entonces a constituir el objeto típico de la disciplina y tutela del derecho. En este punto el concepto de daño se revela –según sus partidarios– en toda su concreción, en su contenido subjetivo, como suceso que lesiona el bien, fuente de utilidad para el sujeto, y no ya como lesión de un interés que se coloca en un distinto plano. El daño susceptible de asumir relevancia jurídica se identifica, si acaso, por la connotación de la materialidad que normalmente caracteriza la supresión de un bien o ventaja de la realidad social[68].

Todo lo anterior ha conducido a la más moderna doctrina a concluir que lo verdaderamente importante a la hora de definir qué es el daño, es delimitar el daño *resarcible*: se trata de la *teoría normativa*, que tratando de superar tanto

---

65 Que comprenda tanto el "daño común" como el "daño propio" [PANTALEÓN PRIETO, F. (1991), p. 1990].

66 Entre otros, MANDRIOLI, D. (1922), p. 352; DE CUPIS, A. (1975), p. 36.

67 SCOGNAMIGLIO, R. (1969), p. 472.

68 Vid., entre otros, SCOGNAMIGLIO, R. (1969), pág. 475; DECUPIS, A. (1975), p. 7.

la abstracción y la compensación patrimonial pretendida por la teoría de la diferencia, cuanto el problema que todos los criterios anteriores plantean, entre otras cuestiones, en lo relativo a la admisión del daño no patrimonial, enfoca la existencia de un daño desde la perspectiva de que éste cumpla con todos los requisitos y condiciones de resarcibilidad previamente fijados en la norma, establecidos previamente por la ley, los cuales permiten que una determinada lesión sea considerada como un daño[69]. En este sentido, suelen relacionarse como requisitos de resarcibilidad del daño los siguientes: que se trate de la lesión de un interés humano merecedor de tutela jurídica; que sea imputable a persona distinta del perjudicado; que sea injusto –esto es, que el perjudicado no esté obligado a soportarlo–; que sea cierto, tanto en su existencia, como en su cuantía; y, por último, que sea probado.

No obstante, a nuestros efectos, no interesa tanto la determinación conceptual del daño como la *diversa tipología* de los daños. Es necesario, sobre todo, tener en cuenta las distintas clases de daños, para determinar qué modo es el más apto o idóneo para reparar, en cada caso, sus consecuencias. Esto es así, porque la operatividad de la reparación en forma específica de un daño varía de forma sensible según se trate de reparar uno u otro de los tipos de daños que resultan de las diversas clasificaciones que, de los mismos, se pueden establecer.

La primera gran clasificación que, de los daños, establece MEDINA CRESPO[70] tiene como *ratio dividendi* el criterio de la naturaleza del bien lesionado, y distingue entre los *daños materiales* (o en las cosas), que inciden en el patrimonio económico o material ("lo que una persona tiene"), y los *daños personales* (ya sean daños *a* la persona –estrictamente morales– o daños *en* la persona –daños corporales–), que inciden en el patrimonio o acervo moral ("lo que una persona es").

La segunda gran clasificación de los daños, a juicio del mismo autor, es la que se establece en razón de la índole de los efectos o consecuencias del daño emergente. Ello presupone, de un lado, una concepción genuina y radical de éste, libre de los prejuicios historicistas que, por inercia, lo han identificado exclusivamente con el daño emergente *material*; de otro lado, implica la distinción entre *daño-consistencia* (daño primario o emergente: la pérdida o mengua efectiva del bien dañado, ya sea material o personal) y *daño-consecuencia* (el perjuicio secuencial o secundario, que no se debe identificar exclusivamente

---

69 VICENTE DOMINGO, E. (2006), p. 257.

70 MEDINA CRESPO, M. (1999), pp. 25-45.

con el *lucro cesante* –con su significado estrictamente patrimonial–, sino que abarca también las consecuencias secundarias personales)[71].

La operatividad de la reparación específica, en todo caso, dependerá[72], de un lado, de la propia posibilidad y aptitud o idoneidad de la/s medida/s a adoptar para eliminar las consecuencias del daño y, de otro lado, del coste que la adopción de tal/es medida/s supondría/n, en comparación con la otra opción de la reparación por equivalente.

La primera de estas condiciones restringe *ab initio* el ámbito de operatividad de la reparación específica en buena parte de los supuestos de daños personales, que es el tipo de daños que más dificultades presenta, por su propia naturaleza, para ser reparados íntegramente en tal forma, pues resulta inconcebible una "restauración" que elimine en su totalidad las consecuencias dañosas extrapatrimoniales (esto es así, especialmente, en el caso del daño corporal).

La segunda de las condiciones referidas opera, asimismo, tal como veremos más adelante, una importante restricción del posible ámbito teórico de la reparación específica, si bien, esta vez, no por razones de "habilidad natural" de la forma de reparación, sino por motivos de pura índole económica y práctica.

V. EL DEBATE DOCTRINAL SOBRE LA NATURALEZA JURÍDICA DE LA REPARACIÓN EN FORMA ESPECÍFICA

El motivo fundamental de la confusa problemática que rodea a la reparación en forma específica radica, con toda probabilidad, en una también confusa –cuando no ausente, como sucede en nuestro país– caracterización de su naturaleza jurídica, cuestión a la que, en los ordenamientos que nada dicen expresamente sobre la figura, se añade la de su propia admisibilidad dentro del sistema jurídico.

Es probable, asimismo, que la causa de esta situación se deba a que la reparación específica se halla en una posición crítica, por su proximidad –a veces sustantiva, a veces procesal– a otras instituciones o remedios jurídicos, con los que a menudo puede coexistir. Las líneas fronterizas esenciales que, en este sentido, es necesario trazar, son las que individualizan la reparación en forma específica frente a los respectivos ámbitos de la tutela reintegradora, la tutela ejecutiva y la tutela inhibitoria.

---

[71] Por ello afirma el citado autor que "la imputación de la responsabilidad civil conlleva un doble juicio de causalidad: el primero, para ligar el daño emergente producido con una determinada actuación; el segundo, para ligar dicho daño con sus diversas consecuencias" [*Ibid.*, p. 29].

[72] Como veremos *infra*, en el correspondiente Capítulo.

En cualquier caso, el debate sobre la naturaleza de la reparación en forma específica ha sido inevitable en los países cuyo ordenamiento prevé expresamente la figura, especialmente fructífero en la doctrina italiana, antes y después de la promulgación del Código Civil de 1942. Por ello, mientras es prácticamente imposible encontrar estudios sobre la cuestión entre la doctrina patria, la doctrina italiana mantiene un rico y ya largo debate al respecto, el cual constituirá, esencialmente, el contenido de este epígrafe.

Nuestro Código Civil, como ya sabemos, siguiendo los pasos –en esta materia como en tantas otras– del *Code*, no contiene mención expresa alguna a la reparación en forma específica. El artículo 1902 –y el sistema básico subjetivo de responsabilidad extracontractual que representa– ha sido generalmente calificado como una "cláusula general y atípica" de responsabilidad, especialmente en lo que se refiere a la conducta causante del daño, al daño mismo y a la órbita de los derechos subjetivos e intereses legítimos protegidos[73]. Tal como decíamos en la introducción de este trabajo, este precepto no se refiere a la obligación legal con otra expresión que la de "reparar el daño" causado, lo cual puede cabalmente interpretarse como una cláusula también genérica, que, en principio, parece tan atípica como la constituida por la primera proposición del silogismo ("*el que por acción u omisión causa un daño a otro...*").

¿Cuál es, pues, el itinerario conceptual y argumentativo seguido desde este marco legal, heredero de la tradición romana[74], hasta la idea, predominante tanto

---

[73] En este sentido se manifiestan, entre otros, DÍEZ PICAZO [(2000), p. 84], quien incluye el nuestro entre los sistemas que considera atípicos: aquéllos sistemas de carácter abierto en que los daños resarcibles y los supuestos comprendidos en la norma aparecen en una cláusula general abierta, afirmando que en todos los Códigos de corte francés se recibe la idea de la función o alcance generalísimo de la vieja acción aquiliana, la cual se encierra en una fórmula de carácter abstracto y abierto, que comprende todo tipo de daño y todo tipo de acción u omisión sin más que se encuentre en el comportamiento del causante algún tipo de negligencia. LACRUZ BERDEJO [(2004), p. 253; (2009), p. 427] considera que en el artículo 1902 se enuncia, en forma de regla general y sin concretarla en determinados tipos de infracción, la obligación de reparar el daño causado. Según O'CALLAGHAN MUÑOZ [(1995), p. 857], no existe en esta materia de Derecho civil una tipificación de conductas ilícitas, como en el Derecho Penal. ROCA TRÍAS [(2000), p. 31] considera que el artículo 1902 contiene una cláusula general que configura un sistema atípico por cuanto todo daño debe ser resarcido, salvo aquellos en los que intervenga alguna de las circunstancias que excluyen la responsabilidad. Para BUSTO LAGO [(2004), p. 63], el sistema español es atípico, en tanto que el principio de resarcibilidad de todo daño cualificado como ilícito se consagra en una cláusula general de responsabilidad, que permite se dé cabida a la tutela de todos los derechos subjetivos y de los intereses legítimos.

Por su parte, LLAMAS POMBO [(2009), p. 15] califica la obligación de reparar de "aparentemente" típica, por cuanto su objeto prestacional se identifica siempre con la reparación del daño, pero seguidamente admite que, pese a lo que parece, respecto del contenido de la prestación, la obligación de reparar no es precisamente típica.

[74] O, en palabras de DÍEZ PICAZO [(1999), p. 298], heredero de una interpretación iusnaturalista del Derecho romano, en oposición a la interpretación pandectista incorporada a los códigos germánicos. Si bien, es necesario evitar que esta terminología nos induzca a error: lo que el autor

en la jurisprudencia como en la doctrina, según la cual la reparación en forma específica es la forma primaria e ideal de reparación del daño?

Afirma DI MAJO[75] que la elaboración de la tutela contra los daños se resiente de una doble matriz, que ha ido especificándose con el curso del tiempo: de un lado, la romanística, centrada estrictamente en los supuestos de daño (como el *damnum iniuria datum* previsto por la *Lex Aquilia*), frente al que trata de amparar a través de medidas que, en una primera etapa histórica, tenían carácter sancionatorio y penal (más que reparatorio) y, con el curso de la sucesiva evolución, un carácter más reparatorio-resarcitorio; de otro lado, la matriz iusnaturalística, que liga la tutela del resarcimiento al concepto de la violación del derecho y/o interés jurídicamente protegido y tiene como fin la reintegración del derecho.

A la lejana matriz romanística se unen, en los ordenamientos modernos, expresión de una economía de mercado, formas de tutela contra daños que utilizan técnicas resarcitorias, es decir, técnicas fundadas esencialmente en mecanismos de "intercambio-equilibrio" entre bienes y/o valores. La operatividad de esta técnica presupone que el "perjuicio" derivado de actos o comportamientos es, en concreto, susceptible de valoración de mercado, esto es, evaluable en dinero. Esto significa exigir que los intereses lesionados por el acto lesivo tengan el grado de abstracción y generalidad que permita su reducibilidad a precio en metálico. El concepto de daño que el remedio resarcitorio lógicamente presupone es, pues, el daño patrimonial, o sea, las consecuencias patrimoniales negativas producidas por el acto y/o hecho del agente en la esfera del perjudicado. El remedio resarcitorio consiste en asegurar al perjudicado el exacto equivalente pecuniario de la total pérdida patrimonial sufrida. Se trata, por tanto, de una satisfacción del interés lesionado (aunque) por equivalente.

Es de derivación iusnaturalística, en cambio, la forma de reparación de los daños que se resuelve en la reconstitución del *status quo ante*, como habría sido si el hecho dañoso no se hubiese producido (y no la restauración de la misma situación preexistente). La puntualización es, a juicio de DI MAJO[76], necesaria para constatar cómo, también a través de la reparación *in natura* (del mismo modo que a través de la reparación por equivalente), se tiende principalmente a eliminar las consecuencias perjudiciales del hecho dañoso, y no a la mera restauración del *statu quo ante*. Garantizar, en consecuencia, la reparación *in natura* del daño quiere decir, en otras palabras, asegurar la reconstitución

---

entiende por "interpretación iusnaturalista" del Derecho romano se identifica con lo que otros muchos autores considerarían, por el contrario, una "interpretación pandectista", oponiendo a ésta una "interpretación romanística".

[75] DI MAJO, A. (2003), p. 261.

[76] *Ibid.*, p. 262.

de la misma situación de hecho que habría existido si el hecho dañoso no se hubiese producido. Con ella se intenta, en primer lugar, satisfacer el interés de la integridad de la esfera jurídica del perjudicado, o sea, un interés específico que se presenta, no en valores patrimoniales genéricos, sino en valores de uso, relacionados con aspectos de la persona o con diversas utilidades que pueden derivar del uso de las cosas.

Así pues, presupuesto del remedio consistente en la reparación del daño en forma específica sería, siempre, que un daño pueda en cualquier forma individualizarse, identificarse, con respecto a la persona o cosas del sujeto perjudicado (daño naturalístico y/o real o concreto) mientras no es necesario valorar en qué medida este daño pueda ser convertido en términos de pérdida patrimonial sufrida, y/o en cualquier forma haya tenido implicaciones en el patrimonio del perjudicado.

FRANCESCHETTI[77] destaca cómo el núcleo del debate sobre la naturaleza jurídica de la reparación en forma específica se halla, desde antiguo, entre dos tendencias contrapuestas:

- La primera tesis dilata el concepto de reparación en forma específica hasta sobrepasar los límites propios de la reparación del daño, configurando la institución como una forma de reacción al ilícito o un remedio autónomo, variable e independiente del remedio reparatorio, respecto del cual asume una función alternativa. La llamada reparación en forma específica habría de situarse en un ámbito conceptual distinto: el de las restituciones o reintegraciones, como categoría general comprensiva, transversalmente, de otros tipos de tutela (real, inhibitoria, ejecutiva).
- La segunda tesis considera, por el contrario, que la reparación en forma específica debe reconducirse a la categoría general de la reparación del daño, concibiéndola como una modalidad de ésta.

Actualmente, sin embargo, se puede afirmar la adopción, por parte, fundamentalmente, de un sector de la doctrina italiana, de un tercer criterio en orden a la configuración de la naturaleza jurídica de la forma específica de reparación del daño: aquél que la considera como un mero criterio de cuantificación del daño.

1. La reparación específica como remedio autónomo

Los partidarios de considerar la reparación específica como un remedio autónomo afirman que la reparación específica no se adscribe al fenómeno

[77] FRANCESCHETTI, P. (2009), p. 329.

reparatorio: se trata, a pesar de la terminología legal, de medios de tutela diversos, que corresponden de forma consecuente a la separación existente desde el punto de vista sustantivo entre ilícito y daño.

El resarcimiento es un remedio con el cual se pretende compensar, por equivalente, el daño sufrido; en cambio, la reparación en forma específica[78] pretende crear una situación materialmente correspondiente a la que existía antes de producirse el daño, esto es, eliminar el daño de la realidad jurídica. En suma, la reintegración en forma específica no es un instrumento reparatorio o sancionatorio, sino una medida de actuación del propio derecho, tendente a restablecer la situación jurídica tal como era antes del ilícito[79].

Por consiguiente, es un instrumento más parecido a otros remedios jurídicos dirigidos no a resarcir un daño sino a actuar el derecho del actor, como en la inhibitoria, la restitución de lo indebido, la ejecución en forma específica, la restitución de la cosa objeto del delito y los instrumentos de tutela de derechos reales, como la reivindicatoria o la negatoria. En suma, con esta tesis se viene a identificar la categoría de la reintegración en forma específica de modo negativo, afirmando que de ésta forman parte todos aquellos medios de represión del daño que no constituyen resarcimiento.

Es innegable, en opinión de MARELLA[80], que el remedio se caracteriza por una cierta ambigüedad, o por una "doble alma", restauradora y reparatoria a la vez, de un lado extraña a la lógica del resarcimiento por equivalente, de otro ni siquiera completamente homólogo a la tutela específica, al menos en la acepción que asume en este contexto, de tutela de carácter satisfactorio. Pero, *per se*, el hecho de que se valga de un procedimiento reintegratorio para conseguir una finalidad reparatoria no justificaría "talar" la reparación en forma específica del campo de la responsabilidad aquiliana y su correspondiente "transplante" en el de la tutela reintegratoria[81].

No faltan razones, afirma SALVI[82], para el equívoco que coloca el remedio de la reparación específica como modalidad alternativa al resarcimiento del daño, teniendo en cuenta, sobre todo, que dicha figura debe ser coordinada –y no es fácil hacerlo– con la otra modalidad reparatoria prevista (y privilegiada) por el ordenamiento, el resarcimiento por equivalente (que es la reacción más

---

[78] O *"reintegración en forma específica"*, que es la expresión que habitualmente utiliza la doctrina italiana, por ser también la utilizada por el legislador de ese país.

[79] En este sentido, ALPA y BESSONE [(1980), p. 23], según los cuales, "responsabilidad" no es lo mismo que "resarcimiento": las reglas de responsabilidad civil pueden cumplir también una función de *deterrence*, de prevención de la actividad peligrosa, y, en consecuencia, de prevención del daño.

[80] MARELLA, M.R. (2000), p. 9.

[81] NIVARRA, L., (1997) (última consulta: 10-10-2011).

[82] SALVI, C. (1989), p. 1093.

congruente con el modelo patrimonial de daño subyacente en el Código); y esta dificultad ha llevado a veces a "rodear" el problema, colocando el remedio –sin suficientes razones– fuera del área de la reparación del daño.

2. La reparación específica como forma de reparación del daño

En el Derecho italiano, la aparente contradicción ha pretendido ser superada o bien postulando una doble identidad del daño extracontractual –daño como pérdida patrimonial al que corresponde el resarcimiento por equivalente del artículo 2056 del *Codice civile* y daño como alteración física del bien al que correspondería el resarcimiento en forma específica *ex* artículo 2058–, o bien, desde una perspectiva rigurosamente unitaria de la noción de daño, "degradando" a la reparación específica (*reintegrazione in forma specifica*) a la categoría de mera modalidad del "programa" reparatorio, que, en todo caso, no podría implicar para el agente costes superiores a los que impondría el resarcimiento en forma específica (conforme al artículo 2058-2 del *Codice*).

Las objeciones a la tesis primeramente expuesta se deben inicialmente a la construcción dogmática de SCOGNAMIGLIO. Este autor parte de la constatación de la idea de la doctrina dominante sobre el carácter "ideal" de la reparación en forma específica, en cuanto –se dice– la propia "lógica inmanente" del Derecho exige la reposición original de la situación perturbada por el ilícito. Pero, ahondando en las consecuencias de esta premisa, afirma que, si bien es innegable que el derecho tiende por su propia fuerza lógica a actuarse, en caso de transgresión, a través de la reintegración, también ha de reconocerse que tal efecto es remontable a su más genérica y fundamental instancia, predicable como efecto de todo precepto jurídico, que traspasa los estrechos límites de la responsabilidad civil.

A juicio de SCOGNAMIGLIO[83], el problema estriba en cómo reconducir la figura al ámbito de la responsabilidad civil, sin rebasar sus fronteras y sin que "invada" el campo de la represión del injusto o ilícito en general, el cual ofrece diversos remedios que sólo genéricamente se refieren a la idea de restauración del propio derecho. Es decir, se trata de depurar el concepto de reparación en forma específica de una amplia serie de figuras repetidamente reconducidas al mismo.

La doctrina italiana, en general, debe partir del dato positivo, que es interpretado, desde un punto de vista literal y sistemático, en primer lugar, como un indicio de que "reparar" y "reintegrar" son, para el legislador, sinónimos de "resarcir"; en segundo lugar, como indicador de que el legislador, a diferencia

[83] SCOGNAMIGLIO, R. (1996), pp. 538-539.

de lo que ocurría vigente el *Codice* de 1865, toma posición en el sentido de admitir también una forma de resarcimiento distinta de la pecuniaria (tal como reza la propia rúbrica del precepto). La misma conclusión deducen del párrafo segundo del mismo precepto, que dispone que, en caso de excesiva onerosidad de la reintegración en forma específica, el juez puede disponer que el resarcimiento tenga lugar "sólo por equivalente", lo cual admite implícitamente que, en los casos en los que no se aprecie la excesiva onerosidad, el *resarcimiento* puede ser atribuido también en forma específica[84]. Desde esta posición, se califica de incorrecta la conexión de la reparación específica tanto con el concepto propio y estricto de reintegración, como con la inhibitoria o con la ejecución forzosa en forma específica, ya que los fundamentos y naturaleza de las cuatro instituciones son diferentes: la reparación *repara un daño*; la inhibitoria lo *previene*; la reintegración –propiamente dicha– *remueve un estado de cosas*; la ejecución actúa o *ejecuta un derecho* del acreedor.

El autor italiano[85] sitúa la línea divisoria entre la reparación en forma específica del daño y otros medios de tutela, en la propia definición del acto ilícito como acto productor del daño, contrapuesto a la mera situación antijurídica creada por la lesión –de cualquier tipo– del derecho: la reintegración en forma específica, como modalidad reparatoria, sigue a la producción de un daño injusto, diferenciándose en esto de las acciones restitutorias reales y de las reglas de ineficacia de los contratos. Desde el punto de vista teleológico, la reintegración en forma específica tiende, más que a la reparación del daño –en sentido económico–, a la eliminación del mero estado dañoso en sentido físico. De ello deduce que la reparación en forma específica (que se sustenta sobre el daño concreto) logra un resultado "más estrecho" que la reparación por equivalente (sustentada sobre el daño abstracto o daño-interés), ya que no comprende las consecuencias perjudiciales subsiguientes al evento.

De este modo, este segundo –y mayoritario– sector doctrinal y jurisprudencial[86] tacha de heterodoxa o incluso de "cismática" la configuración de una tan genérica categoría de tutela reintegradora que acoja en su seno la institución de la reparación específica, lo cual implica inevitablemente desdibujar los límites conceptuales y funcionales que distinguen la tutela reparadora o resarcitoria, de los diversos supuestos –típicos o no– de tutela específica: la tutela real, la tutela inhibitoria y la tutela ejecutiva: un semejante alargamiento de la esfera de la responsabilidad civil supondría un grave riesgo de confusionismo y

---

[84] BELLELLI, A. (1977), p. 1294.

[85] SCOGNAMIGLIO, R. (1996), p. 538.

[86] La tesis que analizamos se trasluce, por ejemplo, a lo largo de las obras respectivas de D. MANDRIOLI, D. [(1922), pp. 353-402], SALVI, C. [(1989), pp. 1084-1106), BELLELLI, A. [(1977), pp. 1291-1307], POGLIANI, M. [(1964), pp. 417-425] o CASTRONOVO, C. [(2006), pp. 798-808].

haría tambalear sus tradicionales y sólidos postulados, además de confundir y superponer la lesión del derecho con el daño: la actuación del derecho es una operación jurídica inversa a la reparación o remoción del daño.

Los seguidores de esta segunda dirección se esfuerzan, por el contrario, por reconducir ambos remedios (reparación por equivalente y reparación específica) a una unidad, apelando a la categoría general de "reparación del daño", y postulando una unicidad de la obligación reparatoria, comprensiva de ambas formas de reparación como meras modalidades alternativas –o "cuasi-alternativas"– de actuación de una misma obligación. Se oponen así, por diversos motivos, a extender la esfera de la responsabilidad civil para hacer coincidir la acción de reparación en forma específica con los casos de restitución, invalidez negocial, etc. El primero, de orden histórico, en cuanto la consideran ajena a la tradición jurídica y explicable sólo en virtud de influencias iusnaturalísticas en el sistema romano[87]. El segundo, de orden lógico, en cuanto la reintegración corresponde a la idea de violación del derecho (respecto a la que encuentra amplia aplicación) más que a la de reparación del daño. A la violación de la esfera jurídica ajena que se acompaña de la verificación de un daño a cargo del sujeto pasivo, el ordenamiento hace corresponder, como consecuencia, la obligación de reparación, cuya función es precisamente neutralizar el daño causado. Las dos modalidades de reparación (reparación en forma específica y resarcimiento por equivalente) pertenecen a una misma categoría: en ambos casos nos encontramos ante una prestación que tiene como finalidad eliminar el daño y no el hecho dañoso y, en consecuencia, cualquiera de sus formas explica sus efectos sólo en el momento en que se actúa y no, como es lógico, retroactivamente al momento de verificación del ilícito.[88]

Por su parte, CASTRONOVO[89] mantiene el postulado de una categoría unitaria del daño, que se hace resarcible en cuanto es consecuencia patrimonial negativa de la lesión de una situación jurídica subjetiva y es fuente de una –también unitaria– obligación resarcitoria, para la cual el ordenamiento prevé dos modalidades alternativas de actuación que no son sino formas diversas de una sola entidad[90]. El artículo 2058 del *Codice* habla de "reintegración en

[87] La "doble matriz" a la que se refiere DI MAJO [(2003), p. 261].

[88] Así lo afirma POGLIANI [(1964), pp. 417 y 419], quien aduce también en apoyo de la tesis de unidad de la obligación resarcitoria, además de la propia rúbrica del artículo 2058, la "función integradora" del resarcimiento en forma específica: la posibilidad de integrar o complementar el resarcimiento con el resarcimiento por equivalente cuando aquél no sea suficiente. Del razonamiento se deduce, a mi juicio, no obstante, que este carácter o función integradora corresponde más bien al resarcimiento por equivalente, el cual "llena los huecos" dejados por la reparación específica.

[89] CASTRONOVO, C. [(2006), p. 818].

[90] Por ello, un importante sector de la doctrina considera inaceptable, en el plano de la aplicación, la idea –sostenida por otros autores, como SALVI o EBENE COBELLI– conforme a la cual, si las actividades de reintegración son desarrolladas por el propio perjudicado, de modo que

forma específica de la situación patrimonial anterior", expresando claramente con esto la tendencia funcional del resarcimiento en forma específica en los mismos términos que el resarcimiento por equivalente, refiriéndose ambos a la situación patrimonial a reconstruir y, por tanto, según medidas que no pueden resultar diversas en su significado patrimonial.

El argumento esgrimido por CASTRONOVO a favor de la consideración reparatoria de la reintegración en forma específica tiene origen en el ordenamiento germánico. El §249 del BGB concibe la *Naturalherstellung* como la prestación que realiza el estado de cosas que existiría de no haber sobrevenido la circunstancia que da lugar al resarcimiento. Se repite la referencia al estado de cosas, no al patrimonio, aunque siempre en términos de diferencia entre cómo queda éste tras el ilícito y cómo habría estado si el ilícito no se hubiera verificado. Y la diferencia, entendida como medida del interés a actuar con la reparación, ha constituido la base fundamental de la disciplina de ésta en el Derecho alemán: una diferencia a evaluar pecuniariamente en la reparación por equivalente y, en cambio, *in natura* en la reparación en forma específica. La doctrina alemana no olvida subrayar en este punto que el §249 no atribuye al perjudicado una pretensión de restauración (*Wiederherstellung, repristino*) del estado de cosas precedente, sino a la obtención del hipotético estado de cosas que se habría dado si no se hubiera verificado el hecho dañoso. Así, si se han destruido nuestros árboles, la reparación en forma específica no consiste en replantar árboles del mismo tamaño que los destruidos, sino árboles que sean igual de grandes que, en el momento de la reparación, lo serían los destruidos.

La reparación *in natura*, ciertamente, puede no ser suficiente para cubrir íntegramente el lucro cesante, y así, en el ejemplo dado, la reintegración específica no será capaz de restituir el valor de los frutos que en el tiempo intermedio entre el ilícito y la reparación habrían producido los árboles. Pero en este caso se tratará de combinar, como se reconoce universalmente, las dos formas reparatorias, integrando por equivalente cuanto no sea reparable *in natura*. En el ordenamiento italiano, es el propio artículo 2058 del *Codice* el que permite la reintegración en forma específica incluso cuando sólo sea parcialmente posible, deduciéndose que por la parte restante se provea por equivalente.

---

la obligación del responsable termina por convertirse en pecuniaria, el *quantum* se fijaría conforme a distintos criterios, calculándose sobre los costes de "reconstitución", y no sobre los ofrecidos en sede de incumplimiento, a los que el artículo 2056 del *Codice* reenvía (idea recibida del Derecho alemán, en el que, sin embargo, los parámetros normativos son bien diferentes). Pero la reparación, cualquiera que sea su forma, no hace sino reintegrar la esfera jurídica del perjudicado al estado en que se hubiese encontrado si el ilícito no se hubiera producido.

Todo ello permite explicar la tesis de la unicidad de la obligación reparatoria, sostenida asimismo por SCOGNAMIGLIO[91], unicidad que tiene como corolario que, devenida imposible la reintegración en forma específica, tras ser dispuesta por el juez o elegida por el perjudicado de acuerdo con el responsable, éste último queda obligado al resarcimiento, en este caso por equivalente.

Desde esta perspectiva se revelaría inadmisible la idea que, de modo más o menos consciente, reconstruye el resarcimiento en forma específica como una medida restitutoria a la cual puede acceder el verdadero y auténtico resarcimiento del daño, entendido como resarcimiento por equivalente. CASTRONOVO[92] no ve posible teorizar sobre una especie de línea continua que, bajo el signo de la calificación *"in natura"* o "en forma específica", asocie las técnicas restitutorias, la ejecución y la reparación, aun reconociendo la diversidad de su estructura y funciones. A su juicio –en relación con el ordenamiento jurídico italiano–, parecería que tras una etapa en la que el resarcimiento en forma específica ha debido ser distinguido de otras figuras vecinas –precisamente por su relativamente reciente autonomía–, puede seguir una etapa en la que al remedio reparador por excelencia, el resarcimiento por equivalente, caracterizado por su genericidad respecto a los intereses tutelados, intentan contraponerse todos los remedios que, en cuanto señas de su especificidad, pueden unitariamente ser considerados bajo el perfil de la mayor conformidad con el interés al que se trata de dar actuación[93].

Ello conduciría a una *summa divisio* entre una tutela específica, dirigida a hacer conseguir al titular del derecho la misma utilidad garantizada por la ley o el contrato, y una tutela resarcitoria, dirigida a hacer conseguir al titular del derecho no la misma utilidad, sino sólo utilidades equivalentes.

En cualquier caso, una lectura del fenómeno reparatorio que expulsara a la reparación en forma específica de la categoría de reparación del daño, puede plantearse como hipótesis en un sistema normativo que "ignore" la reparación específica, como el *Codice* italiano de 1865 o los actuales sistemas francés y

---

91 SCOGNAMIGLIO, R. (1996), *passim*.

92 CASTRONOVO, C. (2006), p. 804.

93 El mismo autor observa cómo en el ordenamiento italiano, delineada la verdadera figura de la reintegración en forma específica respecto de otras y aclarada la naturaleza propiamente reparatoria del mismo, se explica entonces plenamente la futilidad de la cuestión, en una etapa de gran euforia por las medidas específicas, sobre si la reintegración en forma específica debe ser, en abstracto, privilegiada respecto del resarcimiento por equivalente. El legislador, al adoptar la regla del artículo 2058 del *Codice civile*, ha huido de la "trampa naturalística", que tendería a privilegiar la medida jurídica de tipo específico precisamente por su "naturalidad" o proximidad al interés a restaurar. Y si se quiere buscar una explicación de orientación tan equilibrada, sólo puede radicar en el carácter de la tutela resarcitoria, que no da actuación a una situación jurídica tutelada, sino que se dirige a restaurar el patrimonio en una proyección hipotética que puede revelarse más o menos distinta de la preexistente al hecho ilícito o al incumplimiento (*Ibid.*, pp. 804-807).

español de responsabilidad, pero no parece posible a la vista del vigente Código Civil italiano, dado que éste disciplina expresamente el "resarcimiento en forma específica" (con tal rúbrica), en el artículo 2058, cuyo enunciado normativo, sin embargo, utiliza el término "reintegración"[94].

La totalidad de la doctrina española consultada por esta investigadora puede encuadrarse dentro de esta segunda dirección conceptual, que sitúa la reparación específica dentro del ámbito de la reparación en sentido estricto, como una de sus –al menos, *ab initio*– posibles formas.

3. La reparación específica como criterio de cuantificación del daño

MONTESANO[95] describe la *reintegración en forma específica* como una operación o un conjunto de operaciones que, desarrolladas bajo control judicial, son necesario instrumento para el juicio de cuantificación del daño. Según este autor, el juicio al que se refiere genéricamente el artículo 2058 del *Codice civile* consta de dos procesos de cognición o de un proceso de cognición dividido en dos fases: el primero se concluye con la sentencia constitutiva que determina la actividad de reintegración; el segundo comprende el control judicial de esta actividad y se concluye con la condena al resarcimiento en dinero, necesariamente medido con arreglo al coste de la reintegración.

Pero, a juicio de CASTRONOVO[96], la unicidad de la obligación resarcitoria no permite un resarcimiento representado por valores diferentes según la modalidad en concreto adoptada. Y sólo una falsa representación de la incoercibilidad de las obligaciones de hacer, la cual se identifica pura y simplemente con la inejecutabilidad de las mismas en los términos del cumplimiento ordinario de una obligación, puede inducir a suponer que en todo caso la reintegración en forma específica deba realizarse como actividad desarrollada por el perjudicado bajo control judicial, que se concluye con la liquidación de una suma; con el inevitable resultado de transformar, a cargo del agente, la reintegración misma en un resarcimiento por equivalente. Que la jurisprudencia italiana acostumbre a entender de este modo la reparación específica no quita que las dos modalidades resarcitorias tengan un contenido diverso, siendo obligación de dar la reparación por equivalente y obligación de hacer la reparación específica. Con éste, de hecho, el daño viene eliminado de la esfera jurídica del perjudicado mediante una conducta del agente que tenga un contenido exactamente contrario a aquél que ha causado el daño: se trata de deshacer lo ilícitamente hecho,

[94] Lo cual, a juicio de CASTRONOVO [(2006), pp. 805 y 817], parece indicar que el legislador entiende dicha reintegración como concepto incluido en el resarcimiento.

[95] MONTESANO, L. (1991), p. 165.

[96] CASTRONOVO, C. (2006), p. 831.

se trata de "*undo*", como expresivamente dicen los angloparlantes. También lo aclara el BGB, que llama a la reparación específica "*Herstellung*", palabra que en alemán significa sobre todo "construcción", "producción", con un reclamo específico a un "hacer". Además, si no existieran tales diferencias, el legislador habría debido evitar una reintegración en forma específica que acabaría por traducirse en una pura inversión de operaciones respecto al resarcimiento por equivalente, considerando también que los resultados desde el punto de vista económico, no pueden no ser iguales, mientras los costes de administración del daño serían mucho más elevados debido al control judicial, que se añadiría al primer pronunciamiento sobre la responsabilidad y la reintegración[97].

Desde la perspectiva de la aplicación, un aspecto importante que emerge de la unidad de la naturaleza del daño y de la identidad de la función del resarcimiento, asuma éste una u otra forma, es no poder aceptar la idea –acogida en cambio por quienes sostienen la doble configuración del daño y la diferencia funcional de las dos formas de resarcimiento– de que, en el caso de que sea el propio perjudicado quien desarrolle las actividades de reintegración –de forma que la obligación termina por transformarse en pecuniaria– el *quantum* se fijaría con criterios diferentes que en el resarcimiento por equivalente, calculándose entonces sobre los costes de restauración y no en base a los criterios habitualmente aplicados a ésta última, establecidos por las normas o por la jurisprudencia. En definitiva, se estaría concibiendo la reparación en forma específica como un mero criterio de cuantificación del daño alternativo al tradicional, postura con gran calado en la doctrina y la jurisprudencia italiana, pero sobre todo en la doctrina alemana.

La idea –nacida en Alemania– del daño real o material como daño distinto del derivado del mero cálculo –al que recurre el resarcimiento por equivalente – tiene como corolario el §249-2 BGB, que prevé que el acreedor pueda, en lugar de *Naturalherstellung*, exigir el montante necesario para realizarla, tratándose, pues, de una pretensión distinta del resarcimiento por equivalente.

Sobre la base del recurso a la *Naturalrestitution,* se teoriza sobre un interés ulterior y diverso respecto a cuanto constituye el objeto y el objetivo de la tutela

[97] En opinión de CASTRONOVO [(2006), pp. 831-832] el no ser –las obligaciones de hacer– coercibles, se transforma por MONTESANO en un no ser tampoco susceptibles de hacerse objeto de una sentencia de condena; con lo que indebidamente se identifican dos aspectos absolutamente distintos: el de la obligación como *vinculum iuris* y el de su cumplimiento. El hecho de que tal cumplimiento no sea coercible se entiende como una "indictabilidad", por parte del juez, de la obligación de reintegrar. Con la consecuencia de que el primer pronunciamiento termina por poner necesariamente a cargo del perjudicado el cumplimiento de las obras reparatorias, una sub-especie de "carga" en sentido técnico, en cuanto sólo después de haberlas realizado el perjudicado puede, recurriendo al control judicial, dar concreción, es decir, un objeto, al propio derecho al resarcimiento por equivalente. El crédito resarcitorio sufre así una distorsión: de derecho a una prestación se transforma en un comportamiento que realiza la carga que puede hacer actual el derecho.

por equivalente. La tutela contra el daño accede en este caso a una valoración diferenciada (respecto al mero parámetro del cambio) de los valores lesionados por el ilícito: su valencia 'restitutoria' conduce, por definición, a un escenario más amplio y articulado del daño sufrido por el sujeto, que encuentra su mayor elemento de diferenciación en la relevancia concedida –aun en vía indirecta–, al interés de afección del perjudicado, esto es, a una valoración idiosincrática del daño, que termina por evadirse del criterio de la disminución del valor de mercado del bien lesionado[98]. Algunas corrientes jurisprudenciales evidencian la tendencia a calibrar la medida del resarcimiento sobre una noción objetivada de daño que introduce nuevos parámetros de cuantificación. La jurisprudencia llega aquí a una valoración distinta y más amplia del perjuicio resarcible, trabajando esencialmente sobre el concepto de daño patrimonial, dilatándolo y modificándolo hasta el punto de hacerle asumir un contenido tendencialmente abstracto, calibrado sobre la lesión del bien o del derecho, más que sobre las concretas pérdidas económicas derivadas de aquella lesión.

CASTRONOVO[99] destaca, por su parte, la diferencia del dato normativo alemán respecto del ordenamiento italiano –y, por tanto, debe destacarse, también del nuestro–: el §249 del BGB evidencia ante todo una supraordenación de la reparación en forma específica respecto a la reparación por equivalente, que se contempla sólo cuando la primera no sea posible; además, la primacía de la *Naturalrestitution* sitúa el coste en que ésta consiste –admitiendo su diversidad respecto al coste del resarcimiento por equivalente–, como parámetro de referencia del coste del resarcimiento. En el ordenamiento italiano, el carácter "ordinario" del resarcimiento por equivalente invierte los términos de la cuestión.

La consideración de una reparación que tiene un significado patrimonial distinto en función de la forma concretamente adoptada, significa que el responsable va hacia costes distintos según que el perjudicado opte o no por la reparación en forma específica y que el juez concreto estime que en el caso concreto es adecuada o excesivamente onerosa, escindiendo así la responsabilidad en dos ramas. A juicio del citado autor, esta "visión o respuesta doble" es fruto de un estrabismo doctrinal y jurisprudencial. La reparación, cualquiera que sea su forma, no hace sino reintegrar la esfera jurídica del perjudicado al estado en que se hubiese encontrado si el ilícito no se hubiera producido: el coste de las obras materiales para realizar tal resultado puede ser inferior al coste del daño –en cuyo caso será necesaria la combinación, por el resto, con el resarcimiento por equivalente– pero no podrá ser superior, pues sería un contrasentido una reparación superior al daño resarcible.

98 MARELLA, Mª R. (2000), pp. 243-244.
99 CASTRONOVO, C. (2006), p. 826.

La reparación específica no es, en nuestro Derecho, bajo mi punto de vista, ni un remedio autónomo, ajeno a la "órbita" de la reparación del daño, ni un mero criterio de cuantificación de éste, sino una auténtica forma de reparación del daño. Como tal es contemplada por la interpretación que, en nuestro ordenamiento jurídico, efectúan hoy, con carácter general, la doctrina y la jurisprudencia, interpretación que constituye el resultado de la sedimentación de diversas y sucesivas configuraciones del contenido de la obligación de reparar el daño, conforme a la evolución histórica que seguidamente expondremos.

VI. APROXIMACIÓN A UNA PERSPECTIVA DE LA REPARACIÓN EN FORMA ESPECÍFICA EN EL DERECHO COMPARADO

Resultará útil a nuestra investigación saber si existe, y cómo se configura, la reparación en forma específica en el Derecho comparado. En todo ordenamiento jurídico, la comprensión del verdadero funcionamiento de cualquier institución exige analizar todas sus fuentes. Mas, siendo consciente de que llevar a cabo esa labor respecto a un considerable número de ordenamientos excedería tanto el objeto de este trabajo como la capacidad de esta investigadora, nos limitaremos a esbozar algunas de las diversas posturas adoptadas legalmente, intentando incidir sólo en alguna de ellas, por sernos más afines, por encontrarnos bajo su ámbito de influencia, por la peculiaridad de su regulación, o, sencillamente, porque en esos países la reparación en forma específica ha sido objeto de mayor atención por parte de la doctrina y/o la jurisprudencia.

Se podría partir de una muy genérica distinción entre sistemas "romanistas" y sistemas "germanistas" (o "germánicos"), en razón de un predominio, respectivamente, de la reparación por equivalente o de la reparación en forma específica. Sin embargo, la separación de los distintos sistemas jurídicos en grupos homogéneos no resulta fácil ni del todo exacta, pues las soluciones adoptadas combinan en distintos grados ambas formas de reparación: prácticamente todos los sistemas son de naturaleza mixta, de modo que pueden incluir dos o más criterios de reparación, operativos entre sí en razón de diversas circunstancias, pero que, en ningún caso, establecen un criterio de *exclusión* de los demás.

Podemos agrupar, con las reservas antedichas, los sistemas legales en: a) sistemas que nada dicen expresamente –o al menos no sientan regla general alguna– sobre la reparación específica (entre los cuales debemos ubicar nuestro propio ordenamiento); b) sistemas que establecen un criterio de arbitrio judicial; c) sistemas que consagran como regla general la reparación pecuniaria o por equivalente; d) sistemas que consagran como regla general la reparación específica; y, por último, e) sistemas que establecen una opción a favor del perjudicado sobre el modo de reparación.

1. Sistemas que nada dicen sobre la forma de reparación

El ejemplo paradigmático de este tipo de sistemas –al que asimismo se adscribe nuestro propio ordenamiento jurídico– está representado por el ordenamiento jurídico francés[100], siendo la responsabilidad civil uno más de los aspectos que ponen de manifiesto la influencia del *Code* de 1804 en nuestra codificación.

VINEY destaca la tendencia del Derecho francés a utilizar la responsabilidad civil como instrumento de restablecimiento de la legalidad[101], así como su ambigüedad respecto a la utilización de la misma institución ante la mera amenaza de daño[102].

A juicio de esta autora, el Derecho francés ostenta una posición intermedia en lo que se refiere a la consideración de la reparación en forma específica o reparación no pecuniaria[103].

Los Tribunales reconocen, desde hace mucho tiempo, el derecho de pronunciar este tipo de condenas, con sujeción a ciertos límites, y salvando algunos obstáculos, como el representado por la polémica interpretación del art. 1142 del *Code* civil[104].

Según el artículo 1382 del mismo cuerpo legal:

> *"Cualquier hecho de la persona que cause a otra un daño, obligará a aquella por cuya culpa se causó, a repararlo[105]"*.

En sede del "*efecto de las obligaciones*" –y referido, en principio, a las obligaciones contractuales–, el artículo 1142 dispone que "*toda obligación de hacer o de no hacer se resuelve en la de indemnizar los daños y perjuicios en caso de incumplimiento por parte del deudor"*[106]. Conforme al artículo 1144,

[100] Hemos de señalar, no obstante, que otros autores sitúan el sistema francés entre los sistemas que establecen, aun sin hacerlo expresamente, una preferencia absoluta por la reparación específica; absoluta, desde el punto de vista de que pueden optar por ella tanto el perjudicado como el propio responsable. Así, MAZEAUD Y CHABAS estiman que debe reconocerse el derecho de la víctima a exigir una condena *in natura*, así como su obligación de contentarse con la reparación específica cuando el responsable se la ofrezca [MAZEAUD, H. y L. y CHABAS, F. (1983), pp. 616 y 621].

[101] VINEY G. (1988), p. 16.

[102] *Id.*, p. 17.

[103] *Id.*, p. 22.

[104] *Id.*, pp. 45-52.

[105] Art. 1382: *"Tout fait quelconque de l'homme, qui cause à autrui un dommage, oblige celui par la faute duquel il est arrivé à le réparer"*. (Cualquier hecho de la persona que cause a otra un daño, obligará a aquella por cuya culpa se causó, a repararlo).

[106] Art. 1142: *"Toute obligation de faire ou de ne pas faire se résout en dommages et intérêts en cas d'inexécution de la part du débiteur"*. (Toda obligación de hacer o de no hacer será resuelta con indemnización por daños y perjuicios, en caso de incumplimiento por parte del deudor).

"(e)l acreedor podrá también, en caso de incumplimiento, ser autorizado a hacer cumplir él mismo la obligación a cargo del deudor. Éste podrá ser condenado a adelantar las sumas necesarias para dicho cumplimiento"[107]. Para las obligaciones de no hacer, dice el artículo 1143, *"(s)in embargo, el acreedor tiene derecho a pedir que lo hecho contraviniendo la obligación sea destruido; y podrá obtener autorización para destruirlo a costa del deudor, sin perjuicio de la indemnización de daños y perjuicios, si procede"*[108]. Y, conforme al artículo 1145, *"(s)i la obligación fuera de no hacer, el que la contravenga deberá indemnizar los daños y perjuicios por el solo hecho de la contravención"*[109].

En esta regulación –similar a la existente en el Código italiano de 1865 y en el Código Civil español respecto a las obligaciones de hacer y no hacer– es destacable la diferencia de los términos empleados respectivamente en los artículos 1142 y 1382. El artículo 1382, para el daño extracontractual (*"Des délits et des quasi-délits"*), dice que, del mismo, surge la obligación de "reparar" (*réparer*) el daño; en sede de lo que podemos considerar el daño contractual[110], el artículo 1142[111] dice que toda obligación de hacer o no hacer "se resuelve en los daños y perjuicios" en caso de incumplimiento. Ello podría hacer pensar que la intención del legislador era limitar la reparación del daño contractual a la forma de resarcimiento por equivalente, motivo por el cual, durante mucho tiempo, ejecución y reparación específica operaban recíprocamente con carácter excluyente. En el sistema francés, la respuesta al incumplimiento parece encerrada en la alternativa entre resarcimiento del daño por equivalente y la ejecución forzosa en forma específica.

Dicha orientación parte de una confusa interpretación y aplicación de los artículos 1143 y 1144 del *Code*, que se leen, por así decirlo, en lenguaje de resarcimiento, y de la que surge una tendencia doctrinal que niega que la

---

[107] Art. 1144: *"Le créancier peut aussi, en cas d'inexécution, être autorisé à faire exécuter lui-même l'obligation aux dépens du débiteur. Celui-ci peut être condamné à faire l'avance des sommes nécessaires à cette execution"*. (El acreedor podrá también, en caso de incumplimiento, ser autorizado a hacer cumplir él mismo la obligación a cargo del deudor. Éste podrá ser condenado a adelantar las sumas necesarias para dicho cumplimiento).

[108] Art. 1143: *"Néanmoins, le créancier a le droit de demander que ce qui aurait été fait par contravention à l'engagement soit détruit ; et il peut se faire autoriser à le détruire aux dépens du débiteur, sans préjudice des dommages et intérêts s'il y a lieu"*. (No obstante, el acreedor tendrá derecho a pedir que aquello que hubiera sido hecho incumpliendo el compromiso, sea destruido; y podrá hacerse autorizar para destruirlo a cargo del deudor, sin perjuicio de reclamarle por daños y perjuicios si hubiera lugar).

[109] Art. 1145: *Si l'obligation est de ne pas faire, celui qui y contrevient doit des dommages et intérêts par le seul fait de la contravention.* (Si la obligación fuera de no hacer, aquel que la incumpliera deberá pagar daños y perjuicios por el solo hecho del incumplimiento).

[110] Aunque en realidad, se trata, más bien, de las reglas relativas a la ejecución y a la responsabilidad "estrictamente contractual", es decir, la derivada del propio incumplimiento, con independencia de la causación de un daño como consecuencia de tal incumplimiento.

[111] Precepto cuyo contenido se corresponde con el artículo 1098 de nuestro Código Civil.

diferenciación entre resarcimiento en forma específica y ejecución en forma específica tenga sentido, pues la "especificidad" que caracteriza ambos remedios parece absorbente de sus diferencias estructurales. Ambos encajan en el concepto de reparación en forma específica generalizado por los hermanos MAZEAUD y TUNC, que entienden ésta como la obligación del responsable de restituir a la víctima al estado en que se hubiera encontrado si el ilícito no se hubiese producido[112]. No parece aventurado, pues, suponer que la reparación específica naciera históricamente en la responsabilidad por incumplimiento para pasar posteriormente a la responsabilidad por acto ilícito[113].

La lógica de la equivalencia de valores invade el sistema francés bastante más allá del ámbito reservado a la responsabilidad delictual, conformando los fundamentos de la tutela de las obligaciones según el principio por el cual el incumplimiento de las obligaciones de hacer y no hacer da esencialmente lugar a la obligación de resarcimiento del daño a cargo del deudor. Los mismos principios que presiden el Derecho de las obligaciones en el *Codice Civile* italiano.

Sin embargo, esta base de silencio normativo no ha impedido que en Francia –como sucedió en Italia y en nuestro país– se consolidara gradualmente, y con carácter general, una tendencia a afirmar la idea de la reparación en forma específica, encomendando la elección entre las dos formas posibles a la valoración soberana del juez. El modelo francés, a pesar de la aversión expresa del *Code* por la tutela específica, evoluciona en sus desarrollos jurisprudenciales y doctrinales de modo incluso desinhibido respecto a la lógica mercantilista propia del daño-interés, reservando un espacio siempre más amplio a la tutela *in natura*; la práctica no ha negado nunca que el sistema permita reaccionar al *torto* también con medidas de tutela plena. La mayor parte de los autores franceses ha considerado siempre que es facultad del juez conceder al perjudicado la restitución de la cosa en lugar de su mero equivalente pecuniario, o imponer al agente medidas idóneas para restablecer el estado de cosas alterado, si bien no se ha llegado nunca a la formulación de un principio de tutela plena comparable en fuerza y eficacia al principio germánico de la reparación natural.

La elaboración jurisprudencial en materia de *condemnation en nature* parte, de hecho e inevitablemente, de la ejecución en forma específica de las obligaciones incumplidas, por el simple hecho de poder rastrear en esta materia los únicos "ganchos" de Derecho positivo presentes en el sistema: los artículos 1143 y 1144 del *Code*, en sede de ejecución por subrogación de las obligaciones de hacer y no hacer.

---

112 MAZEAUD, H. y L., y TUNC, A. (1977), p. 480.

113 CASTRONOVO, C. (2006), p. 802.

Las evoluciones de la doctrina y la jurisprudencia francesas en tema de *reparation en nature* son ignoradas, o vistas con sospechas, a causa del empleo de una fórmula que, innegablemente, comprende también la ejecución en forma específica de las obligaciones incumplidas. La fidelidad al principio de la equivalencia de valores se ejemplifica en la interpretación del remedio *in natura* como *species* del *genus* resarcimiento del daño, respecto al cual la única novedad admisible está representada por la relevancia adquirida por el *valor de uso* del bien dañado, en relación con el parámetro del *valor de cambio*, normalmente relevante en sede de resarcimiento por equivalente. Se trata de una fórmula ambigua que un argumento económico puede subvertir, considerando que, en una economía de mercado, también el valor de uso de un bien es apreciable en términos monetarios y no exhibe, en este sentido, ninguna diferencia cualitativa apreciable respecto al valor de cambio. Pero, al mismo tiempo, se trata de una fórmula que, en su generalidad, se presta a reconducir la reparación específica exclusivamente a la restitución de un valor, tendencialmente abstracto también, haciendo resaltar en ella la misma estructura del resarcimiento por equivalente, para poder así, definitivamente, separar el remedio de los instrumentos de tutela plena dirigidos a la actuación del derecho violado, y negar su configurabilidad como medida de cesación del ilícito y de remoción de la fuente del daño. La prueba de esta peculiaridad estructural puede a menudo detectarse en el mismo Derecho positivo: a la actuación de los medios de tutela dirigidos a la actuación del derecho, la ley incorpora usualmente la sanción de resarcimiento del daño.

Pero la principal cuestión radica en determinar el margen de libertad del que el juez dispone para elegir entre las diversas formas de reparación, y también existe división de posiciones al respecto. La *Cour de cassation* reconoce, en principio, la facultad de los jueces de elegir libremente entre ambas formas de reparación. Sin embargo, existe una tendencia a permitir a las partes (especialmente a la víctima, en caso de responsabilidad extracontractual) imponer al Juez –también dentro de determinados límites– la adopción de una determinada medida tendente a eliminar la fuente del daño, tanto en materia contractual como extracontractual[114].

2. Sistemas de arbitrio judicial

La generalidad de los autores[115] suelen mencionar el sistema suizo como paradigma de aquéllos en los cuales la forma de reparación depende totalmente del

[114] VINEY, G. (1988), pp. 63-64.

[115] Entre ellos, SANTOS BRIZ, J. [(1963), p. 261; (1984), p. 188; (1991), p. 312 y NAVEIRA ZARRA, M.M. (2006), p. 244.

criterio judicial. Este Código fue escrito por el gran jurista EUGEN HUBER, sancionado en el año 1907, y comenzó a regir, junto con la Ley Federal de 30 de marzo de 1911 que lo completó con el Código de las Obligaciones, en 1912. Las principales construcciones del código alemán fueron consagradas en el Código suizo, en un lenguaje más práctico. Muchos países se han visto inspirados en este cuerpo legal, y no tanto en el alemán, del cual aquél se originó[116].

El criterio judicial puede prevalecer sobre la voluntad del propio damnificado, fijando el modo de reparación de manera distinta a como éste la haya solicitado[117]. Al juez que conoce del litigio sobre responsabilidad se le atribuye la facultad de decidir, a la vista del caso concreto, el modo de reparación que mejor se adapte a la consecución del interés del perjudicado sin descuidar, al tiempo, los intereses del responsable obligado a proceder al resarcimiento del daño.

Para la mayoría de los partidarios de esta solución el juez es soberano para escoger la forma en que debe concretarse la reparación del perjuicio, por lo que la posible elección del perjudicado, manifestada en su demanda, no le resulta vinculante. Así las cosas, es al juez y sólo a él a quien compete adoptar la decisión acerca de la forma más conveniente de resarcimiento a la vista de los intereses en juego, intereses que, en ocasiones, no serán solamente los del perjudicado y el responsable, razón por la cual estiman que la remisión de esa decisión al juez aparece como la opción más razonable.

Una parte de la doctrina patria atribuye a los jueces la facultad de elección del modo de reparación[118], principalmente, sobre el argumento legal constituido por la regulación de la responsabilidad civil derivada de hechos constitutivos de delito o falta: el artículo 112 del Código Penal establece que *"(l)a reparación del daño podrá consistir en obligaciones de dar, de hacer o de no hacer que* el Juez o Tribunal establecerá *atendiendo a la naturaleza de aquél y a las condiciones personales y patrimoniales del culpable, determinando si han de ser cumplidas por él mismo o pueden ser ejecutadas a su costa"*.

---

[116] Así, por ejemplo, Turquía lo tomó en su totalidad, con algunas pequeñas modificaciones.

[117] En virtud de lo dispuesto por el artículo 43.1 del Código de las Obligaciones, *"(l)e juge détermine le mode ainsi que l'étendue de la réparation, d'après les circonstances et la gravité de la faute"* ("El juez determina el modo, así como la extensión de la reparación, según las circunstancias y la gravedad de la culpa).

[118] Es el caso, por ejemplo, de VICENTE DOMINGO [(2006), p. 311], o de SANTOS BRIZ [(1963), pp. 330-331], quien señala que "*la forma en que haya de efectuarse el resarcimiento no se deja al arbitrio del responsable, sino que quedará sometida a la decisión judicial, de acuerdo con el principio dispositivo y de congruencia del fallo que rigen en nuestro proceso civil*".

3. Sistemas que establecen la preferencia de la reparación pecuniaria

Hemos de tener en cuenta, tal como dijimos al principio de este capítulo, que la inclusión de cualquier ordenamiento en este grupo es relativa, ya que, si bien la regla general es el pago de una suma equivalente a la del perjuicio sufrido, sin embargo, todos ellos prevén como alternativa en casos especiales la posibilidad de apartarse de esa regla y efectuar una reparación específica, bien por opción del perjudicado, bien por determinación judicial.

Entre este grupo de sistemas se sitúa el ordenamiento griego. El Código civil griego[119] de 1946, en su aspecto técnico, sigue el plan general del Código alemán y, en cuanto a su contenido, fue influido ante todo por la ciencia jurídica de los pandectistas alemanes del siglo XIX. Gran número de artículos son traducción literal del BGB, aunque también el Código civil suizo ejerció influencia sobre el griego.

Este ordenamiento puede suscitar alguna duda en cuanto a su clasificación, a los efectos que estamos analizando. Según el artículo 297 del Código civil griego[120]:

> *"Daños y perjuicios.- La persona obligada a indemnizar debe hacerlo en dinero. El Tribunal apreciando las circunstancias particulares, puede ordenar, en lugar de la indemnización en dinero, el restablecimiento al estado anterior, si esta manera de indemnizar no choca con los intereses del acreedor".*

Efectivamente, la primera frase del precepto parece confirmar una regla de preferencia de la indemnización pecuniaria. Pero la segunda presenta un criterio de arbitrio judicial, en cierta medida supeditado a un tercer criterio: los intereses del acreedor. Surge la duda sobre si esto significa que el acreedor debe previamente solicitar al juez la reparación específica, para que pueda entrar en juego el arbitrio judicial, o si, en cambio, no se prevé tal solicitud y el juez puede decidir a la vista de lo ya actuado en el pertinente proceso de declaración de la responsabilidad.

Pertenecen asimismo a este tipo de sistemas ordenamientos civiles para nosotros tan exóticos como el egipcio o el etíope[121].

---

[119] Grecia se gobernó hasta 1946 en forma preponderante por el Derecho romano, especialmente por las doctrinas romano–germanistas vigentes en Alemania durante el siglo XIX.

[120] Manejamos la versión ofrecida por MOISSET DE ESPANÉS (última consulta: 15-01-2012) y a la misma referimos todas las citas al Código civil griego existentes en este trabajo.

[121] Así, el principio rector del Código Civil etíope de 1960, en cuanto a la forma de reparación, se establece en el artículo 2090, conforme al cual:

4. Sistemas que establecen la preferencia de la reparación en forma específica

Los ordenamientos jurídicos austriaco, alemán, húngaro y portugués (y, según algún autor, también el brasileño) otorgan expresamente a la reparación en forma específica una preferencia –en algunos casos absoluta– sobre la reparación por equivalente.

En los diversos códigos germánicos se recogió positivamente el principio enunciado por los iusnaturalistas, según el cual el resarcimiento del daño es un concepto genérico y unitario que incluye la prestación del equivalente y el complejo de resoluciones que conducen a la restauración jurídica integral. Se concluye y afirma que ello implica en primer lugar la obligación de dar o hacer con el fin de restituir, y sólo cuando esta finalidad no pueda alcanzarse (o no

---

1) El perjuicio se repara, en principio, por equivalencia, pagando a la víctima los daños y perjuicios.

2) Los jueces pueden, respetando la libertad de las personas y los derechos de terceros, prescribir –en lugar o además de los daños y perjuicios– todas las medidas apropiadas para reparar o limitar el daño".

Aclara el artículo 2090 que cuando el juez se inclina a elegir otros medios puede hacerlo no solamente como sustitutivos de la reparación en dinero, sino de manera simultánea, en clara alusión a la reparación pecuniaria parcial del daño *medio tempore*.

Después de ocuparse detenidamente de la reparación por equivalente, el código etíope se ocupa de los "otros modos de reparación" en los artículos 2118 y siguientes. La primera de esas normas trata de la "*restitución*" de las cosas que le fueron quitadas indebidamente al sujeto, caso en el cual si nos ajustamos al rigor técnico-jurídico de los términos, no hay "reparación" propiamente dicha, pues sólo se trata de entregar al dueño lo que es suyo. El mencionado artículo en su párrafo segundo, por otra parte, para los casos de destrucción del objeto, vuelve a la regla general de la reparación por equivalente. Dice textualmente el artículo 2118:

"*Restitución.*

1) Los jueces ordenarán la restitución al actor de las cosas que le fueron quitadas indebidamente y de los frutos producidos por esas cosas, desde la fecha del despojo.

2) Si las cosas han perecido, el demandado debe restituir su valor, aunque la cosa se hubiera perdido por causa de fuerza mayor.

3) Si el demandado ha hecho gastos sobre las cosas que debe restituir, se aplicarán las disposiciones relativas al enriquecimiento sin causa (artículos 2168-3178)".

El artículo 2119 regula los casos en que puede ordenarse una reparación *en especie*, vedada de principio cuando el responsable es el Estado:

"Reparación en especie.

1) Los jueces pueden ordenar, si la solución les parece apropiada, que el objeto destruido o dañado sea reemplazado o reparado a costa del responsable de la destrucción o deterioro.

2) En este caso fijarán las modalidades del reemplazo o reparación.

3) Este modo de reparación, sin embargo, no puede establecerse cuando la obligación de reparar incumbe al Estado".

Resulta discutible si todo el contenido de este precepto se refiere a supuestos de reparación específica. *Infra* nos referiremos a la cuestión de si la reparación *a costa* del responsable –y no *realizada por él*– puede considerarse una reparación en forma específica.

de modo suficiente), aquélla se transforma en la obligación subsidiaria de la prestación del equivalente pecuniario[122].

Los ordenamientos germánicos se adhieren a una visión iusnaturalista del concepto general de ilícito que sustituye el elemento objetivo (restringido) de la *Lex Aquilia,* conservando de ésta la exigencia subjetiva y la sanción por medio del resarcimiento. Y de la generalización del elemento objetivo de la *Lex Aquilia* –operado en los desarrollos posteriores de la misma– trata de conseguirse la generalización del remedio de la "restauración natural": dado que el elemento objetivo ya no era sólo "el daño", sino incluso la simple lesión jurídica, así la restauración ya no sólo es la natural, sino también la jurídica. Se abre paso, de este modo, a un concepto de daño que comprende también la propia lesión jurídica, considerada en sí misma –en su realidad jurídica–, no en sus consecuencias económicas –en su realidad económica–; no sólo eso, sino que incluso erige la restauración jurídica en idea fundamental del resarcimiento[123].

El BGB y el ABGB, a diferencia de los Códigos francés e italiano –y asimismo del español–, heredaron en mayor medida instancias iusnaturalistas que privilegiaban la actuación del *vinculum iuris* conforme a las modalidades previstas en la obligación (lo cual hace posible considerar que el resarcimiento en forma específica naciera históricamente en la responsabilidad por incumplimiento y de ahí pasara posteriormente a la responsabilidad por acto ilícito) y refleja una no clara distinción entre resarcimiento y restitución. El resarcimiento en forma específica adquiere en estos ordenamientos –en el austriaco, incluso, en mayor medida que el alemán– el rango de primera regla del resarcimiento, respecto a la cual la condena a la reparación por equivalente, si acaso, actúa de "subrogado" cuando lo pida el acreedor o cuando la reparación específica sea imposible o excesivamente onerosa[124]. Ha de destacarse, en cualquier caso, que

---

[122] Para MANDRIOLI [(1922), pp. 385-387], esta perspectiva es inexacta desde el punto de vista sistemático. Parte dicho autor de la premisa de que, en el campo de las obligaciones, el resarcimiento del daño está concebido sólo como prestación secundaria o subsidiaria en caso de que no sea factible la realización específica de la prestación convenida o prestación primaria. La omnipresencia del concepto de resarcimiento del Derecho germánico le lleva a invertir este concepto, viendo siempre, en la realización específica de la prestación, un caso de resarcimiento del daño. Pero es que, además, dado que las normas sobre los efectos de las obligaciones se refieren tanto a las contractuales como a las extracontractuales, la concepción unitaria del resarcimiento en realidad debe llevar a la conclusión contraria a la ofrecida por el BGB: de hecho lleva a la concepción del resarcimiento como prestación por equivalente. Si verdaderamente el efecto inmediato del ilícito civil, como tal, fuese la obligación de dar o hacer a fin de "restituir", ésta sería una auténtica y precisa obligación en sentido técnico, y como tal habríamos de tratarla; y por tanto, también aquí vendría en aplicación el principio de la realización específica. El concepto unitario llevaría a la incongruencia de que sería resarcimiento tanto la obligación primaria como la secundaria.

[123] De aceptar esta visión, habría de concluirse con MANDRIOLI que *"casi toda la tutela jurídica está comprendida en el concepto de resarcimiento del daño" (Ibid.*, p. 386).

[124] FISCHER, H. (1928), p. 140.

en muchos casos la preferencia está condicionada a la concurrencia de unas determinadas circunstancias o, mejor dicho, está subordinada a que no concurran determinadas circunstancias: la imposibilidad o la excesiva onerosidad.

La primacía de la *Naturalrestitution* en el sistema alemán de tutela contra los daños ha hecho de éste, no sólo desde la perspectiva de la legislación, sino también y sobre todo en sus desarrollos doctrinales y jurisprudenciales, un observatorio de excepción para la doctrina y la jurisprudencia italianas, para analizar y comprender los problemas y potencialidades de la reparación en forma específica como remedio de tutela.

4.1. Alemania

Los códigos alemanes anteriores al vigente ya mantenían el principio de la reparación natural. Así, según el Código General Prusiano (I, 6, 79), *"cuando se irrogue un daño, deberán restaurarse las cosas, dentro de lo posible, volviéndolas al estado que tuviesen antes de ocurrir aquél"*[125]. La doctrina y la jurisprudencia dominantes, bajo el Derecho anterior al Código alemán vigente, sostenían que la indemnización recae primariamente sobre una cantidad de dinero, pero, como estas reclamaciones se hallan presididas por el principio de equidad, que exige se tenga en cuenta la situación subjetiva del perjudicado, cuyo interés puede consistir en que se restaure el estado de cosas anterior al daño, en estos casos debería admitirse que el acreedor reclame la reparación natural del perjuicio en vez de su equivalente pecuniario.

Ya el primer Proyecto de Código Civil se decidía (con escasa argumentación en su Exposición de Motivos) por la reparación natural; el resarcimiento pecuniario sólo había de tener aplicación subsidiaria, para los casos en que la reparación natural fuese imposible o insuficiente. De nada sirvieron las encendidas críticas de DEGENKOLB[126], quien puso de relieve, de una parte, las numerosas dificultades de orden práctico con que el régimen de reparación natural primaria tropieza y, de otra, adujo objeciones de técnica jurídica contrarias a la implantación de un principio que borra la clara línea divisoria entre los derechos de cumplimiento, reparación de daños y restitución, y entre las acciones de indemnización y enriquecimiento injusto.

El largo ensayo, destinado en la intención del autor a demoler la lógica que anima el §219 del Primer Proyecto de Codificación, de 1887, que modela la

---

[125] De la letra del precepto se deriva la existencia de un único límite a la restauración natural, la imposibilidad, aunque en la práctica, cuando exigía un sacrificio desproporcionado, sencillamente se fingía la imposibilidad (FISCHER, H.: *Ibid.*, pp. 137-138).

[126] DEGENKOLB, H. von (1890), citado y ampliamente comentado por MARELLA (2000), pp. 89-115.

disciplina de la reparación de daños sobre la primacía de la reparación natural sobre el resarcimiento económico, relegado éste al papel de remedio meramente integrativo/supletorio del primero, se concluye con una premonición: si los principios recogidos en el Proyecto se plasman en la codificación, se dejará a la praxis una difícil tarea, la de distinguir entre reacción contra el daño y actuación del derecho violado; o sea, la de definir dónde acaba lo que el Proyecto llama resarcimiento del daño y comienza la mera realización del derecho, a fin de delimitar sus respectivos ámbitos de operatividad. Palabras que suenan como un anatema contra aquellos legisladores que "cedan a la tentación" del principio de reparación *in natura* de los daños, pero que, al menos en el caso italiano, parecen haber dado en el blanco, a juzgar por los contrastes que continúan contraponiendo doctrina y jurisprudencia en orden a la interpretación del artículo 2058 del *Codice Civile* y a sus potencialidades aplicativas.

DEGENKOLB[127] no parece albergar confianza alguna en la posibilidad de resolver con coherencia tal tarea. Todo el ensayo se esfuerza, por el contrario, en poner en evidencia cómo la reintegración en forma específica no es en modo alguno reducible al concepto de reparación del daño. Su inserción en el Proyecto fue considerado por él el fruto de un error de sus redactores al que, como tal, pronosticó un alto precio en el momento de la aplicación práctica del remedio.

Para DEGENKOLB, es evidente qué es lo que hace a la *Naturalherstellung* inconciliable con el concepto corriente de reparación del daño (*Schadensersatz*). La prestación del *id quod interest* es en el Derecho moderno eminentemente una medida de orden pecuniario. Y esto es lo específico del resarcimiento del daño desde el Derecho romano. La nueva legislación alemana, por el contrario, en obsequio a una criticable impostación de la doctrina iusnaturalista, que privilegia un sistema de tutela dominado por una noción generalísima y omnicomprensiva de "reparación" a la que, por otra parte, se acompaña una extensión del concepto de *damnum* a todo rechazo u omisión de cumplir lo que es debido en base a una preexistente obligación, contradice este modelo, oponiendo al mismo un modelo de reparación de daños donde es evidente el contraste entre las reglas que le son tradicionalmente propias, como las que disciplinan el daño como pérdida patrimonial, compuesto por daño emergente y lucro cesante, y reglas que en cambio asimilan la obligación resarcitoria a la remoción de cualquier lesión jurídica[128].

---

[127] *Apud* MARELLA, M.R. (2000), pp. 90-96.

[128] A juicio de DEGENKOLB, el equívoco parte de una lectura forzada de determinados pasajes del Derecho romano clásico y justinianeo, en particular de un pasaje de Ulpiano donde se intercambia, por reparación *in natura* como modalidad de resarcimiento del daño, algo que está, en cambio, para indicar la reducción de la obligación resarcitoria a una prestación *in natura* por motivos de equidad [*apud* MARELLA, M.R. (2000), p. 92].

Esto es, el Proyecto erige la reparación específica en principio que gobierna el sistema de tutela contra los daños y le atribuye erróneamente la denominación de "reparación de daños", con el resultado de transformar el resarcimiento del daño en un género común a dos categorías heterogéneas como la *Naturalwiederherstellung* (recuperación o restauración natural) y la *Geldersatz* (compensación monetaria). La noción de daño tiene para DEGENKOLB carácter empírico y no normativo, es un concepto eminentemente técnico, connotado por el principio de equivalencia pecuniaria, como tal absolutamente irreducible a la reintegración *in natura* y del todo inconciliable con su pretendida generalidad.

Dos son, para el jurista alemán, los puntos débiles de la argumentación:

El primer error lógico-jurídico consiste en crear un vínculo necesario entre los conceptos de daño y reparación del daño, y el concepto de violación del derecho. Daño y violación del derecho son conceptos independientes entre sí, así como lo son recíprocamente la reacción contra el daño y la realización del derecho. No sólo el daño no coincide con la lesión antijurídica, sino que ni siquiera lo condiciona en su génesis, forma y subsistencia. Lo cual significa que también cuando el daño es causado por una lesión antijurídica, aquél no coincide con el contenido de la violación del derecho, sino que comprende dentro de sí las consecuencias que van más allá del contenido actual del derecho lesionado (ya que en el mismo está presente, además del daño emergente, también el lucro cesante). En consecuencia, no hay un nexo necesario entre la remoción del daño y la realización del derecho violado.

El segundo error de lógica jurídica consiste en no haber comprendido que el daño, entendido en sentido técnico, es sufrido por un sujeto, no por un bien. El daño se individualiza en relación al sujeto que lo sufre, no es un dato objetivo como es la violación del derecho. La finalidad que el Derecho se prefija con la remoción del daño no es la reparación del objeto singular, sino más bien la de restaurar, restablecer idealmente al sujeto perjudicado a través de la reconstitución del estado precedente que ha sido turbado al sobrevenir el daño. Sólo el daño como disminución patrimonial puede ser eliminado en modo definitivo, precisamente a través del resarcimiento en dinero, mientras la reconstitución *in natura* del *status quo* no es en este sentido un instrumento de reparación igualmente definitivo.

El Segundo Proyecto y, con él, el texto definitivo de Código, acusando asimismo la influencia del artículo 1323 del Código civil austriaco, conforme al cual, "*(p)ara indemnizar los daños causados ha de restablecerse la situación anterior a su causación o, si esto no es posible, indemnizar el valor en que se aprecien aquellos"*[129], sostienen el principio de la reparación natural, a la que sitúan como régimen primario de indemnización.

Conforme al §249 del BGB:

> *(I) "Quien está obligado al resarcimiento de un daño deberá reponer las cosas al estado en que se encontrarían si el acontecimiento que da lugar al deber de resarcir no se hubiera producido"*[130].

La expresión legal suscita la duda sobre la interpretación del término "reponer" y sobre si puede referirse a la situación puramente material en que se encontraría el perjudicado, o a la indemnidad económica que se le ha de garantizar. De otros preceptos del BGB deducen, sin embargo, sus intérpretes que las palabras "reponer", "restaurar" y "restauración" sólo pueden referirse a la situación material. Pero las eventuales vacilaciones del lenguaje, a juicio de la doctrina, no deben ocultar el fin que persigue la ley, que es garantizar al perjudicado la misma situación económica que ocuparía sin el acaecimiento dañoso. El deber de restauración que prescribe la primera parte del §249 no es un fin en sí, sino que pretende proteger al lesionado del modo más amplio posible. Así, aunque no sea factible restablecer en toda su integridad el estado material alterado por el daño (reparación natural *material*), si se consigue rehabilitar económicamente al que lo sufre (reparación natural *económica*), no habrá por qué acudir a la indemnización en dinero del §251[131], sino que se deberá elegir la restauración natural[132]. La propia ley dice que deberá aplicarse el resarcimiento pecuniario cuando, aun siendo factible la reparación material, no se consiga con ella la reposición económica. Es decir, los dos requisitos del §251 –posibilidad y suficiencia– de la reparación natural se reducen a uno solo: en definitiva, la ley sólo exige que la reparación natural –económica– sea factible. El legislador, al entender por "restauración", "reponer" y "restablecer" lo que se entiende en términos vulgares, es decir, el restablecimiento material, no

---

129 § 1323 ABGB: *"Um den Ersatz eines verursachten Schadens zu leisten, muß alles in den vorigen Stand zurückversetzt, oder, wenn dieses nicht tunlich ist, der Schätzungswert vergütet werden. Betrifft der Ersatz nur den erlittenen Schaden, so wird er eigentlich eine Schadloshaltung; wofern er sich aber auch auf den entgangenen Gewinn, und die Tilgung der verursachten Beleidigung erstreckt, volle Genugtuung genannt"*. [Traducción de SANTOS BRIZ (1963), p. 261].

130 Utilizamos la traducción del BGB de LAMARCA I MARQUÉS y ARROYO (2008), en todas las referencias al mismo contenidas en este trabajo.

131 §251 BGB: *"(1) En la medida en que la reparación no es posible o no basta para indemnizar al acreedor, el obligado al resarcimiento debe indemnizar al acreedor en dinero. (2) El obligado al resarcimiento puede indemnizar al acreedor en dinero si la reparación sólo es posible con gastos desproporcionados. (...)"*

132 No alcanza a discernirse con claridad la diferencia entre una indemnización de perjuicios *medio tempore* adicional a una reparación específica, y la *restauración económica*, que la norma alemana pretende distanciar del resarcimiento económico, "puro y duro", del daño.

tenía más remedio que señalar esos dos requisitos –posibilidad y suficiencia–, que vienen a reducirse al único requisito de la factibilidad[133].

La restauración natural no tropezará con dificultades cuando coincidan y sean igualmente factibles la reparación natural y la económica. En otro caso, la reparación natural ofrece un mayor margen de virtualidad cuando lo que debe indemnizarse es la pérdida de una cosa genérica, y menor cuanto menos personal sea la relación entre dicha cosa y su titular. Cuanto más personal sea esa relación, o, en otras palabras, cuanto mayor sea el interés de afección del perjudicado, más aumenta el riesgo de insuficiencia de la reparación natural. El margen de reparación natural es mucho menor, en consecuencia, cuando el deterioro o la destrucción afecten a cosas notoriamente específicas.

Como hemos dicho, para el BGB, el objeto de la obligación de resarcir es el restablecimiento de la situación que existiría si el hecho dañoso no se hubiese producido, pero en lugar de entender dirigido el restablecimiento a la situación económica, lo entiende dirigido a la situación jurídica: la inmediata consecuencia de la lesión dañosa es la restauración jurídica. Hasta tal punto es así que tiene que formular una norma expresa para establecer que la parte perjudicada puede, en lugar de la restauración jurídica, pedir el equivalente en dinero (§249-2)[134]. De este modo, puede afirmarse que la regla de reparación específica encuentra en el ordenamiento alemán una primera e importante excepción en la voluntad de la víctima, que puede preferir una indemnización pecuniaria.

Pero el simple restablecimiento de la situación jurídica violada –esto es, del estado en que se encontraba antes de sufrir el daño– raras veces elimina *todo* el perjuicio. Por esa razón, dice MANDRIOLI[135], se establece un precepto *ad hoc* –el §251– para disponer que si la restauración no es posible o *suficiente*, nace la obligación de una satisfacción en dinero.

---

[133] FISCHER, H. (1928), p. 143.

[134] §249-2 BGB: *"(II) Si debe prestarse el resarcimiento de un daño por la lesión a una persona o por el menoscabo de una cosa, el acreedor puede exigir en lugar de la reparación la cantidad de dinero necesaria para ella. (...)"*

[135] Según este autor, el codificador alemán incluyó esta última norma para evitar la "encerrona" que suponía el parágrafo 1323 del Código civil austriaco, que exige el restablecimiento "del estado en que se encontraba antes de sufrir el daño", precepto que la doctrina y la jurisprudencia austriacas hubieron de interpretar, para eludir su propia literalidad, en el sentido de que la "restitución de la cosa a su estado inicial" debe comprender la reparación de *todas* las consecuencias –esto es, también los perjuicios causados tras la lesión jurídica–. El mismo autor califica de incongruente un resarcimiento que en su forma principal no llega casi nunca a alcanzar su objetivo: la fórmula del restablecimiento de la situación que habría habido de no haberse producido el hecho dañoso, fórmula romanista, es exacta y exhaustiva si se interpreta referido a la –compleja– situación patrimonial, sin escindir un primer y "principal" momento (restauración jurídica) y uno segundo y sucesivo (restauración económica) [MANDRIOLI, D. (1922), p.387].

La interpretación literal del §249-2 obliga a circunscribir la facultad de opción a las hipótesis de daños corporales o a cosas materiales, pero, dada la amplitud del ámbito descrito, dicha opción sólo sería inaplicable a los daños morales, para los que, en cualquier caso, tendría absoluta preferencia la reparación natural. Los autores alemanes ponen de relieve que en la práctica, tratándose de daños patrimoniales, la mayor parte de los casos se resuelven en una indemnización en dinero.

Según FISCHER[136], el segundo epígrafe del §249 no se refiere propiamente a la indemnización en metálico, sino que constituye un medio de evitar que la reparación natural suponga una auténtica carga para el perjudicado, que le obligue a soportar *tout court* una intervención del causante del daño en su persona o bienes, de manera que este párrafo se limita a definir una reparación natural (económica) a favor del perjudicado. En consecuencia, se aplicará el §251-2 siempre que la reparación exija un desembolso excesivo, o cuando este gasto desmesurado nazca de ser el acreedor quien la efectúe, sin que se le pueda imputar el exceso de costas con arreglo al §284[137]. Los gastos de reparación que impone el §249 y el interés del §251 son dos cosas distintas, cuyo importe pecuniario puede variar, excediendo unas veces en aquélla y otras en éste. Y si, consistiendo el daño en una pérdida patrimonial líquida, se aplica directamente el resarcimiento pecuniario, éste se ajusta en realidad al §249, no al §251. La indemnización en dinero tiene siempre carácter subsidiario. De todo ello deduce FISCHER que la acción de restauración basada en el §249 puede también traducirse en el pago al acreedor de los gastos necesarios para el restablecimiento del estado anterior de cosas.

En otras palabras, está admitiendo lo que un sector doctrinal considera una "subespecie" dentro de la reparación en forma específica, que consiste en el pago al perjudicado de la cantidad necesaria para la reparación –entendida ésta como actividad necesaria para restablecer la situación que existiría de no haberse producido el hecho dañoso–.

4.2. Austria

El 1 de enero de 1812 comenzó a regir en Austria un Código civil general, elaborado por Franz VON ZEILLER; es un Código breve y conciso, pues consta

[136] FISCHER, H. (1928), p. 169.

[137] §284 BGB: "*En vez del resarcimiento del daño en lugar de la prestación, el acreedor puede exigir el resarcimiento de los gastos que ha asumido y que razonablemente podía asumir en la confianza de la obtención de la prestación, a no ser que su finalidad tampoco se hubiera alcanzado sin la violación de un deber por el deudor*".

de solo 1502 parágrafos, tomados fundamentalmente del Código prusiano de 1784.

También en este país, cuyo ordenamiento contempla un sistema uniforme para la responsabilidad contractual y la extracontractual, se ha priorizado desde siempre la obligación de *restitución natural* del daño. Según el §1295 del ABGB, "*todos tienen el derecho de exigir restitución del daño que haya sido cometido con culpa por el dañador*"[138].

El § 1323 del mismo cuerpo legal dispone que:

> "*Para indemnizar los daños causados ha de restablecerse la situación anterior a su causación o, si esto no es posible, indemnizar el valor en que se aprecien aquellos. Si la indemnización se refiere solamente a los daños sufridos ha de obtenerse con ella una reparación completa de aquéllos, incluso las ganancias frustradas y una reparación de las ofensas sufridas, hasta su completa satisfacción*"[139].

Conforme al parágrafo siguiente[140], en los supuestos de intención maliciosa o evidente negligencia (*volle Genugtuung*), el damnificado puede pedir la "satisfacción plena o completa" y, en los demás casos, la ley habla de "indemnización" (*Ersatz*) para una "reparación adecuada"[141] o una "medida equilibrante"[142] –en suma, una indemnización compensatoria– de los daños (*eigentliche Schadloshaltung*).

Considera BARRIENTOS ZAMORANO[143] que el Derecho austriaco define el daño a partir de las distinciones entre las ganancias y las pérdidas, es decir, como "perjuicio, que alguien sufre en patrimonio, derechos o su persona",

---

[138] § 1295 (1) ABGB: "*Jedermann ist berechtigt, von dem Beschädiger den Ersatz des Schadens, welchen dieser ihm aus Verschulden zugefügt hat, zu fordern; der Schade mag durch Übertretung einer Vertragspflicht oder ohne Beziehung auf einen Vertrag verursacht worden sein*" [SANTOS BRIZ, J. (1963), p. 261, cuya traducción de los preceptos del Código austriaco manejamos en las referencias al mismo contenidas en este trabajo].

[139] § 1323 ABGB: "*Um den Ersatz eines verursachten Schadens zu leisten, muß alles in den vorigen Stand zurückversetzt, oder, wenn dieses nicht tunlich ist, der Schätzungswert vergütet werden. Betrifft der Ersatz nur den erlittenen Schaden, so wird er eigentlich eine Schadloshaltung; wofern er sich aber auch auf den entgangenen Gewinn, und die Tilgung der verursachten Beleidigung erstreckt, volle Genugtuung genannt*".

[140] § 1324 ABGB: "*In dem Falle eines aus böser Absicht, oder aus einer auffallenden Sorglosigkeit verursachten Schadens ist der Beschädigte volle Genugtuung; in den übrigen Fällen aber nur die eigentliche Schadloshaltung zu fordern berechtigt. Hiernach ist in den Fällen, wo im Gesetze der allgemeine Ausdruck: Ersatz, vorkommt, zu beurteilen, welche Art des Ersatzes zu leisten sei*".

[141] SANTOS BRIZ, J. (1963), p. 261.

[142] BARRIENTOS ZAMORANO, M. (2007), p. 287.

[143] *Ibid*., p. 287.

distinto de la "pérdida de ganancias, que alguien hubiera podido esperar en el proseguir habitual de los hechos"[144]. Si se da tal daño y si existe una obligación restitutoria del daño por una de las causas de responsabilidad, debe proceder *indemnización* (en su sentido amplio de *reparación*).

No deja de resultar oscuro, no obstante, el significado del término "solamente", utilizado en la expresión legal: *"si la indemnización se refiere solamente a los daños sufridos ha de obtenerse con ella una reparación completa de aquéllos, incluso las ganancias frustradas"*. Si la expresión "daños sufridos" es utilizada en un sentido amplio –en definitiva, como sinónimo de "daños"–, no se capta el sentido de dicho término, pues nada podrá indemnizarse que no sean los daños sufridos; y no parece probable que, con la expresión "daños sufridos", se pretenda hacer referencia exclusivamente al daño emergente, pues, seguidamente, se señala que, con la indemnización, *"ha de obtenerse (...) una reparación completa de aquéllos, incluso las ganancias frustradas (...)"*.

4.3. Hungría

El artículo 356 del Código civil húngaro de 1960 dispone que:

> *"La persona responsable del perjuicio debe restablecer la situación anterior y cuando esto fuese imposible o la víctima, por un motivo justificado no lo deseara, debe reparar el perjuicio".*

Por otra parte, según el artículo 357 del mismo cuerpo legal:

> *"1. La indemnización debe pagarse en dinero, salvo si la reparación en especie correspondiera por las circunstancias del caso. La reparación en natura puede estar particularmente indicada cuando el objeto de la reparación es una cosa que el autor del daño produce, o cuando el objeto está a su disposición por otras razones.*
>
> *2. La indemnización puede fijarse también en forma de renta. Especialmente deben fijarse rentas cuando la indemnización está destinada a suministrar o completar los alimentos debidos a la víctima o a uno de sus parientes a quien debía alimentos"*[145].

---

[144] A lo cual se referiría el § 1293 ABGB: *"Schade heißt jeder Nachteil, welcher jemandem an Vermögen, Rechten oder seiner Person zugefügt worden ist. Davon unterscheidet sich der Entgang des Gewinnes, den jemand nach dem gewöhnlichen Laufe der Dinge zu erwarten hat"*.

[145] Traducción efectuada por MOISSET DE ESPANÉS, de la versión francesa de Pául SEBESTYÉN (Imprenta Universitaria, Corviña, Budapest, 1960), a la que referimos todas las citas al Código civil húngaro contenidas en este trabajo.

A pesar de que la introducción del artículo 357 podría hacer pensar lo contrario, de la interpretación conjunta de ambos preceptos se deriva con claridad la preferencia de la reparación específica, cuando "corresponda por las circunstancias del caso", y cabe incluso afirmar que aquí la regla parece tener mayor fuerza que en otros ordenamientos, pues la opción que se concede a la víctima para elegir la indemnización en dinero, no es totalmente libre, sino que debe fundarse en "un motivo justificado".

Resulta llamativa la tipificación expresa, en la segunda parte del párrafo 1 del artículo 357, de algunas de esas circunstancias que hacen surgir tal preferencia: la eventualidad de que el agente sea quien se encuentra en mejor posición para reparar el daño, por ser él el "productor" de la cosa dañada o que ésta, por cualquier causa, se encuentre a su disposición. Cabe preguntarse qué sucede en caso de colisión entre esta "conveniencia social" y el interés del perjudicado, o, en otras palabras, si esta "particular indicación" o recomendación del artículo 357-1 elimina la posibilidad de que el perjudicado pueda en tales casos, alegando motivo justificado, optar por la reparación pecuniaria. Parece que la ubicación literal de las reglas y la perífrasis "*puede estar particularmente indicada*" inducen a interpretar que prevalece el motivo justificado del perjudicado.

El párrafo 2 del artículo 357 prevé la posibilidad de adoptar como forma indemnizatoria el pago de una renta en los casos en que el daño que debe repararse sea el de la privación de ingresos alimentarios. Parece fácil afirmar que lo que aquí se configura es una reparación pecuniaria, pero no ha de ignorarse que este supuesto no parece tampoco alejarse de la idea de restauración de la misma utilidad o bien perdido ("*...cuando la indemnización está destinada a suministrar o completar los alimentos debidos...*").

4.4. Portugal

Según el artículo 566 –titulado "*Indemnización en dinero*"– del Código civil portugués de 1967:

> "*1. La indemnización es fijada en dinero, siempre que la reconstitución natural no sea posible, no repare integralmente los daños o sea excesivamente onerosa para el deudor (...)*"[146].

[146] Art. 566: "*1. A indemnização é fixada em dinheiro, sempre que a reconstituição natural não seja possível, não repare integralmente os danos ou seja excessivamente onerosa para o devedor". 2. Sem prejuízo do preceituado noutras disposições, a indemnização em dinheiro tem como medida a diferença entre a situação patrimonial do lesado, na data mais recente que puder ser atendida pelo tribunal, e a que teria nessa data se não existissem danos. 3. Se não puder ser averiguado o valor exacto dos danos, o tribunal julgará equitativamente dentro dos limites que tiver por provados*".

De forma parecida a como ocurre en el caso anterior, la redacción utilizada por la frase inicial del artículo 566 del Código civil de Portugal de 1967, junto a la leyenda que el legislador ha colocado su título, pueden hacer pensar que se consagra como regla la reparación pecuniaria, pero, en este caso, el propio artículo continúa con un "siempre que", que invierte la situación, y coloca en lugar preferente a la "reconstitución natural*"*[147], impresión que queda corroborada si leemos el artículo 562, que, previamente y como "*principio general*" en la "*obligación de indemnización*", declara que:

> "*Quien estuviese obligado a reparar un daño debe reconstituir la situación que existiría si no se hubiese verificado el evento que obliga a la reparación*".

El Código civil portugués prevé los habituales límites de la operatividad de la reparación específica –la imposibilidad y la excesiva onerosidad–, a la vez que recoge expresamente el supuesto de insuficiencia en orden a la reparación integral del daño, en cuyo caso ha de entenderse que la exclusión es sólo parcial, de forma que no será necesario sustituir la reconstitución natural íntegramente por una indemnización en dinero, sino cubrir con el dinero sólo la parte en que la primera es insuficiente.

También prevé el Código civil portugués la posibilidad de que la indemnización se abone en forma de renta, cuando los daños fueren de naturaleza continuada, y la víctima lo solicitase (en cuyo caso el responsable deberá dar garantías del pago de la renta).

4.5. Brasil

Según MARINONI[148], a pesar de las apariencias, el Derecho brasileño siempre le dio prioridad al resarcimiento en forma específica y no al resarcimiento pecuniario[149]. Así lo demuestra, a su juicio, la norma contenida en el artículo 947 del Código civil de 2002:

[147] A favor de esta interpretación se manifiesta PESSOA JORGE, F. [(1999), p. 420]. Por el contrario, FREITAS RANGEL [(2004), p. 26] entiende que la reparación natural se encuentra fijada en interés del perjudicado y no del dañador, por lo que aquél es libre para optar entre la restauración natural y la indemnización en dinero. Por ello, a su juicio, si el perjudicado opta por la reparación pecuniaria, puede rechazar la reparación *in natura* que el responsable quiera prestarle.

[148] MARINONI, L.G. (2003), p. 10 (última consulta: 06/05/2011).

[149] Lo cual indica que el Código civil alemán fue el que ejerció una mayor influencia en el orden y técnica del Código brasileño.

> *"Si el deudor no puede cumplir la prestación en la especie determinada, se substituirá por su valor, en moneda corriente"*[150].

Esta norma, reproducción de la que ya aparecía en el artículo 1.537 del Código civil de 1916, establece, según el citado autor, la centralidad del resarcimiento en forma específica, dejando en segundo lugar a la indemnización en dinero, que por ello es meramente subsidiaria. Quiere decir que, en la acción en la que se quiere reparar el acto ilícito, "el pedimento puede dirigirse a la reparación natural, y sólo cuando exista la dificultad extrema o imposibilidad de la reparación natural, en su lugar, se habrá de exigir la indemnización en dinero"[151].

No obstante, el sistema brasileño de responsabilidad presenta, en mi opinión, el mismo tinte resarcitorio que asimismo presenta nuestro propio sistema, y el transcrito artículo 947 del Código civil, por otra parte, parece referirse, más bien que a la responsabilidad civil, a la responsabilidad *estrictamente* contractual (*"Se o devedor não puder cumprir a prestação na espécie ajustada..."*) y a su consiguiente ejecución.

5. Sistemas que establecen como criterio preferente la opción de la víctima

Son sistemas en los que el legislador, en lugar de sentar un principio general que se incline por una u otra forma de reparación, ha considerado que la regla es atender a los intereses de la víctima y por eso colocan en primer lugar el derecho a elegir la vía que considere más conveniente[152]. Se entiende que su interés resulta adecuadamente protegido permitiéndole elegir entre la reparación en forma específica y la reparación por equivalente, en función de

---

150 Art. 947: *"Se o devedor não puder cumprir a prestação na espécie ajustada, substituir-se-á pelo seu valor, em moeda corrente"*.

151 En opinión del mismo autor –y a semejanza de lo que ocurre con nuestro propio ordenamiento, como a ello nos referiremos someramente en el último Capítulo de este trabajo–, fue el Código Procesal Civil el que transformó al derecho de resarcimiento en forma específica en derecho a su indemnización en dinero. Esto "por el simple hecho de haberle conferido al demandante, sin razonar adecuadamente sobre el derecho al resarcimiento en forma específica, un proceso civil incapaz totalmente de protegerlo"; la doctrina no sólo relacionó indebidamente las categorías de ilicitud y de responsabilidad civil, sino que además supuso que la tutela resarcitoria podría ser prestada adecuadamente por medio de dinero. Quiere decir que, desde el plano de los valores, se imaginó que la obligación de repararse un daño podría convertirse en la obligación de pagarlo en dinero. El problema, por lo tanto, nunca ha sido en el plano del derecho material, pero sí en el plano de los valores y del derecho procesal (*Ibid.*, pp. 11-12).

152 Es significativo que incluso los sistemas que establecen como regla la reparación específica, dejan –en determinadas circunstancias y con más o menos limitaciones– en libertad a la víctima para apartarse de la solución legal y elegir una indemnización pecuniaria.

la que libremente considere mejor, es decir, más idónea o conveniente para ver resarcido su daño.

De acuerdo con esta solución, al responsable no le corresponde ninguna posibilidad de opción, es decir, carece de iniciativa en orden a la determinación de la forma de resarcimiento, salvo, claro está, que, frente a la demanda de reparación específica por parte del perjudicado, demuestre la imposibilidad de dicha forma de reparación o la desproporción manifiesta entre el sacrificio que para él supone y la utilidad que proporciona al titular del interés dañado. Esta solución, que no declara la preferencia en todo caso de la reparación *in natura*, parece más correcta porque sucede en ocasiones que, aun cuando la reparación específica es posible, el dañado prefiere la reparación por equivalente, por entender que esta última responde mejor que aquélla a su interés[153].

Ahora bien, tal opción no es totalmente libre, ya que no debemos olvidar que, del mismo modo que acontece en los regímenes que otorgan preferencia a la reparación específica, la opción a la que en este caso nos referimos también procede sólo cuando se dan unas determinadas condiciones: en primer lugar y como mínimo, que la prestación específica sea posible y, en segundo lugar, que no sea excesivamente onerosa.

5.1. Italia

En Italia, durante mucho tiempo, ha existido una confrontación entre la praxis jurisprudencial, a la que se reprocha un escaso rigor dogmático, y la doctrina, a la que ha de atribuirse un excesivo conceptualismo, y que parece haber asumido la labor de volver a cerrar la falla creada en el sistema con la introducción de la reintegración en forma específica, recortándole un ámbito de operatividad lo más estrecho posible. Así, S. ROMANO, quien a ella se refería ya en los años 20 como un *"brazo tan grande que no se ve su final"*[154], para subrayar la sustancial extrañeza a la tradición jurídica, además de la inconciliabilidad con la noción de resarcimiento del daño acogida por el sistema. El temor de dar espacio a un remedio de tal potencialidad camaleónica, capaz de fagocitar, en caso de necesidad, toda clasificación de las acciones civiles que estuviere fundada sobre el contenido de los derechos subjetivos y, en particular, sobre la superioridad de las situaciones dominicales, ha marcado siempre las posiciones doctrinales, siguiendo el mismo itinerario que su precedente alemán. También aquí la superposición de una matriz iusnaturalista al modelo

---

[153] Entre otros, SCOGNAMIGLIO, R. (1996), pp. 236-237; DE CUPIS, A. (1975), p. 832; EBENE COBELLI, C. (1989), p. 520; NAVEIRA ZARRA, M.M. (2006), p. 241.

[154] Según EBENE COBELLI, quien utiliza la misma expresión en el propio título de su trabajo (1989).

de tutela contra los daños tradicionalmente resarcitorio, esto es, estrictamente pecuniario, había suscitado, a juicio de MARELLA[155], una fuerte perplejidad. Y si bien el resarcimiento por equivalente, en sus elementos caracterizadores de la eliminación del daño, entendido como pérdida económica y de la condena pecuniaria, no estuviese bien radicado en la tradición germánica, su seguro predominio en el derecho romano, en la tradición francesa y en los sistemas de *common law*, constituía a los ojos de los críticos del proyecto de Código un argumento decisivo para acoger el modelo, rechazando toda mezcla con elementos extraños al mismo. Por ello, esta autora[156] considera que la explicación a las resistencias encontradas por el artículo 2058 del *Codice* tanto en sede aplicativa cuanto, sobre todo, sobre el plano de su encuadramiento sistemático, podría residir simplemente en el hecho de que la estructura de la cláusula general de responsabilidad –contenida en el artículo 2043[157] del *Codice*–, dirigida a la tutela de una serie abierta, si no teóricamente indefinida e infinita de intereses jurídicamente relevantes, mal se concilia con la previsión de un remedio de tutela específica también general e invasivo, es decir, capaz de obstaculizar el dinamismo social en una serie también indefinida e infinita de casos, mientras se conjuga perfectamente con la estructura de los daños-interés, fundados sobre la idea de la equivalencia de valores.

En el Derecho italiano, la reparación específica se plantea, pese a la influencia del *Code* francés y a la proximidad histórica y evolutiva con el ordenamiento de este país, en términos muy diferentes a éste, debido al gran influjo que en la codificación italiana ejercieron las corrientes iusnaturalistas y germanistas.

Esa diferencia se traduce a su vez en importantes diferencias respecto a nuestro propio Código. La primera de ellas radica en la propia terminología. Lo que para el *Codice* es *resarcir*, para nuestro Código Civil es, en ocasiones, *reparar*, en otras, *indemnizar*. Según el artículo 1902 del Código patrio, *"(e)l que, por acción u omisión, causa un daño a otro, interviniendo culpa o negligencia, está obligado a* reparar *el daño causado"*. En sede de responsabilidad contractual, el artículo 1101 establece que *"(q)uedan sujetos a la* indemnización *de los daños y perjuicios causados los que en el cumplimiento de sus obligaciones incurrieren en dolo, negligencia o morosidad, y los que de cualquier modo contravinieren al tenor de aquéllas"*.

El *Codice* sin embargo, utiliza en ambos casos el mismo término. En sede de responsabilidad extracontractual, el artículo 2043 establece que *"(c)ualquier*

---

155 MARELLA, M.R. (2000), p. 44.

156 *Ibid.*, p. 115.

157 Artículo 2043 del *Codice Civile*: *"Qualunque fatto doloso o colposo, che cagiona ad altri un danno ingiusto, obbliga colui che ha commesso il fatto a risarcire il danno"*. (Salvo indicación en contrario, la traducción de los preceptos del *Codice civile* citados en este trabajo es mía).

hecho doloso o culposo que causa a otro un daño injusto obliga a quien lo ha cometido a resarcir *el daño"*[158] y, para las obligaciones contractuales, el artículo 1218 del mismo cuerpo legal establece que *"(e)l deudor que no cumpla exactamente la prestación debida está obligado al* resarcimiento *del daño, si no prueba que el incumplimiento o la mora se debe a imposibilidad de la prestación derivada de causa no imputable a él*"[159]. Por su parte, según el artículo 1223, *"(e)l* resarcimiento *del daño por el incumplimiento o la mora debe comprender tanto la pérdida sufrida por el acreedor como el lucro cesante, en cuanto sean su consecuencia inmediata y directa"*[160].

La diferencia, quizá, más importante en esta –tan esquemática comparación– entre los sistemas de responsabilidad español e italiano está representada por el hecho de que, a diferencia del nuestro, el Derecho italiano contempla expresamente la figura de la "reintegración en forma específica" –hablando, en este caso, de *reintegración* y ya no de *reparación*– en su artículo 2058, en sede de responsabilidad extracontractual (o "responsabilidad por hecho ilícito"). Conforme a este precepto:

> *"El perjudicado puede pedir la reintegración en forma específica, siempre que sea en todo o en parte posible.*
>
> *Sin embargo, el juez puede disponer que el resarcimiento tenga lugar sólo por equivalente, si la reintegración en forma específica resulta excesivamente onerosa para el deudor*[161].

El artículo 2058 se introdujo en el *Codice* de 1942 "de un modo casi furtivo, con escasa conciencia y poca convicción*"*[162]. Es cierto que, no obstante el silencio del Código de 1865, interpretado conforme al *Code*, la admisibilidad de la reparación en forma específica se había abierto paso en cierta medida, gracias a la convergencia de dos influencias: de un lado, la de la propia doctrina francesa, en la cual la idea de la reparación en forma específica venía afirmándose,

[158] Art. 2043: *"Risarcimento per fatto illecito: Qualunque fatto doloso o colposo, che cagiona ad altri un danno ingiusto, obbliga colui che ha commesso il fatto a risarcire il danno"*.

[159] Art. 1218: "*Responsabilità del debitore: Il debitore che non esegue esattamente la prestazione dovuta è tenuto al risarcimento del danno, se non prova che l'inadempimento o il ritardo è stato determinato da impossibilità della prestazione derivante da causa a lui non imputabile"*.

[160] Art. 1223: "*Risarcimento del danno: Il risarcimento del danno per l'inadempimento o per il ritardo deve comprendere così la perdita subita dal creditore come il mancato guadagno, in quanto ne siano conseguenza immediata e diretta"*.

[161] Art. 2058: "*Risarcimento in forma specifica: "Il danneggiato può chiedere la reintegrazione in forma specifica, qualora sia in tutto o in parte possibile. Tuttavia il giudice può disporre che il risarcimento avvenga solo per equivalente, se la reintegrazione in forma specifica risulta eccessivamente onerosa per il debitore"*.

[162] CASTRONOVO, C. (2006), p. 798.

a pesar de que el *Code* parecía aún más cerrado a su admisión; de otro lado, la del Derecho germánico[163].

Sin embargo, la superación de una tradición que, desde el Derecho romano hasta el Código Civil de 1865, ignoraba o al menos no regulaba expresamente la reparación en forma específica, no encontró suficiente justificación en la evasiva explicación de la Exposición de Motivos del Código, que afirma que "*igual que el acreedor en las obligaciones contractuales, el perjudicado en las extracontractuales tiene el derecho sobre todo a la reintegración en forma específica de la situación patrimonial anterior*". La expresión utilizada hace suponer una norma análoga ya dictada en materia de responsabilidad contractual. Pero en la disciplina del resarcimiento alojada en los artículos 1223 y siguientes del *Codice* no se encuentra ninguna regla relativa al resarcimiento en forma específica. Es más, la Exposición de Motivos parece dar por supuesto que el resarcimiento en forma específica sea una obviedad en materia contractual. Pero dado el reenvío contenido en el primer párrafo del artículo 2056[164] a la sede contractual, en bloque, para disciplinar el resarcimiento del daño aplicable también al ilícito, la doctrina es renuente a apreciar un "flujo inverso", esto es, a considerar aplicable el artículo 2058 al daño contractual.

En cualquier caso, parece evidente que la expresa previsión legal hace innecesario cuestionarse la propia admisibilidad de la figura y, por otra parte, incita a la doctrina a plantearse otra serie de cuestiones, relativas a su configuración, naturaleza jurídica, posibilidad de extender su aplicabilidad a la responsabilidad contractual, etc.

Por otra parte, de la explicación ofrecida por el codificador se deduce que el resarcimiento en forma específica se contiene dentro de los límites del daño patrimonial, cuando es precisamente en el ámbito del daño no patrimonial donde la medida jurídica parece encontrar una función propia. En este punto las interpretaciones doctrinales divergen. Algunos consideran que de una interpretación sistemática se deduce que el resarcimiento en forma específica está previsto exclusivamente para el daño patrimonial, porque sólo posteriormente, en el artículo 2059[165], se regula el daño no patrimonial. Sin embargo, otros au-

[163] A pesar de la diferencia entre ambos sistemas: mientras que el *Code* no contiene ninguna norma que contemple la reparación en forma específica, en lo que parece una declarada adhesión, en señal de la libertad conquistada, al principio "*nemo praecise ad factum cogi potest*", el BGB heredaba instancias iusnaturalistas que, en clave de moralización del *vínculum iuris*, privilegiaban la actuación de éste conforme a las modalidades previstas originariamente en la obligación (*Ibid.*, p. 802).

[164] Art. 2056-1: "*Valutazione dei danni: Il risarcimento dovuto al danneggiato si deve determinare secondo le disposizioni degli artt. 1223,1226 e 1227*".

[165] Art. 2059: "*Danni non patrimoniali: Il danno non patrimoniale deve essere risarcito solo nei casi determinati dalla legge*".

tores oponen a dicha interpretación sistemática una interpretación literal que no ven razón para excluir: de un lado, el artículo 2058 concede al perjudicado, con carácter general, la facultad de pedir el resarcimiento –casi– alternativamente en dos formas; de otro lado, el artículo 2059 habla de una posibilidad –limitada a los casos previstos legalmente– de resarcimiento, sin ulterior precisión sobre la forma que ésta deba asumir.

Se cuestiona MANDRIOLI[166] si se puede –y en qué medida y con qué significado– hablar en el Derecho italiano de "restauración natural". La concepción germanista de la restauración natural, sometida previamente por él a un análisis crítico, le permite, sin embargo, dar relieve al concepto de restauración natural en su preciso y limitado significado desarrollado en relación a la *Lex Aquilia*, que entonces sí aparece coherente con el Derecho positivo italiano.

Una pretensión o un estado jurídico puede ser considerado tanto en su realidad jurídica cuanto en su realidad económica. Más concretamente: el hecho dañoso puede afectar al derecho subjetivo, directamente en su esencia, y otras veces, en cambio, solamente a la cosa que es objeto de aquel derecho. Recae directamente sobre el derecho el hecho que impide al titular el ejercicio de la facultad ínsita en el propio derecho –por ej., la sustracción de la cosa–; recae sobre la cosa que es objeto del derecho aquel hecho que, alterando la condición natural de la cosa misma, no muta su relación jurídica con el titular del derecho y no altera en nada la facultad de éste sobre la cosa misma –por ej., la avería de una cosa–. En el primer caso, como la lesión se produce directamente sobre el derecho, éste, precisamente por su propia finalidad, aporta la reacción que tiende a reconducir el estado jurídico violado (restituir); en el segundo, como el derecho no ha sido directamente tocado, no puede aportar esa específica reacción.

Luego lo único que viene en consideración es el momento económico, lo que el ordenamiento persigue es el restablecimiento económico, surgiendo así la acción de resarcimiento del daño. Pero en el primer caso, si también concurriere una lesión de utilidad, junto a la acción de resarcimiento puede surgir la acción específica que tienda a la restauración jurídica; en el segundo caso, el remedio único y exclusivo es la acción de resarcimiento. Así era configurado el daño en la *Lex Aquilia*, en los casos de roturas, deterioros, modificación o destrucción de cosas, etc.

Ahora bien, la restauración de la cosa no es un concepto que esté fuera del de resarcimiento del daño en sentido propio, sino que constituye simplemente una modalidad de éste; el restablecimiento económico lo es siempre, tanto si la cosa sobre la que recayó el hecho dañoso es restaurada, como si no. El

166 MANDRIOLI, D. (1922), p. 388.

lesionado puede obtener el restablecimiento económico *también* sustituyendo la prestación pecuniaria por la restauración natural. Con esta función y con estos límites, esa restauración natural es simplemente un modo de resarcir un perjuicio económico.

No puede afirmarse con seguridad que verdaderamente sobre el fundamento de la *Lex Aquilia*, el Derecho romano, en su desarrollo tardío, haya admitido una modalidad similar a la "restauración natural" germana, aunque sí puede afirmarse que ninguna incompatibilidad lógica obstaba a un desarrollo en este sentido, lo que ocurre con el florecimiento del estudio del derecho romano. Aunque también es cierto que tal desarrollo no llegó a mucho más, cuando el concepto de daño se desnaturalizó y floreció el concepto iusnaturalístico de ilícito; entonces, la restauración natural deviene restauración jurídica y el resarcimiento deja de tender al restablecimiento económico para dirigirse a la restauración jurídica. Por el contrario, el concepto de resarcimiento admite sólo la restauración natural en su primer y limitado significado.

En cualquier caso, se ha afirmado que, entre las opuestas actitudes ante la reparación en forma específica, de cuasi-ignorancia por parte del Derecho francés y de entronización por parte del Derecho alemán, la solución del *Codice* aparece como una regla equilibrada, que, sin encerrar el resarcimiento dentro de la frontera de la equivalencia pecuniaria, no cae tampoco en la "trampa naturalística" de considerar que el resarcimiento en forma específica sea en línea de principio la reacción más apropiada al daño, en cuanto restaura la situación de hecho conforme a la situación jurídica violada. La redacción del artículo 2058 del *Codice* civile conduce la reparación específica al terreno –práctico– de la realidad de las relaciones jurídicas, en el que no tiene sentido preguntarse si tal forma de reparación es más "noble" que el resarcimiento por equivalente, sino cuál es en el caso concreto la medida más conveniente, desde el punto de vista del equilibrio de los intereses respectivos del autor del ilícito y del perjudicado, para reparar el daño[167].

Es necesario señalar, finalmente, que hay autores que no están de acuerdo con la ubicación del sistema italiano en el esquema clasificatorio que hemos propuesto. Algunos porque entienden que la reintegración en forma específica está prevista por el legislador italiano con el carácter de principal, y el resarcimiento por equivalente sólo como subsidiaria[168]. Para otros, sin embargo, el actual sistema italiano, siguiendo el modelo francés, parece prever como regla

---

[167] CASTRONOVO, C. (2006), pp. 803-804. Según este autor, este aspecto resalta especialmente en un momento de especial énfasis de las medidas jurídicas o técnicas de tutela específica, tras una larga estancia en el "limbo de la impotencia".

[168] Como POGLIANI, M. (1964), p. 418, quien así lo afirma, aunque reconociendo seguidamente que la praxis judicial tiende a resolver –y efectivamente resuelve– el resarcimiento por equivalente, por presentar una "mayor facilidad de concreta actuación".

general el resarcimiento por equivalente, mientras coloca, al menos aparentemente, el resarcimiento o reintegración *in natura* en una posición subordinada, por cuanto el artículo 2058 del *Codice* limita la aplicación de este remedio a la subsistencia de ciertas condiciones de admisibilidad, eventualmente no compatibles con los criterios económicos que rigen el resarcimiento por equivalente[169], o bien sobre el argumento de que la reintegración específica requiere una petición expresa del actor en tal sentido, lo cual no es necesario para que opere el resarcimiento por equivalente[170].

5.2. Polonia

El Código Civil polaco de 1964, en su artículo 363, establece:

> *"1º.- El daño debe ser reparado, a elección de quien ha sufrido el daño, sea por la restitución del estado anterior, sea por el pago de una suma adecuada de dinero. Sin embargo, si la restitución al estado anterior fuese imposible o si ella acarrease dificultades o gastos excesivo a la parte obligada, la pretensión del que ha sufrido el daño quedará limitada al cobro de una prestación en dinero [...]"*[171].

Las eventualidades que en este caso limitan la opción de la víctima son la imposibilidad y la excesiva onerosidad de la reparación específica.

5.3. Méjico

La referencia se hace al Código civil para el Distrito Federal, que tiene el carácter de ley supletoria cuando los Estados de la República Federal, competentes para legislar en materia civil, no han legislado especialmente algún punto.

El Código civil mejicano de 1932, que se inspira en las más modernas doctrinas jurídicas, especialmente en los Códigos alemán, suizo, y el proyecto franco–italiano de las obligaciones, establece en el primer párrafo de su artículo 1915:

> *"La reparación del daño debe consistir a elección del ofendido en el restablecimiento de la situación anterior, cuando ello sea posible, o en el pago de daños y perjuicios [...]".*

---

169 CECCHERINI, G. (1989), p. 53.

170 DONNO, M.M. (2000) (última consulta 6-10-2010).

171 Traducción ofrecida por MOISSET DE ESPANÉS, L. (última consulta: 15-01-2012), a la que referimos todas las citas al Código civil polaco contenidas en este trabajo.

Cabe destacar que los trabajos preparatorios del texto originario del Código preveían como regla la reparación en forma específica –*"La reparación del daño debe consistir en el restablecimiento de la situación anterior a él y cuando ello sea imposible, en el pago de daños y perjuicios"*–, para modificar posterior y definitivamente el criterio[172], que prevé la imposibilidad como único límite a la opción de la víctima.

5.4. Argentina

En 1968, entre las numerosas reformas que la Ley 17.711 introdujo en el Código civil argentino de 1869, se sustituyó el artículo 1083 por un nuevo texto que, aparentemente, da primacía a la reparación específica. Se siguió así parcialmente la recomendación del Tercer Congreso Nacional de Derecho Civil (1961), consagrando un cambio de rumbo y una evolución que comenzó a partir del Proyecto de 1936 – proyecto de marcada inspiración germánica, tanto en los aspectos metodológicos, como en su contenido, lo que repercutió también en lo relativo a la forma de reparar los perjuicios[173]–, si bien en abierto contraste con el originario texto del Código y con el Anteproyecto de Bibiloni, los cuales consagraban como única forma de reparación la indemnización pecuniaria –no obstante la excepción que preveían, relativa a la "restitución del objeto"–.

Conforme al artículo 1083:

> *"El resarcimiento de daños consistirá en la reposición de las cosas a su estado anterior, excepto si fuera imposible, en cuyo caso la indemnización se fijará en dinero. También podrá el damnificado optar por la indemnización en dinero".*

Este precepto suscita diversas reflexiones. En primer lugar, el último inciso del artículo 1083, en mi opinión, desvirtúa tal supuesta preferencia de la reparación específica, estableciendo, en realidad, el criterio de la opción del perjudicado. Por otra parte, el hecho de que en el precepto no aparezca la excesiva onerosidad como límite de la restauración hace sostener a parte de la doctrina que, pese al silencio de la norma, quizás podría llegar a admitirse indirectamente dicho límite por aplicación del nuevo artículo 1071[174], porque

---

[172] ROJINA VILLEGAS, R. (1960), p. 395 [*apud* MOISSET DE ESPANÉS, última consulta: 15-01-2012)].

[173] El artículo 870 de dicho Proyecto acogía el resarcimiento *en natura*, expresando que "(l)*a reparación se cumplirá por los medios adecuados al resarcimiento concedido, y en subsidio por el pago de una suma de dinero"*. Hablar del pago en dinero como una forma "subsidiaria" del resarcimiento, indica que se ha dado preferencia a la reparación específica.

[174] Conforme al artículo 1071 del Código civil argentino, *"(e)l ejercicio regular de un derecho propio o el cumplimiento de una obligación legal no puede constituir como ilícito ningún acto. La*

si el perjudicado insiste en optar por la reparación específica cuando resulta excesivamente onerosa para el obligado a resarcir, ello supondría un abuso del derecho de opción. Otro sector[175] opina que esa diferencia resulta más aparente que real, por cuanto el artículo 1069[176] faculta a los jueces para considerar la situación patrimonial del deudor, atenuándola si fuere equitativo, por lo que el juez podrá establecer el pago de una suma de dinero cuando la reparación específica produzca una situación tal que determine una carga intolerable para el deudor y no determine una ventaja patrimonial insustituible para el acreedor.

Las posteriores propuestas de reforma del Código en materia de reparación del daño discurren por la senda trazada por la Ley 17.711[177].

Es, a mi juicio, destacable el malogrado Proyecto de Código Civil argentino de 1998. El artículo 1621 del mismo, entre las disposiciones generales sobre reparación del daño, establecía los *"Modos de reparar el daño"*. Conforme a este precepto:

> *"El daño es reparable, según el caso, mediante:*
> *a) La reposición al estado anterior al hecho generador de la responsabilidad.*
> *b) La restitución de lo que el responsable está obligado a devolver, o de lo que obtuvo indebidamente.*
> *c) El resarcimiento del valor del daño patrimonial.*
> *d) La satisfacción del valor del daño extrapatrimonial.*
> *También procede, en su caso, el reembolso del valor de gastos o inversiones.*
> *Si la reposición es total o parcialmente imposible, el responsable debe reparar el daño mediante otros bienes que satisfagan intereses de incidencia colectiva equivalentes a los afectados [...]".*

---

ley no ampara el ejercicio abusivo de los derechos. Se considerará tal al que contraríe los fines que aquélla tuvo en mira al reconocerlos o al que exceda los límites impuestos por la buena fe, la moral y las buenas costumbres".

175 GARRIDO, R. y ANDORNO, L. (1971), p. 137.

176 Según el artículo 1069 del Código civil argentino, *"(e)l daño comprende no sólo el perjuicio efectivamente sufrido, sino también la ganancia de que fue privado el damnificado por el acto ilícito, y que en este Código se designa por las palabras "pérdidas e intereses". Los jueces, al fijar las indemnizaciones por daños, podrán considerar la situación patrimonial del deudor, atenuándola si fuere equitativo; pero no será aplicable esta facultad si el daño fuere imputable a dolo del responsable".*

177 El texto del despacho mayoritario, que luego fue aprobado como Recomendación N° 7 en el Cuarto Congreso Nacional de Derecho Civil, celebrado en Córdoba (Argentina) en 1969 –conmemorando el centenario del Código–, proponía dar al artículo 1083 la siguiente redacción: *"El resarcimiento de daños consistirá en la reposición de las cosas a su estado anterior cuando ello fuere total o parcialmente posible y no insumiere un gasto que excediere toda proporción respecto del efectivo quebranto padecido por el damnificado. En los demás casos, como también si lo prefiriese este último, la indemnización se fijará en dinero"*. (Vid. *Actas del Cuarto Congreso Nacional de Derecho Civil,* T. I, p.381 y T. II, p. 833).

El concepto de "satisfacción del daño extrapatrimonial" se desarrollaba en el artículo 1640:

> *"El acreedor tiene derecho a requerir que el daño extrapatrimonial sea satisfecho, total o parcialmente, mediante el pago de dinero, o de otro modo distinto. El tribunal, según las circunstancias, dispone lo que corresponde; en los casos de lesiones a la dignidad personal puede ordenar la publicación de la sentencia".*

El acreedor puede, pues, pretender la satisfacción del daño extrapatrimonial a través de *otro modo distinto* del pago en dinero, uno de los cuales es expresamente contemplado para los casos de daños contra el honor: la publicación de la sentencia. Ello significa que esta medida, como las demás medidas que el juez pueda adoptar a la vista de las circunstancias y de la petición del perjudicado, son medidas específicas de *satisfacción*, pero no medidas que signifiquen una *reposición* al estado anterior al hecho generador del daño.

Merece la pena destacar, en este sentido, el nuevo artículo 1071 bis del actual Código Civil argentino, introducido también en la reforma de 1968:

> *"El que arbitrariamente se entrometiere en la vida ajena, publicando retratos, difundiendo correspondencia, mortificando a otros en sus costumbres o sentimientos, o perturbando de cualquier modo su intimidad, y el hecho no fuere un delito penal, será obligado a cesar en tales actividades, si antes no hubieren cesado, y a pagar una indemnización que fijará equitativamente el juez, de acuerdo con las circunstancias; además, podrá éste, a pedido del agraviado, ordenar la publicación de la sentencia en un diario o periódico del lugar, si esta medida fuese procedente para una adecuada reparación".*

El artículo 1623 del Proyecto de Código Civil de 1998 establecía asimismo los "derechos del acreedor" de la obligación de reparar:

> *"En los casos en que el acreedor pretende la reposición al estado anterior, o una entrega, o una restitución, y la prestación no es cumplida en especie, tiene derecho:*
>
> *a) Si lo debido es bien fungible, a la entrega de un bien de la misma especie y calidad.*
>
> *b) En los demás casos, al valor de reposición del bien de acuerdo con las reglas del artículo 724; y si este valor ha variado desde el nacimiento de la obligación hasta la fecha en que es satisfecho, al que sea mayor".*

Finalmente, el artículo 1638, entre lo que denominaba *"Circunstancias de la reparación del daño"*, preveía como eventual "circunstancia" la excesiva onerosidad de la reparación en especie, que daba lugar a la atribución al tribunal de la libre potestad de desestimar tal forma de reparación:

> *"Reparación en especie. El tribunal tiene atribuciones para desestimar, total o parcialmente, la pretensión de reparación en especie, si ella no es posible o resulta excesivamente onerosa".*

En mi opinión, la sistematización presentada por el artículo 1621 del Proyecto de Código civil de Argentina de 1998 ponía "negro sobre blanco" la confusión de conceptos que constituye el nudo gordiano del presente trabajo. Se consagra un concepto lato de reparación que incluye dentro de sí: la *reposición* (que puede referirse a la restauración material para el caso en que el daño se hubiese concretado en un cambio del mundo exterior o a la reintegración de una posición subjetiva violada), la *restitución* (cuando el daño hubiere seguido a un acto contra el que el perjudicado pueda esgrimir la tutela restitutoria), el *resarcimiento* (cuando, independientemente de la eventualidad de reposición o de restitución, existe un daño patrimonial que no es cubierto a través de las mismas) y la *satisfacción* (que, establecida como "forma autónoma" de reparación del daño extrapatrimonial, evita las complicadas construcciones dogmáticas que requiere ubicar la reparación del daño moral en las otras categorías).

Sin embargo –tal como desarrollaremos en ulterior Capítulo de este trabajo–, aunque, cuando se cause un daño, haya también lugar a una acción de restitución o de reintegración, esta legitimación no vendrá dada por el hecho del daño y su reparación, sino en virtud de otros hechos jurídicos coincidentes. Lo que es posible es que, "sin proponérselo", el ejercicio de las acciones de reintegración o de restitución logren, además de su específico objetivo (la reintegración del derecho o la restitución de la cosa), la finalidad de la reparación: la desaparición del daño y sus consecuencias[178].

El legislador argentino ha cambiado su orientación en el actual Proyecto de Código Civil y Comercial Unificado, del que desaparece este excesivo concepto de la reparación en especie y cuyo artículo 1740 se limita, tras ordenar el carácter pleno de la reparación, en general ("consiste en la restitución de la situación del damnificado al estado anterior al hecho dañoso, sea por el pago en dinero o en especie") a prever, de forma similar a como lo hace el Código Civil italiano, que "la víctima puede optar por el reintegro específico, excepto

[178] La misma idea es expresada por DOBBS [(1995), p. 369], cuando afirma que, aunque la restitución es distinta a la indemnización, ambos remedios pueden producir exactamente los mismos resultados en algunos casos.

que sea parcial o totalmente imposible, excesivamente oneroso o abusivo, en cuyo caso se debe fijar en dinero. En el caso de daños derivados de la lesión del honor, la intimidad o la identidad personal, el juez puede, a pedido de parte, ordenar la publicación de la sentencia, o de sus partes pertinentes, a costa del responsable".

6. La reparación en forma específica en el Derecho anglosajón

Dentro de la perspectiva estrictamente remedial que caracteriza al Derecho anglosajón, tampoco es posible individualizar nítidamente la figura de la reparación del daño en forma específica, como tal reparación de un daño ya causado. De forma similar a cuanto ocurre en los Derechos continentales, el remedio aparece a veces caracterizado como una forma de cumplimiento específico –forzoso– de la obligación previamente contraída (*specific performance*), a veces como una forma de restitución (*restitution*).

DOBBS[179] clasifica los remedios o soluciones jurídicas en el Derecho anglosajón (legal remedies) en los siguientes tipos:

a) remedios indemnizatorios; b) remedios restitutorios; c) remedios coercitivos, o d) remedios declarativos.

La *disponibilidad* de cada remedio en particular depende sobre todo de los aspectos fácticos del caso[180]. En muchos supuestos, el demandante puede elegir entre diversos remedios, así como puede disponer de más de un remedio, en la medida en que la utilización de todos ellos no supere la completa compensación o la completa restitución. Otras veces, los tribunales pueden limitar los posibles remedios a la indemnización, incluso si el demandante prefiere o se vería más beneficiado por un medio coercitivo, como el cumplimiento específico. Ello refleja una preferencia judicial por la indemnización, aunque, a pesar de ello, son viables los remedios coercitivos.

Restitución, para DOBBS, significa literalmente la restauración (devolución) de algo. La principal diferencia entre los remedios indemnizatorios y los restitutorios radica en que la restitución mide el remedio por la ganancia del demandado, mientras que la indemnización mide el remedio por la pérdida del demandante y pretende proporcionar una compensación por dicha pérdida, lo cual los hace diferentes en cuanto a su objetivo y principios. El demandante puede reclamar el remedio más ventajoso.

---

[179] DOBBS, D. B. (1993), pp. 2-3.

[180] Tal como dice RADBRUCH –y aunque este autor se refiere concretamente a la metodología de la *case-law*–, "el pensamiento jurídico inglés está más cerca de la realidad que el pensamiento jurídico continental" [RADBRUCH, G. (2001), p. 55].

Sin embargo, aunque la restitución es distinta a la indemnización, ambos remedios pueden producir exactamente los mismos resultados en algunos casos. A pesar de que un pronunciamiento de restitución puede, de hecho, proporcionar una compensación al demandante en algunos casos, el objeto de la restitución es distinto: es evitar el enriquecimiento injusto del demandado haciéndole devolver lo que obtuvo ilícitamente del demandante. Por eso la restitución se mide en función de los beneficios del demandado, no en función de las pérdidas del demandante.

La restitución, que puede tener lugar *in specie*, en lugar de en dinero, si el demandante lo prefiriere, hoy es un término genérico para diversos tipos de pretensiones dirigidas a impedir el enriquecimiento injusto del demandado y que se mide por las ganancias obtenidas por éste[181].

El paradigma de los remedios coercitivos es la *injunction* (requerimiento o conminación), una orden personal dirigida al demandado –cuyas modalidades son casi infinitas– para que actúe o no actúe en determinada forma, cuyo incumplimiento se sanciona como desacato, y de cuya "fuerza" no goza, sin embargo, un pronunciamiento indemnizatorio. Su principal característica es que se trata de una orden *in personam*, mientras que la ejecución de una condena indemnizatoria es ejecutable sólo contra la propiedad.

Cualquier orden *in personam* ejecutable por desacato es una conminación, aunque a veces se usen nombre específicos para indicar el contexto fáctico al que se refiere. Algunas formas de remedios coercitivos se han generalizado y estandarizado de tal modo que tienen su propia nomenclatura, como ocurre, por ejemplo, con algunas formas de restitución, o con el cumplimiento específico, que es un requerimiento o un remedio coercitivo en el que al demandante se le ordena que cumpla sus obligaciones contractuales. No obstante, el cumplimiento específico es un remedio coercitivo que tiene lugar en el seno de una relación contractual, por lo cual, dado que, dentro de unos límites, las partes pueden negociar los remedios, algunos aspectos de la ejecución específica resultan diferentes.

Una antigua tradición decía que el requerimiento no procedía si hubiere otros remedios "adecuados". Eso significaba que el demandante que prefería el requerimiento debía conformarse con una indemnización. Pero un buen número

---

[181] DOBBS, D.B. (1993, p. 4-5). Entre las aplicaciones de la restitución, Dobbs incluye los *"torts and subtortious wrongs"*. Una persona a la que han quitado su dinero o propiedad, mediante fraude o malversación, o por conversión, tiene derecho a la restitución, medida por la ganancia del demandado, si la víctima prefiere tal remedio a la indemnización. Al demandante cuyo derecho de autor o de marca es violado, generalmente, se le concede la restitución, basada en los beneficios obtenidos por el infractor, derivados de la violación (*Id.*, p. 367).

de pensadores contemporáneos han argumentado que esta regla tradicional es errónea y que el requerimiento debe concederse cuando es apropiado[182].

De otro lado, como es sabido, el Derecho inglés se ha singularizado por la convivencia, hasta el siglo XIX, de dos sistemas jurídicos (*common law* y *equity*) y sendos tipos de tribunales (*common law courts* y *courts of equity*) y de remedios (*remedies at law* y *remedies in equity*).

El remedio indemnizatorio era históricamente un remedio legal. El requerimiento y la mayoría de los remedios coercitivos eran remedios de equidad. La restitución, por otra parte, era un remedio disponible a veces como remedio legal, a veces de equidad (dependía del concreto tipo de restitución que el demandante solicitaba). Pese a que la distinción se ha abolido en casi todos los ordenamientos, sin embargo, permanece su importancia, entre otras razones, por el hecho de que los remedios de equidad generalmente son ejecutables a través del desacato, mientras que los remedios legales no lo son.

En el antiguo sistema de separación de jurisdicciones, los Tribunales de Derecho adjudicaban derechos y responsabilidades, pero no daban órdenes (personales). En su lugar, preferían ejecutar pronunciamientos *in rem*. Los Tribunales de equidad funcionaban, sin embargo, de otro modo. Sus resoluciones terminaban en una orden personal que decía al demandado que hiciese o que cesase de hacer algo. No podía desobedecerse el pronunciamiento de un Tribunal de Derecho porque éste no ordenaba nada. Pero sí podía desobedecerse una resolución de equidad porque ésta mandaba actuar en un determinado sentido. Todo ello conllevaba una esencial diferencia en su ejecución, que, en un caso, era *in rem*, y, en otro, *in personam*.

Hoy día –señala DOBBS[183]–, y desde hace ya tiempo, la mayoría de los sistemas judiciales combinan los dos sistemas jurídicos, de forma que los únicos tribunales existentes tienen las prerrogativas de ambos. Así que no puede decirse técnicamente que la equidad ejecuta condenas *in personam* y que el Derecho ejecuta condenas *in rem*. Sin embargo, el tipo de orden que en su día emitía el Tribunal de equidad, esto es, una orden coercitiva *in personam* dirigida al demandado para actuar en un sentido determinado, es ejecutable por desacato de la misma forma en que lo era cuando las jurisdicciones estaban separadas. Es frecuente, todavía, asociar el "poder del desacato" con la equidad, aunque sea más exacto asociarlo con una orden coercitiva válida.

El poder del desacato es, en opinión del citado autor, "peligroso", pero a menudo efectivo y eficiente. La amenaza implícita de ese poder yace tras la

[182] *Id.*, pp. 5-6.
[183] *Id.*, pp. 13-14.

mayoría de los requerimientos (*injunctions*), y juega su papel en la elección estratégica por el demandante de los remedios coercitivos.

7. Adscripción de nuestro sistema de responsabilidad

El sistema general español de responsabilidad civil se adscribe, tal como hemos expresado, dentro del Derecho continental, al grupo de los llamados ordenamientos *romanistas*, esto es, aquéllos que nada dicen expresamente sobre las formas de reparación del daño, o, cuando menos, no mencionan expresamente la forma específica de reparación ni, *a fortiori*, la privilegian respecto de la reparación por equivalente pecuniario, como suele suceder en los llamados ordenamientos *germanistas*. Cabe cuestionarse si esto es motivo de reproche o crítica hacia el legislador, por falta de claridad, o si, más bien, ello se debe a la propia herencia recibida por el Código Civil, claramente decantada a favor del carácter pecuniario de la obligación de reparar el daño.

CAPÍTULO SEGUNDO
LA REPARACIÓN EN FORMA ESPECÍFICA EN EL DERECHO POSITIVO ESPAÑOL

La indagación sobre la configuración de lo que llamamos "reparación en forma específica" –en caso de que concluyésemos que se trata de una figura realmente operativa en nuestro ordenamiento jurídico vigente– es una tarea que debemos abordar, como primer e ineludible paso, mediante un análisis de las normas vigentes. Sin ánimo de exhaustividad, expondremos las normas más relevantes que, en nuestro Derecho positivo, contienen normas sobre la reparación.

I. LA REPARACIÓN EN FORMA ESPECÍFICA EN EL CÓDIGO CIVIL

Partiendo de la premisa, ya sabida, de que en ningún artículo del Código Civil español aparece ni la expresión "reparación en forma específica" ni una regulación expresa de la propia figura, comencemos por los dos preceptos más representativos de la responsabilidad civil, respectivamente situados en sede extracontractual y contractual. La expresión "reparación del daño" tiene, como es sabido, su paradigmática y única presencia en el artículo 1902, donde aparece como expresión genérica y atípica, susceptible de comprender dentro de sí diversas posibles formas de cumplir la prestación que constituye el contenido de la obligación que el precepto establece:

> *"El que por acción u omisión causa daño a otro, interviniendo culpa o negligencia, está obligado a reparar el daño causado".*

Es, por el contrario, frecuente la utilización por el legislador de la expresión "indemnización de los daños y perjuicios". Así, el artículo 1101 del Código Civil, exponente de la responsabilidad civil contractual, no habla de reparación del daño causado por el incumplimiento, sino de "sujeción a la indemnización de daños y perjuicios":

> *"Quedan sujetos a la indemnización de los daños y perjuicios causados los que en el cumplimiento de sus obligaciones incurrieren en dolo, negligencia o morosidad, y los que de cualquier modo contravinieren al tenor de aquéllas".*

Pero la labor de prospección del Derecho positivo, necesaria para nuestros objetivos, requiere un análisis previo de las normas generales sobre las obligaciones, en torno a las cuales surge la ya antigua cuestión sobre la aplicabilidad de las normas que disciplinan las obligaciones (en general) a la obligación de reparar el daño extracontractual. Combinando los criterios literal y lógico-sistemático, cabría decir que el Código parece ordenar –y especificar–, en los artículos 1088 a 1093 una disciplina separada para cada uno de los tipos de obligaciones que se enumeran, estableciendo en cada caso cuál es la normativa a aplicar. En el caso de las obligaciones contractuales, y según el artículo 1091, la primera fuente de regulación es el contrato, siendo obvio que la normativa supletoria está constituida por el Libro IV que estas disposiciones encabezan. En el caso de las obligaciones derivadas de la ley, conforme al artículo 1090, el propio legislador señala tanto la normativa directamente aplicable como la supletoria, ya que –dice– se regirán por los preceptos de la Ley que las hubiere establecido y, *en lo que ésta no hubiere previsto, por las disposiciones del propio Libro IV*. Es decir, reenvía en este caso expresamente, como regulación supletoria, a las normas dictadas para las obligaciones contractuales.

Sin embargo, el legislador se abstiene de señalar como fuente supletoria las disposiciones del Libro IV en el caso de las obligaciones extracontractuales y en el de las obligaciones civiles derivadas de delito o falta. Conforme al artículo 1093, "*las (obligaciones) que se deriven de actos u omisiones en que intervenga culpa o negligencia no penadas por la Ley, quedarán sometidas a las disposiciones del Capítulo II del Título XVI de este Libro*". Y según el artículo 1092, "*las obligaciones civiles que nazcan de los delitos o faltas se regirán por las disposiciones del Código Penal*". Ni una palabra sobre la aplicabilidad supletoria del resto del Libro IV[184].

A la vista de todo ello, parece que se podría deducir que el legislador *conscientemente* ha querido excluir la aplicabilidad de las normas generales sobre las obligaciones contractuales *precisamente* a estos dos tipos de "obli-

---

[184] Ha de reconocerse que cierto sector de la jurisprudencia del orden penal, cuando conoce también de las demandas civiles de reclamación de daños derivados del delito o falta, es reticente incluso a la –por otra parte, aparentemente lógica– aplicación supletoria de las propias normas del Cap. II del Título XVI.

gación". Cabría afirmar, pues, que el legislador ha llamado "obligación" a las que describe en el artículo 1093 a efectos meramente práctico, expresivo y enumerativo, por utilizar un término genérico que abarque todas las que enuncia en los mencionados artículos 1088 a 1093, pero reservando el carácter de "auténtica" obligación –como *vinculum iuris*– exclusivamente para las referidas en el artículo 1091. De modo que, a partir de aquí, habría querido expresamente diversificar –desde su tronco– los regímenes respectivos de las obligaciones contractuales y las "obligaciones" extracontractuales[185]. Y en consecuencia, a menos que una expresa mención del legislador nos permitiera, o al menos indujera de modo patente a lo contrario[186], no tendría por qué operarse una recíproca comunicabilidad entre regímenes, ni en una dirección ni en la contraria.

En consecuencia, las disposiciones contenidas en los Capítulos II, III, IV y V del Título I serían ya disposiciones referentes sólo a las obligaciones contractuales. Las obligaciones de dar, hacer y no hacer a las que se refiere este capítulo serían las prestaciones que pueden constituir "el tenor de la obligación" (esto es, los términos convenidos por las partes), tenor al que debe someterse el cumplimiento de dicha obligación –tal como ordena el artículo 1091–, razón por la cual su ejecución o cumplimiento forzoso ha de someterse a las pautas establecidas en los artículos 1094 y siguientes[187].

Ya hemos resaltado el hecho de que el artículo 1101 del Código Civil establece que la consecuencia del incumplimiento de las obligaciones contractuales es la sujeción a la *indemnización* de daños y perjuicios; conforme al artículo 1902, sin embargo, la causación de un daño extracontractual conlleva su *reparación*. Desde la perspectiva que venimos exponiendo, cuando el legislador habla de "indemnizar" los daños y perjuicios puede ser porque quiere concretamente que se indemnicen, esto es, que se reparen mediante prestación pecuniaria, y cuando habla de que se "repare" el daño causado, es porque admite que ese daño puede repararse de más formas, además de mediante su equivalente pecuniario. *Ergo* el daño extracontractual podría ser reparado de diversas formas;

---

185 Véase al respecto, en este sentido y en referencia al ordenamiento jurídico francés, MAZEAUD, H. y L., y TUNC, A. (1961), p.125.

186 Una de estas inducciones tiene lugar, por ejemplo, con la mención de la "culpa o negligencia" en el artículo 1902. No encontrando en sede extracontractual ninguna otra definición o explicación del concepto, parece lógico interpretar que el propio legislador permite la inevitable remisión al artículo 1104-2 ("*Cuando la obligación no exprese la diligencia que ha de prestarse en su cumplimiento, se exigirá la que correspondería a un buen padre de familia*"), por cuanto la redacción de éste permite subsumir dentro de sí, sin "contorsiones" conceptuales, la noción de culpa extracontractual.

187 Así, por ejemplo, cuando los artículos 1102 y 1103 hablan de "todas las obligaciones" o de "toda clase de obligaciones", se están refiriendo a tanto las obligaciones de dar, como las de hacer y no hacer, que pueden constituir el mencionado "tenor de la obligación" contractual.

el daño por incumplimiento contractual sólo podría ser resarcido mediante el equivalente económico[188].

La obligación de indemnizar daños y perjuicios, que es mencionada por primera vez, en esta sede, en el artículo 1101, es presentada y explicada en los artículos 1106 y siguientes, de una forma tal que parece ofrecer un solo posible objeto o contenido, de naturaleza exclusivamente económica: *"La indemnización de daños y perjuicios comprende, no sólo el valor de la pérdida que hayan sufrido, sino también el de la ganancia que haya dejado de obtener el acreedor, salvas las disposiciones contenidas en los artículos siguientes"* (artículo 1106). *"Si la obligación consistiere en el pago de una cantidad de dinero, y el deudor incurriere en mora, la indemnización de daños y perjuicios, no habiendo pacto en contrario, consistirá en el pago de los intereses convenidos, y a falta de convenio, en el interés legal"* (artículo 1108). No parece que el legislador prevea que esta obligación indemnizatoria a la que se refieren los artículos 1101, 1106 y 1108 pueda ser cumplida "en forma específica" alguna, esto es, de alguna forma distinta de la entrega de una suma de dinero. ¿Cabría, pues, a menos que infringiésemos el artículo 1108, reparar en forma específica un daño producido por el incumplimiento de una obligación primaria de naturaleza pecuniaria?

Otra consecuencia de la tesis expuesta sería la no aplicabilidad –aparentemente– al ámbito extracontractual de las normas, sitas en sede de obligaciones contractuales, relativas a la ejecución de las obligaciones. Pero es esta una cuestión que merecerá una atención especial más adelante, ya que la situación "geográfica" de dichas normas no cambia su carácter esencialmente procesal y no sustantivo.

Pero la interpretación habitual es aquélla que considera que la obligación de reparar un daño, establecida en el artículo 1902, es, si bien un tipo particular, una *obligación*, como las demás y a todos los efectos, sin admitir una eventual categoría *sui generis* al margen de la regulación de las relaciones obligatorias tipificadas en el Código Civil a propósito de los contratos. Lo cual no excluiría una eventual comunicación entre regímenes que podría operar, por tanto, también en lo que se refiere a las formas de reparación del daño. De hecho, un mínimo análisis jurisprudencial nos muestra la constante comunicabilidad entre regímenes (ya por vía de aplicación supletoria, ya por analogía), que alcanza su punto más tenso en sede de ejecución forzosa de las obligaciones. Pero los problemas de interferencia y diferenciación entre ésta y la reparación en forma

[188] Esta es la opinión de DÍEZ PICAZO Y PONCE DE LEÓN [(2009), p. 782], quien afirma que en nuestro derecho positivo, la indemnización es siempre una obligación pecuniaria, por lo que la llamada restitución *in natura* debe considerarse como objeto de la pretensión de cumplimiento y no como una variante del derecho al resarcimiento. Es una obligación pecuniaria, que debe ser considerada, dada su naturaleza, como deuda de valor, no como deuda de dinero.

específica han representado la causa de una gran incertidumbre y malentendidos, a los cuales quizá ha contribuido la forma de presentar la disciplina de la ejecución forzosa de las obligaciones por parte del legislador[189].

Esta última interpretación se ve corroborada por el Borrador del MCR: de un lado, en las disposiciones generales relativas a las obligaciones, se incluyen expresamente en su ámbito aquéllas que deriven no sólo del contrato, sino también las que deriven de la ley o de una resolución judicial[190]; de otro lado, tal como señala DE LA CUESTA RUTE[191], en el MCR las obligaciones que nacen del contrato no son objeto de diferenciación respecto de las obligaciones con origen distinto, por lo que se refiere a la necesidad de su cumplimiento y, por lo tanto, al significado del incumplimiento. En este sentido, el Libro III del MCR no se refiere a las circunstancias que generan la obligación, que también pueden someterse a las normas de la responsabilidad extracontractual; sólo se abordan los aspectos del cumplimiento de cualquier obligación. Otra cosa es que los remedios ante el incumplimiento sean diferentes según los casos. Se acuña un concepto neutro (desde el punto de vista de la imputación subjetiva al deudor) y unitario de incumplimiento, que incluye cualquier insatisfacción del interés del acreedor, por lo que hay que estar a los términos que regulan la obligación [artículo III.-I:102 (2) y (5)] y a cualquier otro de los deberes que de la relación obligatoria resulten[192].

Volviendo a la utilización legal del término "indemnización", podemos encontrar otros muchos supuestos –tal como hemos señalado– en los que el legislador utiliza la expresión "indemnizar daños y perjuicios" o "indemnización de daños y perjuicios", y no sólo en sede de obligaciones. Nos referiremos sólo a algunos de ellos.

---

[189] Como ya pusiera de relieve SCOGNAMIGLIO [(1996), p. 554] en referencia al ordenamiento italiano, en una apreciación perfectamente trasladable al nuestro. A la misma nos referiremos brevemente en el último Capítulo.

[190] (III.-I:102) *"The terms regulating an obligation may be derived from a contract or other juridical act, the law or a legally binding usage or practice, or a court order; and similarly for the terms regulating a right*".

[191] DE LA CUESTA RUTE, J.M. (2011), p.50.

[192] Éste es el concepto que asimismo propone la Propuesta de Anteproyecto de Ley de Modernización del Código Civil español en materia de obligaciones y contratos, conforme al cual, el artículo 1088 del Código Civil quedaría así redactado: *"En virtud de una obligación, el acreedor tiene derecho a exigir una prestación que puede consistir en dar, hacer o no hacer alguna cosa. La prestación, aunque no tenga un contenido económico, ha de satisfacer un interés legítimo del acreedor"* (Boletín de Información del Ministerio de Justicia enero 2009, año LXIII, accesible en: http://www.mjusticia.gob.es/cs/Satellite/es/1215198250496/Estructura_C/1215198250781/Detalle.html). Cabe añadir que, no obstante esta declaración de principio, comprensiva de todo tipo de obligaciones, de dar, de hacer y de no hacer, sin embargo, inexplicablemente, la Comisión General de Codificación se ha olvidado de las obligaciones de hacer y no hacer, ya que el texto sólo contempla y regula posteriormente las obligaciones de dar.

Así, en los artículos 1295 y 1298 del Código Civil, en los que se prevé la indemnización de perjuicios como sustitutivo de la restitución imposible: *"Tampoco tendrá lugar la rescisión cuando las cosas, objeto del contrato, se hallaren legalmente en poder de terceras personas que no hubiesen procedido de mala fe. En este caso podrá reclamarse la indemnización de perjuicios al causante de la lesión". "El que hubiese adquirido de mala fe las cosas enajenadas en fraude de acreedores, deberá indemnizar a éstos de los daños y perjuicios que la enajenación les hubiese ocasionado, siempre que por cualquier causa le fuere imposible devolverlas".*

En sede de contratos, y dentro de la regulación del contrato de permuta, el artículo 1540 establece que *"el que pierda por evicción la cosa recibida en permuta, podrá optar entre recuperar la que dio en cambio, o reclamar la indemnización de daños y perjuicios"*. Asimismo aparece la expresión en sede del contrato de compraventa y a propósito del saneamiento por los defectos o gravámenes ocultos de la cosa vendida, en el artículo 1486-2 *("Si el vendedor conocía los vicios o defectos ocultos de la cosa vendida y no los manifestó al comprador, tendrá éste la misma opción y además se le indemnizará de los daños y perjuicios, si optare por la rescisión")*; en el artículo 1682, en sede del contrato de sociedad ("*El socio que se ha obligado a aportar una suma en dinero y no la ha aportado, es de derecho deudor de los intereses desde el día en que debió aportarla, sin perjuicio de indemnizar además los daños que hubiese causado*"); en relación con el mandato, en los artículos 1729 ("*Debe también el mandante indemnizar al mandatario de todos los daños y perjuicios que le haya causado el cumplimiento del mandato, sin culpa ni imprudencia del mismo mandatario*") y 1736 ("El mandatario puede renunciar al mandato poniéndolo en conocimiento del mandante. Si éste sufriere perjuicios por la renuncia, deberá indemnizarle de ellos el mandatario, a menos que funde su renuncia en la imposibilidad de continuar desempeñando el mandato sin grave detrimento suyo"); el artículo 1838 establece que *"(e)l fiador que paga por el deudor debe ser indemnizado por éste. La indemnización comprende: (...) 4. Los daños y perjuicios, cuando procedan*".

En sede de cuasicontratos, el artículo 1893 establece que *"(a)unque no hubiese ratificado expresamente la gestión ajena, el dueño de bienes o negocios que aproveche las ventajas de la misma será responsable de las obligaciones contraídas en su interés, e indemnizará al gestor los gastos necesarios y útiles que hubiese hecho y los perjuicios que hubiese sufrido en el desempeño de su cargo"*.

Las expresiones "responsabilidad por los daños y perjuicios" o "responder de los daños o perjuicios" es asimismo muy frecuentemente utilizada por el Código en sede de contratos (artículos 1489, 1495, 1529, 1559, 1591, 1660,

1686, 1767, 1769, 1779, 1896), así como la expresión "resarcimiento de daños y perjuicios" (artículos 364,1124).

De "indemnización" habla el artículo 7.2, que consagra la prohibición del abuso del derecho: "(...) *Todo acto u omisión que por la intención de su autor, por su objeto o por las circunstancias en que se realice sobrepase manifiestamente los límites normales del ejercicio de un derecho, con daño para tercero, dará lugar a la correspondiente indemnización y a la adopción de las medidas judiciales o administrativas que impidan la persistencia en el abuso"*. La indemnización (pecuniaria) parece ser el remedio previsto para el caso de que el abuso produzca efectivamente un daño, ya que las otras medidas judiciales que el juez puede adoptar son aquéllas que *impidan la persistencia en el abuso*, es decir, medidas de naturaleza inhibitoria.

También se habla de "indemnización de daños y perjuicios" en el artículo 379, entre las normas reguladoras de la accesión de muebles y a propósito de la incorporación de mala fe. Hemos de advertir que, en las normas reguladoras de la accesión de muebles, el legislador utiliza el término "indemnizar" de un modo aleatorio e impreciso. Además del hecho de que, de la interpretación sistemática de dichas normas se deduce que, en este caso, el término parece significar lo que hemos determinado de modo genérico como "reparación", y no referirse a la indemnización exclusivamente pecuniaria, también se deduce que la obligación de indemnizar los daños y perjuicios nace de la *mala fe* en la incorporación, de modo que la "indemnización" del valor de la cosa, a que se refiere el artículo 375 (*"Cuando dos cosas muebles, pertenecientes a distintos dueños, se unen de tal manera que vienen a formar una sola sin que intervenga mala fe, el propietario de la principal adquiere la accesoria, indemnizando su valor al anterior dueño"*) no es auténtica indemnización de daños y perjuicios, sino una mera compensación de equidad por la imposibilidad de restitución.

Sí es verdadera indemnización, sin embargo, la mencionada en el artículo 379: *"Cuando el dueño de la cosa accesoria ha hecho su incorporación de mala fe, pierde la cosa incorporada y tiene la obligación de indemnizar al propietario de la principal los perjuicios que haya sufrido. Si el que ha procedido de mala fe es el dueño de la cosa principal, el que lo sea de la accesoria tendrá derecho a optar entre que aquél le pague su valor o que la cosa de su pertenencia se separe, aunque para ello haya que destruir la principal; y en ambos casos, además, habrá lugar a la indemnización de daños y perjuicios"*.

Y es en esta sede donde hemos encontrado uno de los escasos preceptos del Código en los que, en ámbitos muy diferentes, el legislador recoge –en algún caso, realmente, y, en algún otro, aparentemente– supuestos de reparación en forma específica.

Conforme al artículo 380, "(s)*iempre que el dueño de la materia empleada sin su consentimiento tenga derecho a indemnización, puede exigir que ésta consista en la entrega de una cosa igual en especie y valor, y en todas sus circunstancias, a la empleada, o bien en el precio de ella, según tasación pericial"*.

Encontramos algunas imprecisiones de lenguaje en este precepto. ¿Cuándo tiene derecho a indemnización el dueño de la materia empleada sin su consentimiento? Tiene este derecho:

- El propietario de la cosa principal, en caso de incorporación de mala fe por parte del dueño de la cosa accesoria. En este caso, el propietario de la cosa principal adquiere también la accesoria (artículo 379-1del Código civil).
- El dueño de la cosa accesoria, cuando ha habido incorporación de mala fe por parte del dueño de la principal. Tiene derecho a indemnización tanto en el caso de que opte por pedir la separación, como en el caso de que opte por recuperar el valor de la cosa (artículo 379-2 del Código civil).

En consecuencia, estaríamos ante una auténtica indemnización –en sentido genérico de reparación– de daños y perjuicios, ya que se trata de una obligación nacida del hecho de la comixtión de mala fe y añadida a la obligación del dueño de la cosa principal de reintegrar la cosa accesoria a su dueño. Sin embargo, si el dueño de la cosa accesoria puede exigir que el otro le pague su valor, y además, la indemnización de daños y perjuicios, no resulta muy coherente que una de las posibles formas de tal "indemnización" pueda consistir, precisamente, de nuevo, en el precio de la cosa empleada sin consentimiento. Por el contrario, la otra forma de *indemnización* prevista por este precepto, "la entrega de una cosa igual en especie y valor, y en todas sus circunstancias, a la empleada" podría constituir, a nuestro juicio, un supuesto de reparación específica.

El segundo de los tres supuestos a los que hacíamos referencia es el artículo 452, *in fine*, en sede de los efectos de la posesión de buena fe. Según el mismo, *"(e)l propietario de la cosa puede, si quiere, conceder al poseedor de buena fe la facultad de concluir el cultivo y la recolección de los frutos pendientes, como indemnización de la parte de gastos de cultivo y del producto líquido que le pertenece; el poseedor de buena fe que por cualquier motivo no quiera aceptar esta concesión, perderá el derecho a ser indemnizado de otro modo"*. Pero aquí la *indemnización* tampoco es auténtica indemnización, ya que no nos hallamos ante ningún "daño", sino ante pura tutela reintegradora.

Por último, conforme al artículo 1077, *"(e)l heredero demandado* (por acción rescisoria de la partición) *podrá optar entre indemnizar el daño o consentir que se proceda a nueva partición. La indemnización puede hacerse en numerario o en la misma cosa en que resultó el perjuicio. Si se procede a nueva partición, no alcanzará ésta a los que no hayan sido perjudicados ni percibido más de lo justo"*. El legislador utiliza en este precepto el término "indemnización" como sinónimo de "reparación", a la vez que distingue claramente dos formas de llevar ésta a cabo: por equivalente (en numerario) y en forma específica (en la misma cosa en que resultó el perjuicio).

II. LA REPARACIÓN EN FORMA ESPECÍFICA EN EL CÓDIGO PENAL

Como es sabido, el Código Penal contiene una serie de normas, de naturaleza netamente civil, destinadas a regular la responsabilidad civil derivada de una acción tipificada penalmente. Este hecho quizá pueda *explicarse* como consecuencia de un desajuste temporal entre codificadores, pero su pervivencia parece hoy día difícilmente *justificable*, por sobrados motivos para cuyo análisis no es éste el lugar oportuno.

El artículo 109 del Código Penal contiene una cláusula general de responsabilidad "paralela" a la del artículo 1902 del Código Civil:

> *"La ejecución de un hecho descrito por la Ley como delito o falta obliga a reparar, en los términos previstos en las Leyes, los daños y perjuicios por él causados".*

A diferencia de lo que acontece en sede de responsabilidad, tanto extracontractual como contractual, en el Código Civil, el codificador penal sí se ocupó, en el artículo 110, de precisar el contenido de esta obligación de reparar, si bien es de destacar que este precepto considera la "reparación del daño" como una de las formas o posibles contenidos de la responsabilidad civil, no obstante la posición doctrinal dominante que la identifica con el *objeto* de la misma:

> *"La responsabilidad establecida en el artículo anterior comprende:*
> *1. La restitución.*
> *2. La reparación del daño.*
> *3. La indemnización de perjuicios materiales y morales".*

El legislador parece contemplar aquí la responsabilidad civil como un fenómeno complejo, que puede comprender dentro de sí, con el objetivo de eliminar las consecuencias dañosas del hecho, actuaciones constitutivas de otro tipo de tutela distinta de la estrictamente reparadora, como la tutela reintegradora o restitutoria[193].

La terminología de los diversos apartados del precepto, que respectivamente recogen las formas en las que se puede materializar tal responsabilidad, resulta algo confusa: se llama "reparación del daño" a lo que en realidad constituye "reparación en forma específica del daño", ya que junto a la "reparación del daño" (en forma específica) prevé la "indemnización de perjuicios", expresión que parece referirse exclusivamente a la reparación por equivalente económico del daño. Al mismo tiempo, ello parece implicar que los términos "daños" y "perjuicios" adquieren sentidos diversos[194].

El artículo 111 desarrolla la obligación de restitución[195] enunciada *("(d) eberá restituirse, siempre que sea posible, el mismo bien, con abono de los deterioros y menoscabos que el Juez o Tribunal determinen. La restitución tendrá lugar aunque el bien se halle en poder de tercero y éste lo haya adquirido legalmente y de buena fe, dejando a salvo su derecho de repetición contra quien corresponda y, en su caso, el de ser indemnizado por el responsable civil del delito o falta. Esta disposición no es aplicable cuando el tercero haya adquirido el bien en la forma y con los requisitos establecidos por las Leyes para hacerlo irreivindicable")*, mientras que el artículo 112 nos aclara que *"(l)a reparación del daño podrá consistir en obligaciones de dar, de hacer o de no hacer que el Juez o Tribunal establecerá atendiendo a la naturaleza de aquél y a las condiciones personales y patrimoniales del culpable, determinando si han de ser cumplidas por él mismo o pueden ser ejecutadas a su costa"*[196] y el 113 delimita

[193] Diferenciándolas, no obstante, perfectamente, y sin expresar si el orden de prelación de las distintas formas de reparación del daño que establece resulta preferencial y excluyente. Siguiendo la enumeración realizada por el precepto, tanto la jurisprudencia como la doctrina coinciden a la hora de dar preferencia a la *restitución* frente a la *reparación* [MÚRTULA LAFUENTE, V. (2000), p. 228].

[194] Nos hemos referido a esta cuestión *supra*, en el epígrafe "Cuestiones de terminología".

[195] Que constituye "una forma de reparación", a juicio de LÓPEZ BELTRÁN DE HEREDIA (1997), p. 72.

[196] Considera QUINTERO OLIVARES [(1999), p.678] "complicada" la posibilidad de que la reparación del daño pueda consistir en "no hacer" algo, "si nos atenemos a la idea de que estamos valorando el daño producido en cosas, salvo que se entienda que la obligación de no hacer puede incluirse como obligación de no volver a causar daño o abstenerse de continuar en una actividad". Obligaciones éstas últimas que, como demostraremos, no pertenecen a la órbita de la reparación del daño. YZQUIERDO TOLSADA [(2001), p. 480] se muestra asimismo muy crítico con la redacción de este precepto. De un lado, estima incomprensible que el legislador prevea la posibilidad de una prestación de no hacer como medio de reparación del daño, por cuanto "una obligación de no hacer podrá servir para evitar daños futuros o que una conducta dañosa continuada persista, pero en modo alguno servirá para resarcir el daño ocasionado", ya que las conductas de no hacer que son accesorias de una prestación principal de hacer, no son medidas que formen parte del campo de la responsabilidad civil. Por otra parte, el autor critica la utilización del término "culpable", en

el ámbito de los activamente legitimados para reclamar la indemnización (*"la indemnización de perjuicios materiales y morales comprenderá no sólo los que se hubieren causado al agraviado, sino también los que se hubieren irrogado a sus familiares o a terceros"*).

III. LA REPARACIÓN EN FORMA ESPECÍFICA EN ALGUNAS LEYES ESPECIALES

1. La LO 1/82, de Protección del Derecho al Honor, a la Intimidad Personal y Familiar y a la Propia Imagen

Según su artículo 9.2, en su nueva redacción conforme a la LO 5/2010, de 22 de junio, la tutela judicial *"comprenderá la adopción de todas las medidas necesarias para poner fin a la intromisión ilegítima de que se trate y, en particular, las necesarias para:*

> *a) El restablecimiento del perjudicado en el pleno disfrute de sus derechos, con la declaración de la intromisión sufrida, el cese inmediato de la misma y la reposición del estado anterior. En caso de intromisión en el derecho al honor, el restablecimiento del derecho violado incluirá, sin perjuicio del derecho de réplica por el procedimiento legalmente previsto, la publicación total o parcial de la sentencia condenatoria a costa del condenado con al menos la misma difusión pública que tuvo la intromisión sufrida.*
>
> *b) Prevenir intromisiones inminentes o ulteriores.*
>
> *c) La indemnización de los daños y perjuicios causados.*
>
> *d) La apropiación por el perjudicado del lucro obtenido con la intromisión ilegítima en sus derechos.*
>
> *Estas medidas se entenderán sin perjuicio de la tutela cautelar necesaria para asegurar su efectividad".*

Sin perjuicio de la importante novedad que supone la nueva redacción de este precepto, en cuanto desaparece el problemático inciso referido al beneficio que hubiera obtenido el causante de la lesión como consecuencia de la misma, *como criterio de valoración* del daño moral[197], esta norma permite también distinguir perfectamente los distintos tipos de tutela invocables por el perjudicado

lugar de "responsable". La interpretación más piadosa con el legislador es la de calificarlo como una incorrecta expresión lingüística, ya que otra interpretación derivaría en una restricción intolerable del ámbito de los sujetos civilmente responsables y en un tinte punitivo en el ámbito de la obligación civil.

[197] Lo que parece implicar la consiguiente "reubicación" de la función de la responsabilidad civil, y quizá apacigüe la viva polémica surgida en los últimos años en torno a una pretendida función punitiva de la responsabilidad civil, que tanta literatura ha producido.

por la intromisión ilegítima: en el apartado a), la tutela reintegradora (dentro de la cual incluye la rectificación y la publicación de la sentencia); en el apartado b), la tutela preventiva o inhibitoria; la tutela reparadora o resarcitoria en el apartado c); la tutela cautelar, en el artículo 9-2, *in fine*[198].

2. Ley 29/1994, de Arrendamientos Urbanos

Esta norma sí contiene un genuino supuesto de reparación del daño en forma específica, en el segundo párrafo del epígrafe 2 del artículo 23, conforme al cual:

> *Artículo 23. Obras del arrendatario*
> *1. El arrendatario no podrá realizar, sin el consentimiento del arrendador, expresado por escrito, obras que modifiquen la configuración de la vivienda o de los accesorios a que se refiere el apartado 2 del artículo 2, o que provoquen una disminución en la estabilidad o seguridad de la misma.*
> *2. Sin perjuicio de la facultad de resolver el contrato, el arrendador que no haya autorizado la realización de las obras podrá exigir, al concluir el contrato, que el arrendatario reponga las cosas al estado anterior o conservar la modificación efectuada, sin que éste pueda reclamar indemnización alguna.*
> *Si las obras han provocado una disminución de la estabilidad de la edificación o de la seguridad de la vivienda o sus accesorios, el arrendador podrá exigir de inmediato del arrendatario la reposición de las cosas al estado anterior.*

Se configura la "disminución de la estabilidad de la edificación o de la seguridad de la vivienda o sus accesorios" como un eventual daño causado por las obras inconsentidas hechas por el arrendatario: es decir, un daño derivado del incumplimiento de la obligación negativa que, en el desenvolvimiento de la relación contractual de arrendamiento, pesa, a este respecto, sobre el arrendatario. El mero incumplimiento (la realización de las obras que *potencialmente* pueden perjudicar el edificio) da derecho al arrendador a reclamar la reposición de la situación anterior, pero ello será a la conclusión del contrato; sin embargo, si dichas obras afectan *en acto* a la estabilidad o seguridad de la edificación (lo

[198] El nuevo apartado d) nos remite a cuanto expresaremos en relación con la medida similar contenida en las normas reguladoras de la competencia y de la propiedad industrial e intelectual. La diferencia con éstas radica en que, en este caso, nada se dice sobre la finalidad o destino de tal apropiación (la imputación del valor de los bienes afectados al importe de la indemnización de daños y perjuicios) ni, en consecuencia, sobre la obligación del perjudicado de compensar al infractor, en caso de exceso. Este silencio, a mi juicio, viene a producir en la práctica una situación similar a la descrita en la anterior nota.

cual ya supone un daño causado por el incumplimiento), la ley no da opción al arrendatario a posponer la reposición al concluir el contrato, sino que el arrendador se lo podrá exigir "de inmediato".

3. Ley 11/1986, de Patentes

La *indemnización* pecuniaria (no la *reparación*, nuevamente) de daños y perjuicios es una de las acciones que el artículo 63 de la Ley 11/86, de Patentes (en adelante, LP) concede al titular de la patente cuyo derecho sea lesionado. Este precepto permite distinguir perfectamente las diversas tutelas que dicho titular puede invocar: de un lado, pretensiones inhibitorias *("a. La cesación de los actos que violen su derecho")*, de otro lado, una pretensión reparadora (*rectius*, resarcitoria) (*b. La indemnización de los daños y perjuicios sufridos*), además de pretensiones de naturaleza cautelar, como la contenida en el apartado c) *("El embargo de los objetos producidos o importados con violación de su derecho y de los medios principalmente destinados a tal producción o a la realización del procedimiento patentado")* o en el apartado e) *("La adopción de las medidas necesarias para evitar que prosiga la violación de la patente")*.

La LP es una de las diversas normas de nuestro ordenamiento que, entre las acciones concedidas al perjudicado, incluyen la medida consistente en la atribución en propiedad de los objetos o medios que pudieren ser, en su caso, embargados o secuestrados (artículos 63-d de la LP[199], 41-e de la Ley de Marcas[200] y 139-3 de la Ley de Propiedad Industrial[201]). En cualquier caso, se imputará el valor de los bienes afectados al importe de la indemnización de daños y perjuicios, debiendo el titular de la patente compensar a la otra parte por el exceso, si el valor mencionado excediera del importe de la indemnización concedida. Nos hallamos ante una medida, cuando menos, llamativa, que, si bien podría erróneamente hacer pensar en una reparación en forma específica, sin embargo, en realidad, no se trata con esta atribución de reintegrar una específica utilidad perdida o de reconstituir un determinado estado de hecho,

---

199 *"La atribución en propiedad de los objetos o medios embargados en virtud de lo dispuesto en el apartado anterior cuando sea posible, en cuyo caso se imputará el valor de los bienes afectados al importe de la indemnización de daños y perjuicios. Si el valor mencionado excediera del importe de la indemnización concedida, el titular de la patente deberá compensar a la otra parte por el exceso"*.

200 *"La atribución en propiedad de los productos, materiales y medios embargados en virtud de lo dispuesto en el apartado c cuando sea posible, en cuyo caso se imputará el valor de los bienes afectados al importe de la indemnización de daños y perjuicios. Si el valor mencionado excediera del importe de la indemnización concedida, el titular del derecho de marca deberá compensar a la otra parte por el exceso"*.

201 *"El titular del derecho infringido podrá pedir la entrega de los referidos ejemplares y material a precio de coste y a cuenta de su correspondiente indemnización de daños y perjuicios"*.

sino de una especie de entrega de los mencionados objetos –que representan simplemente un valor contable–, a cuenta de la indemnización (“*se imputará el valor de los bienes afectados al importe de la indemnización de daños y perjuicios*”). Parece más bien una especie de autorrealización de garantía, en el que el ordinario e intermedio paso de la venta de los bienes embargados en pública subasta para satisfacer la deuda con su importe es eliminado para ser directamente adjudicados al titular de la patente (lo cual parece menos favorable a éste, pues o se encuentra con unas utilidades limitadas e impuestas –debiendo, además, compensar al infractor el exceso que hubiere entre el valor de tales bienes y el importe del daño efectivo– o se obliga a vender él mismo los bienes y hacerse con su valor, si le resultan inútiles).

De “anómala” califica SCOGNAMIGLIO[202] la medida, prevista también por la legislación italiana: de inmediato se piensa en un supuesto de reintegración del derecho lesionado –porque se impide la difusión y ulterior producción de los objetos–, pero, por otro lado, queda por explicar por qué los objetos en cuestión, en lugar de ser destruidos, son atribuidos al perjudicado. Además, la ley italiana no prevé la posibilidad de compensar con los eventuales daños. En opinión del citado autor, estamos ante un supuesto de restauración del derecho (por medio de la sustracción de los objetos al transgresor) y sólo ocurre que, por razones de economía general y para mejor garantizar el restablecimiento de la situación, los objetos en discordia vienen completamente asignados al perjudicado; es decir, se trataría de un supuesto de reintegración “particularmente enérgica” que, se deja concebir en este supuesto precisamente porque aquí la transgresión no se realiza tanto y sólo en la lesión de la situación de hecho conforme al derecho, cuanto más en particular, en la creación de una fuente de beneficios ilícitos que vienen, en base a la regla examinada, a ser atribuidos, por una suerte de “confiscación”, al sujeto perjudicado.

En relación con la medida, prevista por la legislación italiana, el autor no considera satisfactoria –por no distinguir correctamente los aspectos de la reintegración del derecho y la reparación del daño– la explicación por la cual podría considerarse que aquí nos hallamos ante un supuesto de *reintegración en forma específica*, en cuanto que, mediante la atribución al titular de dichos ejemplares ilegítimamente producidos, se previene la difusión abusiva, reconstituyéndose el *status quo ante*. Pero, por otra parte, tampoco esta tesis explica la atribución de los ejemplares adjudicados a cuenta de los daños. En su opinión, se trata de un supuesto de reintegración del derecho que, en este caso, se realiza mediante la eliminación del estado de hecho antijurídico, de modo que la reintegración actúa de modo reflejo sobre el daño, eliminándolo para el futuro. Como consecuencia de la propia naturaleza de la infracción y de las consecuencias de la

---

[202] SCOGNAMIGLIO, R. (1996), p. 550.

reintegración, es posible a través de ella eliminar en todo o en parte también las consecuencias dañosas, porque en tales supuestos la actividad ilícita constituye la fuente de nueva riqueza. La ley italiana, sin embargo, nada dispone sobre el posible supuesto de que el valor de los ejemplares atribuidos supere el monto del daño.

La LP prevé, asimismo, dentro de las acciones enunciadas en el artículo 63, la publicación de la sentencia condenatoria del infractor de la patente[203], a costa del condenado, mediante anuncios y notificaciones a las personas interesadas, medida que sólo será aplicable cuando la sentencia así lo aprecie expresamente.

4. Ley 29/2009, de Competencia Desleal

De acuerdo con el artículo 32 de la Ley 29/2009, de Competencia Desleal[204] (en adelante LCD), además de las acciones declarativa de deslealtad, de cesación, de abstención, de prohibición y de enriquecimiento injusto:

> *"1. Contra los actos de competencia desleal, incluida la publicidad ilícita, podrán ejercitarse las siguientes acciones:*
> *(...)*
> *3ª Acción de remoción de los efectos producidos por la conducta desleal.*
> *4ª Acción de rectificación de las informaciones engañosas, incorrectas o falsas.*
> *5ª Acción de resarcimiento de los daños y perjuicios ocasionados por la conducta desleal, si ha intervenido dolo o culpa del agente.*
> *(...)*
> *2. En las sentencias estimatorias de las acciones previstas en el apartado anterior, números 1ª a 4ª, el tribunal, si lo estima procedente, y con cargo al demandado, podrá acordar la publicación total o parcial de la sentencia o, cuando los efectos de la infracción puedan mantenerse a lo largo del tiempo, una declaración rectificadora".*

O bien todas las acciones expresadas en los números 3º, 4º y 5º del apartado 1 son concebidas como sendas modalidades o formas concretas de cumplir la obligación de reparar el daño, pudiendo entonces distinguirse una forma de reparación por equivalente –la indemnización del número 5º- junto a dos formas de *reparación en forma específica* –la remoción de efectos del número 3º y la rectificación del 4º–, o bien el legislador estima reparación sólo el *resarcimiento*

[203] Medida también prevista por la LM y la LPI, y sobre la que volveremos más adelante.

[204] Norma asimismo aplicable a las acciones frente a la publicidad ilícita, conforme establece el art. 6 de la Ley 34/1988, General de Publicidad.

de daños y perjuicios del número 5º, considerando la remoción de efectos y la rectificación como otra cosa diferente[205].

5. Ley 17/2001, de Marcas

Según el artículo 41 de la Ley 17/2001, de Marcas, el titular cuyo derecho de marca sea lesionado podrá reclamar en la vía civil:

> *"a) La cesación de los actos que violen su derecho.*
> *b) La indemnización de los daños y perjuicios sufridos.*
> *c) La adopción de las medidas necesarias para evitar que prosiga la violación y, en particular, que se retiren del tráfico económico los productos, embalajes, envoltorios, material publicitario, etiquetas u otros documentos en los que se haya materializado la violación del derecho de marca y el embargo o la destrucción de los medios principalmente destinados a cometer la infracción. Estas medidas se ejecutarán a costa del infractor, salvo que se aleguen razones fundadas para que no sea así.*
> *d) La destrucción o cesión con fines humanitarios, si fuere posible, a elección del actor, y a costa siempre del condenado, de los productos ilícitamente identificados con la marca que estén en posesión del infractor, salvo que la naturaleza del producto permita la eliminación del signo distintivo sin afectar al producto o la destrucción del producto produzca un perjuicio desproporcionado al infractor o al propietario, según las circunstancias específicas de cada caso apreciadas por el Tribunal (...).*

Comentaremos este precepto conjuntamente con el siguiente.

6. Ley de Propiedad Intelectual (RDL 1/1996)

La regulación establecida por el Real Decreto Legislativo 1/1996, que aprueba el Texto Refundido de la Ley de Propiedad Intelectual (en adelante, LPI) es, en esta materia, aún más explícita que la anterior. Su artículo 138 establece que *"el titular de los derechos reconocidos en la misma, sin perjuicio de otras acciones que le correspondan, podrá instar el cese de la actividad ilícita del infractor y exigir la indemnización de los daños materiales y morales causados, en los términos previstos en los artículos 139 y 140. También podrá instar la publicación o difusión, total o parcial, de la resolución judicial o arbitral en*

[205] En cualquier caso, lo que sí parece claro es que el legislador considera que para la remoción de efectos y la rectificación corresponden verdaderas *acciones* a favor del perjudicado, a diferencia de lo que ocurre con la publicación de la sentencia, extraída en la nueva Ley del "catálogo" de acciones y trasladada al epígrafe 2 del artículo. Nos referiremos más adelante a este hecho, que trastoca la consideración de la naturaleza jurídica de la medida.

medios de comunicación a costa del infractor. Asimismo, podrá solicitar con carácter previo la adopción de las medidas cautelares de protección urgente reguladas en el artículo 141".

Los siguientes preceptos desarrollan cada una de las acciones anteriormente enunciadas. Para ser más exactos, desarrollan cada uno de los *tipos de tutela* que asisten al titular (inhibitoria, reparadora, cautelar), pues, como veremos seguidamente, algunas de esas *acciones* comprenden dentro de sí, a su vez, varias acciones diferentes. Así, conforme al artículo 139, el cese de la actividad ilícita podrá comprender, entre otras medidas:

> *"(...) c. La retirada del comercio de los ejemplares ilícitos y su destrucción, incluyendo aquellos en los que haya sido suprimida o alterada sin autorización la información para la gestión electrónica de derechos o cuya protección tecnológica haya sido eludida. Esta medida se ejecutará a expensas del infractor, salvo que se aleguen razones fundadas para que no sea así.*
>
> *d. La retirada de los circuitos comerciales, la inutilización, y, en caso necesario, la destrucción de los moldes, planchas, matrices, negativos y demás elementos materiales, equipos o instrumentos destinados principalmente a la reproducción, a la creación o fabricación de ejemplares ilícitos. Esta medida se ejecutará a expensas del infractor, salvo que se aleguen razones fundadas para que no sea así.*
>
> *e. La remoción o el precinto de los aparatos utilizados en la comunicación pública no autorizada de obras o prestaciones, así como de aquellas en las que se haya suprimido o alterado sin autorización la información para la gestión electrónica de derechos, en los términos previstos en el artículo 162, o a las que se haya accedido eludiendo su protección tecnológica, en los términos previstos en el artículo 160.*
>
> *f. El comiso, la inutilización y, en caso necesario, la destrucción de los instrumentos, con cargo al infractor, cuyo único uso sea facilitar la supresión o neutralización no autorizadas de cualquier dispositivo técnico utilizado para proteger un programa de ordenador. Las mismas medidas podrán adoptarse en relación con los dispositivos, productos o componentes para la elusión de medidas tecnológicas a los que se refiere el artículo 160 y para suprimir o alterar la información para la gestión electrónica de derechos a que se refiere el artículo 162.*
>
> *g. La remoción o el precinto de los instrumentos utilizados para facilitar la supresión o la neutralización no autorizadas de cualquier dispositivo técnico utilizado para proteger obras o prestaciones aunque aquélla no fuera su único uso.*

A la vista de estas normas, parece claro que la "retirada de efectos" mencionada por el artículo 32 LCD se corresponde con lo que se consideran *medidas necesarias para evitar que prosiga la violación* en el artículo 41-d) LM o *cese de la actividad ilícita* en el artículo 139 LPI: estaríamos, en ambos casos, ante medidas de tutela preventiva o inhibitoria.

Cabe destacar que, mientras que la LM también considera medida de cesación –en su sentido general– la *destrucción de los medios principalmente destinados a cometer la infracción*, no parece atribuir la misma naturaleza a las medidas de *destrucción o cesión con fines humanitarios de los productos ilícitamente identificados con la marca que estén en posesión del infractor*, recogidas en el apartado d). Sin embargo, esta actividad de "destrucción" de efectos es mencionada en más de una ocasión en la LPI entre las medidas de cese de la actividad ilícita.

Vigente aún el *Codice* de 1865, el autor italiano D. MANDRIOLI[206] afirmaba que en los ámbitos de competencia ilícita, marcas y propiedad intelectual es fácil comprobar cómo las acciones genuinas que de ellos nacen prescinden completamente del daño, son supuestos en los que la lesión afecta directamente el derecho y en los que sólo cuando un daño sea concomitante podrá hablarse de una concurrente acción de resarcimiento. La acción prohibitoria prescinde de toda exigencia subjetiva en el agente y de todo daño, teniendo por fundamento suficiente la lesión jurídica, incluso acompañada de alguna lesión de utilidad, como aquella que está dirigida a la remoción del estado antijurídico.

Así, no se puede hablar en modo alguno de resarcimiento del daño en forma específica cuando, en los casos de competencia ilícita mediante uso o falsificación de signos no registrados, se pida y obtenga la inhibitoria del uso, la remoción o la destrucción consiguientes. Para afirmar el derecho de imponer a otro una determinada abstención y de obtener la restauración jurídica si la abstención no se observase, es preciso establecer qué preciso derecho ha sido lesionado, cuál es su naturaleza, cuál la acción específica correspondiente, ya que sólo ésta puede conducir a la restauración jurídica. Sin embargo, se tendía a invocar el artículo 1151[207] del derogado *Codice* y el nebuloso concepto de delito civil como base de acciones que no tienden a un auténtico resarcimiento de daños. También –según el mismo autor– en el ámbito de los derechos de autor los efectos característicos del derecho lesionado se suelen "atribuir" al resarcimiento en forma específica. Los tribunales, cayendo en lo que el autor calificaba como la trampa de considerar que la demanda de destrucción de la obra no puede concebirse sino como forma de resarcimiento del daño, debían buscar una culpa donde no era necesario, y no salían del campo del delito civil.

---

206 MANDRIOLI, D. (1922), pp. 394-395.

207 Artículo 1151 del *Codice Civile de 1865*: *"Qualunque fatto dell'uomo que arreca danno ad altri, obbliga quello per colpa del quale è avvenuto, a risarcire il danno"*.

Todos ellos son, a juicio del citado autor, casos reducibles bajo un concepto común: la eliminación del estado antijurídico, que, en la teoría y en la práctica del resarcimiento, es normalmente configurado como eliminación de la causa del daño. Y precisamente porque el estado antijurídico constituye la causa del daño, es posible que el remedio que aporta la eliminación de tal estado venga a confundirse dentro del concepto de resarcimiento.

En todo caso y a la vista de todo lo hasta ahora expuesto, parece poderse afirmar que todas las normas reguladoras de la propiedad intelectual e industrial, así como las reguladoras de la competencia desleal presentan un rasgo común: todas ellas sostienen un concepto exclusivamente económico o pecuniario de la reparación del daño.

7. Ley de Contrato de Seguro

Conforme al artículo 18-2 de la Ley 50/1980, de Contrato de Seguro: *"Cuando la naturaleza del seguro lo permita y el asegurado lo consienta, el asegurador podrá sustituir el pago de la indemnización por la reparación o la reposición del objeto siniestrado"*[208]. Alejándose de la configuración de la reparación en forma específica como otra forma más –y, mucho menos, preferente– de reparación del daño, junto a la reparación pecuniaria, esta norma parece configurar la reparación específica como una mera facultad de sustitución por parte del deudor, obligación facultativa *sui generis*, por cuanto presenta a su vez una naturaleza condicional, ya que, además de exigirse el requisito de la posibilidad (*"cuando la naturaleza del seguro lo permita"),* el acreedor debe consentir la sustitución[209].

El compromiso del asegurador de pagar los gastos de reparación o de reposición implica normalmente, a juicio de SÁNCHEZ CALERO[210], la realización de una prestación dineraria, ya que, si bien puede preverse en el contrato que el asegurador entregue al asegurado la indemnización que queda afectada a la realización o la reconstrucción, ello implica que el pago de la indemnización

[208] Sin perjuicio de la excepción representada por el artículo 19-6 de la Ley 38/1999, de Ordenación de la Edificación, conforme al cual: *"El asegurador podrá optar por el pago de la indemnización en metálico que corresponda a la valoración de los daños o por la reparación de los mismos"* (ante el silencio de la ley, ha de entenderse que no es necesario en este caso el consentimiento del asegurado).

[209] SÁNCHEZ CALERO estima que el precepto está redactado en forma que parece que es aplicable únicamente a seguros de cosas, al referirse al "objeto siniestrado". Reparación o reposición cuya prestación realiza el asegurador por medio del encargo de la obra a un tercero. Sin embargo, es, a su juicio, manifiesto que el principio de la prestación no dineraria puede aplicarse no sólo a los seguros de cosas, sino también en otros tipos de seguros en los que el asegurador asume la realización de la prestación [SÁNCHEZ CALERO, J. (2005), p. 344].

[210] *Ibid.*, p. 344.

se postergue al momento en que esa reparación o reposición se efectúa. Por este motivo, este autor estima que en tales casos la prestación del asegurador es pecuniaria, si bien con un destino preciso, como es el abono del coste de esas tareas; por consiguiente, al no estar ante la prestación *in natura* a la que se refiere el artículo 18-2, no es preciso el permiso del asegurado.

8. La Ley orgánica de responsabilidad penal de los menores

El Título VIII (artículos 61 a 64) de la LO 5/2000 contiene una serie de prescripciones, de naturaleza tanto sustantiva como procesal, relativas a la responsabilidad civil derivada de los hechos constitutivos de ilícito penal cometidos por menores, cuyas consecuencias regula la Ley. Pero es en un lugar en principio tan poco previsible como es en sede de la regulación de la fase de instrucción del procedimiento, en el Título III, donde encontramos un precepto, el artículo 19, que, en la redacción dada por la LO 8/2004, habla de "reparación del daño".

Merece la pena detenerse a analizar, siquiera someramente, la peculiar figura de "reparación" que contempla esta norma, que prevé la posibilidad de sobreseimiento del expediente, entre otras causas, por "reparación entre el menor y la víctima". A tenor del mismo:

> *"Artículo 19. Sobreseimiento del expediente por conciliación o reparación entre el menor y la víctima.*
> *1. También podrá el Ministerio Fiscal desistir de la continuación del expediente, atendiendo a la gravedad y circunstancias de los hechos y del menor, de modo particular a la falta de violencia o intimidación graves en la comisión de los hechos, y a la circunstancia de que además el menor se haya conciliado con la víctima o haya asumido el compromiso de reparar el daño causado a la víctima o al perjudicado por el delito, o se haya comprometido a cumplir la actividad educativa propuesta por el equipo técnico en su informe.*
> *El desistimiento en la continuación del expediente sólo será posible cuando el hecho imputado al menor constituya delito menos grave o falta.*
> *2. A efectos de lo dispuesto en el apartado anterior, se entenderá producida la conciliación cuando el menor reconozca el daño causado y se disculpe ante la víctima, y ésta acepte sus disculpas, y se entenderá por reparación el compromiso asumido por el menor con la víctima o perjudicado de realizar determinadas acciones en beneficio de aquéllos o de la comunidad, seguido de su realización efectiva. Todo ello sin perjuicio del acuerdo al que hayan llegado las partes en relación con la responsabilidad civil.*

3. El correspondiente equipo técnico realizará las funciones de mediación entre el menor y la víctima o perjudicado, a los efectos indicados en los apartados anteriores, e informará al Ministerio Fiscal de los compromisos adquiridos y de su grado de cumplimiento.

4. Una vez producida la conciliación o cumplidos los compromisos de reparación asumidos con la víctima o perjudicado por el delito o falta cometido, o cuando una u otros no pudieran llevarse a efecto por causas ajenas a la voluntad del menor, el Ministerio Fiscal dará por concluida la instrucción y solicitará del Juez el sobreseimiento y archivo de las actuaciones, con remisión de lo actuado.

5. En el caso de que el menor no cumpliera la reparación o la actividad educativa acordada, el Ministerio Fiscal continuará la tramitación del expediente".

Se trata de un precepto que supone, a la vez que una manifestación de los principios de oportunidad[211] y de intervención mínima[212], un claro exponente del principio que orienta toda la Ley: el superior interés del menor. En un principio, la mayoría de los autores estima que esta opción legislativa evitará el efecto estigmatizador que, bajo ciertos supuestos, puede producir al menor el proceso penal.

Al margen de la valoración de semejante decisión de política legislativa[213], lo cierto es que el legislador prevé la posibilidad de que el Ministerio Fiscal, atendiendo a la gravedad y circunstancias de los hechos y del menor, inste el desistimiento del expediente incoado, sometiendo esta posibilidad a los siguientes requisitos:

- en primer lugar, tal desistimiento sólo será posible cuando el hecho imputado al menor constituya delito menos grave o falta;

- en segundo lugar, requiere la ausencia de violencia o intimidación graves en la comisión de los hechos[214];

---

[211] TOMÉ TAMAME, J.C. (2002) (última consulta 15-01-2012).

[212] DÍAZ ALABART, S. (2001), p. 85.

[213] TOMÉ TAMAME (2002) (última consulta 15-01-2012) considera que el condicionamiento de la efectividad de la conciliación o del compromiso de reparación, como causa de sobreseimiento del procedimiento penal, a la voluntad de la víctima, en una suerte de pseudo-justicia privada, constituye una contradicción con los principios proclamados y con el contenido del apartado III-13 de la Exposición de Motivos –en clara alusión al art. 19– cuando afirma que predominan los criterios educativos y resocializadores sobre los de una defensa social esencialmente basada en la prevención general y que pudiera resultar contraproducente para el futuro. No se pueden dejar en manos del buen o mal humor de la víctima, de su personalidad o de otras circunstancias personales, esos criterios educativos y resocializadores.

[214] Violencia o intimidación que el autor citado entiende referida sólo a las personas, si no se quieren desvirtuar los objetivos de la ley (*Id.*).

- y en tercer lugar, requiere la concurrencia de alguna de estas tres circunstancias: que el menor se haya *conciliado* con la víctima; que el menor se haya *comprometido a cumplir la actividad educativa* propuesta por el equipo técnico en su informe o, finalmente –y ésta es la circunstancia que nos interesa especialmente–, que el menor haya *asumido el compromiso de reparar el daño causado* a la víctima o al perjudicado por el delito.

El propio epígrafe 2 del artículo 19 ofrece una interpretación auténtica del concepto de "reparación", la cual es definida como *"el compromiso asumido por el menor con la víctima o perjudicado de realizar determinadas acciones en beneficio de aquéllos o de la comunidad, seguido de su realización efectiva"*.

Diversas cuestiones resultan destacables y suscitan dudas en esta regulación, pero la más evidente hace referencia a la incidencia de la figura de "reparación" que contempla en la responsabilidad, e incluso a la propia naturaleza jurídica de tal figura, desde el momento en que el mismo artículo 19-2, *in fine* ("*Todo ello sin perjuicio del acuerdo al que hayan llegado las partes en relación con la responsabilidad civil*") parece, a primera vista, considerarla algo ajeno a la responsabilidad civil. Pero, como señala DÍAZ ALABART[215], esta reparación necesariamente ha de incidir, en mayor o menor medida, en la responsabilidad civil, ya que el menor que realiza esas acciones en beneficio de su víctima está reparando total o parcialmente el daño que causó, tratando de poner al perjudicado en la misma situación en la que se encontraría si el hecho no hubiese ocurrido, o bien satisfaciendo algún interés del perjudicado que le compense por el daño sufrido. En suma, siempre que se acuerde la reparación a través de actividades del menor infractor a favor de su víctima, existirá al menos una parte de responsabilidad civil nacida que quede satisfecha con esa actuación. Precisamente para la parte de aquélla que no quede satisfecha mediante la actividad del menor, está la mención a la acción específica de responsabilidad civil. Considerar la realización de actividades pactadas como algo ajeno, paralelo e independiente de la acción de responsabilidad civil sería tanto como permitir exigir la reparación de los daños causados dos veces[216].

Así pues, pese a la confusa expresión legal, nos hallamos ante un auténtico supuesto de reparación del daño, y, como seguidamente vamos a ver, más concretamente, de un supuesto de reparación en forma específica. No obstante, si observamos sus características, comprobamos que se trata de una reparación un tanto especial.

Si analizamos en qué consiste, vemos que el epígrafe 1 del artículo 19 habla, en efecto, de *"reparar el daño causado a la víctima o perjudicado"*; pero

---

215 DÍAZ ALABART, S. (2001), p. 89.

216 *Ibid.*, p. 97.

el epígrafe 2 del mismo precepto, cuando define dicha reparación, habla de un *"compromiso de realizar determinadas acciones en beneficio de aquéllos o de la comunidad, seguido de su realización efectiva"*. No sólo de estos términos ("realizar determinadas acciones"), sino también y sobre todo del espíritu de la norma –de la propia ley en su integridad– debe deducirse que la única forma de reparación del daño concebida por la misma es la forma *específica* de reparación. Y, como tal, sobre ella puede jugar una concreta causa de imposibilidad: que el compromiso de reparación no pueda llevarse a efecto por causas ajenas a la voluntad del menor. Pero incluso los efectos de la imposibilidad son especiales, ya que, si concurre, no se produce el habitual efecto de eliminar la posibilidad de reparar en forma específica y obligar a la reparación por equivalente. Es decir: la reparación en forma específica imposible, en sí misma, no produce ordinariamente otro efecto que hacer entrar en juego a la reparación por equivalente[217]; pero, en este caso, no obstante o además de este desplazamiento de la obligación de reparar civilmente por equivalente económico, la mencionada causa de imposibilidad produce los mismos efectos en el proceso penal que el cumplimiento del compromiso: el sobreseimiento y archivo de las actuaciones[218].

Cosa diferente es la imposibilidad de realización de actividades por el menor con el fin de reparar, cuando el daño causado no admite forma específica de reparación. A juicio de DÍAZ ALABART, dado que la Ley no especifica que tenga que tratarse de reparación específica "absoluta", es perfectamente posible que en el pacto se acuerde que el menor realice acciones en beneficio del perjudicado que, si bien no repongan las cosas a su estado primitivo, produzcan satisfacción a la víctima. Esto es, una reparación por equivalencia –una especie de dación en pago– en la que ambas partes han acordado la equivalencia[219].

Por otra parte, se trata de un supuesto de transacción judicial[220] en el que el compromiso de reparación se efectúa con la intervención preceptiva del equipo técnico; si éste considera que en el caso conviene que el menor llegue a un compromiso de reparación de los daños con el perjudicado, y el Ministerio Fiscal también lo entiende así, hará una recomendación en tal sentido y es el equipo quien habrá de mediar entre el menor y la víctima para que se alcance

---

217 Otra cosa distinta es el efecto de perpetuación de la obligación en caso de imposibilidad como causa de extinción de las obligaciones contractuales.

218 Lo cual, a juicio de DÍAZ ALABART [(2001), p. 92] es excesivo, si la Ley busca –como proclama– no sólo el efecto de mera restitución, sino también, y sobre todo, el educativo o resocializador: lo que resulta educativo no es el mero compromiso, sino su cumplimiento.

219 Se trataría de un supuesto cercano a lo que LUNA, PIÑEIRO, RAMOS y RUBÍ [(2002), p.4] consideran una de las formas que puede adoptar la reparación en forma específica: la "reparación en especie, mediante la entrega de bienes, cuyo valor equivalga al daño sufrido", con la particularidad de ser pactada.

220 DÍAZ ALABART, S. [(2001), p. 89.

dicho compromiso y de informar al Ministerio Fiscal tanto de su contenido una vez logrado el acuerdo como posteriormente de su grado de cumplimiento[221].

Lo que posibilita el desistimiento es la actuación personal del propio menor en actividades reparadoras –y no la eventual reparación efectuada por otra persona de la que el menor dependa–, lo cual excluye, de un lado, que una indemnización pecuniaria efectuada por el menor pueda abrir esta especial vía de desistimiento y sobreseimiento y, de otro lado, que pueda abrirla ningún tipo de actuación reparadora –específica o no– llevada a cabo por el representante legal –y responsable civil– del menor.

Se establece así lo que constituye una auténtica excepción en nuestro panorama jurídico de la responsabilidad civil: el legislador está escindiendo y "acotando" las posibles formas y efectos de la reparación según quién sea el sujeto que se haga cargo de la misma[222]. Puede reparar el menor, siempre que lo haga –sólo– en forma específica, y teniendo esta reparación (total o parcial de los daños) el efecto de determinar el sobreseimiento de la actuación penal; y puede reparar la persona legalmente responsable del menor, lo podrá hacer en forma específica o por equivalente económico, bien para cubrir la parte no satisfecha mediante la actuación personal del menor, bien para satisfacer la totalidad de la responsabilidad civil, sin que en ningún caso las actuaciones reparadoras de dicho representante del menor tengan efecto alguno en las actuaciones penales.

Pero lo que más llama la atención es precisamente que la reparación de un daño –cuestión proverbialmente civil– tenga el especial y particular efecto que esta norma le atribuye en el ámbito penal, ya que su consecuencia principal es la posibilidad de que el Ministerio Fiscal inste el desistimiento y archivo de las actuaciones penales. Ha de destacarse que el desistimiento puede producirse tras el mero compromiso de reparar, sin que se haya procedido a la efectiva ejecución de la reparación, pero para que el Ministerio Fiscal pida el sobreseimiento y archivo de la causa es necesario que el compromiso de reparación haya sido efectivamente cumplido y ejecutado, ya que, *(u)na vez (...) cumplidos los compromisos de reparación asumidos con la víctima o perjudicado por el delito o falta cometido, o cuando (...) no pudieran llevarse a efecto por causas ajenas a la voluntad del menor, el Ministerio Fiscal dará por concluida la instrucción y solicitará del Juez el sobreseimiento y archivo de las actuaciones, con remisión de lo actuado* (artículo 19-4), y, *"(e)n el caso de que el menor no cumpliera la*

221 *Ibid.*, p. 88.

222 Lo cual pone también de manifiesto el carácter "mixto" que DÍAZ ALABART atribuye a la figura de reparación contemplada por este precepto, en razón de la posibilidad de que pueda llevarse a efecto en parte por medio de las actividades realizadas por el menor y en parte por la entrega de una cantidad de dinero (*Ibid.*, p. 97).

reparación o la actividad educativa acordada, el Ministerio Fiscal continuará la tramitación del expediente" (artículo 19-5).

Nos hallamos, en conclusión, ante un auténtico supuesto de reparación del daño –más concretamente, tal como hemos visto, de un supuesto de reparación en forma específica–, que reviste, no obstante, unas especiales características que nos sitúan ante una figura atípica, híbrida o mixta de reparación del daño *instrumentalizada*, utilizada por el legislador como cauce para conseguir la resocialización del menor y que funciona como una especie de punto de intersección entre los aspectos penales y civiles de las consecuencias de la conducta de aquél.

9. La Ley 30/1992, de Régimen Jurídico de la Administración del Estado y del Procedimiento Administrativo Común

La Ley 30/1992 consagra, como es sabido, el principio de responsabilidad civil (de modo redundante llamada "patrimonial") de las Administraciones Públicas, con carácter objetivo, en su artículo 139, conforme al cual:

> *"1. Los particulares tendrán derecho a ser indemnizados por las Administraciones Públicas correspondientes, de toda lesión que sufran en cualquiera de sus bienes y derechos, salvo en los casos de fuerza mayor, siempre que la lesión sea consecuencia del funcionamiento normal o anormal de los servicios públicos".*

La Sala Tercera del Tribunal Supremo ha interpretado que el término *indemnizar* utilizado por este precepto es más amplio que el de *reparar*, por lo que *"no puede excluirse la reparación in natura por el simple hecho de que el precepto en cuestión utilice el verbo indemnizar, dado que (...) la finalidad esencial del artículo 40 de la Ley de Régimen Jurídico es dejar el patrimonio del administrado, que ha resultado perjudicado, en la situación que estaba antes de ser perturbado por la lesión sufrida como consecuencia del funcionamiento normal o anormal de los servicios públicos y esa reposición del patrimonio a su situación anterior a la lesión causada podrá serlo tanto mediante la reparación in natura como por la vía de la reparación equivalente en dinero"*[223].

Sin embargo, salvo en el epígrafe 4 del mismo artículo, el término "indemnización" parece aquí utilizado en su restringido sentido de reparación exclusivamente pecuniaria, de modo que ésta es la forma de reparación del daño que el legislador, *principalmente*, ordena. Ello se deduce del contenido de los párrafos

[223] SSTS (Sala Tercera) 4106/1995 y 7303/2000.

2 y 3 del artículo 141, dedicado a la indemnización, en los cuales se establecen los criterios de valoración y de determinación temporal de la misma:

> *"2. La indemnización se calculará con arreglo a los criterios de valoración establecidos en la legislación de expropiación forzosa, legislación fiscal y demás normas aplicables, ponderándose, en su caso, las valoraciones predominantes en el mercado.*
>
> *3. La cuantía de la indemnización se calculará con referencia al día en que la lesión efectivamente se produjo, sin perjuicio de su actualización a la fecha en que se ponga fin al procedimiento de responsabilidad con arreglo al índice de precios al consumo, fijado por el Instituto Nacional de Estadística, y de los intereses que procedan por demora en el pago de la indemnización fijada, los cuales se exigirán con arreglo a lo establecido en la Ley General Presupuestaria".*
>
> *"4. La indemnización procedente podrá sustituirse por una compensación en especie o ser abonada mediante pagos periódicos, cuando resulte más adecuado para lograr la reparación debida y convenga al interés público, siempre que exista acuerdo con el interesado".*

En efecto, este último epígrafe sí parece ajustarse a la interpretación jurisprudencial, y emplear el término "indemnización" en su sentido genérico de "reparación", desarrollando en los epígrafes 2 y 3 la reparación por equivalente pecuniario y representando dicho epígrafe 4 un supuesto de reparación en forma específica.

A mi juicio, sin embargo, a menos que la especie sustitutiva satisfaga las mismas utilidades que las perdidas, no nos hallamos aquí ante un supuesto de reparación específica en sentido propio, ni siquiera en forma limitada, por cuanto no prevé la reparación de la misma cosa o la recuperación de la misma utilidad perdida o la restauración del estado de hecho que debería existir, sino simplemente una "compensación en especie", esto es, la entrega de otra cosa u otra utilidad que compense la perdida. Lo que este precepto contiene es una suerte de obligación facultativa o con facultad de sustitución por parte del deudor (la Administración), atípica respecto a dicha clase de obligaciones, por cuanto: a) no es una posibilidad que haya podido preverse por el acreedor al constituirse la obligación, y b) requiere –precisamente por lo anterior– el "acuerdo con el interesado". Pero no se otorga a éste *ab initio* la posibilidad de elegir la forma de reparación, sino que es la propia Administración la que puede discrecionalmente (*"podrá sustituirse")* decidir si la sustitución es procedente, para lo cual debe valorar no sólo si dicha forma resulta más adecuada para lograr la reparación debida, sino también si ello conviene al interés público.

10. Ley 26/2007, de Responsabilidad Medioambiental

Como norma especial, dentro del régimen jurídico administrativo, aparece la Ley 26/2007, de Responsabilidad Medioambiental, de 23 de octubre, la cual, siguiendo las directrices establecidas por la Directiva 2004/35/CE del Parlamento Europeo y del Consejo, de 21 de abril de 2004, regula, no obstante su nombre, no sólo la reparación, sino también la prevención del llamado *daño ecológico puro*[224].

[224] Dentro de lo que, habitual y genéricamente, se entiende como "daño ambiental", suele establecerse una distinción entre dos conceptos: de un lado, el daño ambiental "tradicional" (o "a particulares", o "privado"), que es el daño que una agresión o accidente medioambiental (esto es, una agresión a los recursos naturales o a las especies y hábitats protegidos) puede causar a los derechos e intereses –tanto personales como patrimoniales– de los que son titulares, desde el prisma del Derecho Civil, determinados sujetos particulares; de otro lado, se encuentra el "daño ambiental puro" o "daño ecológico puro" (o, sencillamente "daño ecológico"), que consiste en el daño que una acción u omisión imputable causa a los recursos naturales, es decir, al propio medio ambiente *en sí*, considerado como un bien colectivo cuya titularidad y defensa corresponde a los poderes públicos, en representación de todos los ciudadanos.

La protección y defensa de los particulares frente al "daño tradicional" es competencia del Derecho Privado, concretamente, del Derecho Civil, a través de los escasos –pero eficaces– medios que proporcionan, principalmente, los artículos 7, 590, 1902 y 1908 del Código Civil. Ha de destacarse, no obstante, la enorme repercusión y relevancia alcanzadas por la tesis introducida en la década de los noventa por el Tribunal Europeo de Derechos Humanos, concretamente en la sentencia que resolvió el caso López Ostra c/ España (9 de diciembre de 1994), la cual permitió ampliar los estrechos límites que la protección casi exclusiva del derecho de propiedad, propia del ordenamiento civil codificado, marcaban a la defensa de la persona frente a las agresiones medioambientales, encauzando esta defensa a través de la protección de derechos fundamentales como es el derecho a la intimidad personal y domiciliaria. La Jurisprudencia patria ha seguido masivamente esta doctrina, que no sólo califica de intolerables y susceptibles de legitimar el amparo, tanto civil como constitucional, aquellas agresiones medioambientales que supongan un riesgo grave a la salud de las personas, sino que también considera estas inmisiones gravemente nocivas, cuando afectan a la persona, en relación con su sede o domicilio, constituyendo atentados o agravios inconstitucionales a su derecho a la intimidad, perturbado por estas intromisiones. Así, por ejemplo, las intromisiones sonoras se incluyen en el núcleo de la intimidad-protección del domicilio, por considerar que el ruido excesivo supone, no sólo un eventual daño físico o psico-fisiológico, sino también una violación de los derechos fundamentales protegidos en el artículo 18 de nuestra Constitución.

La defensa de la comunidad frente al "daño ecológico puro" ha tratado de abordarse mediante la promulgación de la Ley 26/2007, de Responsabilidad Medioambiental, que constituye una norma de Derecho Público, de naturaleza netamente administrativa. El legislador considera que el "medio ambiente", a los efectos de esta Ley, está integrado por los recursos naturales, las especies y hábitats protegidos, las aguas, la ribera del mar y de los ríos y el suelo.

A pesar de los esfuerzos doctrinales por fundamentar una defensa del medio ambiente, y una reparación del daño ecológico puro, desde los instrumentos que ofrece el Derecho Privado (Véase, RUDA GONZALEZ, A.: *El daño ecológico puro (La responsabilidad civil por el deterioro del medio ambiente)*, Aranzadi, 2008), lo cierto es que, hoy por hoy, las relaciones jurídicas que la Ley 26/2007 establece en defensa del propio medio ambiente, son relaciones jurídico-públicas: es la Administración la que puede exigir el cumplimiento de las obligaciones de prevención, evitación y reparación que la Ley establece, la que impone sanciones en caso de su incumplimiento, y la que, en definitiva, lleva a cabo, si es necesario, la propia reparación, obligando al responsable a soportar el coste de la misma, conforme al principio "quien contamina, paga".

La importancia de esta norma, a nuestros efectos, radica en el hecho de que, en su seno, sólo acoge la forma específica de reparación del daño medioambiental y, a lo sumo, una forma de compensación "en especie equivalente"[225], pero no la indemnización pecuniaria[226].

Mientras que, para la reparación de los daños al suelo, la Ley 26/2007 contiene una mera cláusula de remisión a la legislación específica en materia de residuos, en relación con la reparación de los daños causados a las aguas, a las especies silvestres, los hábitats y la ribera del mar y de las rías, esta norma contiene, en su Anexo II, un pormenorizado régimen, cuya "obertura" está constituida por la siguiente declaración de principio: la reparación de estos daños medioambientales se consigue *restituyendo el medio ambiente a su estado básico* mediante medidas reparadoras *primarias*, *complementarias* y *compensatorias*. Comprobaremos, sin embargo, cómo la terminología legal resulta bastante confusa, ya que las medidas reparadoras que supuestamente "compensan" no son las compensatorias, sino las complementarias.

A los efectos de la Ley, se entiende por *estado básico* aquél en que, de no haberse producido el daño medioambiental, se habrían hallado los recursos naturales y los servicios de recursos naturales en el momento en que sufrieron el daño, considerado a partir de la mejor información disponible.

Constituye "reparación primaria" toda medida correctora que tiene como objetivo y consiste en restituir o aproximar los recursos naturales o los servicios de recursos naturales dañados a su estado básico.

Si los recursos naturales o los servicios de recursos naturales dañados no se restituyen a su estado básico, se efectuarán reparaciones complementarias. La "reparación complementaria" se refiere a toda medida correctora adoptada en relación con los recursos naturales o los servicios de recursos naturales, *para compensar* el hecho de que la reparación primaria *no haya dado lugar a la plena restitución* de los recursos naturales o los servicios de recursos naturales dañados. Su finalidad es proporcionar un nivel de recursos naturales o servicios

[225] O lo que LUNA, PIÑEIRO, RAMOS Y RUBÍ [(2002), pp. 2-3], llaman, sin más, "reparación en especie" –que consiste en la entrega de bienes, cuyo valor equivalga al daño sufrido–, junto a la "reparación específica o *in natura*" –la cual, para dichos autores, se reduce al arreglo de la cosa dañada o su sustitución por otra igual– y la "indemnización por equivalente" –o entrega de la cantidad de dinero correspondiente al daño sufrido–.

[226] Todo ello, claro está, desde la perspectiva que identifica la reparación específica y la distingue de la reparación por equivalente económico, desde el punto de vista del perjudicado, en cuanto que tal reparación hace obtener a éste las mismas utilidades perdidas o lesionadas. Cabe cuestionarse si, en los casos en que el propio responsable no pueda, él mismo, llevar a cabo la reparación y sea la propia Administración quien, por disponer de los medios oportunos, la lleve a efecto, obligando al responsable a costearla, la naturaleza de la reparación se transforma, por este hecho, y pueda considerarse una reparación económica. Esta cuestión se aborda, con carácter general, en otro Capítulo de la presente obra.

de recursos naturales –incluso, si procede, en un lugar alternativo– similar al que se habría proporcionado si el lugar dañado se hubiera restituido a su estado básico.

La propia Ley establece el orden de preferencia de estos dos tipos de medidas, al disponer que, si la reparación primaria no da lugar a la restitución del medio ambiente a su estado básico, se efectuará una reparación complementaria.

Finalmente, la Ley 26/2007 introduce lo que llama una "reparación compensatoria", que, pese a lo que a primera vista pudiera parecer, no consiste –ni puede consistir– en una compensación financiera al público y en lo que sí consiste, en cambio, es, pura y llanamente, en una reparación específica del *daño medio tempore*. Tal reparación compensatoria consiste en toda acción adoptada para compensar las pérdidas provisionales de recursos naturales o los servicios de recursos naturales que tienen lugar desde la fecha en que se produjo el daño hasta el momento en que la reparación primaria –o complementaria– haya surtido todo su efecto. La Ley llama *pérdidas provisionales* a las pérdidas derivadas del hecho de que los recursos naturales o los servicios de recursos naturales dañados no puedan desempeñar sus funciones ecológicas o prestar servicios a otros recursos naturales o al público hasta que hayan surtido efecto las medidas primarias o complementarias. Así, este tipo de medidas no se halla supeditado a orden alguno de preferencia, sino solamente a la conveniencia de su adopción junto a las medidas de reparación primaria o complementaria.

CAPÍTULO TERCERO
LA SITUACIÓN FRONTERIZA DE LA REPARACIÓN EN FORMA ESPECÍFICA CON OTROS REMEDIOS DEL PERJUDICADO

I. INTRODUCCIÓN: LOS DIVERSOS TIPOS DE TUTELA

La doctrina procesal ha distinguido, tradicional y fundamentalmente, tres tipos de tutela:

- tutela declarativa: es aquélla que está dirigida a la *declaración* de relaciones jurídicas o de derechos subjetivos, ya sea con carácter meramente declarativo o con carácter constitutivo.

- tutela ejecutiva: es la tutela dirigida a *actuar coactivamente* la prestación de dar, hacer o no hacer contenida en un título apto para ello.

- tutela cautelar: es un tipo de tutela cuyo carácter distintivo está marcado por la accesoriedad, la provisionalidad y la funcionalidad, en cuanto se dirige: bien a *garantizar* el ejercicio de un derecho objetivo, bien a impedir que se modifique una situación de hecho o de derecho, bien a asegurar el resultado perseguido por otro proceso principal, a cuya efectividad sirve, haciendo posible que éste concluya con una solución que pueda ser concretada no solo en el plano jurídico, sino también en el plano fáctico.

Sin embargo, si se abandona la perspectiva estrictamente procesal, para contemplar la tutela de los derechos desde un punto de vista sustantivo, podemos apreciar otros tipos de tutela:

- tutela inhibitoria: podemos definirla, con LLAMAS POMBO[227], como aquélla que se insta para obtener una orden o mandato dictado por la autoridad judicial, a petición de quien tiene fundado temor de sufrir un daño, o de que se produzca la repetición, continuación o agravamiento de un daño ya sufrido, y

[227] LLAMAS POMBO, E. (2007), p. 469.

que va dirigido a la persona que se encuentra en condiciones de evitar tal resultado dañoso, mediante la realización de una determinada conducta preventiva o la abstención de la actividad generatriz de tal resultado.

- tutela reintegradora: tiene como objeto la protección de los derechos y situaciones subjetivos, reintegrando (es decir, "devolviendo a su titular") el derecho subjetivo violado o la situación jurídica lesionada.

- tutela restitutoria[228]: tiene por objeto la devolución de las cosas a su titular o poseedor, y, por tanto, supone un especial modo de reintegración, que entraña el restablecimiento del estado de cosas anterior al hecho ilícito, concretamente el restablecimiento del estado *material* de cosas, por cuanto actúa mediante el retorno en la posesión de las cosas muebles sustraídas o mediante la reintegración en posesión de los inmuebles.

- tutela reparadora o curativa[229]: tiene como finalidad genérica la reparación de un daño producido, sea contractual o extracontractual, finalidad que puede conseguirse a través de distintas formas –actuables simultáneamente hasta lograr la total reparación del daño–, que pueden contener medidas de reparación específica o medidas de reparación económica o por equivalente.

Pero, junto a las anteriores, también son plenamente vigentes otras distinciones, las cuales se encontrarían a caballo entre las perspectivas estrictamente procesal y sustantiva, y que la doctrina italiana establece en función de las formas de protección o tutela jurisdiccional que el ordenamiento jurídico proporciona a los derechos e intereses.

De un lado, el italiano SATTA[230] formula la doctrina que distingue entre situaciones jurídicas *finales* y situaciones jurídicas *instrumentales*. Las situaciones jurídicas instrumentales presuponen o exigen una actividad, un comportamiento de otro sujeto, consistente en un *dare* o en un *facere*, que constituye

[228] En ocasiones se utilizan por la doctrina como sinónimas las expresiones tutela específica y tutela real; en otras, las expresiones tutela restitutoria y tutela real; y en otras, aparecen como sinónimos los tres términos. Otros autores [por ej. MANDRIOLI, D. (1922), *passim*] asimismo utilizan la expresión tutela directa para referirse a las tres anteriores. Por nuestra parte, estimamos que la expresión tutela real nos traslada involuntaria e inmediatamente al ámbito de los derechos reales; no obstante, la extensión en la práctica de la "maquinaria" de protección de éstos a otros ámbitos de derechos absolutos, como los derechos de la personalidad, parece aproximar la expresión tutela real tanto a la de tutela reintegradora como a la de tutela restitutoria.

[229] Expresión tomada de MEDINA ALCOZ, M. [(2005), p. 520; (2010), p. 632], quien, dentro de un esquema temporal que clasifica determinados tipos de normas según entren en juego antes de producirse un daño, después de producido éste, o, posteriormente, cuando la obligación de reparar surgida no es cumplida por el responsable, define el *Derecho curativo de la responsabilidad civil* como el "núcleo duro" de la disciplina de ésta, como conjunto de normas que intervienen en el segundo de los momentos considerados.

[230] SATTA, S. (1950), p. 3; (1954), p. 15.

precisamente el medio para que el acreedor pueda ver satisfecho su interés. Por el contrario, son situaciones jurídicas finales aquéllas en las que la titularidad coincide generalmente con la satisfacción del interés del sujeto, porque existe una relación inmediata entre ese sujeto y el bien que satisface su necesidad; en otros términos: aquéllas que son realizables por su titular independientemente de la prestación de otro, de modo que son ya autosuficientes y plenamente idóneas para satisfacer el interés protegido, con su simple declaración. La conducta del sujeto pasivo es, en este caso, de simple abstención y respeto de la esfera jurídica ajena.

Esta distinción parece encajar perfectamente con la que trazamos entre relaciones jurídicas obligatorias o derechos relativos y relaciones jurídicas reales o derechos absolutos. La diferencia entre situaciones instrumentales y finales radica en que, en el primer caso, se ostenta un *derecho a un bien*; en el segundo, se ostenta un *derecho sobre un bien*. El derecho sobre un bien determinado es tutelable frente a cualquiera y puede dar lugar a la ejecución forzosa, la cual debe necesariamente tener por objeto el mismo bien objeto del derecho. El derecho a un bien, que comportan las situaciones jurídicas instrumentales y que impone el cumplimiento del sujeto obligado, en defecto de tal cumplimiento puede dar lugar, en virtud de un título ejecutivo, a la ejecución forzosa que debe hacer conseguir al acreedor el bien objeto de su expectativa. Sin embargo, para conseguir tal resultado, para satisfacer el derecho a aquel bien, no es posible dirigir la demanda ejecutiva sobre un bien determinado, que es el bien-fin, sino que es necesario hacer expropiar los bienes del deudor, que son los bienes-instrumento y que constituyen el ámbito objetivo de la responsabilidad del deudor.

En definitiva, al *derecho sobre el bien* de las situaciones jurídicas absolutas (finales) corresponde la necesaria coincidencia entre el objeto del derecho y el objeto de la ejecución: el objeto de la ejecución es el propio bien, el bien-fin, objeto del derecho. Al *derecho al bien* de las situaciones relativas (instrumentales) corresponde, ciertamente, el resultado, el bien-fin, sea de la prestación espontánea del obligado, sea de la ejecución forzosa, pero el objeto del proceso ejecutivo sólo pueden serlo los bienes-instrumento, esto es, el objeto de la responsabilidad, que permiten conseguir aquel bien-fin.

La distinción a la que acabamos de referirnos era establecida con el objeto de atribuir a cada una de estas categorías un tipo diferente de tutela: sólo las situaciones jurídicas finales serían susceptibles de tutela específica, mientras que las situaciones instrumentales sólo serían susceptibles de resarcimiento genérico o tutela resarcitoria[231].

---

[231] Para el citado autor, la realización coactiva de las primeras no añade nada al patrimonio jurídico del titular y, por tanto, no sería verdadera ejecución; sólo la realización de las segundas se

En efecto, de otro lado, aparece la distinción entre tutela específica (o real o satisfactoria[232]) y tutela resarcitoria (u obligatoria o personal). La primera es definida por PROTO PISANI[233] como la tutela "dirigida a hacer conseguir al titular del derecho las mismas utilidades garantizadas por la ley o por el contrato, y no utilidades equivalentes"[234]; la segunda es definida como aquélla dirigida a hacer conseguir a su titular, "no la misma utilidad lesionada o garantizada por la ley o el contrato, sino sólo una utilidad equivalente", no la utilidad o el bien lesionados o debidos *in natura*, sino sólo su equivalente monetario, y que constituye la forma típica de tutela de las relaciones obligatorias en general y connaturalmente excluye el recurso a la ejecución forzosa, admitiendo únicamente la expropiación forzosa, de forma que los derechos dotados sólo de tutela resarcitoria, en caso de inejecución o de violación se convierten siempre en créditos de resarcimiento económico.

En los sistemas jurídicos decimonónicos se trasluce este diferente planteamiento en la tutela de los derechos reales y de crédito. Así, por ejemplo, en lo referente a la ejecución, observa la doctrina que en las relaciones derivadas de derechos reales, el cumplimiento *in natura* no se establece conforme a los parámetros de intercambio y del mercado, sino que constituye una consecuencia de la plena expansión de los poderes del titular sin afectar a la circulación de los bienes, mientras en los derechos de crédito, la eventual ejecución específica debe subordinarse absolutamente a la lógica del mercado[235]. El resarcimiento no trata de reaccionar a la lesión sufrida para restaurar el patrimonio al *status quo ante*, sino de ponerlo ulteriormente, conforme a una hipotética valoración, en la misma consistencia, cuando menos cuantitativa –he aquí el resarcimiento por equivalente– y en cuanto sea posible, cualitativamente –y ésta es la función del resarcimiento en forma específica–, que habría adquirido si no se hubiera verificado el ilícito o el incumplimiento; el resarcimiento exige una valoración dinámica o una proyección valorativa, a la que no interesa la situación subjetiva particular, sino el patrimonio del que ésta forma parte, con las conexiones entre las diversas situaciones subjetivas en las que éste consiste[236]. Por ello

---

resolvería en un incremento del patrimonio jurídico del acreedor y sería una auténtica ejecución [SATTA (1954), p. 84].

232 DI MAJO [(2003), p. 275] entiende preferible este término, por subrayar la satisfacción del interés específico del acreedor, a la de "tutela en forma específica", que es más genérica, al poder incluir, en su opinión, medidas de carácter restitutorio.

233 PROTO PISANI, A. (1983), p. 128.

234 La cual, a juicio del autor, tanto histórica como actualmente se manifiesta con referencia a los derechos reales de disfrute, y se realiza a través de la ejecución forzosa en forma específica, aunque en ocasiones también conforma supuestos específicos y típicos de tutela inhibitoria y de tutela sumaria.

235 MAZZAMUTO, S. (1978), pp. 50 y 134.

236 CASTRONOVO, C. (2006), p. 816.

afirma VERDERA que su trascendencia es fundamentalmente cuantitativa, y no cualitativa, respecto al patrimonio del acreedor[237].

A juicio del italiano CASTRONOVO, tal división entre tutela específica y resarcitoria se alinearía con la concepción de la reparación en forma específica que, o bien negara su admisibilidad *ab initio* o bien la situara fuera del ámbito reparatorio para integrarla en la órbita de las reintegraciones. En otro caso, razona el citado autor, tal división entre tutela específica y tutela resarcitoria se revelaría inadecuada desde la perspectiva de la reparación en forma específica, la cual permanecería fuera de la división así concebida[238]. Si se parte, en cambio, de la admisión de dos distintas formas de reparar el daño –la reparación en forma específica y la reparación por equivalente–, y de una contraposición, no entre tutela reintegradora y resarcitoria, sino entre tutela reintegradora y *reparadora*, habría de admitirse que la reparación en forma específica atravesaría transversal u horizontalmente la división propuesta, en cuanto partícipe de las características propias de ambas tutelas o, en otros términos, tendría una naturaleza *sui generis*, pues participaría de la naturaleza jurídica de ambas categorías propuestas.

Sin embargo, como señala VERDERA SERVER[239], la simple contraposición entre tutela real y tutela obligatoria no permite conocer adecuadamente los caracteres de las complejas formas de protección de los derechos e intereses, principalmente debido a los problemas dogmáticos que suscita la tutela específica o satisfactoria. Así, se ha hablado de "tutela real del crédito", que garantizaría al acreedor la posibilidad de obtener, como el titular de un derecho real, la satisfacción de un interés específico.

A mi juicio, la distinción apropiada que, en este sentido, podría trazarse, es una clasificación genérica de la tutela judicial efectiva de los derechos e intereses, entre *tutela específica* y *tutela por equivalente*. La tutela judicial efectiva puede lograr su objetivo proporcionando a su titular el propio derecho o interés reclamado, esto es, las mismas utilidades que constituyen el objeto de su interés (tutela específica) o bien proporcionándole un equivalente compensatorio del mismo, es decir, utilidades equivalentes (tutela por equivalente). Podría afirmarse que toda pretensión de tutela judicial pertenece necesariamente a uno de estas dos categorías. Ambos tipos de tutela constituyen categorías genéricas, ya que pueden, a la vez que venir exigidas por distintos motivos –sustantivos–, hacerse efectiva –o materializarse– de diversos modos.

---

[237] VERDERA SERVER, R. (1995), p. 46.

[238] *"Vagando en una especie de tercera galaxia que no puede autofundamentarse en cuanto irreductible a uno u otro de los modelos, con la consecuencia de expulsarlo del sistema, con un evidente e injustificado oscurecimiento de la figura".* [CASTRONOVO, C. (2006), p. 805].

[239] VERDERA SERVER, R. (1995), pp. 38-39.

La noción de tutela específica puede, así, eventualmente actuar, de forma transversal o simultánea, con las de tutela restitutoria, tutela reintegradora, tutela inhibitoria, tutela ejecutiva (específica) y también la tutela reparadora (en forma específica). Toda la tutela reintegradora, la tutela restitutoria y la tutela inhibitoria son tutelas específicas, como también lo es la tutela reparadora del daño cuando se realiza en forma específica: en la tutela reintegradora y en la restitutoria, lo que se persigue es la recuperación del mismo bien o derecho perdido; en la tutela inhibitoria, no se pretende una compensación económica para evitar el daño, sino una determinada actuación positiva o negativa.

Forman parte de la tutela por equivalente la tutela de ejecución, cuando ésta no se realiza a través del cumplimiento forzoso específico, sino a través del equivalente, y la tutela reparadora cuando la reparación se realiza mediante indemnización económica.

De la interrelación de todos los diversos tipos de tutela acabados de exponer, además, puede observarse que:

- con frecuencia, varios de los tipos de tutela enunciados pueden operar simultáneamente en un mismo supuesto; así, puede actuarse *ejecutivamente* la sentencia que condena a *reparar* un daño, que contiene pronunciamientos de reparación *específica* y de resarcimiento *por equivalente*; el espacio ocupado –en un mismo supuesto de hecho– por la tutela reintegradora puede coincidir enteramente con el ocupado por la tutela declarativa (como puede suceder en algunos casos de daños no patrimoniales);

- algunos de los tipos identificados en función del contenido de la pretensión presentan, entre sí, especiales dificultades de demarcación, dificultades que probablemente derivan del hecho de que el ámbito de proyección de algunos tipos de tutela puede ser coincidente o, cuando menos, muy próximo. Se trata de una circunstancia que ocurre, con frecuencia, con respecto al concreto remedio de la reparación de daños en forma específica, el cual presenta especiales dificultades de delimitación con respecto a los remedios que integran las tutelas reintegradora, restitutoria, ejecutiva e inhibitoria.

II. LA DISTINCIÓN ENTRE LA TUTELA REPARADORA (O CURATIVA) Y LAS TUTELAS REINTEGRADORA Y RESTITUTORIA

No se debe confundir la reparación en forma específica con la reintegración del derecho subjetivo o de la situación jurídica lesionados, ni con la restitución material de los bienes, las cuales son concedidas a menudo a través de la acción de reparación, invocando la *restitutio in integrum*.

La *restitutio in integrum*[240] era un remedio generalmente concedido por el magistrado (el pretor) a fin de rescindir los efectos de cualquier negocio jurídico que, siendo formalmente válido, se hubiera concluido en circunstancias que hicieran sus efectos contrarios al principio de equidad. El ámbito de aplicación de la institución, en principio limitado únicamente a los casos previstos en el Edicto pretorio (*metus, dolus, minore età, capitis deminutio*, etc.) fue, en la época clásica, notablemente ampliado, en virtud de la llamada cláusula general, en base a la cual el pretor tenía facultad de conceder la *restitutio* en cualquier otra justa causa. Interesa poner de relieve cómo la eficacia de la resolución (obtenible también a través del ejercicio de una acción) se resolvería, en vía general, devolviendo las cosas al estado en que se encontraban antes de la producción del daño. De acuerdo con los casos en los que se concedía, en consecuencia, la *restitutio* permitía o bien readquirir el derecho perdido o la cosa sustraída o bien, simplemente, anular los efectos del negocio jurídico concluido. MARELLA[241] observa cómo esta institución, rápidamente olvidada por la tradición romanística, gozó de gran favor entre los iusnaturalistas, precisamente en virtud de la exigencia general de restituir al sujeto lesionado en su derecho, a lo que parecía responder de modo adecuado.

PANTALEÓN PRIETO[242] destaca la importancia del rigor dogmático, al efecto de distinguir diferentes remedios y funciones: reintegración del derecho lesionado, compensación, prevención de conductas antisociales, privación del enriquecimiento ilícitamente obtenido, afirmando que *"será errónea cualquier jurisprudencia que trate de describir con una fórmula unitaria el supuesto de hecho de todos aquellos remedios"*.

En cualquier caso, no parece superfluo anticipar, desde un punto de vista puramente lógico –y ontológico–, que se *reintegra* un *derecho*, se *restituye* una *cosa* y, en el caso de la reparación específica, se *restaura* una mera *situación de hecho*.

1. La distinción entre la tutela reparadora y la tutela reintegradora

Son numerosos los autores que se han esforzado por señalar las diferencias que separan las dos vías de tutela que comparamos, su diversa función y los

---

240 Expresión en no pocas ocasiones incorrectamente utilizada como sinónimo de *reparación íntegra* o total del daño. Como dice VICENTE DOMINGO [(2006), p.311] "no hay más reparación total que la *restitutio in integrum* cuando resulta viable". Lo cual significa que ambos conceptos no son sinónimos: una cosa es reparación (total o no) y otra restitución (que, en ocasiones, a su vez, puede lograr la reparación íntegra del daño).

241 MARELLA, Mª R. (2000), pp. 101-102.

242 PANTALEÓN PRIETO, F. (1996), pp. 4-5.

diversos elementos que integran cada una de ellas[243], resultando indispensable destacar especialmente las aportaciones de PANTALEÓN PRIETO[244], YZQUIERDO TOLSADA[245], SALVADOR CODERCH y CASTIÑEIRA PALOU[246], DÍEZ PICAZO[247] o RODRÍGUEZ FERNÁNDEZ[248], la mayoría de las cuales se realizan en el ámbito del derecho al honor.

El motivo principal de la actual confusión entre estos dos tipos de tutela tiene su origen último, probablemente, como señala RODRÍGUEZ FERNÁNDEZ,[249] en la propia fisonomía adquirida por el sistema clásico de responsabilidad civil extracontractual de corte romano-iusnaturalista, el cual gira, fundamentalmente, en torno al concepto de culpa, y no al de daño, esto es, en torno a una cláusula general que prevé la obligación de resarcimiento de todos los daños causados culpablemente, a diferencia de lo que sucede en el Derecho germánico, en el que triunfa, por el contrario, una concepción positivista que huye de la formulación de un principio general[250], acentúa el carácter sancionatorio de las acciones de responsabilidad, y configura la indemnización como una especie de pena privada para una serie de ilícitos típicos. Pero la influencia de la exégesis hizo que se extendiera a Francia e Italia la idea de que, junto a la culpa, el daño y el nexo causal, se requería otro elemento, la *ilicitud*, que expresaba, en definitiva, la exigencia de que la lesión recayera sobre un derecho subjetivo.

De esta forma, la responsabilidad se circunscribía a la violación del derecho de propiedad y demás derechos absolutos, entendiéndose que su nacimiento exigía que el daño resarcible fuera el resultado de la realización culpable de un hecho ilícito tipificado. Pero como la norma violada no podía identificarse con el general y abstracto principio *alterum non laedere* –plasmado en los artículos 2043 del *Codice Civile* o 1902 del nuestro Código Civil–, se entendía que, en realidad, este mandato general era una norma secundaria que establece la sanción (el deber de indemnizar) frente a la lesión de una norma primaria,

---

243 Entre la doctrina patria, la han formulado, entre otros, LACRUZ BERDEJO, J.L. (2009), p. 552, o LLAMAS POMBO, E. (2009), p. 14; en la doctrina italiana, se han ocupado especialmente de la cuestión, entre otros, CASTRONOVO, C. (2006), p. 806 y 816; PROTO PISANI, A. (1983), pp. 128-131; SCOGNAMIGLIO, R. (1996), pp. 538-542; BELLELLI, A. (1977), pp. 1294-1297; DI MAJO, A. (2003), 2059 y MANDRIOLI, D. (1922), pp. 353-357.

244 PANTALEÓN PRIETO, F. (1991), pp. 1972 y 2001; (2001), p. 190, y, especialmente, (1996), pp. 1-5.

245 YZQUIERDO TOLSADA, M. (2002), pp. 1-7; (2007), pp. 9-22.

246 SALVADOR CODERCH, P. y CASTIÑEIRA PALOU, M. T. (1997), *passim*.

247 DÍEZ PICAZO Y PONCE DE LEÓN, L. (1999)., p. 291.

248 RODRÍGUEZ FERNÁNDEZ, I. (2009), *passim*; RODRÍGUEZ FERNÁNDEZ, I. y DEL MORAL GARCÍA, A. (2010), *passim*.

249 *Ibid.*, pp. 30-31.

250 El *naeminem laedere* o *alterum non laedere*, el principio natural e inmutable de equidad depositado en la Compilación justinianea.

la que en cada caso ampara la concreta posición subjetiva inviolable del sujeto lesionado.

En definitiva, en el sistema clásico, la responsabilidad civil extracontractual se percibía como sanción a la violación culpable de una norma atributiva de un derecho subjetivo absoluto. Y como tal violación demanda, de forma natural –y legal–, la reintegración del derecho subjetivo violado –la *restitución*, si se trata de proteger derechos reales–, de ahí a la confusión entre reparación y reintegración, el paso se da por sí solo.

Fue la doctrina italiana la que comenzó a denunciar la incoherencia de estos patrones y, desligando la tutela aquiliana de toda misión sancionadora, puso de manifiesto la irrelevancia de la violación de la norma y de la cualidad de la situación jurídica protegida y dio el fundamental paso de desplazar la relevancia jurídica a la esfera del daño[251], lo que se pone de manifiesto en la consagración y plasmación de la expresión "daño injusto" en el artículo 2043 del *Codice civile* de 1942[252].

---

[251] RODRÍGUEZ FERNÁNDEZ, I. (2009), p. 28.

[252] Ya MANDRIOLI, D. [(1922), pp. 352-357] consideraba, aún bajo la vigencia del *Codice* italiano de 1865, que la ciencia jurídica estaba elaborando un concepto de *resarcimiento del daño* con un contenido y referencia tan generales que alteraba profundamente el significado de la fórmula legal. Dicha generalidad no afecta sólo a la extensión del concepto al daño no patrimonial (lo decisivo no es el atributo de la patrimonialidad del resarcimiento, sino más bien el contenido específico de la lesión jurídica), sino también a la propia función del resarcimiento, que se dirigiría no sólo a la prestación del equivalente pecuniario del perjuicio sufrido, sino también –y quizás en primer lugar– a la restauración integral de la posición jurídica del lesionado tal como sería de no haberse producido el hecho dañoso. El mencionado autor considera que un concepto tan amplio de resarcimiento no responde a la tradición jurídica nacional, sino a profundas influencias del derecho y doctrina alemanes. Que la *Lex Aquilia* llevase también a las restituciones es un concepto extraño al Derecho romano (al menos si se entiende la restauración como restauración jurídica).

Fue a partir de la glosa cuando, no habiendo una delimitación clara del daño en sentido propio, se instala una interpretación de la *Lex* que permite la posibilidad de acoger una *"restitutionem in pristinum statum"*. Pero esta práctica queda siempre limitada al puro campo de la restauración material. A juicio del citado autor, sólo mediante malinterpretaciones de los textos es posible encontrar signos de una restauración jurídica, absorbiendo la acción *ex lege Aquilia* la función peculiar y específica de otras acciones. El desarrollo posterior de los preceptos de la *Aquilia* llevó a una completa renovación y ampliación del concepto general de "acto ilícito", lo que permitió que el *restituere in pristinum*, que tenía un limitado y preciso significado, se ampliase de la misma forma. De hecho, el punto fundamental que distingue el daño aquiliano en su significado técnico primario, del daño tal como fue concebido en las elaboraciones posteriores y medievales concierne precisamente a la referencia de éste último a las cosas no lesionadas directamente en su sustancia. Así, frente al concepto general de lesión jurídica que con los iusnaturalistas viene a ocupar el puesto del limitado daño aquiliano, la *restitutio in pristinum* debe venir a significar la verdadera y auténtica eliminación del estado antijurídico. De aquí que los Códigos prusiano y austriaco hayan concebido como momento fundamental de la reparación del daño el de la restitución, entendido en este sentido general, y que el Código alemán haya seguido las mismas pautas.

Pero, si esta visión iusnaturalística ha servido para fijar en la ciencia y en la práctica el concepto general de "ilícito", por otra parte también ha oscurecido bastante, a juicio del citado autor, el concepto específico del delito civil, es decir, del daño causado con dolo o culpa. Tal visión centra

Sin embargo, SCOGNAMIGLIO[253] reprocha al legislador italiano un tono excesivamente genérico, si no equívoco, en el término "injusto", que da lugar, a su juicio, a graves dificultades constructivas y a encendidos debates doctrinales[254]. La jurisprudencia italiana interpreta la idea del daño injusto en el sentido de daño *non iure* (esto es, el daño se infiere sin que el que lo ocasiona tenga derecho a ello) y daño *contra iure* (se actúa de manera que se lesiona un derecho ajeno); pero la doctrina capta la adecuada "basculación" de estos elementos: el daño no es jurídicamente relevante porque se materialice mediante la violación culpable de un derecho subjetivo (*contra iure)*, sino porque

su atención en el elemento objetivo de la lesión. Si la lesión de un derecho primario genera acción para la restauración independientemente de la culpa, y si el resarcimiento pecuniario aparece como subrogado de aquella restauración cuando ésta sea imposible, no se ve por qué para este resarcimiento se exige un elemento subjetivo que no se exige para la restauración. En los Códigos citados se da la incongruencia de que, mientras se da relevancia a la lesión objetiva, las reparaciones que le son connaturales en cambio se trasladan de nuevo al concepto de delito civil y en consecuencia se configuran como resarcimiento del daño.

MANDRIOLI afirma que la diversidad de acciones no sólo corresponde a una diversidad del objeto, sino más bien, y en primer lugar, a una diversidad de violaciones jurídicas. Sólo así aparece fundada la afirmación de la corrección lógica de unificar bajo un concepto general de reparación del daño la restauración y la prestación del equivalente, ya que, si se puede unificar, a los fines de la reparación, dos efectos diversamente lesivos (por diversidad del objeto) de una misma violación jurídica, no se puede hacer lo mismo respecto a dos efectos lesivos correspondientes a distintas violaciones. Si las lesiones se configuran como autónomas y distintas, las reparaciones respectivas también deben hacerlo. En opinión del mismo autor, todo el esfuerzo de DEGENKOLB por demostrar que el concepto de daño no coincide con el de lesión del derecho y que el restablecimiento del derecho lesionado es algo distinto del resarcimiento, queda sin conclusión y sin base si no se afirma que más allá de la lesión jurídica consistente en el ataque al derecho subjetivo sobre el bien protegido, hay una lesión jurídica consistente en la lesión de la utilidad propia de aquel bien. Esta distinción teórica implica importantes divergencias prácticas. Si la distinción entre restauración y resarcimiento se sitúa sólo en el objeto sobre el que recae la lesión, se comprende que los autores engloben juntos, como los iusnaturalistas y las legislaciones germánicas, la restauración jurídica (por ej., restitución de la cosa sustraída) con la restauración material (por ej., reconstrucción o reparación de la cosa dañada). Si, en cambio, basamos la distinción en la diversidad de las violaciones, se comprenderá cómo en el caso de restauración natural (derivada de delito) no se haga otra cosa que reparar una lesión de la utilidad que el bien representaba, y cómo por tanto se permanece siempre en el campo de la reparación.

[253] SCOGNAMIGLIO, R. (1969), pp. 478-479.

[254] Observa DÍEZ-PICAZO Y PONCE DE LEÓN [(1999), p. 296] que, si bien tradicionalmente se entendió que la idea de la injusticia del daño era un criterio selectivo de los intereses dignos de tutela jurídica y que sólo los daños consistentes en la lesión de derechos subjetivos de carácter absoluto podían considerarse injustos y, por tanto, resarcibles –produciéndose, así, una aproximación al Derecho alemán–, modernamente, sin embargo, y no obstante el carácter delimitador de la tutela reparatoria del criterio de la injusticia, se buscan criterios más amplios, que relacionen esta idea con cualesquiera otros intereses tutelados por la ley en que el interés lesionado comparado con el interés del dañante resulta más digno de tutela jurídica. Se cuestiona el ilustre civilista si sólo generan pretensión reparatoria los intereses especialmente protegidos o la generan todo tipo de intereses, salvo que exista una específica desprotección legal. Es preciso, a su juicio, encontrar en el ordenamiento jurídico un sistema de protección o de valoración para delimitar los daños. Ésta es, en definitiva, la idea raíz de la teoría normativa del daño.

tiene lugar sin que el Derecho lo autorice (*non iure*). Se llega, de este modo, al desplazamiento del controvertido requisito de la antijuridicidad al elemento nuclear del daño mismo, y no a la acción que lo causa: antijurídico o injusto a efectos de resarcimiento es el daño, y no la conducta, en cuanto la víctima no tiene el deber jurídico de soportarlo. Este giro interpretativo permite, a juicio de RODRÍGUEZ FERNÁNDEZ, clarificar y evidenciar que la función normativa de la responsabilidad civil es exclusivamente resarcitoria, despojándola de cualquier tipo de tinte sancionatorio[255].

La doctrina tradicional –y aún dominante– reconduce la responsabilidad al presupuesto esencial del ilícito o de la violación del derecho, que identifica principalmente desde la perspectiva del *acto* dañoso; así que, en sentido inverso, tiende a no reconocer en la *injusticia* del daño otra cosa que la representación, desde este otro ángulo visual, de la idea de fondo de que a un sujeto le puede ser impuesta la sanción del resarcimiento sólo si al producir daño a otro, ha violado su derecho. Acto ilícito y daño son, para quien considera que el daño consiste en la lesión de una situación jurídica subjetiva y, por tanto, de un interés jurídicamente relevante, dos caras de un mismo prisma: la lesión de un interés se considera ilícito en cuanto que el Derecho prohíbe el acto que la provoca, mientras que se considera daño resarcible en cuanto que el Derecho dispone la eliminación de las consecuencias del acto mismo. Pero esta tesis ignora la importancia que la lesión del interés tiene en un momento en sí distinto y lógicamente antecedente respecto a las eventuales consecuencias dañosas.

SCOGNAMIGLIO[256] propone un concepto amplio e indiferenciado del daño, apto para comprender toda clase de perjuicio, por cuanto, a su juicio, en esta materia no es tanto cuestión de castigar un comportamiento ilícito por la transgresión de un pretendido deber de no dañar, sino más bien de realizar una transferencia del daño considerado relevante, sobre otro sujeto, determinado en virtud de los criterios de imputación que la ley determina. El error de gran parte de la doctrina es, a su juicio, partir de un equívoco de principio: asumir una noción demasiado amplia, vaga y genérica de *ilícito*, exigiendo unitariamente la restitución para todas sus múltiples figuras y sacrificando la divergente realidad de los fenómenos en ellas contemplados[257].

Según el jurista italiano[258], la dificultad de aplicar a la reparación de daños la idea –constantemente combatida por él– de la "fuerza lógica" del derecho y de su más plena realización a través de la reintegración del *status quo ante*, se revela cuando se tiene en cuenta la diferencia entre "lesión del derecho" y

[255] RODRÍGUEZ FERNÁNDEZ, I. (2010), pp. 33-34.
[256] SCOGNAMIGLIO, R. (1969), pp. 466-467.
[257] En el mismo sentido, MANDRIOLI, D. (1922), p. 353.
[258] SCOGNAMIGLIO, R. (1996), p. 541.

"daño", distinción conceptual que permite identificar dos momentos o aspectos diversos de la noción general de ilícito –lo cual no implica que no puedan producirse interferencias entre ambos–:

- La lesión del derecho es la transgresión de un mandato jurídico, ante el cual el ordenamiento reacciona predisponiendo remedios adecuados, con independencia incluso del hecho de que el interés privado abstractamente tutelado por la norma haya sido atacado y se haya ocasionado a su titular un perjuicio.
- En el segundo caso, se trata de la lesión de un bien o interés, con repercusiones en el patrimonio de su poseedor; si tal bien o interés es jurídicamente tutelado, surge la reparación, que persigue la eliminación del daño. En este sentido, el daño consistiría en un perjuicio efectivo, es decir, en la destrucción o alteración de una situación ventajosa para el sujeto –o en la abolición o parcial disminución de un bien socialmente apreciable que puede consistir en una cosa o en una prestación de actividad–; se revelaría no ya como simple lesión de un interés jurídicamente tutelado, sino como suceso que ataca un bien que es fuente de utilidad para el sujeto. Mientras que la lesión del interés conlleva solamente el problema de la reintegración del poder jurídico violado, el daño consiste, en cambio, en la atribución de una pretensión reparatoria o resarcitoria (o "sucedánea" del bien lesionado).

El interés, como relación entre el sujeto y un bien, constituye una situación dinámica o activa, que supone el poder del titular de conseguir del bien toda posible utilidad, y atribuyéndole la facultad de perseguirlo dentro de los límites fijados, también por medio de acciones judiciales. La idea de lesión del interés significa la transgresión de tal facultad o también la resistencia opuesta a su actuación, es el lado sustantivo de la violación del derecho, que, bien visto, constituye cualquier cosa diferente a la noción de daño y conlleva problemas distintos del de su reparación. La lesión del interés, en este sentido, corresponde a un momento distinto y si acaso antecedente respecto a sus consecuencias dañosas que (no siempre) le siguen; y conlleva en todo caso el problema de la reintegración del poder jurídico violado a través de las acciones y remedios atribuidos por el ordenamiento a tal fin. La lesión del interés suscita el problema de la reintegración de la situación jurídica subjetiva violada[259].

El daño consiste, en cambio, en la abolición o alteración de un bien singular y concreto, que coincide a su vez con una violación del poder del sujeto (sobre el bien mismo), y postula, pues, por su propio contenido característico –más allá de la reintegración (del derecho) y aunque ésta no sea posible o no sea

[259] CECCHERINI, G. (1989), p 48.

suficiente– la atribución de una pretensión reparatoria (o en sentido amplio, sucedánea del bien lesionado)[260]. Así como el daño no puede identificarse con la lesión del interés, del mismo modo el daño injusto no puede hacerse coincidir con la lesión del derecho subjetivo. Aquí aparece con mayor evidencia para el citado jurista la diferencia que existe entre el plano del derecho, como poder de realización de un interés frente al comportamiento de otros dirigido a impedir o perturbarle su actuación, y el del daño, como abolición o alteración de un bien o ventaja que postula una adecuada reparación. A lo que corresponde la diversidad de tutela jurídica, que en un sentido se realiza a través de las acciones que de diversos modos se dirigen a la reintegración del derecho, y en el otro con la atribución de una pretensión resarcitoria[261].

La responsabilidad civil extracontractual no es una modalidad de "ilícito civil" sino una institución que se encuadra en la teoría general del Derecho, que, a juicio de RODRÍGUEZ FERNÁNDEZ[262], se caracteriza por una marcada unidad institucional que trasciende a la identidad y peculiaridad del agente dañoso. No es la sanción de la violación de una posición jurídica inatacable, y tampoco es un mecanismo reaccional para conseguir la cesación del ataque y la reintegración de la posición subjetiva violada. Hay mecanismos específicamente reintegradores que sí tienen como presupuesto la violación (actual y ajena al elemento de la culpa) del derecho. La reintegración es otra institución perteneciente a la teoría general del Derecho que también goza de un régimen jurídico unitario que trasciende tanto la rama del Derecho en que se materialice como el sujeto específico llamado a aplicarla. El restablecimiento del derecho subjetivo es una tutela jurídica autónoma y distinta del resarcimiento. La responsabilidad civil no es un mecanismo de restablecimiento de derechos.

RODRÍGUEZ FERNÁNDEZ enuncia las siguientes notas características comunes a los remedios reintegradores, que permiten distinguirlos de otros remedios de diversa naturaleza[263]:

1) El supuesto de hecho es la contradicción con el Derecho, esto es, la existencia de una situación contraria al ámbito típico de poder garantizado por el derecho subjetivo.

---

[260] SCOGNAMIGLIO, R. (1996), p. 476.

[261] *Ibid.*, p. 481. Sin embargo, como señala CECCHERINI [(1989, pp. 48-49], entre el ilícito como comportamiento *contra legem* y el daño –cualquiera que sea el concepto que de éste se asuma– se dan, desde cierto punto de vista, coincidencias, por cuanto en la mayor parte de los casos a la violación de una norma acompaña también un evento lesivo jurídicamente relevante y, en consecuencia, un daño injusto. Concluye, así, que el ilícito civil es siempre la lesión de una situación jurídicamente tutelada a través de la lesión del interés subyacente y, por tanto, la supresión y/o la alteración del bien que constituye su objeto.

[262] RODRÍGUEZ FERNÁNDEZ, I. [(2010), p. 89], quien asume, dentro de nuestras fronteras, las tesis de SCOGNAMIGLIO.

[263] *Ibid.*, pp. 92-94.

2) Tal contradicción se constata en virtud de un juicio *actual*: tiene en cuenta la contradicción o adecuación de un estado de cosas a la normativa vigente. Si el estado de cosas antes ilícito pasa a estar amparado en la legalidad sobrevenida, el ordenamiento no tiene que *restablecerse* pero queda abierta la vía del resarcimiento.

3) La acción se ejercita no contra un agente dañoso o sujeto causante, sino contra quien en cada momento pueda jurídicamente poner fin a la situación lesiva del derecho (que no será siempre quien dio origen a la misma).

4) La tutela jurídica que pretende obtenerse consiste en la cesación de la situación ilícita y el retorno a un estado de cosas conforme con las exigencias del ordenamiento, si bien la tutela es variable tanto en cuanto a su contenido como en cuanto a su rigidez.

El profesor PANTALEÓN PRIETO[264] ilustra este juego de la superposición de remedios, de forma tan aguda como amena, con un ejemplo que refleja una situación de relativa probabilidad en la vida cotidiana, al hilo de cuya exposición destaca las diferencias funcionales y estructurales existentes entre las normas que disciplinan la responsabilidad civil extracontractual y las normas de atribución o protección de los derechos subjetivos absolutos y otras situaciones jurídicas análogas.

El ejemplo es el siguiente: Antonio va a almorzar a un restaurante y cuelga su abrigo en una de las perchas, la primera a la derecha, de un perchero del local. Luego entra Pedro, que cuelga el suyo, en apariencia igual al de Antonio, en una percha diferente, la primera a la izquierda, del mismo perchero. Un camarero descuidado tira los abrigos al pasar y vuelve a colocarlos en el perchero, pero equivocándolos e intercambiándolos. Termina Antonio de comer, sale del restaurante llevándose con la mejor buena fe el abrigo de Pedro, vuelve a su oficina y lo cuelga en su armario sin apercibirse del error.

La función de las normas de atribución o protección de los derechos subjetivos absolutos y otras situaciones jurídicas análogas, reintegradora del estado de cosas correspondiente a la situación de poder jurídico que confieren, reclama la absoluta irrelevancia de la culpa, incluso del daño, en la configuración de los supuestos de hecho, mientras que el supuesto de hecho típico de las normas de responsabilidad civil extracontractual no requiere la lesión de un derecho subjetivo, la culpa es requisito típico y el daño elemento insuprimible. Las reglas de la responsabilidad civil y las reglas atributivas de derechos absolutos operan desconectadas por completo, porque distinta es su función[265].

264 PANTALEÓN PRIETO, F. (1996), p. 1.
265 PANTALEÓN PRIETO, F. (2001), p. 190.

En consecuencia, podemos dudar y detenernos a analizar si la conducta de Antonio es punible, o si debería ser condenado a indemnizar el daño ocasionado a Pedro por no haber podido cerrar éste un ventajoso negocio como consecuencia de la inaccesibilidad de un documento que se hallaba, precisamente, en su abrigo. Pero de lo que no cabe duda es de que, en cualquier caso, Antonio está obligado a devolver a Pedro su abrigo: la buena fe del poseedor de cosa ajena nada obsta a la procedencia de la acción reivindicatoria del verdadero propietario[266].

Dicho de otro modo y aplicado por YZQUIERDO TOLSADA[267] al derecho al honor: el que una información objetivamente falsa pero obtenida con rigurosa labor de contraste no genere derecho a indemnización no debería suponer que el agredido carezca de todo otro mecanismo para repeler la intromisión. El autor se muestra especialmente crítico con los desarrollos jurisprudenciales del derecho constitucional al honor, habiendo manifestado que *"la práctica judicial española ha enganchado irremediablemente el concepto de intromisión ilegítima a la indemnización de perjuicios"*, de forma que, habitualmente, estima que si no se concede la indemnización, tampoco corresponde restituir al agredido su derecho. Ignora nuestra jurisprudencia, así, que, como recuerda también MEDINA ALCOZ[268], el legitimado para defender los derechos que le reconoce el artículo 18 de la Constitución española cuenta con un amplio abanico de acciones: por una parte, con las acciones de reintegración, esto es, las acciones tendentes a la cesación (dirigida al cese inmediato de la intromisión ilegítima) y a la remoción[269], pero también posee la acción de reparación de los daños y perjuicios sufridos como consecuencia de la intromisión ilegítima, además de la acción de abstención, encuadrable dentro de la tutela inhibitoria.

YZQUIERDO TOLSADA[270] reclama para las acciones de reintegración de los derechos de la personalidad la misma tipicidad y el mismo carácter principal que se atribuyen a las acciones de restitución (reivindicatoria, negatoria o declarativa de dominio), como acciones típicas de tutela del derecho de propiedad, al servicio de las cuales (es decir, con carácter subsidiario), en ambos casos, se hallan las acciones de daños. Éstas no pueden ser típicas acciones de defensa del derecho agredido, como tampoco lo son de defensa del derecho de propiedad.

Efectivamente, el daño es presupuesto del resarcimiento, pero no de la reintegración; siempre es posible el ejercicio de una acción personal de resti-

[266] Reclamando el profesor PANTALEÓN PRIETO, para el honor de una persona, una protección jurídica, cuando menos, similar a la de su abrigo.

[267] YZQUIERDO TOLSADA, M. (2002), pp. 4-7.

[268] MEDINA ALCOZ, M. (2010), p. 631.

[269] Entre las cuales la autora incluye las de retractación o rectificación.

[270] YZQUIERDO TOLSADA, M. (2002), p. 6.

tución al margen de la tutela aquiliana, ya que la reintegración se funda en la simple ilicitud[271]. Y lo mismo, como observa PANTALEÓN PRIETO[272], puede aplicarse a otras tutelas, distintas de la reivindicatoria (negatoria, inhibitoria, retractación,…), que también persiguen la reintegración del estado de cosas correspondiente a la situación de poder jurídico que confieren, con absoluta irrelevancia de la culpa e, incluso, del daño, en la configuración de sus supuestos de hecho. Acciones como la reivindicatoria están establecidas para proteger derechos absolutos, cumplen una función de reintegración de los derechos subjetivos lesionados y su supuesto de hecho requiere sólo la existencia de una situación contraria al ámbito de poder que define el derecho absoluto de que se trate y que su titular no tiene la carga o el deber de soportar[273], mientras que la acción de responsabilidad civil es estrictamente reparatoria o indemnizatoria, razón por la cual para que prospere no se requiere la violación de un derecho subjetivo sino que se afecte a un interés lícito de la víctima[274]. El ejercicio de las acciones protectoras de derechos absolutos, como la reivindicatoria o la negatoria, en cualquiera de sus facetas (acción de cesación o acción de abstención) es independiente de la acción civil de daños[275].

La restauración de la posición jurídica violada es procedente aunque la violación de la posición jurídica tutelada por las normas transgredidas no haya implicado un daño efectivo, y la acción podrá ejercitarse contra la persona que esté en situación de poner fin a la lesión del interés tutelado, aunque no sea la causante del acto ilícito[276]. Del mismo modo, es procedente la restauración de la posición jurídica violada aunque se compruebe que en la actuación que ha supuesto el ilícito despojo no hay rastro alguno de culpa que pueda servir de sustento a una acción de responsabilidad. Es decir, la obligación de reintegración alcanza a supuestos y a personas a las que no llega, en cambio, la de resarcimiento.

Por tanto, la tutela restablecedora persigue la cesación y/o remoción de un estado de cosas contrario al ordenamiento jurídico mediante un juicio actual de adecuación a las exigencias de la normativa vigente, y su presupuesto es la mera contradicción con el Derecho, sin dependencia alguna de la verificación de un daño ni de la realización de una conducta típica y culpable.

Una clara distinción entre la violación del Derecho, en cuanto poder de realización de un interés frente al comportamiento de otros tendente a impedir o perturbar la actuación, y el daño resarcible, como abolición o alteración de un

[271] RODRÍGUEZ FERNÁNDEZ, I. (2009), p. 92.
[272] PANTALEÓN PRIETO, F. (2001), p. 440.
[273] SALVADOR CODERCH, P. y CASTIÑEIRA PALOU, M.T. (1997), p.111.
[274] DÍEZ PICAZO Y PONCE DE LEÓN, L. (1999), p. 291.
[275] SALVADOR CODERCH, P. y CASTIÑEIRA PALOU, M.T. (1997), p. 39.
[276] PANTALEÓN PRIETO, F. (1991), p.1972.

bien o ventaja que demanda una adecuada indemnización, permite comprender mejor la dinámica de ciertos mecanismos reaccionales que, en la óptica tradicional, eran contemplados como modalidades de reparación en forma específica, mecanismos que no dependen de la verificación de un daño resarcible, sino de la mera violación del derecho.

Pero nada obsta a que simultáneamente se actúen varias tutelas diferentes, esto es, a que se produzcan interferencias entre ellas, o lo que se ha llamado una *superposición*[277] o una *concurrencia*[278] *de remedios*, como nada impide, teóricamente, que una medida que integra un determinado tipo de tutela acabe por conseguir el resultado que en realidad persigue otro tipo de tutela diferente, pero ello no implica que cada acción no conserve su propia fisonomía, naturaleza y presupuestos de ejercicio. Entre el ilícito como comportamiento *contra legem* y el daño –cualquiera que sea el concepto que de éste se asuma– se dan, desde cierto punto de vista, coincidencias, por cuanto, en la mayor parte de los casos, a la violación de una norma acompaña también un evento lesivo jurídicamente relevante y, en consecuencia, un daño injusto. Si la acción de tutela del derecho absoluto, al restaurar la situación jurídica, puede eliminar, siquiera en parte, el daño eventualmente producido, también a través de la reparación del daño en forma específica, al reconstituirse en el patrimonio del perjudicado una situación equivalente a la existente anteriormente a la verificación del hecho, podrá verse también eliminada la violación y será restaurado el derecho lesionado, aunque esto será solamente consecuencial respecto a la reparación del daño[279]. En suma, con el ejercicio de la acción de reparación del daño puede lograrse la reintegración de la posición subjetiva violada, pero esto será producto de una interferencia que se resuelve en una acumulación de tutelas y remedios[280].

Por ello afirma MANDRIOLI[281] que la reparación, en caso de lesión jurídica, proporciona una tutela *indirecta*, en cuanto no está directamente dirigida a la eliminación de la lesión en sí misma y a la restauración del derecho, sino, en los casos en que la lesión tenga un valor económico negativo, reprime el daño así producido, mientras que la tutela directa viene garantizada por la acción específicamente prevista por el legislador para la reintegración del derecho mismo.

---

277 SCOGNAMIGLIO, R. (1996), pp. 542-544; RODRÍGUEZ FERNÁNDEZ, I. y DEL MORAL GARCÍA, A. (2010), p. 63.

278 BELLELLI, A. (1977), p. 1296.

279 *Ibid*., p. 1299. En opinión de BELLELLI, la acción de reparación del daño, sea por equivalente o en forma específica, presupone siempre la violación de un derecho o de un interés protegido, en cuanto el daño resarcible debe ser injusto; sin embargo tal violación no es tomada en consideración por sí misma, sino sólo en función del daño que de ella deriva y por tanto en vía indirecta.

280 RODRÍGUEZ FERNÁNDEZ, I. (2009), p. 92.

281 MANDRIOLI, D. (1922), pp. 382-384.

En otros términos, aunque asumiendo esta misma tesis, MEDINA ALCOZ[282] considera que, si bien la tutela *natural* de los derechos subjetivos absolutos se produce a través de los remedios estrictamente reintegradores, y en sí *la* función de la responsabilidad civil no es la protección de tales derechos, no es menos cierto que la tutela de los mismos se obtiene mediante una serie de mecanismos diversos, entre los cuales se encuentra, precisamente, la responsabilidad civil. Ello es así porque *"cuando la tutela de la responsabilidad civil se proyecta sobre los daños materiales (o sobre las consecuencias materiales de los daños personales), el derecho resarcitorio es la expresión de la protección debida al derecho de propiedad, en sentido amplio, y cuando se proyecta sobre los daños estrictamente personales, el derecho resarcitorio es la expresión de la protección debida a los derechos de la personalidad"*[283].

La tutela restablecedora o reintegradora, en opinión de RODRÍGUEZ FERNÁNDEZ[284], ha tenido encaje en la Jurisprudencia del Tribunal Constitucional, quien considera que entre sanción y resarcimiento hay una serie de figuras con finalidades propias y características, aunque en parte sean coincidentes con las de una u otro, y se muestra contrario a admitir una *summa divisio* entre ambas categorías, de forma que cualquier consecuencia gravosa que no constituya sanción haya de "adjudicarse" sin más al resarcimiento. Sin embargo, la distinción, clara y generalmente asumida por las doctrinas constitucional y científica, apenas ha sido, sin embargo, acogida ni expresada por la jurisprudencia. Especialmente, en opinión del citado autor, el desarrollo jurisprudencial de la tutela civil del derecho al honor ha estado caracterizado por los requisitos subjetivos y por la confusión de tutelas.

Resultan, así, ciertamente, aisladas resoluciones como la sentencia de la Audiencia Provincial de Barcelona de 15 de junio de 2002[285], según la cual *"es necesario no confundir el resarcimiento en forma específica con la reintegración del derecho subjetivo o situación jurídica lesionado o lesionada, que (...) constituye el objeto de las acciones reivindicatoria, negatoria, de cesación o eliminación del estado de las cosas lesivo"*.

En mi opinión, ésta es la tesis correcta. Tal como tratamos de delinear al comienzo de este Capítulo, e ilustres juristas han argumentado de forma harto solvente, la tutela reintegradora y la tutela reparadora tienen presupuestos y consecuencias diversas. Esto no obsta, sin embargo, para que ambas tutelas puedan proyectarse o actuar simultáneamente en un mismo supuesto de hecho,

---

282 MEDINA ALCOZ, M. (2005), p. 505.

283 *Ibid.*, p. 505; MEDINA CRESPO, M. (1999), p. 26.

284 RODRÍGUEZ FERNÁNDEZ, I. (2009), p. 94.

285 SAP B 15/6/2002 –6402/2002–.

y pueda una de ellas lograr, indirectamente y "sin proponérselo", la finalidad perseguida por la otra.

Del mismo modo y sobre similares argumentos, que desarrollaremos en ulterior epígrafe, podemos afirmar que tampoco es, concretamente, función de la responsabilidad civil contractual la reintegración del derecho de crédito lesionado, reintegración que, en tal supuesto, estaría constituida por la pretensión de cumplimiento en forma específica.

2. La distinción entre la tutela reparadora y la tutela restitutoria

Tal como hemos visto, hay reintegración en todos aquellos supuestos en los que se reconoce al sujeto el poder de instar la remoción de un estado de cosas antijurídico. Es decir, hemos catalogado como tutela reintegradora la que tiene como objeto la protección de los derechos y situaciones subjetivos –reintegrando el derecho subjetivo violado o la situación jurídica lesionada–. Pero cuando tal tutela se proyecta, concretamente, sobre la protección y defensa de los derechos reales, podemos hablar más propiamente de tutela *restitutoria*, como una variante de la primera. La restitución, que en sentido genérico procede siempre que el lesionado tiene acción para reclamar la cosa que le fue injustamente sustraída, no es otra cosa, pues, que la reintegración de un derecho real. La presencia de la acción de restitución –como dice MANDRIOLI[286]– no

[286] MANDRIOLI, D. (1922), pp. 380-384. Este autor estima inexacto asociar directamente al "delito civil" la acción de restitución. A dicha asociación conduce la unidad conceptual de remedios jurídicos que, a su juicio, se deduce de la concepción unitaria de la reparación de CASTRONOVO, y conforme a la cual, al concebir el delito civil, en cualquiera de sus ámbitos, como lesión de un derecho subjetivo acompañada de un daño –que engloba la lesión jurídica propiamente dicha y la lesión de la utilidad–, la acción de resarcimiento del daño adquiere la función general de eliminar el estado antijurídico y la del restablecimiento económico consiguiente –como sucede en las violaciones del derecho que conllevan la pérdida de la posesión o detención de una cosa determinada, en las que se habla de restitución como consecuencia propia del delito civil–.

A la distinción entre casos de mera alteración de una situación subjetiva, en la que se concretaría el daño si se reintegrara en forma específica, y casos en los que cobrarían relieve las implicaciones patrimoniales de tal alteración, opone CASTRONOVO que tal distinción adscribe a dos categorías separadas lo que son en cambio los dos aspectos constitutivos del daño resarcible en el sistema de responsabilidad extracontractual [CASTRONOVO, C. (2006), pp. 806-818].

Dicho autor opina que el artículo 2043 del *Codice Civile* (correspondiente al artículo 1902 de nuestro Código Civil–, al que es necesario mirar para buscar los elementos esenciales del esquema estructural de la responsabilidad civil, pone en claro cómo la obligación de reparar deriva de un daño injusto imputable y tiene como objeto la disminución patrimonial que, en el sentido del artículo 1223 del *Codice* (*"Risarcimento del danno. Il risarcimento del danno per l'inadempimento o per il ritardo deve comprendere così la perdita subita dal creditore come il mancato guadagno, in quanto ne siano conseguenza immediata e diretta")* –equivalente a nuestro artículo 1106–, sean su consecuencia inmediata. Tanto en el campo contractual como extracontractual de la responsabilidad civil, la obligación reparatoria (la "indemnización de daños y perjuicios") comprende tanto la pérdida sufrida como la ganancia dejada de obtener.

es algo normal y necesariamente consecuente al ilícito civil; está, en cambio, relacionada con la particular disciplina de los derechos reales. Los problemas de delimitación y de distinción con la tutela reparadora o curativa son, en consecuencia, similares a los que hemos detectado respecto a la tutela reintegradora, e incluso se hacen más patentes, dada la especificidad que dimana de la propia naturaleza material de los bienes que son objeto de los derechos lesionados.

De ello resultaría la diferencia estructural y la diversidad de funciones que la reparación asume respecto a las formas meramente restauradoras de la situación material y a las formas de actuación coactiva de los derechos. Esto es, no se trata de reaccionar a la lesión sufrida para devolver (restaurar) el patrimonio al *statu quo ante*, sino de ponerlo ulteriormente, conforme a una hipotética valoración, en la misma consistencia, cuando menos cuantitativa –he aquí el resarcimiento por equivalente– y en cuanto sea posible, cualitativamente –y ésta es la función de la reparación en forma específica–, que habría adquirido si no se hubiera verificado el ilícito o el incumplimiento. Precisamente porque se trata de una valoración dinámica o de una proyección valorativa, a la que no interesa la situación subjetiva particular, sino el patrimonio del que ésta forma parte, con las conexiones entre las diversas situaciones subjetivas en las que éste consiste y que, por ello, devienen relevantes en la valoración misma, pierde consistencia la "ilusión naturalística" de que con la medida resarcitoria específica se restaura mejor, bajo el plano estático de los valores, el derecho violado. Porque entre la violación del derecho y la reparación media –volviéndose punto de referencia decisivo a los fines de la configuración de la obligación reparadora– la pérdida patrimonial sufrida en la que ha consistido el ilícito; de modo que la única cuestión que puede ponerse en sede reparadora es si la modalidad específica o la modalidad por equivalente sea la más conveniente en relación con el daño verificado.

Ello explica, a su juicio, el poder que el artículo 2058 del *Codice Civile* atribuye al perjudicado de pedir, si lo considera más satisfactorio, el resarcimiento en forma específica, con los límites de la imposibilidad y de la excesiva onerosidad, remitiendo al juez la valoración sobre ésta última Entre la restitución y la reparación, la diferencia consiste justamente en el daño, que surge más allá de la restitución, es decir, se justifica en cuanto y por cuanto la restitución no se actúe, y no puede ser asimilado a la restitución sólo porque parcialmente puedan coincidir: la restitución restaura el hecho de conformidad con el derecho, mientras que el resarcimiento se refiere a las consecuencias de la ofensa.

Lo que ocurre –dice MANDRIOLI [(1922), p. 382]– es que la acción concedida para la remoción de la lesión de un derecho real está condicionada a presupuestos y formas que la hacen a menudo ineficaz. En estas condiciones, frente a un sistema que carecía de una acción general de resarcimiento, se imponía una ulterior protección que permitiese perseguir al autor de la lesión una vez cesada la detención de la cosa y permitiese perseguirlo de cualquier forma por todo el *id quod interest* (esa es la peculiaridad de la *condictio furtiva*: la de poder conseguir todo el *id quod interest* independientemente de la tenencia de la cosa).

Se atribuyó así al titular del derecho real, en los casos de delito civil, las ventajas que proporciona una acción personal, incluyendo dentro del concepto de resarcimiento la obligación de restituir como forma de remover el daño. Pero se olvida así que tal efecto de la *condictio furtiva* lo era sólo cuando a la adquisición ilícita se añadía la "consciencia" de la misma (no sólo de la lesión jurídica, sino también de la lesión económica); la adquisición ilegítima que es fundamento común de la *condictio* permite solamente la perseguibilidad de la cosa que se detenta indebidamente o sin causa, o la perseguibilidad del enriquecimiento correspondiente, si la cosa ya no se retiene. Si consideramos los efectos prácticos de las obligaciones extracontractuales, se ve cómo el peculiar efecto de la *condictio furtiva* –en cuanto tendía, pues, a la prestación del *id quod interest*– se obtiene hoy exclusivamente por medio del resarcimiento del daño entendido precisamente como prestación del equivalente.

Frente al sector doctrinal que identifica, en estos términos genéricos, restitución con reparación en forma específica, principalmente sobre los argumentos de que: primero, a la adquisición injusta debe corresponder una obligación de restituir y con su cumplimiento se elimina en todo o en parte el daño, y segundo, que el Código Penal prevé y ordena la restitución como parte de la reparación del daño, la mejor doctrina[287] afirma, por el contrario, que ambos fenómenos, restitución y reparación del daño, operan en planos diferentes.

La idea de la restitución implica la de transgresión del derecho, la de ilegitimidad o injusticia de la adquisición de la cosa. El presupuesto –o, en otros términos, el "detonante"– de la obligación de restituir–, como modalidad de reintegración, se encuentra en la ilegitimidad objetiva de la adquisición, esto es, en la simple lesión jurídica de un derecho real. El daño no es la fuente jurídica ni antecedente necesario de la restitución; de él no deriva –directamente– la obligación de restituir. El daño es el presupuesto objetivo de la reparación: si el ilícito, consistente en la violación de una norma que protege un derecho o un interés, es la fuente del perjuicio, entendido éste como repercusión económica o moral del ilícito mismo, son acciones de reparación en forma específica sólo aquéllas que actúan sobre el perjuicio y no las que actúan sobre su fuente, que se incluirían en la categoría de la supresión del ilícito. Como sucede en los casos de reintegración –en general–, si además de la privación del bien se materializa un perjuicio, ambas acciones pueden acumularse[288].

La obligación de restituir tiende a la exigencia de que toda adquisición sea adecuadamente justificada. La responsabilidad civil tiende a la pretensión de que el daño injustamente causado sea reparado[289].

La restitución procede, en su caso, implique o no la lesión jurídica que constituye su fundamento un daño resarcible, y se realice o no de forma culpable. La reparación será exigible en tanto en cuanto subsistan cada uno de los elementos, las condiciones objetivas –daño– o subjetivas –culpa u otros criterios de imputación subjetiva– de la responsabilidad civil[290].

Además, desde el punto de vista del ejercicio del derecho, la restitución se consigue *típicamente* a través de la reivindicatoria u otras eventuales acciones

[287] Aparte de la doctrina patria, ya citada en el epígrafe anterior, respecto a la distinción entre reparación y reintegración (PANTALEÓN PRIETO, RODRÍGUEZ FERNÁNDEZ, YZQUIERDO TOLSADA, etc.), dedican una especial atención a la distinción con la tutela restitutoria, en la doctrina italiana, entre otros, MANDRIOLI, D. (1922), pp. 380-384, y BELLELLI, A. (1977), pp. 1298-1303.

[288] BELLELLI, A. (1977), p. 1296.

[289] En este sentido, RODRÍGUEZ FERNÁNDEZ, I. (2009), p. 92, MANDRIOLI , D. (1922), p. 384, o CECCHERINI, G. (1989), p. 57.

[290] DI MAJO, A. (2003), p. 264; PANTALEÓN PRIETO, F. (1991-1), p. 1043; RODRÍGUEZ FERNÁNDEZ, I. (2009), *passim*.

personales restitutorias y puede ejercitarse contra quien en el momento detenga o posea el bien que es objeto del derecho subjetivo. La acción de reparación puede ejercitarse contra quien resulte responsable –haya o no cometido la acción productora del daño–, en tanto concurran los requisitos oportunos de imputación subjetiva.

El más claro ejemplo de entrecruce o superposición de los conceptos de tutela reparadora y tutela restitutoria en nuestro ordenamiento jurídico, se halla en el artículo 111 del Código Penal. Buena parte de la contribución al estudio –en general– del contenido de la responsabilidad civil, especialmente a partir de la importante modificación operada por el Código Penal de 1995 en las normas reguladoras de la responsabilidad civil contenidas –y mantenidas– en dicho cuerpo legal, se debe a la aportación de los penalistas, quienes definen la restitución como la acción y efecto de entregar al legítimo poseedor o propietario, según los casos, la cosa[291] de la que ha sido privado en virtud de la infracción (CÓRDOBA RODA)[292], o como la devolución al tenedor legítimo del bien del que ha sido privado por el delito (CONDE-PUMPIDO TOURÓN y LÓPEZ BARJA DE QUIROGA)[293]. Es considerada como una de las modalidades de restablecer el equilibrio patrimonial perturbado por el hecho dañoso y se identifica con la denominada *restitutio in pristinum*, esto es, la restauración del *status quo*[294]. La restitución, según QUINTERO OLIVARES y TAMARIT SUMALLA[295], debe recaer sobre el mismo bien, de manera que la entrega de una cosa distinta, aunque equivalente en valor y calidad, deberá ser considerada como indemnización.

El ámbito natural de los delitos en los que procede la restitución es el de los delitos contra el patrimonio, fundamentalmente de desposesión, si bien, con el fin de incluir también los de apropiación, algún sector de la doctrina matiza la definición afirmando que la restitución no debe ser entendida como la pura y simple reintegración posesoria o como el retorno a la situación anterior al hecho ilícito, sino como el resarcimiento en virtud de la vuelta de la cosa al legítimo poseedor o propietario que ha sido privado de la misma por obra de la infracción. Afirmación ésta última que no compartimos: restitución es restitución, y reparación es reparación (o "resarcimiento"); el retorno de la cosa al ámbito de poder de su legítimo poseedor no tendrá lugar, en caso de producción de

---

291 Es destacable la sustitución en la redacción del artículo 111 del término "cosa" por el término "bien", lo que supone una ampliación del objeto de la restitución, evitando las restrictivas interpretaciones que con anterioridad limitaban el concepto de *cosa*, estrictamente, al definido por el Código Civil.

292 QUINTERO OLIVARES, G. y TAMARIT SUMALLA, J.M. (2008), C., p. 757.

293 CONDE-PUMPIDO TOURÓN, C. y LÓPEZ BARJA DE QUIROGA, J. (1997), p. 773.

294 RODRÍGUEZ GÓMEZ, M. (2000), p. 246.

295 QUINTERO OLIVARES, G. y TAMARIT SUMALLA, J.M. (2008), p. 759.

un daño, a causa de éste o en virtud de su reparación, sino como consecuencia lógica y automática de la mera infracción del derecho.

La misma –aislada– sentencia de la Audiencia Provincial de Barcelona de 15 de junio de 2002[296], que destacábamos como modelo interpretativo de la distinción entre la tutela reparadora y la tutela reintegradora, incluye en su apreciación a la tutela restitutoria, cuando declara que "*es necesario no confundir el resarcimiento en forma específica con la reintegración del derecho subjetivo o situación jurídica lesionado o lesionada, que constituye el objeto de las acciones reivindicatoria, negatoria, de cesación o eliminación del estado de las cosas lesivo*".

3. La aplicación jurisprudencial de la *reintegrazione in forma specifica*

3.1. La aplicación del párrafo primero del artículo 2058 del Codice Civile

La contemplación expresa de la reparación específica (*reintegrazione in forma specifica*) y de sus excepciones en el Código civil italiano ha provocado en aquel país una más frecuente utilización de la institución, también por parte de la jurisprudencia. Y a ésta imputa la mayoría de la doctrina italiana el cúmulo de equívocos que reina en la ubicación conceptual y en la operatividad de la reparación específica. La tesis que exorbita la reparación en forma específica del ámbito de la reparación viene, *de facto,* respaldada por la aplicación que los Tribunales italianos hacen del artículo 2058 del *Codice Civile*, pese a la contradicción que ello significa con sus declaraciones de principio.

El remedio expresado en este precepto se presenta en su aplicación como un remedio supletorio, en cuanto no pueda ejercitarse la acción real. Así, en los casos en que se trate de recuperar cosa genérica, en los que no es ejercitable la reivindicatoria, o cuando ésta es imposible por destrucción o pérdida del objeto del derecho, y para obtener una cosa del mismo género y, en general, como remedio accesorio o supletorio de la misma tutela real típica, cuando ésta no sea en concreto invocable, en cuanto no se den los presupuestos para el ejercicio de la acción prevista en vía típica para la tutela de aquel derecho, o con el objeto de reintegrar en la posesión al poseedor que, por haber expirado el plazo, no tuviera título para el ejercicio de la acción de despojo (como la reivindicatoria o la defensa de la posesión).

La jurisprudencia italiana viene a considerar que la reparación en forma específica reintegra el derecho violado, reparando el daño a través de la res-

[296] 6402/2002.

tauración del estado de hecho alterado por la lesión, esto es, tiende, ya sea explícitamente o de forma implícita, a reconducir el esquema de la *reintegración* en forma específica a la *reductio in pristinum*[297]. Se trata de residuos de la antigua concepción que, identificando la responsabilidad por daños con el ilícito civil, tiende a encontrar en la disciplina de la primera las reglas y principios a aplicar cada vez que se actúe un remedio civil que no encuentre disciplina puntual y detallada en otra norma expresa. Todo ello conlleva las problemáticas implicaciones de la distinción conceptual entre ilícito y daño. Y de la confusión entre la tutela contra los daños y la tutela dirigida a dar actuación a situaciones subjetivas, o a prevenir su violación, surge la idea de que la distinción debe hacerse entre la tutela que se expresa en una condena pecuniaria (para la cual sólo cabría hablar de resarcimiento) y todas las demás, incluido el remedio *ex* artículo 2058, reconducibles a una categoría general de "reintegración en forma específica".

La jurisprudencia ha identificado las situaciones dominicales o posesorias para las que se garantiza un sistema de tutela mediante el ejercicio de remedios de *reduzione in pristino* reales y típicos. Desde esta óptica, se ha utilizado la "reintegración en forma específica" como *property rule* y no como *liability rule* –en la terminología anglosajona: las primeras garantizan al titular una tutela plena mediante el mantenimiento de la situación fáctica; las segundas permiten su "apropiación" aunque a cambio de una compensación– para ampliar el ámbito de la tutela real típica, hasta incluir en él situaciones de pertenencia o posesión que, por defecto de los necesarios presupuestos fácticos, no se vería protegido de otra forma. En otras palabras, se utiliza la reparación (reintegración) en forma específica como "atajo" al itinerario normal de la tutela real, para asegurar efectividad a la tutela de bienes de otra forma excluidos de la categoría de las "situaciones fuertes", es decir, presididas por remedios de tipo real.

La *reintegración en forma específica* opera en el sistema como una regla de propiedad y en cuanto tal desarrolla una función análoga a los remedios restablecedores o restauradores típicos de la tutela real, ya que garantiza tutela plena al titular del derecho lesionado. De otra parte, su colocación sistemática requiere para su accionabilidad los mismos presupuestos previstos para la acción general de daños, aunque no en vía exclusiva, dado que la jurisprudencia la utiliza como regla de propiedad también en materia de responsabilidad

[297] Como cuando, en caso de acciones dirigidas a hacer valer un derecho real, considera inaplicable el párrafo segundo del artículo 2058, que prevé la excesiva onerosidad como límite de la *reintegrazione* ("*Tuttavia il giudice può disporre che il risarcimento avvenga solo per equivalente, se la reintegrazione in forma specifica risulta eccessivamente onerosa per il debitore*": "Sin embargo, el juez puede disponer que el resarcimiento se realice sólo por equivalente, si la reintegración en forma específica resulta excesivamente onerosa para el deudor"). De lo cual se sobreentiende que sí es aplicable el párrafo primero.

contractual, para proporcionar tutela plena al acreedor insatisfecho. En opinión de MARELLA[298], el artículo 2058, en sus modalidades aplicativas evidenciadas por la jurisprudencia, no es unívocamente reconducible a la regla de propiedad, sino que contiene dos reglas de tutela diversas: una regla de propiedad, que se corresponde con la *Naturalrestitution*, y una regla mixta, a caballo entre *property rule* y *liability rule*, que el BGB sanciona en el § 249.2 y que la doctrina mayoritaria reconoce como regla de cuantificación del daño que opera en el seno del sistema en alternativa al *resarcimiento en forma específica.*

La reconstrucción del *resarcimiento* en forma específica como *property rule* tiene acomodo en la jurisprudencia que tiende a utilizar el remedio para ampliar la tutela real. Son supuestos en los que la reparación específica tiene como finalidad remover el perjuicio causado al titular de la situación de posesión afectada por una "externalidad continuada". Su función es la de restablecer la integridad de la esfera de dominio del titular, con lo que nos encontramos una doctrina jurisprudencial dirigida a tejer la trama de una única tutela real que va más allá de los remedios típicos, petitorios y posesorios, traspasando aparentemente la frontera de la tutela contra los daños[299].

En algunos casos, la reparación en forma específica constituye un remedio supletorio de tutela de los derechos personales de goce. En opinión de BELLELLI[300], esta categoría de derechos presenta una doble naturaleza, pudiendo en ciertos aspectos ser asimilada a los derechos de crédito, mientras por otras características se debe colocar en el plano de los derechos reales; en otros casos, la reparación en forma específica se concreta en realizar, a costa del agente, las obras necesarias para restablecer la cosa a su estado primitivo, lo cual puede conseguirse o bien reparando materialmente lo deshecho o deteriorado, o bien eliminando lo hecho en violación del derecho del propietario. Se puede afirmar, pues, que el resarcimiento del daño, si como remedio accesorio ofrece, en el ámbito de los derechos reales, la posibilidad de obtener una tutela más completa, en el ámbito examinado, proporciona una tutela en forma específica en vía supletoria.

Así pues, la jurisprudencia –secundada por la doctrina más reciente– reconoce en el resarcimiento en forma específica el instrumento idóneo para "armar" el derecho subjetivo con una tutela plena, más allá de los supuestos típicos lega-

---

298 MARELLA, M.R. (2000), p. 12.

299 En este sentido, la Cassazione justifica a veces expresamente el recurso a la *reintegración en forma específica* con "vestidura" de regla de tutela plena, con la necesidad de remover la fuente de "un daño actual, continuo y destinado con certeza a prolongarse en el tiempo". Se pone así en evidencia cómo el disfrute del bien está comprendido en la externalidad continuada ajena, siendo entonces inevitable que el remedio asuma a la vez los caracteres de resolución restauradora e inhibitoria (*Ibid.*, p. 14).

300 BELLELLI, A. (1977), pp. 1301-1303.

les, y frente a todo tipo de ilícito, tanto extracontractual como contractual. No sin cierta coherencia y eficacia, la jurisprudencia transpone el modelo de regla de propiedad experimentado para ampliar (a veces subrogar) la tutela real y posesoria al plano de situaciones tradicionalmente "no propietarias" para dotarle también de una tutela "fuerte". La doctrina que se deriva de esta jurisprudencia se deduce de los propios juicios que afirman que "para la tutela del derecho a la salud, en caso de lesión por acto o hecho ilícito, vienen en consideración y son aplicables, mediante oportunas medidas reparatorias y restauradoras y, según la opinión general, también inhibitorias, las disposiciones dictadas con carácter general en el artículo 2058"[301]. Se descubre así en este precepto el fundamento de una tutela real, cuya función es proveer a la reintegración del derecho, según modalidad que variará en función de los caracteres y efectos de la lesión: si la lesión da lugar a un estado de cosas antijurídico, la tutela asumirá la forma de una orden de restauración del estado de cosas precedente; si la lesión da lugar a una conducta antijurídica que perdura, la tutela asumirá la forma de una orden de cesación de tal conducta.

Todo ello convierte al artículo 2058 del *Codice* en norma general del sistema sobre la cual se funda una tutela general específica o acción general de reintegración, que funciona como auténtico "cajón de sastre", con un contenido variable, en cuanto puede cumplir varias funciones, no sólo restitutoria, sino también inhibitoria y preventiva.

Es probable, a juicio de NIVARRA, que la intención del legislador, con el artículo 2058, fuese limitarse a los supuestos en los que el perjudicado, por cualquier motivo, prefiera la reintegración del valor de uso antes que la del valor de cambio del bien. Pero la *reintegrazione in forma specifica* ha venido a ocupar un espacio mucho más amplio del previsto[302]. Según este autor, la resarcitoria es el único supuesto de tutela atípica y general establecida por el ordenamiento jurídico; pero el hecho de que también se someta a una serie de reglas (necesidad de imputación objetiva, o del nexo causal, criterios del artículo 2056[303]) parece identificar una forma de tutela específica en cuanto a su modo de funcionamiento y objetivos, pero general y atípica en cuanto a su ámbito de aplicación. De aquí, probablemente, las tensiones a las que en los últimos años se está sometiendo a la responsabilidad civil. Una medida como la reparación en forma específica, que se vale de una técnica reintegradora, contribuye a aumentar la confusión.

---

[301] Sentencia del Tribunal de Casación de 19/07/1985.

[302] NIVARRA, L. (1997) (última consulta: 02-10-2010).

[303] Artículo 2056 *Codice civile*: "*Valutazione dei danni: Il risarcimento dovuto al danneggiato si deve determinare secondo le disposizioni degli artt. 1223,1226 e 1227. Il lucro cessante è valutato dal giudice con equo apprezzamento delle circostanze del caso*".

El artículo 2058 del *Codice civile* funciona, en suma, como una cláusula de cierre del subsistema de la tutela *in natura,* accionable cuando el recurso a ésta no es necesario, ya no es posible o no lo ha sido nunca porque no es contemplado por el ordenamiento. Se trata de un uso "en clave de sucedáneo" de la *reintegrazione in forma specifica*, es decir, de la atribución a ésta de una heterogeneidad de funciones, que, en muchos casos, quizá forme parte de una sutil operación de política jurídica dirigida a extender a bienes primarios (como la salud) una tutela "fuerte", que se encuentra actual y tradicionalmente configurada sobre el modelo de la tutela dominical; nos encontramos con una medida a la que el legislador había asignado una finalidad eminentemente resarcitoria y que, en cambio, acaba por satisfacer una finalidad de recuperación del derecho.

Para MARELLA[304], la confusión constantemente reprochada a la jurisprudencia, entre reparación del daño y actuación del derecho, no es de ninguna manera casual, teniendo en cuenta que, si la reintegración en forma específica reacciona a una situación ilícita continuada y si ésta es tal que incide no sólo en la integridad material del bien, sino también y sobre todo, sobre las facultades que corresponden al titular del bien, integrando una violación del derecho, de ello resulta que el remedio *in natura* en calidad de regla de propiedad tiende a la actuación del derecho violado[305].

---

304 MARELLA, M.R. (2000), pp. 25-43.

305 Según la autora que citamos, en muchos supuestos, la reintegración en forma específica parece "dárselas de" regla de propiedad tanto en sentido remedial como estrictamente sustancial. En otros, en cambio, este carácter aparece menos evidente, como sucede cuando entre la situación antijurídica y el remedio se interpone el elemento del daño con carácter autónomo respecto a la lesión del derecho. Porque cuando este elemento deviene autónomamente relevante, "tala" la tutela plena al permitir sortear la valoración de un dato absolutamente insuperable para la tutela contra los daños: la infungibilidad del bien tutelado. En la práctica, esto se verifica cuando de la tutela de situaciones de pertenencia se pasa más propiamente a la tutela contra los daños causados por la misma, y, más correctamente, a la remoción de los perjuicios ligados a una externalidad de daño instantáneo, causados a cosas objeto de situaciones de pertenencia diversos de la propiedad inmobiliaria o de los derechos *in alieno*.

El dato cualificador de la reintegración en forma específica parece entonces certificarse en la capacidad del remedio para dar voz, más allá de su concreto "alarde" de regla de propiedad más que de cualquier otra cosa, al tipo de valoraciones que el titular expresa y que el mercado no es apto para reflejar. Este elemento es el dato unificador de toda la casuística relativa al *resarcimiento* en forma específica, constituyendo el motor de la fecunda praxis jurisprudencial alemana conocida como *Kommerzialisierung*, respecto a la cual, por otra parte, la reparación específica asume connotaciones distintas de la regla de propiedad.

MARELLA destaca cómo la relación de la lesión con un bien inmueble es un elemento recurrente no sólo en los casos en los que la jurisprudencia aplica el artículo 2058 en calidad de regla de propiedad para armar a las situaciones dominicales de un ulterior medio de tutela plena, sino también para tutelar el derecho del arrendatario de disfrutar de la cosa arrendada y en los casos de lesión al medio ambiente (salubridad), incluso respecto al derecho a la salud de los sujetos interesados en la degradación ambiental. Aquí los tribunales son explícitos al subrayar cómo la lesión al ambiente se acompaña al perjuicio causado a la propiedad inmobiliaria (*Ibid.*, pp. 42-43).

3.2. *La aplicación del párrafo segundo del artículo 2058 del* Codice civile

Ya hemos señalado anteriormente que el Código civil italiano de 1942 contiene tanto la previsión expresa de la propia forma de reparación en forma específica (*reintegrazione in forma specifica*) como la de uno de sus límites, la excesiva onerosidad, confiriendo al juez el poder de disponer que la reparación (el *risarcimento*) tenga lugar por equivalente cuando la reintegración en forma específica resulte excesivamente onerosa para el deudor[306]. Pues bien, la práctica y la interpretación jurisprudencial del artículo 2058 del Código civil italiano –y en especial, de su segundo párrafo– han planteado una interesante cuestión relacionada con la polémica en torno a la adscripción de la reparación en forma específica al ámbito de las medidas restitutorias o al de las medidas reparatorias, y con la proximidad entre *reglas de propiedad* y *reglas de responsabilidad*: se trata, concretamente, de la cuestión de si el mencionado límite es aplicable a los supuestos en los que se haga valer un derecho real y se tienda a obtener la tutela mediante la restitución o el restablecimiento o restauración material de la situación (*riduzione in pristino*). De hecho, desde la entrada en vigor del *Codice* de 1942 hasta hoy, buena parte de las sentencias que recaen sobre el párrafo 2 del artículo 2058 no afectan, en realidad, a otra cosa que a la exclusión del límite de la excesiva onerosidad del ámbito de operatividad de la tutela restauradora de carácter real. La jurisprudencia se ocupa constantemente de excluir la aplicación del segundo párrafo, considerando como regla general aplicable el primero cuando la cuestión versa sobre la lesión de un derecho y está fuera, por tanto, de una situación de daño resarcible. En suma: la jurisprudencia aplica reparación donde no hay daño[307].

La jurisprudencia italiana[308] declara que lo dispuesto en el párrafo segundo del artículo 2058 no es aplicable a los supuestos en los que se haga valer un derecho real y se tienda a obtener la tutela mediante la "*riduzione in pristino*". Es decir: el juez no puede negar la restauración aplicando el artículo 2058-2 cuando se trate de un derecho real, ya que tal norma está dictada con específica referencia a la responsabilidad extracontractual, no pudiendo ser aplicada a las acciones dirigidas al restablecimiento material de la situación en ejercicio de derechos reales. Obsta a esta extensión la propia naturaleza de la tutela judicial de los derechos reales, siempre actuada en forma específica y dirigida a la restitución de la cosa sustraída o bien a la inhibitoria de comportamientos lesivos

[306] Artículo 2058-2 *Codice civile*: "*Tuttavia il giudice può disporre che il risarcimento avvenga solo per equivalente, se la reintegrazione in forma specifica risulta eccessivamente onerosa per il debitore*".

[307] EBENE COBELLI, C. (1987), p 361.

[308] Sentencia de la Corte de Casación de 29 de enero de 1973 (n.279), citada por BELLELLI, A. (1977), pp. 1292-1293.

o molestos, o bien a la restauración material. Si se aplicase en esta materia el artículo 2058-2, se desnaturalizaría el carácter esencialmente restitutorio de las acciones de tutela de los derechos reales. Por tanto, salvo en el caso de que la restauración no sea materialmente posible, el juez no puede, aplicando el artículo 2058-2, disponer el resarcimiento del daño por equivalente en lugar de la reintegración, sino, en su caso, disponerlo sólo como sanción accesoria a aplicar conjuntamente con tal restauración[309].

Es decir: el límite en cuestión afecta sólo a la acción delictual civil dirigida a reparar el daño *in natura*, nada más. Pero, en opinión de MARELLA[310], esta doctrina es de una obviedad sorprendente sólo para las conceptualistas tesis jurisprudenciales, ya que quedaría por explicar por qué, una vez que el legislador ha concedido una medida de tutela plena sobre la amplia base de la cláusula general de reparación del daño (artículo 2043 del Código civil italiano, artículo 1902 del Código civil español), con modalidades aplicativas, por lo demás, modeladas sobre el contenido de las acciones reales típicas, el juez puede convertir la regla de propiedad en una regla de responsabilidad, mientras que no puede hacer esto cuando la tutela plena es reclamada sobre una base distinta. No se entiende por qué, frente a una igual intensidad de tutela, en un caso como en otro justificable con el intento de proporcionar un incentivo a la contratación, el ordenamiento predispone un criterio de eficiencia económica, como debería ser el que se contiene en el límite de la excesiva onerosidad, sólo para algunos casos y no para otros, sobreentendiendo que sólo en algunas hipótesis tal criterio conduce a una solución eficiente del conflicto. No parece poder encontrarse una explicación al respecto sobre el plano estrictamente remedial: el remedio no modela el derecho, sino que es más bien la "dignidad" de algunas situaciones de pertenencia para acaparar espacios de tutela plena, más allá de los ya diseñados por la tutela típica. Pero la jurisprudencia italiana niega que el límite del artículo 2058-2 sea la expresión de un principio más general de valoración comparativa entre el interés del individuo en la satisfacción integral de su propia razón y el interés general, difuso en el sistema privatístico.

Frente a esta interpretación del artículo 2058-2, coherente con la tendencia a recalcar la presencia de dos cuerpos separados de reglas, no comunicantes en principio, es evidente que la configurabilidad de una tutela plena, de contenido "real", pero de matriz aquiliana, y por tanto sustraída, en sus presupuestos de accionabilidad, al carácter absoluto de la tutela real y sujeta al límite de la excesiva onerosidad, reclama la individualización de criterios de identificación suficientemente ciertos. El criterio habitualmente seguido es el de que la tutela real actúa coercitivamente la pertenencia de un bien, no de un valor o de un

309 Pura y simple confusión de tutelas, a nuestro juicio.
310 MARELLA, M. R. (2000), p. 55.

equivalente, esto es, protege el derecho (o la posesión) sobre la cosa mientras ésta es igual a sí misma, mientras que las modificaciones materiales de la cosa hechas con fines reparatorios no actúan un derecho y son por tanto materia de reintegración en forma específica *ex* artículo 2058. Sin embargo, la jurisprudencia no sigue criterios precisos, calificando a menudo como reintegración en forma específica la reposición del bien a su estado originario mediante la destrucción de lo ilícitamente hecho. Según otro criterio, algo más preciso, se da lugar a reintegración en forma específica donde el autor reclame tutela plena sin solicitar declaración judicial alguna sobre la titularidad del derecho sobre el bien lesionado[311].

Todas estas críticas contra este uso del artículo 2058 en clave de regla de propiedad, a juicio de MARELLA[312], conducen, llevadas a sus últimas consecuencias, a negar todo contenido prescriptivo al 2058 que no se limite a la previsión de un criterio alternativo de cuantificación del daño, sobre el modelo del § 249-2 BGB, en el sentido de que tienden a excluir la admisibilidad de una reparación en forma específica que opere en calidad de regla de propiedad, expulsando con ello fuera del sistema el núcleo originario del modelo legal del que se trae, la *Naturalrestitution* propiamente entendida. En efecto, también donde la opinión dominante parece favorable a configurar la reintegración en forma específica como remedio autónomo, desvinculado de la lógica del resarcimiento por equivalente y correspondiente a una distinta noción de daño, de tipo "naturalístico", la *summa divisio* en cualquier caso subyacente en tal cuadro dogmático, entre actuación del derecho y resarcimiento del daño, conduce inevitablemente a rechazar en sus resultados cuanto se ha considerado admisible desde el plano teórico, y, por tanto, toda aplicación práctica de la reintegración en forma específica que ose asemejarse a una forma de actuación del derecho. Esto es, a rechazar toda solución en sede de tutela que se debería (o se querría) definir resarcitoria pero que en cambio asume connotaciones reipersecutorias.

Una cuestión similar fue la dilucidada, en nuestro país, en el caso resuelto por las sentencias de la Audiencia Provincial de León de 21 de abril de 1986 y del Tribunal Constitucional nº 194/1991, de 17 de octubre de 1991[313].

El recurrente en amparo consideraba que se había vulnerado su derecho fundamental a la tutela judicial efectiva (art. 24.1 de la Constitución) en su vertiente de derecho a la ejecución de las sentencias en sus propios términos una vez han devenido firmes. Así –se decía– el Auto recurrido, de fecha 18 de

311 MARELLA, M.R. (2000), pp. 58-60.

312 *Ibid.*, p. 88.

313 Dichas sentencias han sido analizadas por LUNA YERGA, A., PIÑEIRO SALGUERO, J., RAMOS GONZÁLEZ, S., y RUBÍ I PUIG, A. (2002), p. 5.

febrero de 1988, dictado por el Juzgado de Primera Instancia núm. 3 de los de León en el incidente de ejecución, modificaba injustificadamente lo ya resuelto en su día por Sentencia, al fijar una indemnización por el valor real de la finca, como medida sustitutoria para el cumplimiento de la misma, en vez de obligar a la entidad demandada a la entrega de la finca libre de todo tipo de escombros. Se denunciaba que ello ocasionaba una lesión del derecho de propiedad (art. 33 CE) y que vulneraba el derecho a la ejecución de la Sentencia (art. 24.1 CE). A esta pretensión se oponían tanto el Ministerio Fiscal como la sociedad anónima demandada en el proceso civil previo al amparo, quienes alegaban, sustancialmente, que es constitucionalmente posible la ejecución de sentencias por equivalente o por sustitución cuando deviene física o jurídicamente imposible el cumplimiento en sus propios términos, según prevé expresamente el artículo 18.2 de la Ley Orgánica del Poder Judicial

El Tribunal denegó el amparo basándose en la siguiente doctrina: que la tutela judicial efectiva garantizada por el artículo 24.1 de la Constitución comprende el derecho a la ejecución de las sentencias en sus propios términos sin el cual carecerían precisamente de efectividad las resoluciones judiciales; que, no obstante ese principio general, hay casos en los que, en trámite de ejecución de sentencia, la transformación de una condena establecida en su parte dispositiva por su equivalente pecuniario, podrá ser más o menos acertada en el plano de la legalidad ordinaria, o, si se quiere, contrario a la misma, pero ello, por sí solo, no vulnera el derecho fundamental recogido en el artículo 24.1 de la Constitución (STC 58/1983, fundamento jurídico 3.º; razonamiento que se reitera en STC 69/1983, fundamento jurídico 3.º); que, en principio, corresponde al órgano judicial competente deducir las exigencias que impone la ejecución de la Sentencia en sus propios términos, interpretando en caso de duda cuáles deben ser éstos y actuando en consecuencia, sin que sea función del Tribunal Constitucional sustituir a la autoridad judicial en este cometido (STC, 125/1987, fundamento jurídico 2.º, reiterada en STC 167/1987, fundamento jurídico 4.º), y, en definitiva, que tan constitucional es una ejecución de Sentencia que cumple el principio de identidad total entre lo ejecutado y lo establecido en el fallo como una ejecución en la cual, por razones atendibles, la condena sea sustituida por su equivalente pecuniario (AATC 528/1986, fundamento jurídico 2.º, y 700/1986, fundamento jurídico 2.º).

En el caso de autos, el juez, cuyo criterio confirmó la Audiencia, estimó que configuraba un abuso de derecho, o un ejercicio antisocial del derecho de propiedad, la pretensión del recurrente de que la Sentencia se ejecutara en sus propios términos por sus desproporcionadas consecuencias; y ante la imposibilidad de esa modalidad de cumplimiento, estableció una ejecución por sustitución o equivalente pecuniario mediante el pago de una indemnización en vez de la entrega de la finca. Todo ello constituye, según el Tribunal, un problema de legalidad ordinaria que encuentra su apoyo legal en lo dispuesto por el citado artículo 18.2 de la Ley Orgánica del Poder Judicial.

III. LA DISTINCIÓN ENTRE LA TUTELA REPARADORA Y LA TUTELA EJECUTIVA (O LA CONFUSIÓN ENTRE LA REPARACIÓN ESPECÍFICA DEL DAÑO POR INCUMPLIMIENTO CONTRACTUAL Y EL CUMPLIMIENTO FORZOSO *IN NATURA*)

Nos adentramos ahora en otro terreno fronterizo plagado de equívocos: el deslinde conceptual y práctico y las relaciones entre la reparación en forma específica del daño producido por un incumplimiento contractual y el cumplimiento forzoso o la ejecución forzosa en forma específica del vínculo contractual.

1. El estado de la cuestión en la doctrina

La problemática al respecto no es, en realidad, sino la proyección, en concreto, a la forma específica de reparación del daño, de la confusión, más general, existente entre cumplimiento y reparación, o lo que LLAMAS POMBO[314] plantea como la opción entre "la autonomía del cumplimiento por equivalente" –distinguiendo la *aestimatio rei* (o equivalente pecuniario del valor de la prestación incumplida) del *id quod interest* (o nueva prestación, nacida del hecho ilícito del incumplimiento o del defectuoso cumplimiento)– y "un concepto integral de indemnización", comprensiva tanto del valor de la prestación incumplida como del daño causado por el incumplimiento[315]. Es una práctica jurisprudencial y un entendimiento doctrinal muy generalizados el mezclar estos conceptos en un *totus revolutus*, bajo el soterrado y práctico pretexto de que, a la postre, el resultado es el mismo, olvidando, así, que cada uno de ellos tiene su propio régimen jurídico, y que su respectiva aplicación se rige por postulados y funciones diferentes.

Hemos de partir de que, como observa MANDRIOLI[316], la reparación es (en todo caso y, por tanto, también la reparación en forma específica) un derecho sustantivo y, por ello, en sí mismo susceptible de ejecución forzosa; en consecuencia, la institución de la reparación en forma específica no debe contraponerse a la ejecución forzosa en forma específica, institución procesal totalmente heterogénea respecto a aquél (cuando no se confunden, en vez

314 LLAMAS POMBO, E. (1999), p. 288.
315 LLAMAS POMBO, E. (1999), *passim*.
316 MANDRIOLI, C. (1986), p. 25.

de contraponerse), sino más bien a la institución del cumplimiento en forma específica.

Cabe identificar, como principales causas de la evanescencia de las líneas fronterizas entre cumplimiento y reparación, dos errores muy comunes: de un lado, asociar el daño al incumplimiento con carácter necesario –y no eventual– y, de otro, confundir la actividad de ejecución forzosa con la actividad de reparación del daño[317].

Es necesario, no obstante, plantearse previamente otra cuestión, aunque pueda parecer, a primera vista, demasiado obvia: la de si la forma específica de reparación del daño tiene cabida en el ámbito de la responsabilidad contractual[318]. Si analizamos el Derecho positivo, lo que constatamos es que, al margen de la inexpresividad al respecto de las normas situadas en sede de responsabilidad extracontractual, las que obran en sede de responsabilidad contractual parecen ignorar absolutamente la forma específica de reparación, centrando su atención exclusivamente en la indemnización pecuniaria. Ya hemos expuesto en epígrafe anterior cómo la obligación de indemnizar daños y perjuicios, enunciada en el artículo 1101, es presentada y explicada en los artículos 1106 y siguientes, de una forma tal que parece ofrecer un solo posible objeto o contenido, de naturaleza exclusivamente económica[319]. La idea de que

---

317 Confusiones en las que también parecen incurrir –por lo general– la doctrina y la jurisprudencia italianas y que ya SCOGNAMIGLIO [(1996), p. 554] en su día denunciaba. En el sistema italiano, la recepción del remedio de tutela específica en el *Codice*, que ya de por sí evidenciaba una relación irresuelta entre las posiciones francesa y germánica, venía a injertarse en una praxis jurisprudencial madurada bajo la vigencia del viejo código, la cual, recalcando la experiencia francesa de la *condemnation en nature*, heredaba también la confusión de fondo entre reparación del daño y ejecución en forma específica. En Francia, de hecho, la exigencia de dar recurso a la *condemnation en nature*, que el *Code* ni de lejos preveía, había conducido a los intérpretes a reconocer su fundamento en la disciplina de la ejecución en forma específica, dando así lugar a un ovillo inextricable entre remedio sustancial y procedimiento ejecutivo. Por su parte, parte de la doctrina italiana, sobre la estela de una malentendida inexigibilidad en forma específica de las obligaciones de de hacer y no hacer, se apresuró en principio a definir como *resarcimiento in natura* los supuestos de ejecución en forma específica previstos en los artículos 1220 y 1222 del *Codice* derogado, por tanto a intentar una aplicación analógica en el sector de las obligaciones *ex delicto*, seguida por una jurisprudencia que pronto manifestó la tendencia a utilizar el remedio de la reintegración en forma específica en todos los ámbitos, suscitando así la desconfianza y rechazo de la doctrina, nunca del todo desaparecidos [MARELLA, M.R. (2000), p. 45].

318 Se trata de una cuestión que se plantea en términos diferentes a los que seguidamente expondremos a propósito del debate, en Italia, sobre la aplicabilidad al ámbito contractual de la disciplina legal de la reparación del daño extracontractual y, en consecuencia, sobre la aplicación analógica al daño contractual de la *reintegrazione in forma specifica* del artículo 2058 del *Codice civile*. Nosotros no disponemos de una norma similar, susceptible de ser aplicada por analogía, por lo cual las argumentaciones se acercan mucho a las que en su día provocaba el Código de 1865, de redacción similar a la de nuestro actual Código civil.

319 El puramente literal, de hecho, era el principal argumento esgrimido por quienes, bajo la vigencia en Italia del *Codice civile* de 1865, negaban la aplicabilidad del remedio a la responsabilidad derivada de incumplimiento contractual: los preceptos relativos a la responsabilidad

contractual no contemplaban el *resarcimiento en forma específica*; y, si bien es posible aplicar –alegaban– las normas del ilícito contractual al extracontractual, dentro de los límites del reenvío legal, no es posible la operación inversa. Este sector doctrinal sostenía que, acogiendo la tesis de la admisibilidad, se terminaba por admitir la ejecución en forma específica allí donde tal remedio estaba legalmente excluido.

En efecto, la ausencia en el *Codice* de 1865 de una disposición expresa correspondiente al actual artículo 2058 inducía a poner en duda la admisibilidad de la reparación del daño en forma específica cuando se trataba de daños causados por incumplimiento, de manera que la base normativa para la admisión de la figura se había venido reconociendo –como sigue sucediendo en los ordenamientos que, como el nuestro, no contienen una previsión expresa de esta forma de reparación del daño– precisamente en las normas que disciplinan la ejecución forzosa de las obligaciones de dar, hacer y no hacer [como señalan CIAN, G. (1998), p. 753, o EBENE COBELLI, C. (1984), p. 92], que constituyen un complejo orgánico de normas –de naturaleza más bien procesal– situadas en sede contractual. En Italia, bajo la vigencia del Código Civil de 1865, el debate relativo a la general admisibilidad de la "reintegración en forma específica" recaía esencialmente en estos mismos términos: giraba sobre la posible extensión de tal remedio del ámbito contractual al extracontractual. La propia *Relazione* o Exposición de Motivos del *Codice* de 1942 (*"…Al igual que el acreedor en la obligaciones contractuales, el perjudicado en las obligaciones extracontractuales, tiene derecho ante todo a la reintegración en forma específica de la situación patrimonial anterior…"*) parece justificar la inserción del artículo 2058 *"por la exigencia de extender también al ámbito del ilícito extracontractual una tutela análoga a la concedida al acreedor en las obligaciones ex contractu"*. No obstante, según EBENE COBELLI, tras la promulgación del *Codice* de 1942, la formulación expresa sobre la admisibilidad de la reintegración en forma específica, situada en el sector del ilícito, plantea una vez más el problema de su posible extensión, esta vez, sin embargo, en la dirección opuesta, del ámbito extracontractual al contractual, aunque el perfil de tal eventual extensión se afronta en términos muy variados. [EBENE COBELLI, C. (1984), p. 97].

Tras la promulgación del *Codice Civile* de 1942, en cambio, el problema se sitúa, sin embargo, en la dirección contraria: la extensión desde el ámbito extracontractual al contractual, o la aplicación analógica a éste del artículo 2058 del *Codice*, precepto en el que, habitualmente, la jurisprudencia italiana reconoce un principio válido de carácter general que no hay motivo para no extender al incumplimiento contractual. El mismo criterio parece presidir nuestra jurisprudencia, aun sin norma expresa que refrende la existencia de la reparación en forma específica ni siquiera en el ámbito extracontractual.

Un importante sector doctrinal en Italia considera admisible la extensión de la aplicación de la *reintegración en forma específica* (expresión utilizada por el legislador italiano para designar la reparación en forma específica y, quizá, expresión indicativa de la noción de reparación específica que subyace bajo los términos legales, una noción adscrita a la tesis de la categoría unitaria de reintegración, independiente del fenómeno reparatorio/resarcitorio) del artículo 2058 al ámbito contractual, apelando a la elasticidad de los medios de ejecución forzosa y sobre la base de estimar que la inexistencia de una norma *ad hoc* en sede contractual es irrelevante, que concurren los requisitos de *ratio legis* y similitud natural exigidos por la analogía, y que la tendencia restrictiva es, en realidad, deudora de una adhesión incondicionada y acrítica al principio *nemo praecise ad factum cogi potest* [CECCHERINI, G. (1989), p. 37].

La orientación favorable a una admisibilidad general de la reparación en forma específica se acompaña por regla general del convencimiento de que en el ámbito contractual el espacio concreto de utilización de la institución está, por así decirlo, "cubierto" por el instrumento de la ejecución forzosa del vínculo obligatorio. El espacio de la reparación específica en el ámbito contractual es "difuminado e incierto" [EBENE COBELLI, C. (1987), p. 359].

Frente a la perplejidad que originariamente suscitaba la idea de una aplicación del remedio reparatorio específico al daño contractual, hoy se da una evolución similar a la antes descrita en materia aquiliana, de forma que la reparación en forma específica acaba por superponerse a una forma de tutela ejecutiva del derecho de crédito (como, en el ámbito extracontractual, se superpone la única forma de reparación del daño contractual es el resarcimiento por equivalente subyace de forma más o menos expresa en el pensamiento de algunos de nuestros más autorizados civilistas y de forma tácita en otros muchos. Así, cuando LLAMAS POMBO[320] afirma que "la específica función resarcitoria de los daños consecuentes al incumplimiento de la obligación ha sido objeto de una importante extensión por la jurisprudencia y que tal función se ha visto ampliada para conceder al acreedor una verdadera acción de reparación *in natura*, cuando de la aplicación de la norma *ad hoc* sólo podría derivarse una acción de daños o de saneamiento. Esta extensión opera, frecuentemente, canalizando a través del artículo 1101 las pretensiones dirigidas a la obtención de un determinado resultado externo, obligando al deudor al cumplimiento correcto de aquello que hizo defectuosamente".

Sin embargo, a mi juicio, es factible, en teoría, que el daño causado por incumplimiento contractual pueda ser objeto de reparación específica[321].

Son muchos los autores[322] que han destacado la distinta naturaleza de los diversos medios de defensa del acreedor: la pretensión de cumplimiento (por supuesto, en forma específica), la responsabilidad contractual (o –eventual– pretensión reparadora del daño contractual) y la resolución por incumplimiento. Para que proceda la pretensión de cumplimiento sólo se requiere la existencia del derecho de crédito[323] y que la prestación sea aún posible, siendo irrelevante que el incumplimiento cause o no daño al acreedor y que pueda o no ser subjetivamente imputado al deudor[324]. Además, la ejecución en forma específica está constituida por un conjunto de normas e instrumentos jurídicos que entran en

a las formas de tutela reintegradora del derecho real). La reparación específica se aleja así de la órbita de la tutela resarcitoria, ya que su función no sería compensar el daño sufrido por el acreedor como consecuencia del incumplimiento, sino promover el nacimiento del título ejecutivo (sentencia de condena) de cara a la realización forzosa del derecho. Por ello, afirman S. ROMANO (cit. por NIVARRA) y EBENE COBELLI, que se convierte así a la reparación específica en "un brazo tan grande que no se ve su final", o en "un topo que poco a poco e imperceptiblemente viene royendo los fundamentos más frágiles del sistema de tutela judicial de los derechos" [NIVARRA, L. (1997); EBENE COBELLI, C. (1989), *passim*.

320 LLAMAS POMBO, E. (1999), p. 273.

321 Piénsese, por ejemplo, en el supuesto de que, al concluir las actuaciones técnicas correspondientes a una revisión ordinaria de un vehículo, un mecánico olvida y deja suelta dentro una herramienta o una pieza, que, al cabo de pocos kilómetros de circular con nuestro vehículo, cae en una parte fundamental del motor del mismo, haciendo que se averíe. O en el supuesto de obras inconsentidas regulado por el art. 23 LAU, analizado ya en epígrafe anterior.

322 Tanto en el ámbito de la doctrina civil, en el que, además de LLAMAS POMBO, cuya obra de referencia acabamos de citar, cabe destacar las aportaciones de PANTALEÓN PRIETO, F. (1991-1 y 1991-2); DÍEZ PICAZO y GULLÓN BALLESTEROS (2005); CARRASCO PERERA, A., (1989); YZQUIERDO TOLSADA, M. DELGADO ECHEVERRÍA, J. (2005); CAPILLA RONCERO, J.M. (s.d.), como en el ámbito de la doctrina procesal, donde podemos destacar las de CATALÁ COMAS, C. (1998) o MONTERO AROCA, J. (2010).

323 LLAMAS POMBO, E. (1999), p. 286.

324 PANTALEÓN PRIETO, F. (1991-1), p. 1046.

juego –para la satisfacción del interés del acreedor, cuando falta la cooperación espontánea del deudor– siempre que haya un título ejecutivo en el que se prevea para el sujeto obligado el deber de cumplir una prestación de contenido diverso de la prestación de una suma de dinero[325].

Para que proceda la pretensión de reparación del daño contractual, es necesario que el acreedor haya sufrido un daño que sea, en primer lugar, objetivamente imputable a la falta de cumplimiento y, en segundo lugar, subjetivamente imputable al deudor. Pero ni el daño ni su imputabilidad subjetiva a la parte incumplidora son tampoco condiciones de ejercicio de la acción de resolución por incumplimiento de un contrato sinalagmático. Algunas de estas pretensiones son entre sí compatibles: tanto la pretensión de cumplimiento como la resolutoria por incumplimiento son compatibles con la acción de reparación del daño, aunque absolutamente incompatibles entre sí.

Del "marasmo terminológico" que reina en esta cuestión ilustra la abundante jurisprudencia en la que –aunque sin consecuencias en los fallos–, si bien continuamente se repite que la reparación por el deudor en forma específica puede entenderse articulada por medio de la acción de cumplimiento, la condena pecuniaria sustitutiva, con la que el acreedor pretende financiar la obra, es pura indemnización de daños.

No obstante la diversidad del presupuesto que origina el derecho a la reparación en los supuestos de responsabilidad contractual y extracontractual, ha de deducirse la identidad funcional de aquélla en ambos casos, por cuanto la obligación de reparar el daño es una consecuencia de la lesión de un interés ajeno, ya provenga tal lesión de una obligación específica o de un deber genérico de no dañar, y frente a la existencia de un daño y, en consecuencia, de la lesión de un interés, el ordenamiento jurídico predispone la eliminación del primero y la restauración del segundo, a través de la previsión de la obligación de reparación a cargo del responsable[326]. Por ello afirma LLAMAS POMBO[327] que la indemnización de daños y perjuicios tiene siempre la misma naturaleza y función (lo que sí puede cambiar y de hecho es variable, es su contenido), y no diferente según haya cumplimiento tardío o defectuoso o auténtico incumplimiento. La esencia de la obligación indemnizatoria no está en el incumplimiento, sino en el daño. Por eso, para definir tal obligación no importa que tal incumplimiento

[325] Diferencia, así, CIAN [(1998), p. 754], el mecanismo de la ejecución forzosa en forma específica –que concierne a *prestaciones distintas de la pecuniaria*– de la ejecución por expropiación –que atañe a la actuación coactiva de las *prestaciones de contenido pecuniario*–. Todo ello "en términos generales", ya que no ha de ignorarse la insuficiencia del sistema coercitivo que ocasiona la problemática de la eficacia de los pronunciamientos de condena cuando la actividad del obligado es infungible.

[326] CECCHERINI, G. (1989), pp. 12-24.

[327] LLAMAS POMBO, E. (1999), pp. 85, 271 y 313.

fuera de carácter transitorio o definitivo, que hubiera o no cumplimiento tardío, que fuese defectuoso o imposible. Lo importante es que haya un daño acreditado, que el mismo sea objetivamente imputable a la mora o contravención de la obligación y subjetivamente imputable al deudor.

La ejecución por el deudor o a costa del deudor no es propiamente indemnización de daños resultantes del incumplimiento, sino acción de cumplimiento[328]. Cuando estemos ante cumplimiento de lo originariamente debido, siempre que éste sea aún posible, no haya concurrido una causa de extinción de la obligación o sobrevenido la inexigibilidad de la prestación, estaremos fuera del ámbito de la tutela reparadora[329].

2. La interpretación jurisprudencial de la reparación en la responsabilidad por ruina

Las dos primeras de las confusiones enunciadas por SCOGNAMIGLIO[330] con referencia a la situación en el ordenamiento italiano quedan patentes asimismo en nuestro país tras un detenido análisis de nuestra jurisprudencia. Hay que decir, de antemano, que son muy escasos los ámbitos, dentro del Derecho de daños, en los que los jueces y tribunales han dirigido su atención –supuestamente– hacia la reparación en forma específica. Uno de ellos es el ámbito del contrato de obra y de la responsabilidad por ruina de los edificios[331], localizada tradicionalmente en el hiperdesarrollado artículo 1591 del Código Civil y, posteriormente en los artículos 17 y siguientes de la Ley de Ordenación de la Edificación de 1999, ámbito en el cual, salvo raras excepciones, encontramos un constante transvase entre los conceptos de acción de cumplimiento (por el deudor, a costa del deudor o por equivalente) y acción de reparación (indemnización) del daño causado por el incumplimiento o por el cumplimiento tardío o defectuoso, cuando no nos hallamos ante párrafos realmente ininteligibles.

---

328 CARRASCO PERERA, A. (2006), p.13.

329 Por este motivo, estima CIAN [(1998), p. 756] que el problema de la excesiva onerosidad y la consecutiva exclusión de la reparación en forma específica para ceder el puesto a la reparación por equivalente, no tiene sentido cuando se trate de la prestación originariamente debida, respecto a la cual sólo puede oponerse la cuestión de las causas extintivas de la obligación o, eventualmente, la de su inexigibilidad. Opina en distinto sentido, sin embargo, por ejemplo, PANTALEÓN PRIETO [(1991-1), p. 1046), el cual considera que, como excepción, el deudor podrá oponerse con éxito a la pretensión de cumplimiento cuando, conforme a la buena fe, éste no le sea exigible en las condiciones pactadas, por concurrir los requisitos de la figura de la excesiva onerosidad de la prestación (*rectius*, desaparición de la base o causa del contrato), o cuando el ejercicio de la acción de cumplimiento deba considerarse abusivo porque el coste del cumplimiento resulte absolutamente desproporcionado con la utilidad que proporcionaría al acreedor, en comparación con otros posibles remedios.

330 *Vid.* pp. 243-244 de este trabajo, especialmente N.P. 340.

331 Tal como destaca CARRASCO PERERA, A. [(1996), p. 51 y (2006), *passim*.

En la jurisprudencia sobre la llamada responsabilidad por ruina –que, a juicio de CARRASCO PERERA[332], se ha convertido por obra de la misma en un régimen general de toda responsabilidad (contractual o no) propia del incumplimiento de la obligación de hacer una obra inmobiliaria, una vez generalizada la noción de "ruina" a todo tipo de prestación "defectuosa"– destacan algunas características generales:

- En primer lugar, el ya mencionado constante transvase entre los conceptos de acción de cumplimiento (por el deudor, a costa del deudor o por equivalente) y acción de reparación (indemnización) del daño causado por el incumplimiento o por el cumplimiento tardío o defectuoso.
- En segundo lugar, la disparidad de criterios sobre la relación entre reparación específica y condena pecuniaria en sede de reclamaciones fundadas en la responsabilidad por ruina.
- En tercer lugar, cabe deducir que esta disparidad de criterios jurisprudenciales tiene probablemente un origen de naturaleza procesal, en cuanto radica en una inadecuada interpretación de determinados preceptos, el más decisivo y problemático de los cuales –porque es utilizado para defender tanto una cosa como su contraria– resulta ser el artículo 1098 del Código Civil, norma que, no obstante su ubicación, tiene una naturaleza eminentemente procesal.

El mencionado transvase de términos y conceptos comienza con el uso indiscriminado de las expresiones *reparación*, *reparación en forma específica* o *reparación* in natura –ésta última, en unas ocasiones como sinónimo de reparación en forma específica, en otras, como sinónimo de cumplimiento o ejecución *in natura*–, como "comodín" apto para referirse, ora a una auténtica reparación del daño en forma específica, ora –la mayoría de las veces– al cumplimiento específico o cumplimiento in natura de la obligación, ora a la "reparación" en su sentido gramatical propio y material de acción y efecto de reparar, corregir o enmendar cosas materiales mal hechas o estropeadas, en este caso, los defectos constructivos[333]. Y este uso gramatical indistinto lo es, a juicio de CARRASCO

---

332 CARRASCO PERERA, A. (196), p. 62.

333 Confusión que queda patente en declaraciones como las siguientes:

"La acción ejercitada, a tenor de lo que se pide es la del cumplimiento del artículo 1.091 del Código, aunque este artículo no se examine en la demanda y el mismo ha de ser aplicado con preferencia al cumplimiento por equivalencia –indemnización de perjuicios del artículo 1.101 – al que, en principio ha de atribuírsele carácter subsidiario de aquel otro capital de cumplimiento "in natura» (STS 21/11/1990 –8435/1990–).

"Por lo tanto debe ("primordialmente") subsanar las imperfecciones y adecuar la obra a los términos convenidos, lo cual constituye una obligación de hacer ("reparación in natura"), que ha de ser cumplida en forma específica" (SAP B 4/9/2007-10987/2007–; SAP GC 7/4/2009 –1952/2009–).

"La imperfección o cumplimiento defectuoso (no comprendido en el artículo 1591)... provocará la condigna responsabilidad del contratista ante el comitente por incumplimiento irregular o inexacto de la obligación, con derecho al consiguiente resarcimiento, que se traducirá bien en la reparación específica o "in natura" si así se postula, a fin de realizar las obras correctoras precisas, incluso a costa del contratista (artículos 1091 y 1098 del Código Civil) bien en el cumplimiento por equivalencia (artículo 1101) por reducción en el precio..." (SAP BI 19/1/2004-76/2004–).

"Por la parte actora se ejercita una acción de cumplimiento contractual de la relación de arrendamiento de obra concertado con el demandado, mediante la que reclama al mismo el resarcimiento " in natura " de los defectos constructivos derivados, según alega, de no haber ejecutado dicha obra, en la vivienda de su propiedad, conforme a los términos pactados, pretendiendo, en definitiva, con el presente procedimiento el cumplimiento de la obligación o, lo que es lo mismo, la condena expresa y específica de la demandada a que, dando cumplimiento a lo convenido, realice unas prestaciones de hacer concretas y determinadas, consistentes en la subsanación de tales deficiencias" (SAP Mérida 23/11/2007-1131/2007–).

"...En nuestro sistema el cumplimiento de la obligación por equivalencia es subsidiario de la satisfacción del acreedor en forma específica. Como puso de manifiesto la sentencia de 13 de julio de 2.005, la reparación in natura (debería decir el "cumplimiento in natura") *es preferente a la indemnizatoria, tratándose de obligaciones de hacer, como es la que podía exigir la demandante"* (STS 10/10/2005– 6003/2005–)

"El incumplimiento o el cumplimiento defectuoso del contrato de obra da derecho a perjudicado a pedir al contratista la reparación. Se trata de una obligación de hacer y, en consecuencia, se le debe aplicar la regla contenida en el artículo 1098 del Código Civil, de manera que "si el obligado a hacer alguna cosa no la hiciere, se mandará ejecutar a su costa". Por ello una ya larga jurisprudencia considera que el derecho del perjudicado a obtener la reparación in natura es preferente sobre la indemnizatoria, siempre que ello sea posible y el perjudicado la prefiera" (STS 13/7/2005– 4759/2005–) (La opción del perjudicado, que el sentido de la resolución pretende situar entre el cumplimiento *in natura* y el cumplimiento por equivalente, es presentado aparente y literalmente como una opción en sede reparatoria del daño, entre la "reparación in natura" y la "reparación por equivalente").

"En el presente supuesto, como se ha dicho, se está ante defectos no impeditivos y subsanables mediante los oportunos ajustes, propios de una puesta a punto, habiéndose acordado la realización de ajustes, esto es, la reparación "in natura" (nuevamente, el "cumplimiento in natura"), *por lo que no procede, además, la rebaja o reducción del precio, que en alguna sentencia se califica como "cumplimiento por equivalencia"* (STS 22/07/2008 –4753/2008–).

"En el caso de existencia de defectos constructivos constitutivos de ruina –sea física, potencial o funcional–, la doctrina jurisprudencial admite la compatibilidad de las acciones (SS. 30 de septiembre de 1.986, 3 de febrero de 1.995, 19 de mayo y 8 de junio de 1.998, 27 de enero de 1.999) para obtener la satisfacción del interés lesionado, –ora en forma específica, ora en forma genérica–, de tal modo que el perjudicado, o el subadquirente en su caso (SS. 26 noviembre 1.984, 20 junio 1.985, 22 marzo 1.986, 25 noviembre 1.988, 8 junio 1.992, 21 marzo 1.996, 6 febrero 1.997, 11 diciembre 2.003), puede ejercitar la acción de cumplimiento contractual –"ex stipulatio" (SS. 9 febrero y 12 diciembre 1.990), o por equivalencia (indemnización sustitoria) en los casos de difícil o imposible recomposición (SS. 27 octubre 1.987, 22 febrero 1.998)–, sí que también la de cumplimiento defectuoso ex art. 1.101 CC , o la resolutoria del art. 1.124 CC , con indemnización de daños y perjuicios (SS., entre otras, 19 mayo 1.998, 2 octubre 2.003), o esta indemnización con principal resarcitoria, sin que, según la más reciente doctrina jurisprudencial (SS., entre otras, 29 febrero 2.000 y 8 noviembre 2.002), la norma del párrafo primero del art. 1.591 CC exija necesariamente la petición del cumplimiento "in natura" –obligación de hacer–, pues, con independencia de si el precepto establece una responsabilidad de naturaleza contractual (SS., entre otras, 15 marzo 2.001, 31 octubre 2.002), o "ex lege" (SS. 14 noviembre 1.984, 1 junio 1.985, 28 octubre 1.989, 10 marzo 2.004 , entre otras), lo cierto es que se refiere a "responder de los daños y perjuicios", tenor literal resarcitorio que no cabe supeditar, cual se pretende en el motivo, a la existencia de una negativa

PERERA[334], hasta el punto de que algunas veces los artículos 1098, 1101 y 1124 del Código Civil se aportan como el *pendant* en sede de cumplimiento de lo que el artículo 1591 lo sería en el terreno de la responsabilidad[335], mientras que otras veces se mantiene que la responsabilidad por ruina "es exigible judicialmente a través del ejercicio de una acción de cumplimiento de contrato"[336].

Sin embargo, desde el punto de vista teórico, no es lo mismo hablar de cumplimiento en forma específica y de reparación del daño en forma específica. Enfocada desde la óptica del cumplimiento, la realización de la prestación "a costa" del deudor es una forma de "cumplimiento por equivalente económico", mientras que, en el terreno del resarcimiento del daño, la reparación "a costa del deudor" sigue siendo en puridad una reparación en forma específica. CARRASCO PERERA[337] afirma que el Tribunal Supremo no ha decidido al día de hoy si concede a la responsabilidad por ruina carta de naturaleza contractual o la remite a la responsabilidad por hecho ilícito. Y la cuestión, a su juicio, es de importancia, pues sólo en el primer caso se puede hablar de que este precepto, o este precepto en conjunción con otros, articula una suerte de pretensión de cumplimiento en forma específica.

Esta fungibilidad semántica y conceptual se traduce en lo que se conoce como una *compatibilidad alternativa* de remedios resarcitorios, criterio jurisprudencial que, en opinión del mismo autor citado[338], no es sino una estrategia para eludir la incongruencia, todo lo cual nos sitúa, tal como antes mencionábamos, en un terreno colindante con el ordenamiento procesal[339]. Tal compatibilidad de la acción por ruina funcional del artículo 1.591 con las de cumplimiento o resolución contractual del artículo 1.124, o incumplimiento o

---

del agente de la construcción responsable del vicio constructivo de llevar a cabo la reparación "in natura", pues ello supondría atribuir a la acción un carácter subsidiario, y no principal, que el texto legal no impone, ni consiente; debiendo, finalmente, resaltarse que cuando se conceden varias acciones, el interesado puede elegir la que estima más conveniente a la satisfacción de su legítimo interés" (STS 20/12/2004-8233/2004–).

Finalmente, en el caso resuelto por la STS 15/11/2005 (6954/2005), entendió el Tribunal Supremo que *"no existe contradicción alguna en que la reparación (acción y efecto de reparar cosas materiales mal hechas o estropeadas) y el que esa reparación suponga ejecución (manera de ejecutar o hacer una cosa) se acomode a lo proyectado".*

334 CARRASCO PERERA, A. (2006), p. 5.

335 Véanse, entre otras: SSTS 8/11/2002 (7401/2002); 2/10/2003 (5927/2003); 13/7/2005 (4759/2005); 27/9/2005 (5579/2005); 20-6-2007; (4286/2007) y 27/11/2007 (7775/2007); SSAP OU 14/7/2008 (493/2008) y BU 25/4/2006 (260/2006).

336 Cumplimiento: SSTS 12/12/1990 (9140/1990); 17/3/1995 (1616/1995); 7/5/2002 (3201/2002) y 8/11/2002 (7401/2002); SSAP B 17/5/2004 (427/2004) y C 25/5/2006 (1179/2006).

337 CARRASCO PERERA, A. (2006), p. 9.

338 *Ibid.*, p. 7.

339 Motivo por el cual volveremos oportunamente sobre la cuestión en el Capítulo Sexto de este trabajo.

cumplimiento defectuoso del artículo 1.101[340], se resuelve en la utilización de una de ellas con exclusión de las demás. De este modo, lo que constituiría el contenido de diversas pretensiones –bajo la órbita de preceptos distintos– es refundido como un todo en una sola pretensión, cuya elección corresponde –se afirma por lo general– al perjudicado.

Así, se afirma que *"el acreedor puede solicitar en esta vía la indemnización del daño (condena a cantidad líquida o ilíquida) o la condena a reparar y ello con independencia de que se le denomine «cumplimiento» o «resarcimiento»"*[341], o que "*cuando se conceden varias acciones, el interesado puede elegir la que estima más conveniente a la satisfacción de su legítimo interés"*[342] , o se "*admite la compatibilidad de la acción por ruina funcional del artículo 1.591 del Código Civil con las de cumplimiento o resolución contractual del artículo 1.124, o incumplimiento o cumplimiento defectuoso del artículo 1.101, todos ellos del Código Civil de tal modo que el perjudicado legitimado (lo está el subadquirente) puede optar por la acción que considere más conveniente a sus intereses, pues en ningún precepto legal se exige plantear una con carácter preferente a otra"*[343], afirmando asimismo que "*la acción ex artículo 1591 CC no excluye la posibilidad de exigir la indemnización de los daños causados ex artículo 1101 CC", gozando en estos supuestos los actores de la opción de obtener una reparación "strictu sensu" o la oportuna indemnización de dicho artículo 1101 del Código Civil*[344]. Se "repara *stricto sensu*" o se "indemniza" todo en bloque: defectos y daños causados por los defectos. Si bien, también se aclara que *"para que esta compatibilidad tenga lugar, se hace necesario que las acciones partan de un mismo hecho, que lo es en este caso la obra construida y recibida en los términos que establece el artículo 1.591 del CC, y ahora la Ley de Ordenación de la Edificación, a partir del cual el perjudicado puede optar por una y otra en función de lo que reclame, con legitimación también distinta en uno y en otro caso"*. De modo que "*obra construida y recibida y obra en construcción es, por consiguiente, lo que diferencia el régimen jurídico de aplicación"*[345].

El agudo análisis efectuado por CARRASCO PERERA[346] parte de una sistematización –tarea nada fácil, por cierto– de los criterios jurisprudencia-

---

340 Articulada habitualmente por las partes con carácter alternativo o con carácter principal/ subsidiario.

341 SAP C 25/5/2006 (1179/2006).

342 SSTS 29/5/2008 (2933/2008) y 20/12/2004 (8233/2004).

343 SSTS 11/10/2006 (5890/2006), 27/1/1999 (381/1999) y 30/6/2005 (4372/2005); SSAP BU 27/2/2009 (89/2009) y Toledo 29/1/2007 (73/2007)).

344 STS 20/6/2007 (4286/2007).

345 STS 11/10/2006 (5890/2006).

346 CARRASCO PERERA, A. (2006), *passim*.

les vigentes a propósito de esta cuestión, a la que uniremos nuestras propias observaciones:

- Según una doctrina, en sede del artículo 1591 del Código Civil –o este precepto en relación o coordinación con el artículo 1098 del mismo cuerpo legal– el juzgador no puede condenar al demandado a satisfacer al actor una cantidad de dinero en concepto de autorreparación proyectada (o consumada antes del proceso), sin que a aquél se le ofrezca primero la posibilidad de que dicha reparación sea realizada por él mismo y con sus propios recursos. De los artículos 1098 del Código Civil y 706 de la Ley 1/2000, de 7 de enero, de Enjuiciamiento Civil, se desprendería con claridad que la ejecución "a costa del deudor" y, más aún, la indemnización pura de los daños, es una solución jerárquicamente subordinada a que el deudor no cumpla con la obligación *establecida en la sentencia de condena*, o lo haga indebidamente (de nuevo), sin que baste haber incumplido *antes* del proceso la obligación material de entregar un inmueble idóneo[347].

- Una variante de la anterior es la línea jurisprudencial conforme a la cual los artículos 1591 y 1098 del Código Civil imponen indudablemente una jerarquía de remedios resarcitorios. El acreedor no puede acudir directamente (o no está justificado que haya acudido directamente) a convertir la reclamación específica en una reclamación de dinero, al margen de las opciones que el artículo 706 de la Ley de Enjuiciamiento Civil le abre dentro del proceso de ejecución. Para que esta conversión pueda tener lugar *antes o al margen del proceso de ejecución propio de la condena a hacer* será preciso que (indudablemente antes del proceso) se den determinadas circunstancias, como la de que el deudor haya manifestado su *renuencia* o su rechazo a proceder por su propia cuenta, a requerimiento del acreedor[348]. Dicho criterio, la conducta

---

[347] SSTS 12/12/1990 (9140/1990), 17/3/1995 (1616/1995), 13/07/2005 (4759/2005) y 14/7/2003 (4955/2003).

[348] Como observa CARRASCO PERERA [(2006), p. 7], es recurrente, y por ello de valor incuestionable, el argumento que se basa en la conducta renuente del demandado anterior al proceso. Por la naturaleza de los hechos, en este tipo de litigios la demanda se acaba interponiendo después de una serie de infructuosos requerimientos del actor, e incluso de denuncias presentadas ante órganos administrativos. Nadie demanda al promotor o constructor sin haberse cuestionado la posibilidad de llegar a un arreglo extrajudicial previo. Más aún, por la naturaleza de la legitimación activa de las comunidades de propietarios, así como por la dificultad que de hecho existe para obtener un acuerdo favorable a la interposición de acciones, que en caso de desestimación comportarán abultadas cuentas de costas, el paso decisivo se da siempre después de haber quemado sin fruto todas las posibilidades de entenderse con el promotor. Los tribunales son muy sensibles a esta realidad, y deslegitiman la pretensión del demandado de proceder a la reparación por sus propios medios, reprochándole su negativa histórica a hacer lo propio ante los requerimientos del actor. Para el autor, sin embargo, el argumento no es tan obvio como su formulación sugiere. Pues no existe en principio contrariedad a la conducta previa por parte del promotor que se niega a invertir recursos en la reparación cuando no ha sido condenado en este sentido (y, por ello, rechaza que existan defectos ruinógenos que le puedan ser imputables) y la pretensión ulterior, una vez

renuente del demandado anterior al proceso, se convierte en el principal criterio fundamentador de la legitimación del actor para acometer por propia iniciativa la reparación[349]. Según esta doctrina, para que pueda procederse a una condena pecuniaria, es preciso (a) que el demandante haya requerido por cualquier medio la realización de las reparaciones, (b) que el demandado haya incumplido voluntariamente "por haber incurrido en dolo o culpa o con contravención del tenor de la obligación"(sic) y (c) que el demandante prefiera la indemnización, dado el constatado incumplimiento del deudor, por depender el cumplimiento de una relación personal que se ha demostrado contraria a las reglas de conducta propias de las relaciones contractuales (*sic*).

- Son numerosas las sentencias que afirman que no existe opción para el perjudicado sino que la reparación por equivalente es subsidiaria a la reparación en forma específica[350]. Sin embargo, no pocas resoluciones declaran que la literalidad de los artículos 1.101 y 1.591 del Código Civil no es lo suficientemente especificadora de la prioridad de la reparación *in natura* o *in genere* sobre la reparación crematística del daño y perjuicio inferido por las deficiencias constructivas"[351], que el artículo 1591 no exige que se solicite un cumplimiento en forma específica y, por tanto, tal responsabilidad genéricamente establecida debe comprender tanto la reparación *in natura* como la sustitución por el equivalente[352], o que *"la acción aquiliana es, en esencia, una acción de reparación específica (que implica una obligación de hacer) y no admite como única forma de reparación la satisfacción en forma genérica (el pago dinerario) aunque esta sea la forma habitual de resarcimiento"*[353].

Cuando la jurisprudencia afirma que el derecho del perjudicado a obtener la reparación *in natura* es preferente sobre la indemnizatoria, "siempre que ello

condenado, de cumplir la condena con sus propios medios materiales y recursos financieros. Así ocurriría, en efecto, si el art. 1098 CC se hubiere formulado como norma de Derecho material, no como incidencia de la ejecución procesal. De haber sido una norma material, la *posibilidad* que el deudor podía esperar era la que se le dio con el requerimiento(s) extrajudicial, sin tener derecho a una segunda oportunidad una vez iniciado el proceso. Obsérvese que no es incongruente una serie de conductas en la que primeramente se rechaza que haya que responder, y luego se pide que se permita responder del modo más barato.

349 SSTS 17/3/1995 (1616/1995), 27/11/2007 (7775/2007) (si bien en este supuesto pesa más el argumento de la urgencia de las obras), 7/5/2002 (3201/2002), 10/10/2005 (6003/2005), 13/7/2005 (4759/2005), STS 27/9/2005 (5579/2005) y 20/6/2007 (4286/2007); SSAP B 17/1/2007 (1827/2007), O 23/6/2008 (1381/2008) y 3/10/2006 (2197/2006), Z 3/2/2006) (738/2006) y LE 15/1/2009 (285/2009).

350 STS 5/4/2006 (1855/2006); SSAP AB 4/5/2001 (396/2001), BA 28/7/2003 (1093/2003).

351 SSTS 7/5/2002 (3201/2002) y 29/5/2008 (2933/2008); SAP LU 2/11/2005 (1032/2005).

352 STS 27/11/2007 (7775/2007); SSAP OU 14/7/2008 (493/2008), M 16/4/2008 (8498/2008) y Toledo 29/1/2007 (73/2007).

353 SSAP B 17/05/2004 (427/2004) y C 25/05/2006 (1179/2006).

sea posible y el perjudicado la prefiera"[354], la proclamada preferencia del derecho del perjudicado a obtener la reparación *in natura* desemboca, en realidad, en una proclamación del derecho del perjudicado a elegir la vía que crea más conveniente, lo que nos sitúa en la siguiente línea jurisprudencial.

- Según otra línea de jurisprudencia, el artículo 1591 (por sí sólo o en conexión con los artículos 1098 y 1101) concede al acreedor tres posibilidades, que se construyen como opciones materiales o/y procesales: puede el acreedor reclamar directamente del deudor que realice la reparación de los defectos constructivos en forma específica; puede demandar que se le condene a satisfacer como indemnización una cantidad de dinero suficiente para que el acreedor pueda acometer por sí o por tercero esta reparación; finalmente, puede reclamar como indemnización la cifra pecuniaria que haya importado la reparación personalmente llevada a cabo por el actor antes del proceso[355].

En términos más genéricos, existen algunas resoluciones que consideran que la reclamación dineraria es procedente en lugar de la reparación en forma específica cuando ésta presenta "inconvenientes"[356], por ejemplo, porque la reparación en especie exigiría la demolición del edificio[357].

Las sentencias del Tribunal Supremo de 20 de diciembre 2004[358] y 29 de mayo de 2008[359] han sentado la posibilidad de solicitar, sin subsidiariedad de ninguna clase, de acuerdo con el *artículo 1591*, de manera directa, la indemnización correspondiente; en el caso resuelto por la primera de las resoluciones citadas, se trataba de una acción del *artículo 43 de la Ley de Contrato de Seguro*, es decir, de repetición, pero vinculada a otra decenal; en su fundamento

---

354 SSTS 2/12/1994 (19503/1994), 13/5/1996 (2873/1996), 10/10/2005 (6003/2005), 13/7/2005 (4759/2005), 27/9/2005 (5579/2005) y 5/4/2006 (1855/2006); SSAP B 17/1/2007 (1827/2007), C 7/5/2007 (1183/2007), BU 27/2/2009 (89/2009), M 16/4/2008 (8498/2008) y M 28/7/2003 (9257/2003), O 3/10/2006 (2197/2006), CC 18/6/2002 (539/2002) y 24/1/2005 (15/2005), J 30/4/2001 (848/2001), Z 3/2/2006 (738/2006) y OU 4/2/2000 (147/2000).

355 La jurisprudencia enumera los remedios del perjudicado *ex* artículo 1.591, admitiendo –en mérito de la compatibilidad de remedios– la autorización de las siguientes actividades reparadoras de los vicios ruinógenos con base en la responsabilidad legal que establece: "*a) Obras de subsanación y reparación "in natura" a cargo del contratista y en su caso del promotor, técnicos y personas que resultasen condenadas, a fin de dejar el edificio en condiciones de seguridad y habitabilidad suficientes; b) reclamación de reintegro de las cantidades realmente invertidas por ... los propietarios; y c) solicitar que se fije cantidad determinada para que ..., los propietarios puedan afrontar por sí mismos y atender al costo de los trabajos y actividades necesarias para las reparaciones en general*" (SSTS 13/07/1995 –11462/1995–, 29/05/1997 –3772/1997–, 18/12/1999 –8172/1999–, 2/10/2003 –5927/2003–, 10/3/2004 –1653/2004–, 20/12/2004 –8233/2004–, 13/7/2005 –4759/2005– y 27/9/2005 –5579/2005–; SSAP B 17/1/2007 –1827/2007– y 30/6/2006 –7439/2006–, C 7/5/2007 –1183/2007–, O 3/10/2006 –2197/2006– y M 29/4/2005 –4999/2005–.

356 STS 8/11/2002 –7401/2002–.

357 SSTS 26/5/2003 –3535/2003–; 2/10/2003 –5927/2003–.

358 8233/2004.

359 2933/2008.

de derecho segundo, dicha resolución manifiesta que el interesado afectado por vicios constructivos, puede pedir la indemnización, *"sin que, según la más reciente doctrina jurisprudencial (entre otras, SSTS de 29 de febrero de 2000 y 8 de noviembre de 2002), la norma del párrafo primero del artículo 1591 exija necesariamente la petición del cumplimiento* in natura *–obligación de hacer–, pues con independencia de si el precepto establece una responsabilidad de naturaleza contractual, o* ex lege, *lo cierto es que se refiere a responder de los daños y perjuicios, cuyo tenor literal resarcitorio no cabe supeditar a la existencia de una negativa del agente de la construcción responsable del vicio constructivo de llevar a cabo la reparación* in natura, *pues ello supondría atribuir a la acción un carácter subsidiario y no principal, que el texto legal no impone, ni consiente; debiendo, finalmente, resaltarse que cuando se conceden varias acciones, el interesado puede elegir la que estima más conveniente a la satisfacción de su legítimo interés".*

Es asimismo una afirmación constante de la jurisprudencia la de que la facultad de elegir entre la reparación en forma específica (bien por obra del propio responsable bien a su costa) y el resarcimiento por equivalente corresponde al perjudicado[360].

Dado que, generalmente, no se especifica qué es lo que se repara, si *defectos* o *daños,* seguimos sin saber si la "reparación *in natura*" a la que se refiere es auténtica "reparación *in natura*" o "cumplimiento *in natura*". Lo habitual es que la "reparación" (en sentido material) comprenda, como ya hemos señalado, tanto la efectuada en concepto de cumplimiento forzoso *in natura*, esto es la reparación de los defectos en sí mismos, cuanto la llevada a cabo en concepto de reparación en forma específica de los daños causados como consecuencia de dichos defectos. Son, por el contrario, muy escasas las resoluciones que disciernen e identifican tanto cuáles son verdaderos *defectos* y cuáles son *daños*, como los distintos remedios de los que dispone, en su caso, el acreedor o el perjudicado, aunque resolviendo, finalmente, la "fusión" conceptual[361].

---

[360] SSTS 20/12/2004 –8233/2004– y 11/10/2006 –5890/2006; SSAP L 16/10/2007 –677/2007; B 30/6/2006 –7439/2006 y C 7/5/2007 –1183/2007.

[361] En este sentido, la sentencia de la Audiencia Provincial de La Coruña 25/5/2006 (1179/2006) afirma que "*al acreedor (dueño de la obra, no profesional) le bastará con haberles reclamado extrajudicialmente para que procedan a la reparación de las deficiencias existentes en la edificación (...) Incumplida la obligación, el acreedor puede liquidar inmediatamente su daño, contratando a un tercero alternativo. En nada se oponen a ello los artículos 1098 CC y 706 LECiv/2000. El primero de estos precepto precisa cómo ha de proceder al acreedor cuando reclama procesalmente el cumplimiento de la obligación primaria de hacer o la secundaria (derivada del incumplimiento y del daño) de rehacer o reparar; pero el artículo 1591 del CC no contiene una acción de cumplimiento, sino de resarcimiento del daño ocasionado, de manera que si el acreedor demanda pidiendo una indemnización del daño producido, este daño no tiene por qué haberse liquidado previamente por medio de una sentencia que haya fijado su cuantificación, sin perjuicio de que el actor pueda optar por esto último si lo desea. Es decir, el acreedor puede solicitar en esta vía la*

En otro orden de cosas, la inclasificabilidad técnica –desde una perspectiva tanto sustantiva como procesal– de la expresión "hacer a costa del deudor" de los artículos 1098 del Código Civil y 924 de la anterior Ley de Enjuiciamiento Civil, propicia también una utilización aleatoria por parte de la jurisprudencia de los distintos eventuales significados de la expresión. Para desestimar la pretensión del recurrente de que se le debía haber condenado a reparar por sus propios medios o iniciativa los vicios o defectos declarados, la jurisprudencia utiliza, como criterios concurrentes, los artículos 1098, 1101 y 1124 del Código Civil, bajo la presuposición de que, si bien el artículo 1591 del Código Civil pudiera sustentar la pretensión del recurrente, los otros dos preceptos equivalen de hecho a la concesión de una opción a favor del actor, por la que se le permite solicitar en concepto de daño una cantidad de dinero, en lugar de exigir la reparación por el deudor en forma específica[362].

Sin embargo, la fundamentación relativa al significado de los artículos 1098 y 1101 del Código Civil suele ser, como observa CARRASCO[363], insuficiente. No se repara nunca en que el artículo 1098 es una norma relativa al ejercicio y contenido de la acción de cumplimiento en forma específica, y que, normalmente, ni los actores han ejercitado una acción de cumplimiento, sino de responsabilidad, ni, muchas veces, los demandados son susceptibles de ostentar legitimación pasiva a efectos de una acción de cumplimiento contractual[364]. El artículo 1098 es objeto de un doble uso, ya que puede servir para fundamentar la condena pecuniaria, de forma que la prestación quede ejecutada "a costa" del deudor, como igualmente para fundamentar la posición contraria: que hay que dar al deudor una posibilidad *todavía* después del proceso y de la sentencia[365].

En cuanto al artículo 1101, es evidente que constituye, como el artículo 1591, una regla de responsabilidad por incumplimiento, que nada dice sobre cómo proceder a la reparación del daño derivado del incumplimiento. El artículo 1101 no tiene otro propósito sistemático que racionalizar los criterios de imputación del incumplimiento contractual, sin preocuparse de cuáles son los modos de reparación del daño.

En consecuencia, ni el artículo 1098 ni el artículo 1101 del Código civil son normas que puedan utilizarse convincentemente para *legitimar al actor* a

indemnización del daño (condena a cantidad líquida o ilíquida) o la condena a reparar y ello con independencia de que se le denomine «cumplimiento» o «resarcimiento»".

362 STS 2/10/2003 (5927/2003).

363 CARRASCO PERERA, A. (2006), p. 5.

364 Ni el arquitecto ni el arquitecto técnico, ni muchas veces el constructor o promotor, celebraron contrato alguno con el (los) actor(es) por el que se obligaran a entregar un inmueble edificado en determinadas condiciones de idoneidad.

365 SSTS 3/7/1989 (3968/1989) y 12/12/1990 (9140/1990).

proceder a la autorreparación del defecto antes de que se haya obtenido una sentencia de condena, y pretender después liquidar este coste de cobertura del daño como una deuda pecuniaria. Y tampoco puede ninguna de estas reglas utilizarse para sustentar la interpretación de que el actor puede reclamar del acreedor la cantidad de dinero en que se cifró o se cifrará el coste de reparación de los defectos. No existe en nuestro Derecho sustantivo ni procesal norma alguna que legitime al acreedor insatisfecho para proceder a reparar por sus propios medios o recursos, y presentar luego una demanda de reclamación del montante dinerario de aquella reparación[366].

En definitiva, ha de concluirse, con CARRASCO[367], que la doctrina jurisprudencial no ha sabido elaborar ninguna regla que sea conducente a una solución, a una racionalización clara de las diversas cuestiones suscitadas en el ámbito de la responsabilidad por ruina, entre otras, si los remedios disponibles por el acreedor constituyen diversas manifestaciones de una misma pretensión o son pretensiones diferentes y compatibles, o si se trata de la misma pretensión con distinto fundamento normativo, o si la selección de la norma aplicable está comprendida en el ámbito cubierto por la regla *iura novit curia.*

IV. LAS FRONTERAS CON LA TUTELA INHIBITORIA

1. La distinción en la doctrina y jurisprudencia españolas (especialmente, en el ámbito de las inmisiones)

La ausencia de regulación, en nuestro Derecho civil general, de una acción general inhibitoria[368] provoca lo que la doctrina ha llamado el fenómeno del "enmascaramiento de la acción negatoria bajo los postulados de la responsabilidad civil"[369] –de manera que la acción de cesación tiende a ser absorbida por la acción de reparación de daños–, fenómeno propenso a producirse especialmente en los supuestos en los que se esgrime (expresamente o no) la acción negatoria del artículo 590[370] del Código Civil, sólo o conjuntamente con los artículos 1902 ó 1908, en el ámbito de las inmisiones.

[366] A juicio de CARRASCO PERERA, en muy pocas ocasiones la jurisprudencia se ha dado cuenta de este hecho. Excepcionalmente, la STS 10/10/2005 (6003/2005) advierte que nuestro Derecho no contiene una norma similar al artículo 1144 del *Code* civil francés, que permite – cierto que bajo condiciones equívocas– que el acreedor pueda hacer ejecutar él mismo la prestación [CARRASCO PERERA, A. (2006), p. 6].

[367] *Ibid.*, p. 10.

[368] Pese a los denodados esfuerzos por parte de algunos de nuestros civilistas para que tal situación cambie. Por todos, LLAMAS POMBO, E. (2003), *passim*.

[369] LLAMAS POMBO, E. y MACÍAS CASTILLO, A. (1998), p. 1068.

[370] Artículo 590: *"Nadie podrá construir cerca de una pared ajena o medianera pozos, cloacas, acueductos, hornos, fraguas, chimeneas, establos, depósitos de materias corrosivas, artefactos que*

Dentro de nuestro país, es especialmente destacable la regulación que, de la acción negatoria y de las inmisiones, establece el Libro V del Código civil de Cataluña, aprobado por la Ley autonómica 5/2006, de 10 de mayo. Esta norma deroga, entre otras, la Ley 13/1990, de 8 de julio, sobre la acción negatoria, las inmisiones, las servidumbres y las relaciones de vecindad, cuyo fondo es trasladado ahora al cuerpo legislativo general, si bien bastante ampliado e incluyendo algunos cambios (como el plazo para el ejercicio de la acción negatoria, que pasa de cinco a tres años).

El Capítulo V del Libro V del Código civil catalán regula, con carácter general, las "Restricciones al derecho de propiedad", en interés público o privado, para, inmediatamente después, establecer una minuciosa regulación de las relaciones de vecindad (que contiene la de medianería o "contigüidad"), de las servidumbres y de las inmisiones, tanto legítimas como ilegítimas. De toda esta regulación, cabe destacar el artículo 546-13 (*Inmisiones ilegítimas: Las inmisiones de humo, ruido, gases, vapores, olor, calor, temblor, ondas electromagnéticas y luz y demás similares producidas por actos ilegítimos de vecinos y que causan daños a la finca o a las personas que habitan en la misma quedan prohibidas y generan responsabilidad por el daño causado),* el artículo 546-14-5 (*Las inmisiones sustanciales que provienen de instalaciones autorizadas administrativamente facultan a los propietarios vecinos afectados para solicitar la adopción de las medidas técnicamente posibles y económicamente razonables para evitar las consecuencias dañosas y para solicitar la indemnización por los daños producidos. Si las consecuencias no pueden evitarse de esta forma, los propietarios tienen derecho a una compensación económica, fijada de común acuerdo o judicialmente, por los daños que puedan producirse en el futuro)* y 546-14-7 (*La pretensión para reclamar la indemnización por daños y perjuicios o la compensación económica a la que se refieren los apartados 3 y 5 prescribe a los tres años, contados a partir del momento en que los propietarios tengan conocimiento de las inmisiones*).

De esta regulación se deduce con claridad que el fenómeno de la inmisión puede comprender ambos tipos de tutela: la tutela inhibitoria o preventiva (para hacer cesar los propios actos constitutivos de inmisión y evitar que ésta tenga consecuencias dañosas) y la tutela reparadora o curativa (para eliminar las consecuencias dañosas, que, por no haber adoptado las adecuadas medidas inhibitorias o a pesar de ellas, ha producido la inmisión).

---

se muevan por el vapor, o fábricas que por sí mismas o por sus productos sean peligrosas o nocivas, sin guardar las distancias prescritas por los reglamentos y usos del lugar, y sin ejecutar las obras de resguardo necesarias, con sujeción, en el modo, a las condiciones que los mismos reglamentos prescriban. A falta de reglamento se tomarán las precauciones que se juzguen necesarias, previo dictamen pericial, a fin de evitar todo daño a las heredades o edificios vecinos".

El aludido "enmascaramiento de la acción negatoria bajo los postulados de la responsabilidad civil", en el sistema general del Código Civil, a juicio de FERNÁNDEZ URZAINQUI[371], se caracteriza por las siguientes notas:

a) la ordinaria vinculación de las medidas precautorias o correctoras de inmisiones al resarcimiento en forma específica más que a la genérica tutela vecinal;

b) la imposición judicial de medidas correctoras como efecto de la responsabilidad civil extracontractual en procesos en que se demandaba únicamente su adopción, sin pretensión indemnizatoria alguna, al amparo del artículo 1902; y

c) la desestimación conjunta de la demanda dirigida a la indemnización de daños y al cierre de la instalación que los genera ante la improcedencia de la acción aquiliana.

A las características expresadas por FERNANDEZ URZAINQUI podríamos añadir otras dos:

- habitualmente, los jueces son más o menos rigurosos, desde el punto de vista técnico-jurídico, en sus fundamentaciones y fallos, en tanto en cuanto lo sea el demandante en sus peticiones.

- la jurisprudencia sobre inmisiones parece sobreentender una noción de *reparación* limitada al concepto de *resarcimiento* (pecuniario) o *indemnización* (en sentido estricto).

Este fenómeno de "enmascaramiento" o absorción de una tutela por otra es calificado, sin embargo, por la sentencia del Tribunal Supremo de 29 de abril de 2003[372], como "operación de subsunción", lo cual significa, lisa y llanamente, aducir un único fundamento normativo "genérico" donde resultan aplicables o conexos diversos fundamentos. Según la mencionada sentencia:

> *"Tradicionalmente, fue la doctrina jurídica medieval sobre los «actos de emulación», construida para paliar el rigor, a ultranza, del principio "neminen laedit qui suo iure utitur", el medio de reparar daños sobrevenidos, por hechos análogos a los supuestos descritos, que tenían la apariencia formal de un ejercicio legítimo de los derechos, aunque más tarde hubo que superar los inconvenientes de una doctrina, desenvuelta dentro de estrechos límites, por el reconocimiento jurisprudencial del "abuso del derecho". Junto a la abocetada línea de atribución de la responsabilidad, por conductas ilícitas, a causa de inmisiones abusivas,*

[371] FERNÁNDEZ URZAINQUI, F.J. (1994), p. 163.

[372] 2929/2003.

obviamente, la búsqueda de una fundamentación jurídica, concorde con la reclamación de los daños habidos, tenía que pivotar hacia la responsabilidad por actos propios (artículo 1.902 del Código civil) o responsabilidad por hechos ajenos, cuando el daño causado a otro por acción culposa o negligente fuera exigible no sólo por actos u omisiones propios, sino por los de aquellas personas de quienes se debe responder (artículo 1.903 del Código civil). Y más, específicamente, dentro de los daños producidos por cosas atribuibles a un propietario, el artículo 1.908, determina las responsabilidades de éstos, entre otros supuestos, por los prevenidos "ad exemplum", en los números segundo y cuarto. En especial, y en relación con los ruidos excesivos, a que se contrae el asunto que examinamos, debe destacarse el número primero, cuya explícita referencia a los "humos excesivos", es fácilmente transmutable, sin forzar las razones de analogía, a los ruidos excesivos, todo ello, en el marco de las posibles conexiones con el artículo 590 del Código civil (subrayamos en este punto la sentencia del Tribunal Supremo de 12 de diciembre de 1980 que relaciona este precepto con el artículo 1.908, y formula, por generalización analógica, el "principio de exigencia de un comportamiento correcto con la vecindad", así como el de una "prohibición general de toda inmisión perjudicial o nociva". Bajo esta conexa, pero diversa concurrencia normativa, no puede extrañar que la Sala de instancia, mencione el artículo 1.902, como pilar o posible sustento de aplicación. Y en la jurisprudencia hallamos operaciones de subsunción con distinto apoyo normativo (que, desde luego, no excluyen necesariamente otros)".

Es decir, se produce, de nuevo, una especie de fungibilidad de remedios o de fundamentos normativos. Esta recíproca sustituibilidad se produce no sólo entre los diversos preceptos reguladores de la responsabilidad, sino también entre los remedios reparatorios y los remedios inhibitorios.

En la demanda origen de la sentencia de la Audiencia Provincial de las Islas Baleares de 7 de marzo de 2006[373], la actora demandaba reclamando "una obligación de hacer" y "otra de reclamación de daños y perjuicios" con el fin de obtener la condena del demandado, en cuanto explotador de un local comercial, a instalar aparatos limitadores de sonido y medidas de insonorización del local, así como a retirar los anclajes de la chimenea de ese establecimiento que se sustentaban sobre la pared de la actora, en tanto en cuanto transmitían vibraciones a la misma. Por último, interesaba una indemnización por daños personales de 300 € por las molestias y quebrantos de salud que los ruidos y vibraciones de la actividad desarrollada por el demandado en su establecimiento le habían ocasionado. La Audiencia Provincial afirma en el Fundamento Segundo de la sentencia que *"frente a inmisiones dañosas o molestas en propiedad ajena los*

[373] 702/2006.

vecinos perjudicados por ellas están asistidos de acción civil para instar, ante los tribunales de esta orden jurisdiccional, el cese la actividad que las ocasiona y el resarcimiento de los daños y perjuicios en su caso producidos". Después, a lo largo de toda la fundamentación jurídica, la única pista explícita sobre qué preceptos son aplicables a qué pretensiones, es la referencia al artículo 1902 que encontramos en el Fundamento Sexto, a propósito de la reparación de daño moral. Sin embargo, la sentencia condena al demandado *"a instalar limitadores de sonido en los aparatos de música, vídeo y televisión ubicados en el interior del referido local, así como a proceder a la insonorización del local de modo suficiente para evitar molestias en la vivienda de la actora*, así como *a adoptar, en la chimenea instalada para la evacuación de humos del local regentado por el demandado, las medidas que sean necesarias para impedir la transmisión de vibraciones a la vivienda de la actora"*.

En el litigio origen de la sentencia de la Audiencia Provincial de Oviedo de 28 de febrero de 2000[374], según sus Fundamentos Tercero y Sexto, las acciones nacidas de los artículos 1902 y 1908 del Código Civil eran las que se articulaban en una demanda en la que las peticiones del demandante eran: indemnización por dos conceptos –depreciación de sus propiedades y daño moral– vinculados con la construcción y posterior explotación de un ferrocarril entre las factorías que la entidad demandada explotaba en Gijón-Veriña y en Avilés, para el transporte de hierro colado; y adopción de las medidas necesarias para evitar la continuación del daño, eliminando, o reduciendo en lo posible, los ruidos y vibraciones derivados del paso de los trenes por la vía construida. En apoyo de la aplicación de los artículos mencionados cita el siguiente párrafo contenido en la sentencia del Tribunal Supremo de 12 de diciembre de 1980[375]: *"El interés público de una industria no contradice la obligación de* proceder a *todas las instalaciones precisas para evitar los daños, acudiendo a los medios que la técnica imponga para eliminar las inmisiones, como tampoco excluye la justa exigencia de resarcir el quebranto patrimonial ocasionado a los propietarios de los predios vecinos, indemnización debida prescindiendo de toda idea de culpa, por tratarse de responsabilidad con nota de objetiva"*.

En el fallo, la sentencia declaró el derecho de los dos actores (propietario y arrendatario, respectivamente) a ser indemnizados por la depreciación que a sus propiedades había ocasionado tanto la ejecución como el resultado de las obras realizadas, así como el derecho de uno de ellos (el arrendatario, residente en la finca) a ser indemnizado por el daño moral; y asimismo condenó a la demandada a completar la instalación de insonorización del trazado ferroviario aumentando su longitud y su altura.

---

[374] 802/2000.

[375] 5079/1980.

Parece, por otra parte, que, para el Tribunal, o la reparación sólo puede ser pecuniaria, o las medidas precisas para evitar las inmisiones son constitutivas de reparación específica, o es lícito contener en el fallo todo tipo de medidas (*rectius*, medidas integrantes de todo tipo de tutelas), en un *totus revolutus*, sin expresar ni discriminar el tipo de tutela otorgada.

En un supuesto prácticamente idéntico al anterior, la sentencia del Tribunal Supremo de 31 de mayo de 2007[376] contiene un fallo similar. La fundamentación jurídica de la sentencia es una auténtica lección magistral sobre la historia de la doctrina de las inmisiones, pero el tribunal parece dar por válida la fundamentación de la sentencia de la Audiencia, que a su vez se apoyaba en la alegada por la actora: los artículos 1902 y 1908 del Código Civil.

La sentencia del Alto Tribunal de 28 de enero de 2004[377] resolvió un recurso de casación contra la sentencia dictada por la Audiencia, en la que se condenaba a los demandados a: "*1º.- Cesar las emisiones contaminantes que sobrepasen los límites tolerados en la legislación vigente no sólo para la salud de la persona humana sino para evitar daños en los animales y en los bienes procediendo en caso contrario al cese de la actividad industrial si esta fuera la única manera de evitar la producción de los perjuicios. 2º.- Indemnizar a los actores los perjuicios causados en su cabaña ganadera conforme al procedimiento establecido en el fundamento jurídico séptimo de la presente resolución, que se aplicará en ejecución de sentencia y en la cuantía por él determinada*". El recurso alegaba infracción de los artículos 1902 y 1908 del Código Civil. El Tribunal Supremo, tras verificar el cumplimiento de los presupuestos de la responsabilidad civil, confirma la sentencia recurrida.

En la sentencia del mismo Tribunal de 15 de marzo de 1993[378], la actora solicitaba que se declarase la existencia de los daños y perjuicios objeto de litigio, condenando a las entidades demandadas al pago a su representada de las correspondientes indemnizaciones, así como a adoptar de inmediato las medidas correctoras necesarias para evitar la emanación de polvos y gases a la atmósfera, debiendo, mientras no se adopten dichas medidas, paralizar las fases de proceso de producción que originan tales emanaciones, pedimentos ambos concedidos en Primera Instancia y confirmados en apelación. El Tribunal Supremo, ocupándose en sus Fundamentos de cuestiones relativas a la legitimación pasiva, incongruencia y prescripción, parece –aunque sólo indirectamente– basar la condena en el artículo 1908-2 del Código Civil.

---

[376] 3625/2007.

[377] 400/2004.

[378] 18983/1993.

Interesante resulta la sentencia, también del Tribunal Supremo, de 14 de noviembre de 1996[379], que confirmó la sentencia del Juzgado de Primera Instancia, la cual, estimando parcialmente la demanda, había condenado a la demandada a que se abstuviere en lo sucesivo de verter escombros en la concesión de los actores coincidentes con el perímetro de su finca, y a retirar los ya efectuados. Los preceptos que aparecen como fundamentadores del recurso son los artículos 1902, 1104, 348 y 3-2 del Código civil, y 81 de la Ley de Minas de 17 de julio de 1973, y la argumentación del TS gira en torno al 1902 y la concurrencia de la culpabilidad. La fungibilidad indiscriminada a la que nos estamos refiriendo hace que el Tribunal aplique el artículo 1902 donde podría perfectamente aplicar el artículo 1908, lo cual evidencia la inutilidad del esfuerzo por encontrar y fundamentar la culpabilidad, requisito que no sería necesario si aplicáramos el precepto adecuado. Pero lo realmente interesante de este supuesto es que permite distinguir lo que constituye una medida de tutela inhibitoria (la abstención del vertido) y una medida que –considero– es de reparación del daño en forma específica: la retirada de los vertidos ya efectuados. Efectivamente, el vertido ya efectuado constituye un daño ya producido, susceptible de ser reparado –al menos parcialmente– mediante una medida de reparación específica, materializada en el acto físico de retirarlos.

Tal como ante apuntábamos, es constatable que no sólo se produce una fungibilidad entre los diversos preceptos reguladores de la responsabilidad, sino que se da incluso entre éstos y los remedios inhibitorios. Una "operación de subsunción" así de drástica es la que tiene lugar en la sentencia del Tribunal Supremo de 3 de septiembre de 1992[380]. En la demanda que dio vida al recurso, el actor recurrido, previa alegación de los artículos 7, 1.089, 1.092 y siguientes y concordantes del Código Civil (*sic*), suplicó sentencia por la que se condenase al demandado *a realizar* a su costa en la industria de obrador de confitería que tenía instalada en el local colindante con la casa del actor, *las obras o tareas* que a juicio de peritos resultaren *necesarios a fin de evitar los ruidos y molestias* que dicho obrador de confitería ocasionaba en la casa propiedad de dicho actor. Es decir, se trata de una pretensión pura y exclusivamente inhibitoria, que fue estimada por el Juzgado y confirmada por la Audiencia Provincial. En el único motivo del recurso se alega la infracción del artículo 1.902 del Código Civil por entender que no concurren los requisitos configuradores de la responsabilidad extracontractual como son la existencia de un resultado dañoso y la relación de causalidad entre la actividad dañosa y el daño causado, negándose asimismo la existencia de una conducta negligente en el recurrente. El único Fundamento Jurídico de la sentencia de casación se dedica en exclusiva a justificar la aplicación al supuesto de dicho artículo, para confirmar la sentencia recurrida.

---

379 6361/1996.

380 17234/1992.

La idea de que la cesación del acto lesivo es una medida reparadora se desliza en la sentencia del mismo Tribunal de 19 de julio de 2006[381] –a pesar de una referencia explícita al artículo 590–:

> *"[...] Sin desconocer que el supuesto de hecho del que parte el litigio tiene encaje en el artículo 590 del Código Civil, del cual se derivan unas concretas consecuencias jurídicas para el caso de contravención de las obligaciones que impone a los propietarios de los fundos vecinos, las que han de anudarse a la actividad realizada por los demandados deben trascender, sin embargo, los específicos márgenes de éstas para alcanzar las más amplias consustanciales a una ilicitud que tiene su fuente en las normas y principios generales del ordenamiento antes aludidas, y que conducen a imponer, desde luego, la cesación de la actividad ilícita, la adopción de las medidas tendentes a evitar su persistencia y la persistencia de sus efectos, y, en fin, a otorgar a los perjudicados el completo resarcimiento por los daños y perjuicios ocasionados, que conlleva ante todo la cesación del acto lesivo y de sus efectos, pues en modo alguno se puede proporcionar la plena indemnidad al perjudicado si se permite la pervivencia del hecho ilícito causante del daño y la continuidad de sus efectos lesivos".*

La nota característica de la estimación general del carácter puramente resarcitorio o indemnizatorio de la reparación queda claramente reflejada en la sentencia de la Audiencia Provincial de Valencia 26/3/2004[382], según la cual:

> *"En cuanto a las consecuencias, resaltar que la reparación indemnizatoria del art. 1902 por los daños que irroguen las inmisiones lesivas, de la que luego se tratará, no es más que un aspecto, aunque muy importante del problema, ya que tienen más relevancia las medidas cautelares que eliminen o reduzcan los efectos nocivos, lo que se ha ido reflejando en la evolución de la jurisprudencia sobre la materia; en relación con tales medidas correctoras necesarias para la eliminación o reducción de los ruidos producidos, solo cabe manifestar que tal solicitud ha sido estimada, en supuestos análogos, por las sentencias del mismo Tribunal Supremo de 5 de abril de 1960, 9 de diciembre de 1987, 16 de enero de 1989, 3 de septiembre de 1992 y 15 de marzo de 1993 y viene impuesta por la notoria insuficiencia de las medidas adoptadas por la demandada, siendo procedente, por tanto, en este aspecto la condena a que complete la instalación de medidas adecuadas de insonorización, por los medios que se consideren oportunos y que resulten eficaces a la finalidad perseguida".*

[381] 4429/2006.
[382] 1357/2004.

En cuanto a la distinción entre los remedios inhibitorio y reparador, esta resolución resulta contradictoria. El Tribunal parece distinguir perfectamente la naturaleza de las pretensiones, tanto a lo largo de su fundamentación, en la que traza un detallado esquema del abanico de posibilidades que la normativa ofrece al perjudicado por una inmisión, como en los dos primeros términos del propio fallo, donde, plasmando lo afirmado anteriormente, se condena, de un lado, a *adoptar medidas correctoras para reducir las inmisiones* (habría de entenderse en aplicación del artículo 590), y de otro, a *indemnizar* los daños morales y la pérdida del valor patrimonial de la vivienda, en tanto cesen tales inmisiones. Pero lo que desconcierta es el tercer término del fallo:

> *"Se rechazan los demás pedimentos de la demanda sobre el cambio de ubicación de la industria, al venir condicionados a la ineficacia de la citadas medidas correctoras, lo que escapa de lo que puede ser objeto de la condena actual en base a la responsabilidad civil aquí esgrimida al amparo de los arts. 1902 del Código Civil, circunscrita, según la doctrina expuesta, a dichas correcciones e indemnización".*

A la vez que afirma que la pretensión sobre el cambio de ubicación de la industria "*escapa de lo que puede ser objeto de la condena actual en base a la responsabilidad civil aquí esgrimida*" –con lo que parecería "expulsar" de la vía reparatoria tal pretensión–, seguidamente se refiere a la responsabilidad del artículo 1902 como "*circunscrita, según la doctrina expuesta, a dichas correcciones e indemnización*". Finalmente, el tribunal parece incluir las "medidas correctoras" dentro del ámbito de este mismo precepto. Es decir, engloba medidas *preventivas* con medidas de *reparación específica* del daño; en efecto, puede observarse que el tribunal, aunque identificándolas, habla, de un lado, de medidas *"que eliminen o reduzcan los efectos nocivos* y, de otro, de medidas *necesarias para la eliminación o reducción de los ruidos producidos"* (esto es, de la propia inmisión, no de sus efectos). Pero también parece identificar medidas *correctoras* o *preventivas* con medidas *cautelares*. El carácter cautelar o no de una medida viene dado por su vocación de duración en el tiempo, por su provisionalidad y no por la finalidad a la que se dirige y, por tanto, una medida preventiva puede ser cautelar o definitiva.

Entre esta general "desidia técnica", sin embargo, es posible encontrar resoluciones rigurosas desde el punto de vista técnico-jurídico:

La sentencia de la Audiencia Provincial de Salamanca de 22 de octubre de 2007[383], aparte de contener en su Fundamento Tercero la mejor exposición de la doctrina de las inmisiones que esta investigadora ha hallado hasta el momento,

---

[383] 475/2007.

expresa una perfecta diferenciación de las acciones ejercitadas. Pero además, se permite un reproche a sus compañeros –partidarios de las "operaciones de subsunción"–: *"La cuestión se ha de resolver no por la vía del artículo 1902 del Código Civil, ni tampoco aludiendo al artículo 592 del mismo Código, aunque sea, como hace la sentencia, para desestimar su aplicación, sino acudiendo a la doctrina de las inmisiones, aunque no resulte regulada en el Código Civil, como normativa específica, pese a que en ocasiones se ha forzado extraordinariamente la interpretación de algunos preceptos (590 y 1908.2 y 4), y en otras, por reubicar directamente el problema de las inmisiones en ámbitos en principio bien distintos (responsabilidad aquiliana)".*

La sentencia de la Audiencia Provincial de Murcia de 13 de febrero de 2001[384] también discierne perfectamente ambos remedios, además de contener una interesante doctrina sobre la distinción entre la carga de la prueba de la inocuidad de la inmisión y la carga de la prueba del daño.

También la sentencia de la Audiencia Provincial de Castellón de 5 de mayo de 2005[385] expresa y aplica las acciones con corrección técnico-jurídica. En la demanda se ejercitaba una acción negatoria con la finalidad de que cesaran las inmisiones ilegitimas de carácter electromagnético y sonoro que derivaban del transformador de energía eléctrica que la demandada tenía instalado en los bajos del edificio, al amparo de la Ley Orgánica 1/1982 de 5 de mayo de protección civil del derecho al honor, a la intimidad personal y familiar y a la propia imagen, y una acción de indemnización de daños y perjuicios causados por culpa extracontractual al amparo del artículo 1902 del Código Civil .

La petición formulada con carácter de principal, en primer lugar, consistía en que se obligara a la entidad demandada a retirar el transformador de los bajos del edificio y, alternativamente, que se les indemnizara a los actores por daños y perjuicios, con el importe de una vivienda de las mismas características con un 30% de afección previa transmisión de las mismas libre de cualquier carga o gravamen o con el importe de la infravaloración que sufrían las viviendas debido a la ubicación del transformador en los bajos del edificio, en las cuantías recogidas en el suplico de la demanda, más intereses legales desde la interpelación judicial. Con carácter subsidiario se formulaba la petición de que se obligara a la entidad demandada a realizar las obras necesarias para evitar en lo sucesivo los ruidos y las intromisiones electromagnéticas ilegitimas en el derecho a la intimidad y en la propiedad privada, mediante el apantallamiento con aislamiento magnético. Y además, se reclamaba una indemnización por el perjuicio ya sufrido por las intromisiones en la propiedad privada y el derecho

[384] 482/2001.
[385] 449/2005.

de intimidad en la cantidad de 3.000 euros a favor de cada uno de los actores, más intereses legales y la condena en costas a la demanda.

El Tribunal consideró que la protección que debía otorgarse a los actores era la preventiva dirigida a evitar las inmisiones en sus viviendas procedentes del transformador, sin que procediera acceder a su pretensión resarcitoria, acogiendo únicamente la petición de retirada del transformador –dadas las dificultades técnicas de llevar a cabo el aislamiento, así como la falta de garantía de que éste lograse anular totalmente las emisiones–.

Indudablemente, en el trasfondo de todas estas argumentaciones, se halla la polémica acerca de las funciones de la responsabilidad civil. Es decir: podría considerarse que las medidas inhibitorias o preventivas adoptadas en el seno de un proceso de responsabilidad forman parte de un *Derecho preventivo de la responsabilidad civil*, el cual constituiría, sólo una parte del Derecho de la responsabilidad civil (que comprendería también un *Derecho curativo* y un *Derecho ejecutivo* de la responsabilidad civil), concepto en el que el término "responsabilidad" es utilizado en la plenitud de su significación polisémica, de forma que comprende tanto la responsabilidad de los *irresponsables* (la de los que producen daños) como la de los *responsables* (la de quienes se esfuerzan por evitarlos o reducirlos[386].

A mi juicio, la responsabilidad civil es la responsabilidad civil, y nada más. Lo que aquí se está entendiendo como el *Derecho de la responsabilidad civil* debería recibir, más propiamente, el nombre de *Derecho de daños*[387], pues se trata de un concepto que deja las cosas "en su sitio", sin extender el sentido y las funciones de cada institución más allá de lo que sus parámetros legales y lógico-jurídicos imponen.

2. La solución italiana: la aplicación jurisprudencial del artículo 2058 del *Codice civile* y el debate doctrinal sobre la misma

Si en un sistema como el nuestro, carente tanto de una previsión expresa del remedio reparador específico como de una cláusula general atípica en la que basar la tutela inhibitoria, aparece desdibujada la línea de demarcación entre ambos remedios, esta situación adquiere en el ordenamiento italiano las específicas connotaciones que se derivan de la previsión expresa de la *reintegración en forma específica* en el artículo 2058 del *Codice civile*, que

[386] MEDINA ALCOZ, M., (2005), p. 521.

[387] En el sentido preconizado por LLAMAS POMBO [(2003), *passim*], comprensivo tanto de la tutela inhibitoria como reparadora del daño. No consideramos, por otra parte, que haya un especial Derecho ejecutivo de la responsabilidad civil: la ejecución de la obligación de reparar se ajusta a los mismos cánones que cualquier otro tipo de ejecución civil.

ha propiciado el intento de encontrar en el artículo 2058 del *Codice civile* (es decir, en la *reintegración en forma específica*) el fundamento normativo de la tutela inhibitoria atípica.

El mencionado precepto del *Codice civile*, en su aplicación jurisprudencial, acaba por no tener nada que ver con la reparación en sentido propio, interpretándose como legitimador de la condena a cualquier prestación adecuada para reintegrar un interés lesionado, así como a la imposición de conductas futuras[388] y se invoca para constituir el fundamento normativo de una tutela inhibitoria generalizada, puesto que el remedio ahí previsto, operando eficazmente sobre daños permanentes, termina por desarrollar también una función preventiva de daños futuros[389]. Cierto es que, entre ambos modelos de tutela, pueden darse interferencias y superposiciones, pero reintegración en forma específica e inhibitoria se interferirían hasta el punto de hacer opaca la diferencia entre ambas formas de tutela[390]. Y por la vía de recurrir al artículo 2058 para reconocer carácter generalizado al remedio inhibitorio, se perpetúan equívocos jurisprudenciales como el de considerar aplicable a tal forma de tutela el límite de la excesiva onerosidad[391].

Los problemas de delimitación y coordinación entre el remedio resarcitorio y la tutela negatoria derivan, a juicio de CIAN[392], de que la eliminación de una

---

388 SALVI, C. (1989), p. 1094.

389 En este sentido, SCOGNAMIGLIO [(1996), pp. 547 y 548] afirma que en todos los supuestos de tutela inhibitoria (cesación de inmisiones; cesación del abuso del nombre, pseudónimo o imagen; cesación de actos de competencia desleal, etc.) la acción tiende a la mera restauración del derecho o especialmente a prevenir la violación, lo que apela a la intimidación del transgresor, y esto no puede ciertamente identificarse en sí y en su resultado con la reparación específica del eventual daño. En cualquier caso, reconoce que es posible que el éxito de la acción inhibitoria pueda lograr contener el daño resarcible, aunque sólo indirecta y parcialmente, quedando siempre a salvo la pretensión de resarcimiento.

En sentido similar, MARINONI [(2003) (última consulta: 24-09-2011)] afirma que si la tutela inhibitoria aspira evitar el ilícito, evidentemente que ella se destina a impedir la práctica, la repetición o la continuación del ilícito. Considerando la noción sobre las consecuencias de la violación del derecho, el acto contrario al derecho puede, en ciertos casos, adquirir eficacia inmediata. A partir de esta hipótesis puede existir la amenaza de repetición del acto contrario al derecho, pero el ilícito siempre tendrá eficacia inmediata. Por lo tanto esto quiere decir que, en tal hipótesis, el mecanismo procesal tendrá que proporcionar la concesión de la tutela inhibitoria antes de la violación.

La situación se complica si pensamos en una única violación (acción) de eficacia continua y en acción ilícita continua. En el caso de una acción ilícita continua, al demandante puede interesarle evitar que la actuación ilícita prosiga. Evitar la continuación de la actuación ilícita es lo mismo que impedir la continuación de la práctica del ilícito. Esto solamente se hace posible cuando el ilícito temido depende de una actividad del demandado, o sea, cuando se le puede impedir al demandado que prosiga con su actuación ilícita. Se refiere, por ejemplo, al caso de la tutela inhibitoria orientada contra la continuación de la contaminación del medio ambiente.

390 NIVARRA, L. (1997).

391 SALVI, C. (1989), p. 1095.

392 CIAN, G. (1998), p. 765.

situación objetivamente antijurídica, si sirve para eliminar el peligro de futuros daños, puede ser también vehículo de eliminación de daños ya producidos; y, dado que diversos son los presupuestos necesarios en cada caso para obtener una u otra vía de tutela, puede suceder que por la segunda vía se termine por conseguir aquello que no podríamos obtener invocando la primera, por la ausencia de alguno de los correspondientes presupuestos, como la culpa, o por los eventuales límites legales[393].

La distinción entre ambos remedios, que no es meramente dogmática, sino que responde a la diferencia entre las necesidades de tutela que cada modelo tiende a satisfacer (en un caso, la remoción del daño; en el otro, la reintegración o realización del derecho sobre el bien[394]), puede considerarse definida desde el plano conceptual:

- mientras la tutela inhibitoria tiende a impedir daños futuros, bien a través de la cesación de la conducta antijurídica, prescindiendo de la culpabilidad del comportamiento del que se encuentra en esa situación, bien a través de la imposición de un abstenerse de comportamientos que podrían producir una lesión (aunque aún no la haya producido), la reparación en forma específica se refiere a daños ya verificados[395].

- la reparación en forma específica está sujeto a la disciplina general de la responsabilidad por daños, y, en consecuencia, presupone la existencia de uno de los criterios normativos de imputación, lo cual es irrelevante en la tutela inhibitoria.

- por otra parte, como señala SALVI[396], se puede demandar la reparación en forma específica frente al responsable por hecho ajeno, lo que es inconcebible en el otro caso.

- la acción negatoria puede implicar un juicio sobre materia sometida al poder discrecional de la autoridad administrativa, que escapa a la competencia de la autoridad judicial, mientras que la acción de resarcimiento no "toca" en este sentido la causa del daño[397].

En opinión de MANDRIOLI[398], la solución a la cuestión de si será posible que el resarcimiento del daño conlleve, además de la prestación del equivalente, también la facultad de remover la causa del daño, se relaciona con el análisis

---

393 Como la excesiva onerosidad, expresamente contemplada en el artículo 2058-2 del Código Civil italiano.

394 SALVI, C. (1989), p. 1094.

395 CIAN, G. (1998), pp. 763-765.

396 SALVI, C. (1989), p. 1095.

397 MANDRIOLI, C. (1986), p. 398.

398 *Ibid.*, p. 397.

del derecho lesionado y la naturaleza de la lesión. Es necesario buscar, no ya si, como tesis general, el resarcimiento del daño comprende la facultad de remover la causa, sino si el derecho lesionado conlleva una pretensión contra el estado antijurídico que constituye la causa del daño. Una pretensión de tal género se encontrará siempre que el acto lesivo implique la violación de una obligación en sentido propio o de una obligación correspondiente a un derecho real. Así, cuando el daño proviene de violación de las normas sobre límites de la propiedad, la pretensión de remoción del estado antijurídico no es otra cosa que la facultad de exigir la ejecución específica de la obligación inobservada. En la mayoría de los supuestos de tal naturaleza, la remoción de la causa del daño será consecuencia del derecho del vecino que se deriva de la violación de la norma establecida para tutelar la propiedad.

MARELLA[399] señala en este sentido, a grandes rasgos, dos diversas orientaciones en la jurisprudencia. La primera recurre al artículo 2058 de modo tangencial o colateral, motivada, más que por el intento de responder a una necesidad específica de tutela, por una exigencia meramente práctica y coyuntural, que sin embargo atribuye, de forma censurable e infundada, dignidad dogmática. La exigencia práctica es reconocer la corrección del juicio instaurado entre las partes, ampliando la legitimación pasiva de la acción real ejercitada. La motivación lógico-jurídica que la sostiene se identifica sin embargo con la necesidad de enuclear, frente al ejercicio de un remedio real típico, aquello que sólo puede considerarse integra la acción real en sentido propio y que se encarna, inevitablemente, con la demanda de declaración del derecho. Todo lo demás, esto es, toda pretensión que prescindiendo del contenido de la declaración de la tutela dominical, se encamine a obtener una condena a hacer o a no hacer, con finalidad restauradora (repristinatoria) de las situaciones de pertenencia turbadas, configuraría una acción meramente personal, que encuentra, por tanto, su referente más apropiado en el artículo 2058. La segunda orientación busca sin embargo la regla de tutela plena expresamente en el artículo 2058 y con modalidades inhibitorias y, a veces, en función subrogatoria del remedio real no ejercitable. En ambas orientaciones es clara la alternativa entre reparación en forma específica y resarcimiento por equivalente como alternativas no ya entre diferentes modalidades resarcitorias, sino entre tutela plena y tutela meramente resarcitoria.

Pero no es sólo la jurisprudencia, sin también parte de la doctrina, quien reconoce en el artículo 2058 el fundamento de una tutela inhibitoria atípica. Un sector doctrinal abre un camino que se inicia con la individualización de una "doble alma" en la tutela contra los daños, reintegratoria, de una parte, resarcitoria, de otra, sacando a la reintegración en forma específica de las angosturas

399 MARELLA, M.R. (2000), pp. 61-62.

interpretativas impuestas por el paradigma de la reparación in natura como mera modalidad resarcitoria. Viene, por tanto, a presentarse una natural a la vez que inevitable ampliación del momento reintegratorio de la tutela contra el daño entendida en su conjunto, que conduce a poner en cuestión la centralidad del modelo daño patrimonial/resarcimiento, de una parte, y a intentar recuperar para la responsabilidad civil una función más propiamente preventiva, de otra, que hace posible precisamente la emancipación del remedio in natura respecto al resarcimiento por equivalente[400].

La interpretación evolutiva del artículo 2058 representa la etapa conclusiva de un largo itinerario que parte de la búsqueda del fundamento normativo de una tutela inhibitoria atípica y encuentra su momento fundamentador en una reinterpretación "heterodoxa" del sistema de responsabilidad civil en su conjunto. Se intenta reconstruir la tutela inhibitoria atípica como instrumento de solución del conflicto que opera a través de la comparación de los intereses en juego, de modo conforme con el carácter propio de la tutela *in tort*, y no sin embargo a través del distinto mecanismo de la atribución normativa de derechos subjetivos. El recurso a la cláusula general del artículo 2043 del *Codice*, merced al criterio de la injusticia del daño, reconoce de hecho al juez un amplio poder de mediación del conflicto, permitiendo el acceso a la tutela inhibitoria de todo interés jurídicamente protegido, al tiempo en que se delinean nuevas tipologías de conflictos y emergen ulteriores situaciones subjetivas merecedoras de tutela en el seno de actual sociedad industrial.

La tutela inhibitoria así configurada, en su matriz de "daños", es en consecuencia expresión típica de la tutela de condena[401]. Otras soluciones, más

[400] Así, la doble función de la responsabilidad civil emerge especialmente, por ejemplo, en materia de daño ambiental.

[401] En este sentido, cree CECCHERINI [(1989), p. 192] que si la inhibitoria –como mandato negativo– no puede considerarse susceptible de ejecución específica, no hay duda de que, en base a los artículos 2933 del *Codice civile*, y 612 del *Codice de Procedura Civile* (normas dedicadas a la ejecución de obligaciones de no hacer), puede obtenerse la remoción o destrucción de lo ejecutado en infracción de la obligación de no hacer, esto es, de las cosas destinadas a realizar la actividad lesiva o sean preparatorias de la misma.

Son significativas las resoluciones que, en materia de inmisiones, han considerado susceptibles de ejecución específica las sentencias de condena a la cesación de inmisiones dañosas, mediante la remoción de las máquinas que las provocan. Si las inmisiones son permanentes, no es suficiente la condena al resarcimiento por equivalente para liquidar el daño, siendo necesario, por el contrario, remover todas las causas idóneas para producirlas. La decisión de instancia que ordena la cesación de las inmisiones o su reducción a los límites de normal tolerabilidad y dispone, al mismo tiempo, la condena a las medidas adecuadas al caso, puede llevarse a cabo en el sentido del artículo 2933 del *Codice civile*, ya que hablamos de prestaciones fungibles y, por tanto, susceptibles de subrogación por obras de los auxiliares judiciales.

Esta solución es compartida por la autora, ya que, afirmando tanto la necesidad de una condena a la remoción de las causas de la inmisión como su ejecución en forma específica, estima que trata de superar la tendencia jurisprudencial a atribuir, en caso de inmisiones, una "indemnización garantistas y recelosas con una excesiva discrecionalidad judicial, optan por el carácter declarativo, de pronunciamiento, de la tutela inhibitoria.

La coincidencia con la mencionada orientación jurisprudencial se percibe en el modo en el que cierto sector de la doctrina[402] concibe la tutela inhibitoria final, como forma de tutela generalizable (sólo) si se interpreta como expresión de la tutela restauradora ampliamente entendida, en cuyo contexto pierde su connotación puramente preventiva, para ser concebida a un tiempo como técnica de reparación de un daño ya producido y destinado a prolongarse en el tiempo y como orden de cesación de comportamientos lesivos en curso. Nos encontramos ante la irrupción en el campo del debate científico de las nuevas tesis sobre las funciones de la responsabilidad civil. Dos son esencialmente los factores que inciden en esta reinterpretación que permite definir en términos nuevos la forma de tutela constituida por la reparación del daño. En primer lugar, el propio concepto de daño debe ser redefinido, con una noción más amplia que permita entender la tutela normalmente sucesiva también como instrumento preventivo. Esta redefinición del daño conlleva también la de su funcionalización, de modo que comprenda, en el marco del concepto de injusticia del daño, toda lesión de un interés jurídicamente protegido que asuma relevancia en relación a las características del bien lesionado. Lo cual, si de una parte tiende abiertamente a partir el modelo binario de daño, basado en la contraposición daño patrimonial/daño no patrimonial, de otra, encuentra en el remedio de la reparación específica, dada su originaria fusión con modelos de reacción al daño de carácter actuador del derecho, el terreno ideal para dar relevancia a un más amplio espectro de situaciones antijurídicas.

La segunda secuencia lógica de la tesis expuesta consiste justamente en la superación de los confines que separan a la tutela obligatoria de la real, abriendo las puertas de la tutela contra el daño al ingreso de técnicas restitutorias de alcance

---

equitativa" al perjudicado, a la vista de los gastos de instalación y de los costes excesivos de los remedios técnicos apropiados para remover el evento lesivo.

La autora muestra perplejidad en relación con la admisión de la existencia en el artículo 844*("Il proprietario di un fondo non può impedire le immissioni di fumo o di calore, le esalazioni, i rumori, gli scuotimenti e simili propagazioni derivanti dal fondo del vicino, se non superano la normale tollerabilità, avuto anche riguardo alla condizione dei luoghi (890, Cod. Pen. 674). Nell'applicare questa norma l'autorità giudiziaria deve contemperare le esigenze della produzione con le ragioni della proprietà. Può tener conto della priorità di un determinato uso")* de una obligación de no hacer cuya violación daría lugar a la tutela ejecutiva en forma específica *ex* artículo 2933. En realidad, si, como se considera, el artículo 844 configura un límite al ejercicio del derecho de propiedad, no puede sino considerarse aquí también un ilícito extracontractual, en cuanto tal, resarcible conforme a la cláusula general del artículo 2043. Con la particularidad de que, como el resarcimiento por equivalente es inadecuado para reintegrar pérdidas no valorables en términos patrimoniales, es necesario recurrir al artículo 2058, que prevé una modalidad de resarcimiento válida en todos los casos y capaz de remediar las consecuencias perjudiciales de las inmisiones de cualquier tipo.

402 Tal como describe MARELLA, M.R. (2000), pp. 68-71.

reintegrador, proyectadas naturalmente hacia el futuro. Lo cual se corresponde con el principio tan proclamado por la jurisprudencia según el cual es preferente o prioritaria la función reintegradora confiada a la reparación en forma específica respecto de la "mera" tutela por equivalente. Una conclusión a la que, por otra parte, la doctrina también llega aunque por otra vía, partiendo de la constatación de la amplitud del poder inhibitorio reconocido al juez en sede cautelar, para percibir la incongruencia de un sistema que no prevea alguna previsión correspondiente sobre el plano sustantivo, en términos de tutela inhibitoria final; desde esta perspectiva, la afirmación de la prioridad lógico-jurídica de la reparación específica debe entonces conducir a interpretar el artículo 700[403] del *Codice de Procedura civile* como la traducción procesal del remedio *in natura*.

En su conjunto, el artículo 2058 viene en consecuencia a asumir el papel central de fundamento normativo de aquel poder inhibitorio del juez que permite al sistema de responsabilidad civil prestar una tutela generalizada contra los comportamientos dañosos en curso a través de técnicas no resarcitorias. Pero esto presupone la decisiva liberación de la *reintegración en forma específica* de la subordinación a los límites del remedio resarcitorio a los que tradicionalmente ha sido constreñida.

Sobre la base de estos presupuestos, y conducido el análisis al plano estrictamente remedial, se pone en evidencia cómo la tutela reintegradora se proyecta ya, también en virtud del dato positivo, más allá de su relación histórica con los derechos tradicionalmente más fuertes, para encontrar justamente en el artículo 2058, esto es, en el seno del sistema de responsabilidad civil, y por medio de un juicio fundado en la valoración comparativa de los intereses contrapuestos, la vía para una extensión a todos los intereses jurídicamente protegidos. Desde esta perspectiva la reparación específica se presta entonces a hacer de elemento catalizador de aquéllas necesidades de reparación no pecuniaria difusas en el ordenamiento, que van manifestándose más allá del ámbito tradicional de la tutela dominical.

Haciendo una reflexión crítica, MARELLA[404] destaca el intento por parte de un sector de la doctrina y de la jurisprudencia más reciente de racionalizar y dar cumplida cuenta de de la alternativa entre los remedios contra el daño que, para bien o para mal, ha introducido el legislador del 42 al introducir el artículo 2058; alternativa que en algunas hipótesis tiene sentido interpretar sólo como opción entre una regla de propiedad y una regla de responsabilidad, reconociendo a

---

[403] Que establece las condiciones para la concesión de medidas de urgencia (Artículo 700 del *Codice de Procedura civile: "Fuori dei casi regolati nelle precedenti sezioni di questo capo, chi ha fondato motivo di temere che durante il tempo occorrente per far valere il suo diritto in via ordinaria, questo sia minacciato da un pregiudizio imminente e irreparabile, puo' chiedere con ricorso al giudice i provvedimenti d'urgenza, che appaiono, secondo le circostanze, piu'idonei ad assicurare provvisoriamente gli effetti della decisione sul merito").*

[404] MARELLA, M.R. (2000), pp. 72-79.

la *reintegración en forma específica* el significado de remedio de tutela plena, dirigido también contra el ilícito continuado. Así, una noción de daño que comprende también eventos lesivos no concluidos se relaciona con un amplio poder inhibitorio del juez, basado en su fundamento normativo, el artículo 2058, sobre un criterio de mediación del conflicto representado por la atemperación de los intereses en juego y no, en cambio, por la atribución de derechos absolutos por parte del ordenamiento. Este dato, junto con la confirmación del carácter de tutela de condena de la orden inhibitoria fundada en el artículo 2058, consolida más que desmentir el encuadramiento sistemático de la reparación en forma específica como remedio contra el ilícito fuente del daño.

El primer orden de reservas, concerniente a la mencionada necesidad de distinguir entre remedios actuadores del derecho y reparadores del daño, tiene fundamentos prácticos e histórico-dogmáticos un tanto vacilantes. Para quienes critican esta tesis, la reparación específica, o sea, la remoción del daño en su materialidad, termina por coincidir en muchos supuestos prácticos con la reintegración del derecho lesionado. La existencia de una doble vía de tutela, heredada de la tradición romanística y esquematizable en remedios típicos, de una parte, y reacción contra el ilícito productor de daño, de otra, no excluye que en el seno de esta forma técnica haya espacio para una tutela específica generalizada y, si es el caso, dirigida contra un comportamiento ilícito de otra manera destinado a prolongarse en el tiempo.

En cuanto al "tiempo" de la tutela, el remedio ya no se reclama en función cautelar, como instrumento de reacción contra una actividad ilícita que aún no se ha concretado en daño; es más bien la lesión de la situación jurídica tutelada la que hace asumir a la noción de daño los contornos de un suceso aún no agotado o, en cualquier caso, susceptible de repetición. Sin embargo, también una aproximación no conceptualista a esta propuesta reconstructiva puede dejar filtrar la preocupación por una tutela que garantiza siempre y en todo caso el mantenimiento del *status quo* y bloquea toda iniciativa económica ajena, produciendo a la postre el inmovilismo social. Una preocupación que en su tiempo condujo a algún sector doctrinal a leer la tutela jurisdiccional en su conjunto en clave garantista, como tutela exclusivamente represiva y que revive cuando se presenta la operatividad de una regla de propiedad dotada de un radio de acción tan amplio cuanto el ámbito de incidencia de la responsabilidad civil. El artículo 844,2[405] del *Codice civile* es leído también como criterio de elección de una jerarquía de valores y derechos a la luz de la cual identificar las situaciones subjetivas que deben tener acceso, por su propia supervivencia, a la tutela

[405] Artículo 844-2 del *Codice Civile*: *"Nell'applicare questa norma l'autorità giudiziaria deve contemperare le esigenze della produzione con le ragioni della proprietà. Può tener conto della priorità di un determinato uso"*.

específica. En este sentido parece moverse la jurisprudencia al salvaguardar, mediante el artículo 2058, los derechos y valores de la personalidad.

Sin embargo, la autora considera que argumentar un contenido declarativo más bien que constitutivo-determinativo de condena de la tutela inhibitoria representa a fin de cuentas una inversión del método, por el hecho de posponer la consideración de los intereses sustantivos y, en consecuencia, de las necesidades de tutela diferenciadas que reclaman una protección no meramente monetaria, a la valoración de las formas procesales idóneas para acoger en su ámbito la orden de cesación del juez.

La tutela ofrecida por los artículos 2043-2058 del *Codice* (esto es: el conjunto de la normativa sobre reparación del daño) no puede actuarse sino ante un daño actual, originado por la lesión, ya verificada o en curso de desarrollo, de un interés jurídicamente protegido, que comporte una facultad para ello a su titular. Por el contrario, la exposición de un bien a un peligro de daño es idónea para causar una disminución de valor del bien mismo, pero esto integra una pérdida patrimonial y no un daño injusto, un perjuicio económico al que no se relaciona la lesión de un interés jurídicamente protegido. Dicho en otras palabras, sobre el plano sustantivo, el sistema asigna en línea general este tipo de riesgo al titular del "*entitlement*" mismo, permitiendo por el contrario una solución distinta sólo a favor del propietario (o del poseedor) inmobiliario, en los casos específicos previstos.

V. *EXCURSUS* SOBRE LA NATURALEZA JURÍDICA DE LA PUBLICACIÓN DE LA SENTENCIA CONDENATORIA

Son diversas las leyes que, dentro de nuestro ordenamiento jurídico, contemplan la publicación de la sentencia condenatoria como una de las acciones a disposición del sujeto que, en cada caso, sea el destinatario de la tutela. Lo que no aparece claramente expresado en dichas normas es la naturaleza de tal acción, lo cual ha producido a su vez una jurisprudencia oscilante –al menos hasta la promulgación de la nueva Ley de Competencia Desleal– entre diversas posiciones, cada una de las cuales se ve –o se veía– respaldada por uno o varios argumentos de Derecho positivo.

Una de las posiciones mencionadas es aquélla que considera que la publicación de la sentencia condenatoria a costa del infractor, en cuanto tiende a proporcionar una satisfacción al perjudicado por el desvalor experimentado en su esfera patrimonial, es una medida comprendida en el concepto de "reparación del daño" o *indemnización* –entendido este término en su sentido general de "reparación del daño"–, como una particular modalidad de ésta, que *"resulta particularmente adecuada cuando el acto ilícito afecta a la imagen o prestigio del agente económico", "a modo de resarcimiento por el daño moral",* y que responde *"al designio de la Ley de alcanzar la más completa indemnidad del perjudicado"*[406].

Una segunda posición concibe la publicación de la sentencia condenatoria como una medida de naturaleza autónoma[407], mixta o con un doble efecto, *"como modalidad de reparación específica y como instrumento de remoción de los efectos perniciosos ocasionados con la infracción"*[408], en cuanto *"este remedio se revele adecuado para restaurar la situación de hecho anterior al acto"*[409] y afirma que el acuerdo de publicación *"no es una decisión consecuencial a la infracción sino una acción independiente"*[410].

Por último, existen argumentos legales para adoptar una tercera posición en orden a la caracterización de la naturaleza jurídica de la medida que estudiamos: aquélla que considera que la publicación de la sentencia es una medida encuadrable, sin reservas, dentro de la tutela reintegradora o restablecedora del derecho.

1. Los argumentos legales, doctrinales y jurisprudenciales a favor de la tesis sustentadora del carácter reparador de la medida

YZQUIERDO TOLSADA[411], MARTÍN CASALS[412], LASARTE ÁLVAREZ[413], NAVEIRA ZARRA[414], CONCEPCIÓN RODRÍGUEZ[415] y GARCÍA

[406] En tal sentido se expresan la STS 12/06/2007 (4444/2007) y las SSAP A 9/1/2007 (470/2007), B 23/12/2002 (13129/2002), 28/11/2005 (16077/2005), 19/12/2002 (13000/2002) y 31/12/2002 (13279/2002).

[407] En referencia concreta al derecho de rectificación, para la STS 11/12/1989, dicha acción y la acción de reparación son dos acciones de diferente contenido, por lo que el ejercicio del derecho de rectificación no excluye la facultad que se concede al ofendido de ejercitar las acciones penales o civiles de otra naturaleza que puedan asistir al perjudicado por los hechos difundidos.

[408] SAP M 18/05/2009 (10713/2009), SAP A 09/01/2007 (470/2007) y SAP B 29/03/2007 (4801/2007).

[409] SAP B 23/12/2002 (13145/2002). Si se habla de un instrumento de remoción de los efectos perniciosos ocasionados con la infracción o de un instrumento adecuado para restaurar la situación de hecho anterior al acto, parecería que lo que la jurisprudencia considera como remedio autónomo del fenómeno reparatorio es ni más ni menos que la reparación en forma específica, lo cual viene a confirmar la noción estrictamente resarcitoria de la *auténtica* reparación del daño, latente en buena parte de nuestra doctrina y jurisprudencia.

[410] SAP A 09/01/2007 (470/2007).

[411] YZQUIERDO TOLSADA, M., (2002), p. 5; (2007), pp. 19-20.

[412] Según el cual, "hay ciertos casos en los que el dinero no puede proporcionar una compensación adecuada, por ejemplo, en caso de difamación, donde la corrección de la noticia puede reparar mejor la reputación del perjudicado de lo que puede hacerlo el dinero" [(2008), p. 213.

[413] LASARTE ÁLVAREZ, C. (2008), p. 180.

[414] NAVEIRA ZARRA, M., (2006), pp. 236-237.

[415] CONCEPCIÓN RODRÍGUEZ, J.L. (1999), p. 47.

LÓPEZ[416], así como, entre los penalistas, RODRÍGUEZ DEVESA[417], consideran la publicación de la sentencia como una forma de reparación del daño.

Para YZQUIERDO TOLSADA[418], si las acciones reivindicatoria, declarativa de dominio y negatoria son las acciones típicas de tutela del derecho de propiedad, estando las de daños "sólo" a su servicio, lo mismo tendría que ocurrir con los derechos de la personalidad, que deben tener a las acciones de cesación y abstención como medidas de restauración, que inciden sobre el derecho agredido e impiden que persista la agresión; y a la difusión de la sentencia y al derecho de réplica-rectificación como medidas de reparación específica[419].

Algunos de estos autores destacan, no obstante, lo limitado de la reparación del daño y sus efectos que la medida puede lograr. Efectivamente, se trataría de una forma de reparación que realiza el fin reparador de manera solamente relativa[420], parcial y aproximativa[421], por diversos motivos.

En primer lugar, porque mira hacia el futuro, eliminando para el porvenir los efectos perjudiciales de la ofensa producida en el derecho o interés dañado, pero sin actuar sobre las consecuencias dañosas verificadas con anterioridad ni sobre los eventuales perjuicios económicos que del mismo hecho hayan podido derivar, por lo que normalmente son incapaces de restablecer por sí solas el *status quo ante*. Por ello, dada la compatibilidad del ejercicio de esta acción con el de otras acciones[422], y al margen de la satisfacción moral que pueda proporcionar a la víctima, lo habitual será que la medida venga completada con otras medidas reparadoras –como un resarcimiento pecuniario– que indemnicen el daño *medio tempore* y los perjuicios que la publicación de la sentencia no llegue a reparar.

---

416 GARCÍA LÓPEZ, R. (1990), pp. 114-115.

417 RODRÍGUEZ DEVESA, J.M. [(1995), p. 249]. No obstante, este autor parece restringir al daño *material* el daño reparable mediante la medida de la publicación, considerando que el daño moral resulta resarcible conforme al artículo 104 del Código Penal.

418 YZQUIERDO TOLSADA, M., (2002), p. 5; (2007), pp. 19-20.

419 En el concreto ámbito del derecho al honor, el autor citado insiste en que el hecho de que una información, objetivamente falsa, pero debidamente contrastada –esto es, veraz, aunque no verdadera– excluya la existencia de intromisión ilegítima a los efectos indemnizatorios, tal preclusión opera sólo para los efectos *estrictamente* indemnizatorios, pero no impide que el perjudicado pueda obtener un pronunciamiento que ordene la difusión de la sentencia o la declaración de falsedad (Id.). Cabe destacar, no obstante, que el mismo argumento sirve a MANDRIOLI, como seguidamente veremos, para situar la publicación en el ámbito de la reintegración.

420 NAVIERA ZARRA, M. (2006), p. 237.

421 CECCHERINI, G. (1989), p. 75.

422 Expresamente contemplada en la LO 2/1984, reguladora del derecho de rectificación.

Y, en segundo término, sólo cabe reconocer, con NAVEIRA ZARRA[423], que nos hallamos ante un modo de reparación en especie que tiene una eficacia relativa, ya que, por mucho que se alcance su más perfecta materialización –que tendría lugar haciendo llegar la sentencia de condena o la rectificación al mismo círculo de personas que tuvo acceso a la información injuriosa–, incluso en tales hipótesis, es posible que la medida reparadora no logre convencer al público, muy dado a formarse rápidamente sus propios juicios de valor, de la verdad invocada por el perjudicado. Pero es que, además, dicha materialización perfecta no se logra prácticamente nunca, pues, dado que los lectores, espectadores, radioyentes, etc. no siempre son fieles a los productos que los medios de comunicación social les ofrecen, nada garantiza que los destinatarios de la medida reparadora vayan a ser los mismos que conocieron la información perjudicial[424].

El principal argumento esgrimido en las resoluciones sustentadoras de la primera tesis era el artículo 18 de la Ley 3/1991, de Competencia desleal, pues la acción de resarcimiento podía incluir la publicación de la sentencia. Dicho artículo disponía:

> *"Contra el acto de competencia desleal podrán ejercitarse las siguientes acciones:*
> *1.ª Acción declarativa de la deslealtad del acto, si la perturbación creada por el mismo subsiste.*
> *2.ª Acción de cesación del acto, o de prohibición del mismo, si todavía no se ha puesto en práctica.*
> *3.ª Acción de remoción de los efectos producidos por el acto.*
> *4.ª Acción de rectificación de las informaciones engañosas, incorrectas o falsas.*
> *5.ª Acción de resarcimiento de los daños y perjuicios ocasionados por el acto, si ha intervenido dolo o culpa del agente. El resarcimiento podrá incluir la publicación de la sentencia.*
> *6ª Acción de enriquecimiento injusto, que sólo procederá cuando el acto lesione una posición jurídica amparada por un derecho de exclusiva u otra de análogo contenido económico".*

---

423 NAVEIRA ZARRA, M. (2006), p. 237.

424 En términos similares lo expresa la italiana CECCHERINI [(1989), p. 75], quien considera que la publicación de la sentencia y la rectificación constituyen modalidades de reparación de valor ciertamente relativo, dada la eventualidad o aleatoriedad de que lleguen al mismo público o de que pase un notable lapso de tiempo, y porque no siempre se revelan idóneas o suficientes para reponer en concreto el interés lesionado, eliminando todas sus consecuencias perjudiciales y restaurando el estado de cosas precedente. Sin embargo, incluso estimando que en algunas ocasiones estas formas de divulgación pueden resultar contraproducentes, provocando una ulterior redifusión de la información que se quería evitar, la autora estima que es un recurso más adecuado que la condena al resarcimiento por equivalente.

La sentencia de la Audiencia Provincial de Burgos de 12 de diciembre de 2001[425], como representativa de todas las citadas, configuraba la publicación de la sentencia como "*un pedimento dependiente del resarcimiento de los daños y perjuicios en lugar de una pretensión autónoma y, consecuencia inmediata y directa de su carácter reparador, es que sólo puede ser acordada cuando se solicite por el interesado con ocasión de ejercitar la acción resarcitoria y como efecto de su estimación, lo que apareja la acreditación de los presupuestos determinantes de su acogimiento (el dolo o culpa y el daño concreto)*".

A pesar de su general aceptación por parte de la doctrina, pocos argumentos más de Derecho positivo pueden aportarse en apoyo del carácter reparador de la medida a la que nos referimos. Tampoco el artículo 707[426] de nuestra Ley de Enjuiciamiento Civil, titulado "Publicación de la sentencia en medios de comunicación", ofrece pistas sobre la naturaleza de la medida cuya ejecución regula, a diferencia de lo que sucede, por ejemplo, con el *Codice de procedura civile* italiano, cuyo artículo 120 (*"Pubblicità della sentenza"*) sí parece pronunciarse a favor del carácter reparador de la medida:

> *"Nei casi in cui la pubblicità della decisione di merito può contribuire a riparare il danno, il giudice, su istanza di parte, puo' ordinarla a cura e spese del soccombente[[427]]..."*

[425] 1618/2001.

[426] Art. 707 LEC: *"Cuando la sentencia ordene la publicación o difusión, total o parcial, de su contenido en medios de comunicación a costa de la parte vencida en el proceso, podrá despacharse la ejecución para obtener la efectividad de este pronunciamiento, requiriéndose al ejecutado para que contrate los anuncios que resulten procedentes. Si el ejecutado no atendiera el requerimiento en el plazo que se le señale, podrá contratar la publicidad el ejecutante, previa obtención de los fondos precisos con cargo al patrimonio del ejecutado de acuerdo con lo que se dispone en el apartado 2 del artículo anterior"*.

[427] *"Cuando la publicidad de la sentencia* pueda contribuir a reparar el daño, *el juez, a instancia de parte, la ordenará a cargo y a costa del responsable..."*. La norma procesal italiana, como señala SCOGNAMIGLIO [(1996), pp. 548-550], relaciona directamente la publicación con el resarcimiento, la medida es prevista en función de la eliminación del daño, a la vez que es configurada plenamente como un derecho del titular y constituida, en definitiva, como una obligación de pagar los costes de la publicación. No se trataría de un resarcimiento pecuniario, sino de una adjudicación de los costes al responsable al solo fin de la publicación, lo cual demuestra que la reintegración puede operar y lograrse en formas diversas de la "acostumbrada", que sólo piensa en la reconstitución o reconstrucción del estado de hecho. Para este autor, la publicación de la sentencia de condena constituye un supuesto de auténtica y propia reparación del daño. El civilista italiano sitúa esta medida entre lo que considera supuestos que "se tambalean" entre la mera reintegración del derecho y el resarcimiento en forma específica, supuestos en los que con la reintegración del derecho parece atribuirse al perjudicado una ventaja, a modo de compensación por el daño, junto al resarcimiento. O se opta por alguna de estas dos alternativas –con inclinación hacia la última– o se presenta una sanción autónoma: lo que los autores contrarios a la admisibilidad de la reparación en forma específica conciben como medidas de "reparación no pecuniaria". Como ejemplos de tal categoría en la legislación italiana, cita, además de la medida que examinamos –ordenada por los artículos 120 del *Codice di Procedura Civile* y 186 del *Codice Penale*–, la atribución en propiedad

2. Los argumentos legales, doctrinales y jurisprudenciales a favor de la tesis sustentadora del carácter *sui generis* de la medida

Los argumentos legales en apoyo de la segunda tesis (sustentadora de una naturaleza *sui generis* de la medida, desligada del ámbito de la reparación) están constituidos por diversas normas que, en todo caso, prevén la medida de la publicación en epígrafe o apartado independiente de los dedicados a la indemnización o a otros tipos de medidas que pudieran –o no– ser consideradas de naturaleza reparadora.

El aislado argumento legal que la anterior Ley de Competencia Desleal suponía en pro de la consideración de la naturaleza reparadora de la publicación se ha evaporado tras la promulgación de la nueva ley, la Ley 29/2009, que ha cambiado ostensiblemente la redacción del precepto destinado a las acciones que corresponden al perjudicado. De acuerdo con el artículo 32 de la Ley actualmente vigente[428]:

> *"1. Contra los actos de competencia desleal, incluida la publicidad ilícita, podrán ejercitarse las siguientes acciones:*
> *1ª Acción declarativa de deslealtad.*
> *2ª Acción de cesación de la conducta desleal o de prohibición de su reiteración futura. Asimismo, podrá ejercerse la acción de prohibición, si la conducta todavía no se ha puesto en práctica.*
> *3ª Acción de remoción de los efectos producidos por la conducta desleal.*
> *4ª Acción de rectificación de las informaciones engañosas, incorrectas o falsas.*

---

al titular de los objetos producidos en violación del derecho de patentes o de los derechos de autor, a cuenta del daño, existente también, como hemos visto, en nuestro ordenamiento. Conforme a la tesis de la "reparación no pecuniaria", la peculiaridad de estos supuestos radica en que la sanción no se apoya, como el resarcimiento, en el criterio de la equivalencia respecto al daño sufrido; además, el resultado final es una carga o una sujeción del responsable, pero no una obligación propiamente dicha –como sí lo es el resarcimiento–.

La jurisprudencia italiana, teniendo en cuenta que la publicación tiene como finalidad esencial eliminar los efectos perjudiciales consiguientes al acto ilícito lesivo, acerca este remedio a la *reintegrazione in forma specifica*. No se puede negar que los remedios presentan una cierta similitud, si se considera que la publicación de la sentencia también tiene como finalidad esencial eliminar los efectos perjudiciales consiguientes al acto ilícito lesivo del honor o de la fama, poniendo en conocimiento de un determinado círculo de interesados el pronunciamiento judicial de la verdad o, en cualquier caso, de una apreciación sobre la personalidad del sujeto lesionado contraria a la sugerida previamente por el simple desarrollo de los hechos o por la versión subjetiva de ellos. Pero sin poder –y ésta es la diferencia, a su juicio, respecto a la reintegración en forma específica– "restaurar" la situación preexistente.

[428] Norma asimismo aplicable a las acciones frente a la publicidad ilícita, conforme establece el artículo 6 de la Ley 34/1988, General de Publicidad.

5ª Acción de resarcimiento de los daños y perjuicios ocasionados por la conducta desleal, si ha intervenido dolo o culpa del agente.

6ª Acción de enriquecimiento injusto, que sólo procederá cuando la conducta desleal lesione una posición jurídica amparada por un derecho de exclusiva u otra de análogo contenido económico.

2. En las sentencias estimatorias de las acciones previstas en el apartado anterior, números 1ª a 4ª, el tribunal, si lo estima procedente, y con cargo al demandado, podrá acordar la publicación total o parcial de la sentencia o, cuando los efectos de la infracción puedan mantenerse a lo largo del tiempo, una declaración rectificadora".

Vemos cómo ahora el legislador[429] ha extraído y desvinculado la publicación total o parcial de la sentencia condenatoria del apartado que dedica a la reparación de los daños, tal como resulta del apartado 2, en el que la posibilidad de acordar la publicación o la rectificación se concede cuando la sentencia hubiese estimado las acciones expresadas en los números 1º a 4º –excluyendo precisamente el 5º, relativo a la acción de resarcimiento–, de manera que es evidente que la suerte de la posibilidad de acordar o no la publicación no se subordina al ejercicio exitoso de la acción de resarcimiento. Dicho en otros términos: la indemnización de daños y perjuicios no constituye el "presupuesto insoslayable" para que se pueda acordar tal publicación[430].

Si bien la acción recogida en el número 3º (acción de remoción de los efectos producidos por la conducta desleal) constituye, a mi juicio un auténtica acción de reparación de daños en forma específica, no obstante, la presentación de la medida de publicación como medida de naturaleza común a todos los supuestos de sentencias estimatorias de acciones declarativa de deslealtad, de cesación, de remoción de los efectos producidos por la conducta desleal, así como el hecho de que tales medidas se hayan situado por el legislador en apartado distinto del dedicado a las acciones que corresponden al perjudicado, como, por último, porque, no tratándose de una acción, su concesión depende únicamente de que el juez lo estime procedente, creemos que es evidente la intención del legislador de desvincular la publicación de la sentencia del ámbito de la reparación del daño.

Cabe cuestionarse la coherencia y el acierto de un criterio de tan amplio arbitrio judicial. Su coherencia, por cuanto el ejercicio de ninguna de las demás acciones contempladas por el precepto está condicionado a la libre potestad del juez ni a circunstancia alguna que no sea el cumplimiento de los requisitos que, en cada caso, sean necesarios para que proceda la acción. Y su acierto, en

---

[429] Que ha optado por una redacción prácticamente idéntica a la utilizada en el art. 221-2 LEC, al que más adelante nos referiremos.

[430] Así lo decía la STS 12/06/2007 (4444/2007).

términos de justicia, especialmente, en los daños causados a través del mismo medio.

Por su parte, el artículo 63 de la Ley de Patentes (en adelante, LP) establece que *"(e)l titular cuyo derecho de patente sea lesionado podrá solicitar:*

> *a. La cesación de los actos que violen su derecho.*
> *b. La indemnización de los daños y perjuicios sufridos.*
> *c. El embargo de los objetos producidos o importados con violación de su derecho y de los medios principalmente destinados a tal producción o a la realización del procedimiento patentado.*
> *d. La atribución en propiedad de los objetos o medios embargados en virtud de lo dispuesto en el apartado anterior cuando sea posible, en cuyo caso se imputará el valor de los bienes afectados al importe de la indemnización de daños y perjuicios. Si el valor mencionado excediera del importe de la indemnización concedida, el titular de la patente deberá compensar a la otra parte por el exceso.*
> *e. La adopción de las medidas necesarias para evitar que prosiga la violación de la patente y, en particular, la transformación de los objetos o medios embargados en virtud de lo dispuesto en el apartado c, o su destrucción cuando ello fuera indispensable para impedir la violación de la patente.*
> *f. La publicación de la sentencia condenatoria del infractor de la patente, a costa del condenado, mediante anuncios y notificaciones a las personas interesadas. Esta medida sólo será aplicable cuando la sentencia así lo aprecie expresamente".*

La redacción de este precepto es, como vemos, muy diferente de la del artículo 32 LCD. En esta ocasión, el legislador incluye la publicación de la sentencia en el epígrafe que contiene la relación de acciones que competen al perjudicado, y no en epígrafe aparte, aunque, eso sí, en apartado distinto del dedicado a la indemnización –enunciado en el apartado b) y desarrollado, en cuanto a sus criterios de cálculo, en los artículos 66 a 71–, de modo que el legislador no relaciona aquélla expresamente con una idea de "reparación" o de "resarcimiento".

Pero parece que el propio legislador pretende no asumir del todo la naturaleza de *acción* de esta posibilidad, porque, si bien en una forma diferente a como lo expresa la LCD –que, además de "extraer" la medida de la órbita de las acciones, dice que el tribunal, "*si lo estima procedente (...) podrá acordar*" la medida, donde la LP dice que ésta "*sólo será aplicable cuando la sentencia así lo aprecie expresamente*"– finalmente su materialización se hace depender: o de un juicio de valoración del juez sobre su conveniencia (LCD) o, simplemente, de que éste lo aprecie expresamente (LP). Hemos dicho que el legislador *pretende,* probablemente, a través de este inciso, no asumir la plena naturaleza de acción de la posibilidad de solicitar la publicación. Pero es dudoso que el hecho de que la sentencia deba apreciarlo expresamente cambie en uno u otro sentido la naturaleza de la medida. En realidad, no se encuentra mucho sentido al propio inciso, por cuanto cualquier medida sólo será aplicable "cuando la sentencia lo aprecie expresamente", es decir, ninguna de las pretensiones ejercitadas podrá ejecutarse si no ha sido declarada y reconocida *expresamente* en algún pronunciamiento de la sentencia.

El primer epígrafe del artículo 41 de la Ley 17/2001, de Marcas, enumera, entre las acciones civiles que corresponden al titular de la marca perjudicado:

> *"a) La cesación de los actos que violen su derecho.*
> *b) La indemnización de los daños y perjuicios sufridos.*
> *c) La adopción de las medidas necesarias para evitar que prosiga la violación y, en particular, que se retiren del tráfico económico los productos, embalajes, envoltorios, material publicitario, etiquetas u otros documentos en los que se haya materializado la violación del derecho de marca y el embargo o la destrucción de los medios principalmente destinados a cometer la infracción. Estas medidas se ejecutarán a costa del infractor, salvo que se aleguen razones fundadas para que no sea así.*
> *d) La destrucción o cesión con fines humanitarios, si fuere posible, a elección del actor, y a costa siempre del condenado, de los productos ilícitamente identificados con la marca que estén en posesión del infractor, salvo que la naturaleza del producto permita la eliminación del signo distintivo sin afectar al producto o la destrucción del producto produzca un perjuicio desproporcionado al infractor o al propietario, según las circunstancias específicas de cada caso apreciadas por el Tribunal.*
> *e) La atribución en propiedad de los productos, materiales y medios embargados en virtud de lo dispuesto en el apartado c cuando sea posible, en cuyo caso se imputará el valor de los bienes afectados al importe de la indemnización de daños y perjuicios. Si el valor mencionado excediera del importe de la indemnización concedida, el titular del derecho de marca deberá compensar a la otra parte por el exceso.*
> *f) La publicación de la sentencia a costa del condenado mediante anuncios y notificaciones a las personas interesadas".*

En este último apartado, vemos que no aparece la –a nuestro juicio, como hemos señalado, superflua– mención a la necesidad de que el juez "lo aprecie expresamente".

Por último, el artículo 138 del RDL 1/1996, según la redacción establecida por la Ley 23/2006, de 7 de julio, por la que se modifica el texto refundido de la Ley de Propiedad Intelectual, establece que:

> *"El titular de los derechos reconocidos en esta Ley, sin perjuicio de otras acciones que le correspondan, podrá instar el cese de la actividad ilícita del infractor y exigir la indemnización de los daños materiales y morales causados, en los términos previstos en los artículos 139 y 140. También podrá instar la publicación o difusión, total o parcial, de la resolución judicial o arbitral en medios de comunicación a costa del infractor.*
>
> *Asimismo, podrá solicitar con carácter previo la adopción de las medidas cautelares de protección urgente reguladas en el artículo 141".*

Que el propio Tribunal Supremo tampoco tiene clara la naturaleza ni el fundamento de la medida que analizamos se evidencia en la sentencia de 12 de junio de 2007[431], en la que, tras denegar la publicación por vincular la posibilidad de su acuerdo a la condena a la indemnización de daños y perjuicios –lo cual en el supuesto no tuvo lugar–, añade: *"Además, la condena tiene fundamento razonable en la información a los consumidores de la realidad empresarial, así como en el derecho de las actoras a que esa información tenga lugar en protección de sus productos"*. Relaciona así el alto Tribunal el fundamento de la medida con lo establecido en el artículo 221-2 de la Ley de Enjuiciamiento Civil, a propósito de las sentencias dictadas en procesos promovidos por asociaciones de consumidores o usuarios:

> *"En las sentencias estimatorias de una acción de cesación en defensa de los intereses colectivos y de los intereses difusos de los consumidores y usuarios el Tribunal, si lo estima procedente, y con cargo al demandado, podrá acordar la publicación total o parcial de la sentencia o, cuando los efectos de la infracción puedan mantenerse a lo largo del tiempo, una declaración rectificadora".*

Algunas resoluciones, no obstante, mantienen su atención sobre el segundo de los fundamentos expresados por la última sentencia citada: la perspectiva del autor-infractor, y los efectos que dicha publicación habría de producir en esa relación, pero no respecto de terceros indeterminados. En este sentido, dice la sentencia de la Audiencia Provincial de Alicante 9 de enero de 2007[432]:

> *"El recurrente viene ahora dar las razones que justifican la petición de publicación y sostiene que el hecho de acceso libre y gratuito a un libro digitalizado por parte de una multitud de usuarios de la página web de los codemandados que ignoran la existencia de la infracción, poseen la capacidad basada en la ignorancia, de difusión y reproducción de la obra descargada ampliando los daños de la editorial. Un segundo argumento*

[431] 4444/2007.

[432] 470/2007.

se emplea por el recurrente, el de la trascendencia de la controversia enjuiciada. Pues bien, y obviando el segundo de los argumentos que se ofrecen por el recurrente, que es puramente publicitario y con trazos de una pretendida «prevención general» ante infracciones de la naturaleza de la que aquí descrita, desde luego, ajenos a las razones legales que se desprenden del artículo 138 de la Ley de Propiedad Intelectual , que por el contrario, parece vincular dicha acción a la reparación misma del derecho infringido con un doble efecto, como una forma de resarcimiento in natura junto con una forma de cese de los efectos de la infracción, nos encontramos ante una perspectiva desde la que difícilmente puede aceptarse la pretensión ejercitada en el caso de publicación de la sentencia ya que no se advierte de qué modo con la publicación cesarían los efectos de una infracción ya cedida por voluntad expresa, pre-procesal, del infractor, no pudiendo aceptarse que con ella se puedan prevenir futuras infracciones de terceros ajenos al procedimiento, ya que la publicación que refiere la ley lo es en relación al derecho infringido, desde la relativa perspectiva del autor-infractor, y por tanto, en relación a los efectos que dicha publicación habría de producir en esa relación, pero no respecto de terceros indeterminados, ya que en estos casos, pesaría más el carácter sancionador al infractor, atribuyéndole una conducta infamante muy por encima de los objetivos que la acción pretende que, como hemos señalado, son la reparación y el cese de la infracción. En el caso, tanto lo uno como lo otro, ya se ha producido y a sus efectos, resulta inútil la publicación de la sentencia".

3. Los argumentos legales y doctrinales a favor de la tesis del carácter restablecedor o reintegrador de la medida

El artículo 9-2 de la Ley Orgánica 1/1982, de protección civil del derecho al honor, a la intimidad personal y familiar y a la propia imagen, en su redacción anterior a la Ley Orgánica 5/2010, de 22 de junio, que modificó dicho precepto, decía:

> *"La tutela judicial comprenderá la adopción de todas las medidas necesarias para poner fin a la intromisión ilegítima de que se trate y restablecer al perjudicado en el pleno disfrute de sus derechos, así como para prevenir o impedir intromisiones ulteriores. Entre dichas medidas podrán incluirse las cautelares encaminadas al cese inmediato de la intromisión ilegítima, así como el reconocimiento del derecho a replicar, la difusión de la sentencia y la condena a indemnizar los perjuicios causados".*

Este precepto era interpretado por NAVEIRA ZARRA como revelador de la inclusión de la medida de publicación de la sentencia condenatoria dentro de las medidas de reparación específica del daño[433]. Sin embargo, esta interpretación queda en tela de juicio a la vista de la nueva redacción del artículo 9-2 de la LO 1/82, el cual especifica ahora que la publicación de la sentencia es una medida de *restablecimiento del derecho violado*, lo cual la sitúa en el ámbito de la reintegración o restitución del derecho:

> *"2. La tutela judicial comprenderá la adopción de todas las medidas necesarias para poner fin a la intromisión ilegítima de que se trate y, en particular, las necesarias para:*
> *a) El restablecimiento del perjudicado en el pleno disfrute de sus derechos, con la declaración de la intromisión sufrida, el cese inmediato de la misma y la reposición del estado anterior. En caso de intromisión en el derecho al honor, el restablecimiento del derecho violado incluirá, sin perjuicio del derecho de réplica por el procedimiento legalmente previsto, la publicación total o parcial de la sentencia condenatoria a costa del condenado con al menos la misma difusión pública que tuvo la intromisión sufrida.*
> *b) Prevenir intromisiones inminentes o ulteriores.*
> *c) La indemnización de los daños y perjuicios causados.*
> *d) La apropiación por el perjudicado del lucro obtenido con la intromisión ilegítima en sus derechos.*
> *Estas medidas se entenderán sin perjuicio de la tutela cautelar necesaria para asegurar su efectividad".*

El legislador presenta ahora una mejor sistematización del abanico de acciones que pone a disposición del perjudicado por la intromisión ilegítima, distinguiendo medidas de reintegración o restitución (a), medidas de tutela inhibitoria (b) y medidas de reparación (c)[434], sin perjuicio de la tutela cautelar, común a todas ellas. Y el legislador especifica ahora que la publicación de la sentencia es considerada una medida de *restablecimiento del derecho violado*.

---

433 *"(E)xisten casos en los que el daño no patrimonial se entiende reparado, al menos, parcialmente, en forma específica: así ocurre, a veces, en materia de lesiones al honor, a la intimidad o a la propia imagen, en donde se identifica la publicación de la sentencia condenatoria con una especie de reparación* in natura*"* [NAVEIRA ZARRA, M.M. (2004), p. 54].

434 Queda por aclarar la naturaleza jurídica de la extraña medida contenida en el artículo 9-2-d). Como es sabido, la anterior redacción del artículo 9 de la Ley consideraba el beneficio que hubiera obtenido el causante de la lesión como consecuencia de la misma, como una de las pautas para calcular la indemnización de los daños y perjuicios. Tal previsión era objeto de acendradas críticas por una buena parte de la doctrina, por suponer una cuña punitiva que conlleva una importante quiebra en un sistema de daños, como el nuestro, eminentemente –si no exclusivamente– resarcitorio. Sin embargo, la reforma no va a acallar, previsiblemente, estas críticas, que ahora no irán dirigidas contra el tinte punitivo de la medida, pero sí contra el evidente enriquecimiento injusto del perjudicado y contra una nueva quiebra de la función resarcitoria, por cuanto dicho perjudicado verá sus daños indemnizados en exceso. Ello, a menos que la cantidad que pudiera obtener en tal concepto fuese directamente aplicada a la indemnización y computada dentro de ésta, aunque, eso sí, hasta la cantidad en que realmente se hayan producido y valorado los daños.

Ésta es también la tesis sustentada, dentro de nuestras fronteras, por PANTALEÓN PRIETO[435], MEDINA ALCOZ[436] o RODRÍGUEZ FERNÁNDEZ[437], para quien la publicación de la declaración de la violación del derecho subjetivo es la medida restablecedora por excelencia, "sin incidencia alguna inmediata en la procedencia de la sanción o de la indemnización"[438], por cuanto:

- el derecho al honor se proyecta sobre la esfera de la "consideración ajena"; el honor se vulnera con un acto comunicativo, que crea una determinada situación material, un determinado "estado de cosas";

- la tutela restablecedora pretende siempre el cese y remoción de un determinado estado de hecho, de una realidad;

- por tanto, el restablecimiento *in natura*[439] de la situación (el desmerecimiento en la consideración ajena) sólo se consigue mediante otro acto comunicativo de signo contrario[440].

La jurisprudencia italiana es contradictoria en lo que se refiere a la configuración de la naturaleza jurídica de la publicación de la sentencia, pudiendo encontrar, junto a pronunciamientos a favor de la consideración de la misma como una medida de pura reintegración[441], otras resoluciones que la configuran como *"una forma de resarcimiento en forma específica con altísima eficacia reparatoria del honor del ofendido"*[442].

Entre la doctrina italiana, incluyen esta medida en el ámbito de la reintegración, entre otros, FRANZONI[443] o MANDRIOLI[444], según el cual la reparación del daño, como efecto de la publicación, no es inmediato y directo, sino más bien mediato o indirecto: es un efecto que se puede realizar a través de la remoción de su causa. En estos supuestos, la publicación, en cuanto persigue la eliminación en el ánimo de los ciudadanos de la opinión lesiva para la integridad moral ajena, creada y difundida por el delito, representa el equivalente

---

435 PANTALEÓN PRIETO (1996), p. 1.

436 MEDINA ALCOZ, M. (2010) p. 656.

437 RODRÍGUEZ FERNÁNDEZ, I. (2009), pp. 112, 120-121.

438 *Ibid.*, p. 120.

439 O lo que el autor, muy expresivamente, llama la "refamación" (*Ibid.*, p. 121).

440 Se cumple, así, el llamado criterio de equivalencia cualitativa entre el daño y su reparación, exigido por cierto sector de la doctrina francesa, por el cual se requiere, para que la reparación específica sea operativa, que el modo de reparación elegido sea adecuado para resarcir el concreto daño sufrido, porque ocurre, en ocasiones, que aun siendo posible acudir a ciertas formas de reparación específica, éstas no ofrecen una respuesta adecuada en relación al perjuicio que hay que reparar [*Vide* NAVEIRA ZARRA, M.M. (2006), p. 219].

441 Cass. 07/03/1991, n. 2426, FI, 1991, I, 2082.

442 Cass. 01/03/1993, n. 2491, DInf, 1993, 383.

443 FRANZONI, M. (1995), p. 711.

444 MANDRIOLI, D. (1922), p. 402.

de las acciones reales: tiende a restablecer la integridad del lesionado –lo que constituye una facultad implícita en la protección jurídica de la personalidad– y se mantiene en el ámbito de la reintegración.

Por mi parte, considero que, en la mayoría de los supuestos de intromisión ilegítima, la difusión de la sentencia tiene efectos reintegratorios, pero ello no significa que sólo pueda tener efectos de esta índole. El hecho de que el artículo 9-2 analizado excluya la medida de lo que considera "reparación" es lógico, si se piensa que el único concepto de reparación que el propio legislador identifica es el de *resarcimiento*, *reparación por equivalente* o *indemnización pecuniaria*; la propia doctrina parece asumir esta identificación: RODRÍGUEZ FERNÁNDEZ entiende que "la reintegración del derecho violado no puede extenderse al ámbito de la *indemnización económica*"[445] y MEDINA ALCOZ[446] no contempla la reparación específica entre las opciones que corresponden al perjudicado por una intromisión ilegítima, al amparo de la Ley Orgánica 1/1982, cuando considera que el legitimado cuenta, en la vía civil, con las acciones inhibitorias o preventivas (como la de abstención), las acciones de reintegración (las tendentes a la cesación y las de remoción –incluyendo entre éstas últimas la retractación o rectificación, el derecho de réplica y el derecho a la difusión de la sentencia–) y la *acción indemnizatoria* de los daños y perjuicios sufridos[447].

Sin embargo, a mi juicio, si no identificamos *reparación* con *resarcimiento económico*, y aceptamos la posibilidad y virtualidad de una reparación en forma específica, concebida ésta como la posibilidad de desarrollar una actuación o conjunto de actuaciones que, por vías diversas, tiende a hacer desaparecer las consecuencias del daño, nada obsta a que la publicación de la sentencia, además de tener un efecto reintegrador, pueda tener también, *indirectamente*[448], un efecto reparador[449].

---

445 *Ibid.*, p. 112.

446 MEDINA ALCOZ, M. (2010), p. 631.

447 Aún más, MEDINA ALCOZ [(2005), p. 493)] considera que el fin al que sirve la responsabilidad civil es que "quien resulte perjudicado por un daño que injustamente le cause otro, reciba una cantidad (indemnización) que le recomponga el desequilibrio producido y de la que ha de hacerse cargo el responsable del mismo, trasladándosele, en definitiva, las consecuencias económicas del menoscabo".

448 Como dice MANDRIOLI [(1922) p. 405], "es un efecto que se puede realizar a través de la remoción de su causa".

449 Pensemos, por ejemplo, en un caso de consecuencias negativas personales de una difamación: una publicación difamatoria provoca que una persona que estaba a punto de ser propuesta para ser galardonada con una determinada mención ya no lo sea, lo cual es una consecuencia de la difamación. El único modo de eliminar ese efecto negativo en el honor del afectado, para poder recuperar su vocación al galardón, es, precisamente, la "refamación". Y lo mismo podría decirse de las consecuencias dañosas patrimoniales de la difamación, si, por ejemplo, lo que hace retroceder es un contrato beneficioso para el afectado.

CAPÍTULO CUARTO
LA OPERATIVIDAD DE LA REPARACIÓN EN FORMA ESPECÍFICA

I. LA NATURALEZA DE LA RELACIÓN ENTRE LAS FORMAS DE REPARACIÓN

La doctrina española mayoritaria parece asumir como un dogma la supuesta preferencia –cuando menos meramente ontológica o existencial, si no práctica– de la reparación específica sobre la reparación pecuniaria, pero es necesario analizar si esta proclamación resulta suficientemente justificada. En otras palabras, debemos averiguar si tal tendencia cae en la "trampa naturalística" a la que alude la doctrina italiana.

Parece que, *a priori*, las dos formas reparatorias –específica y por equivalente– sólo podrían hallarse entre sí en una de estas dos relaciones: o bien una de ellas es preferente, siendo la otra subsidiaria (pudiendo, en principio, considerar que cualquiera de las dos formas puede hallarse en una u otra de las posiciones en esta relación), o bien ambas formas se hallan en una posición de igualdad.

En el primer caso, la relación de preferencia/subsidiariedad es contemplada por la doctrina y la jurisprudencia, como veremos seguidamente, de forma muy diversa, pues mientras que algunos autores sostienen que la facultad de esgrimir esa preferencia corresponde sólo al perjudicado, otros sostienen que una estricta coherencia con la tesis de la preferencia "existencial" de la reparación específica sobre la reparación por equivalente implicaría que tal preeminencia no debería depender del sujeto interesado o no en la misma, de forma que entonces tanto el lesionado como el agente tendrían que tener derecho a optar por la reparación en forma específica[450], no faltando tampoco autores que entienden que el juez es quien debe decidir la forma de reparación.

Si se considera, por el contrario, que ambas formas reparatorias se hallan recíprocamente en situación de igualdad, como el único supuesto de esta na-

---

[450] LACRUZ BERDEJO, J.L. (2009), p. 489.

turaleza regulado por nuestro ordenamiento jurídico es el de las obligaciones (contractuales) alternativas, es a este régimen al que habitualmente suele remitirse la caracterización jurídica de la relación que media entre las dos formas de reparación del daño. Ahora bien, la facultad de elegir la prestación en las obligaciones alternativas puede concederse tanto al acreedor como al deudor: es necesario analizar si este esquema sería trasladable al ámbito que estudiamos.

1. La tesis de la preferencia de la reparación en forma específica

Algunas sentencias sostienen que la interpretación tradicional del Tribunal Supremo en materia de defectos constructivos ha sido la de que *"no existe opción para el perjudicado sino que, en efecto, la reparación por equivalente es subsidiaria a la reparación en forma específica"*[451].

Ahora bien, como ya hemos señalado, una estricta coherencia con la tesis de la preferencia "existencial" o absoluta de la reparación específica sobre la reparación por equivalente implicaría que tal preeminencia no debería depender del sujeto interesado en la misma, de forma que entonces tanto el lesionado como el agente tendrían que tener derecho a optar por la reparación en forma específica.

En efecto, una de las posibles interpretaciones consiste en atribuir siempre a la reparación en forma específica preferencia sobre la reparación por equivalente, de tal modo que cuando la primera sea posible y no resulte excesivamente onerosa para el responsable se imponga de manera automática sobre el remedio pecuniario. En este caso, la reparación *in natura* se presenta como regla general y el resarcimiento en dinero, como remedio subsidiario o excepcional y, por ello, tanto el perjudicado como el responsable pueden optar por la reparación específica[452]. Es decir, puede el perjudicado exigir esa forma de resarcimiento en contra de la voluntad del responsable –salvo que éste consiga probar la concurrencia de onerosidad excesiva–, del mismo modo que este último puede prestarla en contra de la voluntad de aquél –salvo que dicha forma de reparación entrañe para la víctima un peligro o inconveniente–. Ahora bien, fuera de estas hipótesis parece que tal principio podría derogarse, operando la reparación pecuniaria en vez de la específica, mediante el acuerdo o la conformidad de ambas partes para recurrir a dicha modalidad reparadora.

---

451 STS 05/04/2006 (1855/2006); SSAP AB 04/05/2001 (396/2001) y M 28/07/2003 (9257/2003).

452 Sería, obviamente, absurdo que la regla de la preferencia se pretendiese aplicar con carácter necesario, cuando ninguna de las partes tuviera interés en ella.

En la primera de las líneas argumentales antes trazadas, DE ÁNGEL YÁGÜEZ[453], aun admitiendo que la pecuniaria es la forma de reparación típica o normal, afirma que *"en teoría no cabe duda de que la reparación en forma específica es la forma natural y primera de indemnización, entendido este concepto como acción de dejar indemne a la víctima"*. Para DÍEZ PICAZO Y PONCE DE LEÓN[454], "*la forma ideal de lograr la reparación es, sin duda, la de colocar al perjudicado en situación idéntica a la que tenía antes del actuar ilícito, lo cual requiere, como es obvio, que tal situación pueda restablecerse.*

SANTOS BRIZ[455] afirma que, a pesar de que en nuestro vigente Derecho civil no hay una formulación expresa de principios generales sobre la reparación de daños, es principio de general aplicación en las legislaciones el de la reparación de daños en forma específica. Si el dañador –dice el autor– ha ocasionado un menoscabo en la esfera jurídica de otra persona, es lógico que la reparación debida consista en reintegrar esa esfera lesionada a su estado anterior a la causación de un daño (*restitutio in integrum*) *(sic)*. Solamente cuando no es posible esa reintegración al estado originario se acude a verificar la reparación en dinero, entregando al perjudicado una equitativa indemnización. El principio de indemnización en dinero sería, pues, la excepción.

En el ámbito de los daños derivados de incumplimiento de contrato, el mismo autor afirma la *"prevalencia del criterio de la indemnización o prestación del* id quod interest *sólo cuando no sea posible el cumplimiento de la prestación en forma específica, tal como fue pactada, tal como se deduce del artículo 1096"*[456]. Para las obligaciones extracontractuales, el Código Civil no contiene disposición alguna, salvo la muy genérica de que el daño sea reparado. Esta falta de disposición expresa y la diferencia entre la naturaleza de la obligación de indemnizar y la de la derivada del incumplimiento de contrato ha originado vacilaciones en la doctrina en cuanto al principio a aplicar a la reparación extracontractual y llevado en ocasiones a la jurisprudencia a distinguir la "reparación" de la que habla el artículo 1902, de la "indemnización" a la que alude el artículo 1101. El autor, sin embargo, estima que el silencio

[453] DE ÁNGEL YAGÜEZ, R. (1993), p. 907.

[454] No obstante, el ilustre civilista afirma que "en nuestro Derecho positivo, la indemnización es siempre una obligación pecuniaria, por lo que la llamada restitución *in natura* debe considerarse como objeto de la pretensión de cumplimiento y no como una variante del derecho al resarcimiento. Es una obligación pecuniaria, que debe ser considerada, dada su naturaleza, como deuda de valor, no como deuda de dinero" [DÍEZ PICAZO Y PONCE DE LEÓN, L. (2009), p. 782]. Se adscribiría así, en realidad, a la tesis doctrinal que excluye a la reparación en forma específica de la órbita de la reparación del daño.

[455] SANTOS BRIZ, J. (1984), p. 187.

[456] *Ibid.*, p. 189, confundiendo, a mi juicio, el cumplimiento forzoso de la obligación y la reparación específica del daño contractual, confusión en la que también incurre la STS 09/11/1968, citada por el autor en la p. 191.

al respecto del artículo 1902 ha de interpretarse en el sentido de que también para el ámbito extracontractual debe darse preferencia a la reparación en forma específica, siendo el juez, según las circunstancias del caso, el que determinará la forma de resarcimiento. Y ésta es también la tendencia mayoritaria de la jurisprudencia, cuyo punto de partida es la constatación de que, dada la generalidad del artículo 1902, éste comprende cuantas formas de reparación sean eficaces para conseguir la del daño causado y en él no se establece ninguna preferencia a favor de la reparación específica, si bien tampoco puede decirse que prohíba adoptarla cuando las circunstancias del caso lo permiten[457].

Según LACRUZ[458], *"la forma más adecuada de reparar el daño es, sin duda, la de reponer al perjudicado en una situación igual a la que existía antes de la causación del perjuicio. Pero eso sólo puede ocurrir cuando el* status quo ante *sea reiterable e incluso entonces parece que no cabría obligar al culpable a la reposición o reparación si éstas resultan excesivamente onerosas en relación con el daño causado"*. Para el ilustre profesor, bajo la expresión "reparar el daño causado" utilizada en el artículo 1902 subyace un derecho preferente a la reparación *in natura* –taxativamente establecido, por otra parte, por el artículo 102 del Código Penal– por cuanto tal reparación del daño causado se consigue más exactamente reponiendo las cosas a su estado primitivo si ello es posible.

También NAVEIRA ZARRA[459] cree acertadas la doctrina y la jurisprudencia que sostienen la preferencia del resarcimiento *in natura* frente a la reparación pecuniaria, a falta de elección del perjudicado, siempre y cuando la primera resulte posible y no sea excesivamente onerosa para el responsable. La razón por la que acoge esta solución es que, a su juicio, no cabe duda de "la mayor perfección que entraña para el perjudicado el restablecimiento o reposición de la situación material que existía con anterioridad al evento dañoso, la cual le permite gozar de las mismas utilidades que a causa de éste había perdido, frente a la entrega de una simple cantidad de dinero con la que procurarse las utilidades o satisfacciones que estime oportunas". En su opinión, si bien es cierto que con ninguno de estos modos de reparación se consigue borrar o eliminar el daño, tarea ésta imposible de lograr, no lo es menos que con la primera de las fórmulas descritas se consigue un aparente retorno al momento anterior a la causación del perjuicio. Pero es que, para la autora que citamos, además, la opción contraria, es decir, no considerar que la reparación por equivalente ocupe

---

457 *Ibid.*, pp. 190-192.

458 LACRUZ BERDEJO, J. (2009), p. 489.

459 NAVEIRA ZARRA, M. (2006), p. 257.

una posición subsidiaria en el sistema resarcitorio español, supondría admitir o permitir la causación de daños con la única condición de pagar por ellos[460].

Por las razones expuestas, NAVEIRA ZARRA considera que, en defecto de elección por parte del perjudicado de la forma en que quiere ver resarcido su perjuicio, la reparación deberá llevarse a cabo prioritariamente en forma específica, recurriendo a la reparación por equivalente con carácter subsidiario para los casos en que aquella otra no sea posible, resulte excesivamente onerosa para el responsable o no compense enteramente el perjuicio irrogado al sujeto dañado.

Aunque partiendo de una afirmación tan "neutral" como la de que la inexistencia en nuestro Derecho positivo de principios generales rectores de la indemnización de los daños y perjuicios es un vacío que *"autoriza a interpretar que el concepto de reparación en que se manifiesta la responsabilidad del dañador comprende, tanto en la esfera contractual como en la extracontractual, sanciones bastantes en cada caso a lograr la indemnidad, que es el único designio de la norma"*[461]), la idea dominante en la relativamente escasa jurisprudencia patria acerca de la reparación específica es también la de la preferencia de ésta sobre la(s) otra(s) forma(s) de reparación, cuando menos –y casi siempre– en el plano teórico. Especialmente en el ámbito de la responsabilidad por ruina –tal como ya hemos analizado–, es frecuente la afirmación de que *"debe (primordialmente) subsanar las imperfecciones y adecuar la obra a los términos convenidos, lo cual constituye una obligación de hacer (reparación in natura), que ha de ser cumplida en forma específica"*[462].

---

460 *Ibid.*, p. 258. Supondría, empleando los términos utilizados por CALABRESI y MELAMED [CALABRESI, A. y MELAMED, A.D. (1997), p. 187], la conversión de reglas de propiedad en reglas de responsabilidad. La mayor parte de los derechos e intereses jurídicamente tutelables y susceptibles de ser dañados por terceros se encuentran protegidos en nuestro Ordenamiento jurídico por medio de reglas de propiedad, lo que significa que su titular puede ceder o transmitir el derecho o interés en cuestión a cambio del precio que estime oportuno –excluyendo los bienes de la personalidad–. De este modo, tanto la decisión de efectuar la transmisión del derecho o interés como la decisión acerca del valor que se quiere otorgar al mismo se someten enteramente a la libre voluntad de los interesados. Sin embargo, cuando uno de esos derechos o intereses resulta infringido por un tercero se priva a su titular de la posibilidad de decidir sobre su cesión. Ésta queda al arbitrio de la voluntad del sujeto infractor que, con la sola condición de indemnizar los daños causados a su titular, puede utilizar en su propio provecho el derecho o interés ajeno. Así, se corre el riesgo de convertir las reglas de propiedad que protegen derechos e intereses en reglas de responsabilidad, en virtud de las cuales el titular de tales derechos o intereses podría ser privado de ellos con absoluta independencia tanto de su deseo de llevar a cabo un intercambio voluntario como del precio que hubiera exigido para concretarlo.

461 SSTS 13/04/1987 (8911/1987) y 28/04/1992 (3467/1992).

462 SSTS 03/07/1989 (3968/1989); 12/12/1990 (9140/1990); 02/12/1994 (19503/1994); 17/03/1995 (1616/1995); 13/07/2005 (4759/2005) y 27/09/2005 (5579/2005); SSAP B 17/01/2006 (600/2006) y 17/03/2009 (2158/2009).

Para CARRASCO PERERA[463], la cuestión de si existe una primacía de la reparación del daño en forma específica, incluso, si esta pretensión es admisible como tal, suele ser planteada por la jurisprudencia como puro formalismo, adoleciendo las decisiones de una racionalización muy superficial, que no aclara de un modo definitivo si la responsabilidad/incumplimiento que nace de la existencia de defectos ruinógenos jerarquiza de alguna forma los remedios disponibles por el acreedor.

No obstante, otro importante sector de la jurisprudencia considera que *"la literalidad de los artículos 1.101 y 1.591 del Código Civil no es lo suficientemente especificatoria de la prioridad de la reparación in natura o in genere sobre la reparación crematística del daño y perjuicio inferido por las deficiencias constructivas"*[464] o que *"la norma legal (el artículo 1591) no exige que se solicite un cumplimiento en forma específica (...) tal responsabilidad genéricamente establecida debe comprender tanto la reparación in natura como la sustitución por el equivalente"*[465].

Si efectuamos una prospección de la doctrina italiana, vemos que la misma idea de la preferencia de la forma específica de reparación es sostenida, en Italia, por POGLIANI, DE CUPIS y FRANCESCHETTI. POGLIANI[466] afirma que la obligación de reparar el daño resulta satisfecha de la manera más plena y completa mediante la restauración (*repristino*) de la situación resultante de la lesión y que la reintegración en forma específica del patrimonio del acreedor *–restitutio in integrum– (sic)* constituye el remedio más eficaz y que mejor responde a la exigencia natural tanto individual como colectivamente, tanto que, desde el punto de vista histórico, aparece como el más remoto sistema de resarcimiento. Las Doce Tablas imponían la restitución de la cosa dañada y no

---

463 CARRASCO PERERA [(2006), pp. 2-3]. En el específico ámbito que el autor estudia, *"la racionalización de las decisiones en el proceso constructivo se queda poco más que en la cita de algunos preceptos sueltos, que nunca dicen lo que los tribunales dicen que dicen, y que, en cualquier caso, deberían ser el inicio, no el final del proceso constructivo. En la responsabilidad extracontractual, el problema se ha focalizado agudamente en las hipótesis de daños a vehículos, cuando el coste de reparación es superior al valor venal del automóvil. En la responsabilidad contractual, la* sedes materiae *casi exclusiva se encuentra en la controversia que suele tener lugar entre comunidades de propietarios actoras y los legitimados pasivos de la responsabilidad por ruina, cuando aquélla pretende que los demandados sean condenados al pago de una cantidad de dinero en concepto de reparación sustitutiva, que la comunidad actora ya acometió por su cuenta antes del proceso, o que piensa acometer en el futuro encargando a un tercero su realización material. Esta controversia no deja de estar de moda, precisamente porque no está bien resuelta"*. Que el asunto es de importancia lo demuestra, a juicio del autor, la progresión creciente de casos en la jurisprudencia del Tribunal Supremo con el correr de los años.

464 SSTS 07/05/2002 (3201/2002) y 29-5-2008 (2933/2008); SAP LU 02/11/2005 (1032/2005).

465 STS 27/11/2007 (7775/2007); SSAP OU 14/07/2008 (493/2008); M 16/04/2008 (8498/2008); TO 29/01/2007 (73/2007).

466 POGLIANI, M. (1964), p. 418.

fue hasta la *Lex Aquilia* cuando se delinea el sistema de resarcimiento por el equivalente pecuniario.

También para DE CUPIS[467], el resarcimiento por equivalente es un medio prevalente respecto a la reintegración en forma específica. Este autor admite que la reintegración es un remedio más eficaz que el resarcimiento, por cuanto aun no eliminando el daño de la realidad histórica, llega a crear una situación que materialmente se corresponde a la que existiría en ausencia del daño, por lo que viene a significar un resultado superior al obtenido con el equivalente económico que se realiza a través del resarcimiento. Sin embargo, el propio autor reconoce que, aun siendo esta afirmación innegable desde un punto de vista abstracto, se contradice con otra: que en la normalidad de los casos el resarcimiento constituye la regla general respecto a la reintegración, por los graves inconvenientes que ésta presenta en la práctica.

FRANCESCHETTI[468], incluso, atribuye un cierto carácter peyorativo al "sólo" utilizado por la expresión del legislador italiano (*"el juez puede disponer que el resarcimiento se haga* sólo *por equivalente, si la reintegración no es posible")*, que parece revelar por parte del mismo una menor consideración del resarcimiento por equivalente respecto a la *reintegración en forma específica.* Y ésta es la tesis mayoritaria de la jurisprudencia italiana, que suele mostrar declaraciones sobre una posición jerárquica entre ambas formas de reparación, refiriéndose a la modalidad específica como el modo primario o atribuyendo al resarcimiento por equivalente el carácter de un *minus* o un sustitutivo subsidiario de la reintegración en forma específica.

Sin embargo, tal como han señalado SANTOS BRIZ[469] y DE CUPIS[470], esa pretendida preferencia "ontológica" de la reparación en forma específica se desmorona cuando se la hace descender a la vida real, por una serie de factores que eventualmente la imposibilitan u obstaculizan: la desaparición de la posibilidad de restituir la cosa o de hallar el remedio de entregar cosa análoga en caso de destrucción de cosas no fungibles, de forma que la reintegración en forma específica sólo es posible si concurren determinados presupuestos, mientras que el resarcimiento por equivalente es siempre posible; o la falta de aptitud o idoneidad de la reintegración en forma específica para proyectarse al pasado –siendo un remedio imposible para el daño *medio tempore*– o para reparar integralmente el daño; o la insuficiencia de la reintegración en forma específica cuando queda un residuo entre la situación creada por ella y la anterior a la producción del daño –como la cosa deteriorada mal reparada–; o el hecho de

---

467 DE CUPIS, A. (1975), p. 830.

468 FRANCESCHETTI, P. (2009), p. 339.

469 SANTOS BRIZ, J. (1984), p. 187-188.

470 DE CUPIS, A. (1975), pp. 831-832.

que la reparación *in natura* debe ceder, frente al resarcimiento por equivalente, en caso de infungibilidad del objeto o de excesiva onerosidad de la prestación. Amén de la posibilidad de concurrir otras razones de inconveniencia práctica, como que la reintegración en forma específica puede requerir un tiempo considerable, o que, en caso de entrega de cosas análogas, pertenecientes al mismo género, puedan surgir discrepancias sobre la determinación de cuál sea éste. A los inconvenientes de la reintegración en forma específica se contraponen la simplicidad y la universalidad del resarcimiento por equivalente, lo que lo convierten en la forma más práctica de reparación y relega a la primera a remedio de carácter excepcional, y, en definitiva, a una situación de inferioridad.

SANTOS BRIZ reconoce, asimismo, que el reflejo práctico de esta aparentemente clara ordenación entre principio general y su excepción, ante los múltiples supuestos a disciplinar, entraña en muchas ocasiones grandes dificultades, teniendo en cuenta factores como el grado de culpa, el daño material, el lucro cesante, el valor común, el valor de afección, el *pecunia doloris*, la compensación de beneficios con daños, la compensación de culpas, la concurrencia de varios agentes, el caso de perjuicios a tercero, etc.

Ya nos hemos referido a la confusión reinante entre los conceptos de *cumplimiento o ejecución forzosa en forma específica* y *reparación del daño en forma específica*, circunstancia que abona la opinión, sostenida por algunos autores –especialmente italianos–, de que la "trampa naturalística" de la tesis de la preferencia –e incluso la existencia misma– de la reparación en forma específica no es sino la consecuencia de una inconsciente remisión al concepto de cumplimiento (*in natura* y por equivalente).

Pero, quizá, la explicación más cercana de esta realidad es la ofrecida por SCOGNAMIGLIO[471]: la preferencia responde a la "propia lógica inmanente del derecho", que exige la reposición original de la situación perturbada por el ilícito; es innegable que el derecho tiende por su propia fuerza lógica a actuarse, en caso de transgresión, a través de la reintegración, pero también ha de reconocerse que tal efecto es remontable a su más genérica y fundamental instancia, y predicable como efecto de todo precepto jurídico, traspasando los estrechos límites de la responsabilidad civil. En los términos utilizados por SALVADOR CODERCH y CASTIÑEIRA PALOU[472], "el restablecimiento del orden jurídico alterado por la comisión del ilícito no es particularidad alguna del Derecho de daños, sino algo consustancial a todo el ordenamiento jurídico.

---

471 SCOGNAMIGLIO, R. (1996), p. 540.

472 SALVADOR CODERCH, P. y CASTIÑEIRA PALOU, M.T. (1997), p.111.

2. La tesis de la preferencia de la reparación por equivalente

Si bien esta postura no aparece abiertamente asumida por ninguno de los autores patrios consultados[473], esta tesis cuenta, paradójicamente, con un gran respaldo por parte de la doctrina italiana. Según ha escrito CECCHERINI[474], el actual sistema italiano, siguiendo el modelo francés, parece prever como regla general el resarcimiento por equivalente, mientras coloca, al menos aparentemente, el resarcimiento o reintegración *in natura* en una posición subordinada. El artículo 2058 del *Codice civile* limita la aplicación de este remedio a la subsistencia de ciertas condiciones de admisibilidad (eventualmente no compatibles con los criterios económicos que rigen el resarcimiento por equivalente). Ambas formas de tutela resarcitoria, por equivalente y en forma específica, pueden utilizarse como modalidades alternativas y/o concurrentes, y la preferencia por una u otra no es sino una preferencia de política legislativa. En el primer caso, secunda los valores que en una economía de mercado estimulan la valoración en dinero, como instrumento esencial y óptimo para medir la entidad del perjuicio; esta función de tutela de la propiedad privada y del derecho subjetivo, a juicio de la autora, resulta un criterio inadecuado de medida de todo el sistema de responsabilidad, ante la emergencia de "intereses no propietarios", por otra parte de difícil evaluación económica.

La prevalencia en la práctica de la condena pecuniaria en la que, a la postre, se debe resolver en la mayoría de los casos la reintegración en forma específica, es invocada, de contrario, para afirmar que ésta resulta, más que una diversa modalidad del daño, un diverso criterio de cuantificación, actuando por medio de la liquidación de una suma pecuniaria.

En similar sentido, SALVI[475] cree que la primacía del resarcimiento por equivalente se explica fácilmente con la función de compensación económica –y, en consecuencia, de garantía de los valores patrimoniales– que la responsabilidad por daños ha mantenido durante mucho tiempo casi como exclusiva, congruente con un sistema de economía de mercado. Y tal función conserva aún un papel central, pero es un hecho que la responsabilidad por daños se ha ido haciendo progresivamente cargo de funciones y campos de intervención nuevos y diferentes respecto a la finalidad tradicional de compensación pecuniaria de los daños patrimoniales, a partir del peso creciente adquirido por figuras de daños en las cuales está ausente la nota de la patrimonialidad. Respecto a ellos,

---

[473] Sin perjuicio de la posición, a la que ya nos hemos referido, muy común –aunque no siempre proclamada– entre nuestra doctrina, como ya hemos expresado, que supone, no ya una preferencia, sino una velada exclusividad de la forma indemnizatoria como forma de reparación.

[474] CECCHERINI, G. (1989), p. 53.

[475] SALVI, C. (1989), p. 1085.

la dimensión tradicionalmente económica de la teoría del daño no es idónea para identificar unitariamente el remedio resarcitorio.

El ordenamiento considera y cualifica el hecho desde diferentes puntos de vista (como lesión del patrimonio o como alteración del bien material). El verdadero problema es el modo con el que el ordenamiento gobierna la coexistencia de dos modalidades reparatorias que afrontan el hecho dañoso desde dos diferentes vertientes y sin embargo se ponen como posible contenido (alternativo en todo o en parte) de la misma obligación resarcitoria. La respuesta es que el ordenamiento resuelve la contradicción dictando reglas y criterios que garantizan en cualquier caso, desde la perspectiva de la víctima, la actuación del principio de reparación integral del daño como equivalente a la pérdida económica sufrida, dejando por tanto como subalterno (que no anulando) el papel del binomio daño material-reintegración en forma específica, respecto al binomio daño patrimonial-resarcimiento por equivalente.

La prevalencia del segundo modelo, que lo hace, así, compatible con el otro, es asegurada por la regla del artículo 2058 del *Codice* dictada a propósito de la imposibilidad parcial y de la excesiva onerosidad para el deudor. La primera gobierna los casos en los que, a través de la forma específica de reparación, el perjudicado recibe demasiado poco; la segunda, aquellos en los que el coste es excesivo para el responsable. Entre ambos casos, el término de comparación es con cuanto el perjudicado recibiría, y el responsable pagaría, en base a la regla de la equivalencia.

Los Principios de Derecho Europeo de la responsabilidad civil han consagrado en el artículo 10:104 ("*En lugar de la indemnización, el dañado puede reclamar la reparación en forma específica en la medida en que ésta sea posible y no excesivamente gravosa para la otra parte*"), a juicio de MARTÍN CASALS[476], la excepcionalidad de la forma específica de reparación, constituyendo la regla la compensación en dinero o indemnización propiamente dicha, establecida en el artículo 10:101[477]. No obstante, el citado autor admite que, si se satisfacen los requisitos expresados, el dañado puede elegir libremente entre la reparación en forma específica y la compensación en dinero.

476 MARTÍN CASALS, M. (2008), p. 213.

477 Art. 10:101 "*La indemnización es un pago en dinero para compensar a la víctima, es decir, para restablecerla, en la medida en que el dinero pueda hacerlo, en la posición que hubiera tenido si el ilícito por el que reclama no se hubiera producido. La indemnización también contribuye a la finalidad de prevenir el daño*". El último inciso indica la clara victoria, en el ámbito europeo, de las tesis defensoras de la finalidad –también normativamente– preventiva de la responsabilidad civil.

3. El criterio de la elección judicial

Para los partidarios del criterio de elección judicial[478], el juez es soberano para escoger la forma en que debe concretarse la reparación del perjuicio, por lo que la posible elección del perjudicado, manifestada en su demanda, no le resulta vinculante. Así las cosas, es al juez y sólo a él a quien compete adoptar la decisión acerca de la forma más conveniente de resarcimiento a la vista de los intereses en juego, intereses que, en ocasiones, no serán solamente los del perjudicado y el responsable, razón por la cual estiman que la remisión de esa decisión al juez aparece como la opción más razonable.

En nuestro ordenamiento jurídico "nominalmente" civil no aparece exponente alguno de esta doctrina, que parece constituir, sin embargo, el criterio establecido por el artículo 112 del Código Penal para la reparación del daño causado por hechos de los que se derive responsabilidad penal:

> *"La reparación del daño podrá consistir en obligaciones de dar, de hacer o de no hacer que el Juez o Tribunal establecerá atendiendo a la naturaleza de aquél y a las condiciones personales y patrimoniales del culpable, determinando si han de ser cumplidas por él mismo o pueden ser ejecutadas a su costa".*

Así lo entiende VICENTE DOMINGO[479], la cual interpreta que este precepto «*otorga al juez la facultad de decidir sobre la forma de reparación más adecuada, en vez de facultar al perjudicado a hacerlo*».

Por su parte, GARCÍA LÓPEZ[480] considera asimismo que «*la forma de reparación que haya de adoptarse, sea natural o pecuniaria, ha de quedar reservada al exclusivo arbitrio del juzgador, de modo que si bien el perjudicado es libre para optar por una u otra forma de reparación, sin embargo no puede imponer su elección al Juez, ya que éste ha de decidir cuál es el mejor modo de reparar el perjuicio por no existir ningún medio que se proponga como necesario e infalible*». Este autor considera que con esa solución, en principio, no se infringe el principio dispositivo propio del proceso civil porque, a su

---

[478] Es la postura adoptada por una gran parte de los autores franceses y por la jurisprudencia de ese país. Respecto a ésta, nos recuerda NAVEIRA ZARRA, citando a VINEY y JOURDAIN, cómo la *Cour de cassation* reconoce constantemente que, tanto en la esfera contractual como en la extracontractual, los jueces de instancia son soberanos para elegir entre la reparación en forma específica y la reparación por equivalente, por lo que no están obligados a acordar la forma reclamada por el actor en su demanda, pudiendo, por el contrario, sustituir una por otra [NAVEIRA ZARRA, M.M. (2006), p. 244].

[479] VICENTE DOMINGO, E. (2006), p. 311.

[480] GARCÍA LÓPEZ, R. (1990), pp. 117-119.

juicio, *«el perjudicado tiene derecho a que su daño se repare, pero no a que se haga de una determinada forma»*[481].

En efecto, la decisión del juez sobre la forma de reparación está mediatizada por uno de los principios que rigen el proceso civil español: el *principio dispositivo*, cuyo significado, a juicio de GIMENO SENDRA[482], comprende diversos aspectos. En primer lugar, implica el poder de *disposición de las partes sobre el derecho material* que se discute en el proceso (esto es, la libertad de reclamar un derecho judicialmente o no hacerlo); en segundo lugar, el principio dispositivo implica el poder de *disposición de las partes sobre la pretensión* (las partes no son dueñas sólo de la incoación del proceso, sino también del proceso mismo y de la pretensión, pudiendo disponer de ella a través de una serie de actos); y, en tercer lugar, el principio dispositivo implica la vinculación del órgano jurisdiccional a las pretensiones de las partes, esto es, la *obligación de congruencia del juez* con respecto a la pretensión del actor y la resistencia del demandado, obligación que viene impuesta por el artículo 218 de la Ley de Enjuiciamiento Civil. Conforme al mismo, "*las sentencias deben ser claras, precisas y congruentes con las demandas y con las demás pretensiones de las partes, deducidas oportunamente en el pleito. Harán las declaraciones que aquéllas exijan, condenando o absolviendo al demandado y decidiendo todos los puntos litigiosos que hayan sido objeto del debate. El tribunal, sin apartarse de la causa de pedir acudiendo a fundamentos de hecho o de Derecho distintos de los que las partes hayan querido hacer valer, resolverá conforme a las normas aplicables al caso, aunque no hayan sido acertadamente citadas o alegadas por los litigantes*".

4. La tesis que atribuye la elección al perjudicado

4.1. Estado de la cuestión en la doctrina y la jurisprudencia españolas

La reiterada declaración jurisprudencial[483] de que "la forma de hacer frente a la responsabilidad derivada de culpa extracontractual no puede quedar en nuestro ordenamiento al arbitrio de agente productor del daño", hace que, de un modo tácito, la generalidad de la doctrina sostenga que la opción entre las formas de reparación corresponde a la víctima o al perjudicado.

---

[481] Esta idea enlaza directamente con los "aspectos procesales" de la reparación específica, cuya azarosa incidencia es someramente analizada en el último Capítulo de este trabajo.

[482] GIMENO SENDRA, V. (1986), pp. 313-315.

[483] Véanse, entre otras, las SSTS 20/12/2004 (8233/2004) y 11/10/2006 (2890/2006); SSAP AB 05/06/2003 (691/2003) (con excepciones); B 30/06/2006 (7439/2006); L 16/10/2007 (677/2007); SAP C 07/05/2007 (1183/2007).

Así, se refieren a la elección entre las formas de reparación como una opción que corresponde, en principio, al perjudicado, YZQUIERDO TOLSADA[484], LASARTE ÁLVAREZ[485], ROCA TRÍAS[486] y NAVEIRA ZARRA[487]. Al no contener el Código Civil norma alguna tampoco en este aspecto, estos autores apoyan esta idea en la práctica y en la amplia jurisprudencia[488] que considera que "el derecho del perjudicado a obtener la reparación *in natura* es preferente sobre la indemnizatoria", preferencia que viene a resultar relativa, por cuanto las mismas declaraciones jurisprudenciales someten la procedencia de esa opción a que se den unas determinadas condiciones: en primer lugar y como mínimo, que la prestación específica sea posible y, en segundo lugar, que no sea excesivamente onerosa.

Dentro del panorama general de desinterés patrio en el tema que nos ocupa, destaca la aportación de NAVEIRA ZARRA[489], quien justifica su opción con diversos argumentos. En primer lugar, por entender que el interés del perjudicado resulta adecuadamente protegido permitiéndole elegir entre la reparación en forma específica y la reparación por equivalente, en función de la que libremente considere mejor, es decir, más idónea o conveniente para ver resarcido su daño –aunque sin olvidar las facultades que, dentro del respeto a los principios reguladores del proceso, corresponden al juzgador para valorar, conforme a las circunstancias del caso, la conveniencia, oportunidad o mayor adecuación de una de las formas de resarcimiento respecto de la otra–. Esta solución, que no declara la preferencia en todo caso de la reparación *in natura*, le parece más correcta a la autora porque sucede en ocasiones que, aun cuando la reparación específica es viable, el dañado prefiere la reparación por equivalente, por entender que esta última responde mejor que aquélla a su interés; en

---

[484] YZQUIERDO TOLSADA, M. (2001), p. 477.

[485] LASARTE ÁLVAREZ, C. (2008), p. 432.

[486] ROCA TRÍAS, E. (2000), p. 181.

[487] NAVEIRA ZARRA, M. (2006), pp. 241-250.

[488] SSTS 27/09/2005 (5579/2005); 13/07/2005 (4759/2005); 20/06/2007 (4286/2007); 07/05/2002 (3201/2002); 10/10/2005 (6003/2005) y 05/4/2006 (1855/2006); SSAP B 17/01/2007 (1827/2007); C 07/05/2007 (1183/2007); BU 27/02/2009 (89/2009); M 16/04/2008 (8498/2008); O 03/10/2006 (2197/2006); CC 18/06/2002 (539/2002); J 30/04/2001 (848/2001); CC 24/01/2005 (15/2005); M 28/07/2003 (9257/2003); Z 03/02/2006 (738/2006) y OU 04/02/2000 (147/2000).

[489] NAVEIRA ZARRA, M. (2006), p. 241. Esta autora sitúa en el artículo 706 de la Ley de Enjuiciamiento Civil el fundamento de la facultad del acreedor de optar entre pedir que la obligación sea ejecutada por un tercero a costa del deudor (posibilidad ésta prevista ya en el artículo 1098 del Código Civil) o reclamar directamente el resarcimiento de daños y perjuicios. Considera que este precepto resulta aplicable cuando surge a cargo del responsable de un daño la genérica obligación de repararlo a través del restablecimiento de la situación anterior al perjuicio, pues ese restablecimiento siempre implicará un comportamiento por su parte, esto es, un hacer en sentido amplio y, por esa razón, cabe concluir que lo dispuesto en ese artículo se traduce, en el ámbito de la responsabilidad civil extracontractual, en la posibilidad del perjudicado de optar entre la reparación natural o la pecuniaria (*Id.*, pp. 247-250).

otras palabras: es la mejor responde a una perspectiva práctica que se dirige fundamentalmente a la búsqueda de un equilibrio de intereses entre perjudicado y responsable, en virtud del cual se haga posible atender al concreto interés del dañado para determinar el modo de resarcimiento más adecuado para él, de la misma forma que se atiende al interés del dañador para descartar la reparación *in natura* cuando le resulta excesivamente onerosa.

El segundo argumento es el principio dispositivo, que rige el proceso civil español. Si corresponde al actor determinar el concreto interés respecto del cual quiere recabar la tutela de los tribunales, parece lógico pensar que a él corresponderá igualmente, cuando existan distintas formas de lograrla entre las que se le permite elegir, decidir el modo en que quiere que dicha tutela se actúe, lo cual, concretándose en el ámbito de la responsabilidad civil, lleva a concluir la atribución de la elección del modo de reparación al perjudicado demandante.

Por otra parte, como recuerda SOLARTE[490], el derecho de elección, como todo derecho subjetivo, debe ser ejercitado por el perjudicado dentro de los cauces que su propia funcionalidad le imprime y teniendo en cuenta los principios superiores que informan el Derecho positivo, como son la buena fe y la prohibición del abuso del derecho. Por ello, una facultad de elegir contraria a los principios básicos de corrección y lealtad en el tráfico jurídico, o desbordada en relación con los cauces que su propia función le señalan, no debería ser aceptada por el juez. Encontramos, en efecto, una proyección de tales principios en la incidencia de la excesiva onerosidad como causa de exclusión de la forma específica de reparación, una onerosidad que *sobrepasa los límites de lo normal*: si las varias alternativas de reparación proporcionan al damnificado similar satisfacción, no puede éste escoger de todas ellas la que le reporte al causante del daño un esfuerzo desproporcionado frente a las demás que podrían estar a su alcance sin dicho esfuerzo desmedido.

La elección por parte del perjudicado de la forma de reparación por equivalente puede justificarse con diversos argumentos, tales como que la reparación específica puede ser contraria a sus intereses al considerar que no la va a satisfacer totalmente; que el deudor de la reparación puede no ser el más idóneo para realizarla, más aún teniendo en cuenta que su propia acción u omisión fue la que causó el perjuicio; que el perjudicado puede temer que la obligación de reparar en forma específica sea incumplida por el responsable; o que para el perjudicado puede ser más necesario el dinero que la reparación o reposición de los bienes afectados por el hecho dañoso.

---

490 SOLARTE RODRÍGUEZ, A. (2005), p. 216.

Respecto a la cuestión de si el agente responsable tiene algún tipo de opción entre las formas de reparación, tal como señalábamos al principio, es doctrina reiterada por el Tribunal Supremo[491] que *"la forma de hacer frente a la responsabilidad derivada de culpa extracontractual no puede quedar en nuestro ordenamiento al arbitrio de agente productor del daño... ni en su caso al de las compañías aseguradoras... de forma tal que gocen de la facultad de elegir libremente entre reponer la cosa damnificada al estado que tenía con anterioridad al momento en que se le ocasionaron los desperfectos, o sustituirla por otra distinta y de condiciones análogas a la que es objeto de debate, y que se pueda adquirir de segunda mano en el mercado"*.

De acuerdo con este criterio, al responsable no le correspondería ninguna posibilidad de opción, es decir, carece de iniciativa en orden a la determinación de la forma de resarcimiento, salvo que, frente a la demanda de reparación específica por parte del perjudicado, demuestre la imposibilidad de dicha forma de reparación o la desproporción manifiesta entre el sacrificio que para él supone y la utilidad que proporciona al titular del interés dañado[492].

4.2. La opción por la reintegrazione in forma specifica *en el Derecho italiano*

En el ordenamiento jurídico italiano, el principio instaurado es también la afirmación general de la facultad de elección de quien sufre un perjuicio respecto a los posibles medios de reparación.

Aunque la doctrina italiana, en general, destaca que el artículo 2058 del Código civil italiano no afronta directamente esta cuestión, sino que se limita a atribuir al perjudicado "un cierto" poder de elección[493], la serie de argumentos esbozados en el epígrafe anterior –vigentes igualmente entre la doctrina italiana– aboga, según DE CUPIS, por la atribución al perjudicado de la facultad de elegir entre la *reintegración* en forma específica y el resarcimiento, pudiendo determinar libremente cuál considere la forma de reparación del daño más idónea y conveniente[494].

SCOGNAMIGLIO[495] ha escrito que, siendo uno de los problemas esenciales que presenta la reparación específica el que se refiere a la posición recíproca

491 Véanse, entre otras, las SSTS 20/12/2004 (8233/2004) y 11/10/2006 (2890/2006); SSAP AB 05/06/2003 (691/2003) (con excepciones); B 30/06/2006 (7439/2006); L 16/10/2007 (677/2007); SAP C 07/05/2007 (1183/2007).

492 NAVEIRA ZARRA, M. (2006), p. 241.

493 EBENE COBELLI, C. (1987), p. 363.

494 DE CUPIS, A. (1975). pp. 833-834.

495 SCOGNAMIGLIO, R. (1996), p. 564.

entre los sujetos de la obligación (responsable y perjudicado) y a la exigencia de atemperar los opuestos intereses, el interés del perjudicado (acreedor) resulta, a su juicio, adecuadamente protegido por medio de la atribución de la facultad de pretender la reparación específica; lo cual no ocurriría si se dejara al arbitrio del juez la elección de las formas de reparación o si tal elección se deja al deudor.

La previsión de tal elección presenta el problema, afrontado decididamente por la doctrina y sólo esporádicamente por la jurisprudencia, relativo a la naturaleza de la relación que media entre las dos prestaciones, o, *rectius*, entre los dos objetos de una prestación única[496]. En otras palabras: una vez admitido que la reintegración en forma específica constituye otra modalidad del resarcimiento, junto al pecuniario, y una vez superada la idea –no definitivamente superada– de que éste último es un remedio subsidiario del primero, queda por explicar cómo puede la obligación resarcitoria asumir cada vez un contenido diverso y justificar después el poder de elección, que parece debe atribuirse al acreedor, conforme también con el artículo 2058[497]. Para MANDRIOLI[498], que la pretensión de la satisfacción, también en forma específica, es una facultad del lesionado y no un derecho del deudor, demuestra que la *reintegrazione in forma specifica* es una modalidad de la reparación del daño. DE CUPIS[499] considera que el hecho de que se confiera la facultad de elección al perjudicado podría dar a entender que reintegración en forma específica y resarcimiento son remedios situados en el mismo plano jurídico. El perjudicado puede inclinarse a preferir el resarcimiento por estimar que no le conviene la reintegración en forma específica; pero por otra parte, mientras su elección no se ha realizado, no puede hablarse en sentido jurídico de inferioridad de tal integración. La inferioridad se manifiesta paladinamente en el caso de la imposibilidad y cuando resulta excesivamente onerosa para el responsable. La imposibilidad excluye a priori la reintegración en forma específica y por tanto el poder de elección; mientras que la onerosidad excesiva puede paralizar tal facultad, en virtud de la potestad concedida al juez de disponer que la reparación tenga lugar por equivalente, aunque el perjudicado haya pedido la reintegración en forma específica.

---

496 EBENE COBELLI, C. (1987), p. 369.
497 SCOGNAMIGLIO, R. (1996), p. 559.
498 MANDRIOLI, D. (1922), p. 390.
499 DE CUPIS, A. (1975), p. 834.

5. La tesis del carácter alternativo de las pretensiones

5.1. Introducción y panorama en el Derecho español

En algunas ocasiones se ha tratado de apreciar entre las distintas formas de reparación del daño la relación que media en el seno de las obligaciones alternativas, lo cual implica descartar toda idea de preferencia de una de las opciones sobre la otra. Y nuevamente nos hallamos ante una cuestión que se contempla de modo diferente según se trate del modelo respectivamente representado por los ordenamientos jurídicos germánicos, italiano o de tipo francés.

Volviendo a los orígenes, debemos recordar que, en efecto, la responsabilidad noxal obligaba, *alternativamente*, al *pater* o al *dominus* a la entrega del autor del daño sometido a su *potestas* o a reparar pecuniariamente el perjuicio causado por éste. Pero ¿debemos identificar esta relación de "alternatividad" con la –especial y típica– relación que media entre las obligaciones *contractuales* alternativas, que supone connotaciones de contraposición o exclusión entre ellas?

Nuestro Código civil, como hemos afirmado varias veces, guarda silencio en torno a las formas de reparación y, por ende, en torno a la preferencia entre las mismas. La mayoría de los autores patrios acude, para solucionar esta situación, por una especie de inercia y de forma incontestada, de un lado, a las declaraciones jurisprudenciales y, de otro, a las normas reguladoras de la ejecución de las obligaciones, tanto las contenidas en el propio Código civil como las pertinentes de la Ley de Enjuiciamiento Civil.

El debate sobre la posible identificación de una obligación alternativa en la obligación de reparar sí ha despertado, por el contrario, cierto interés, entre las doctrinas italiana y alemana, si bien, adoptando en cada caso perspectivas diferentes, dada la diferencia entre los respectivos tratamientos legales.

5.2. Los argumentos esgrimidos por la doctrina italiana

Una tendencia similar a la descrita en nuestro país se produce en Italia, donde, según cierto sector de la doctrina, se debe reconocer una auténtica obligación alternativa –cuando menos por la parte del daño que se presta a ser reparado *in natura*–, dentro de cuyos límites el deudor estaría obligado a prestar el equivalente en dinero o a reconstituir el estado de cosas antecedente, y donde el poder de elegir del acreedor se justificaría en base a un principio general del Derecho, conforme al cua,l corresponde a quien sufre una ofensa elegir entre los medios posibles de reparación. Se suelen invocar, en este sentido, los artículos 1220-1222[500] del *Codice civile* para afirmar en esta sede una obligación alternativa con facultad de elección del acreedor. Pero, como bien señala MANDRIOLI[501], "en estas normas la elección lo es entre el resarcimiento y la prestación específica, mientras que aquí la elección es entre las dos formas de resarcimiento[502]".

Este autor considera, sin embargo, en general, correcta la aplicación en esta materia la disciplina de las obligaciones alternativas, aunque con matizaciones. Así, reconoce que las prestaciones alternativas no son aquí netamente contrapuestas y excluyentes (la elección de la restauración excluye la prestación del resarcimiento pecuniario sólo en cuanto no subsista un ulterior daño). En esencia, la postura sería la siguiente: a) el lesionado puede pretender todo el interés; b) dentro de este genérico interés una parte puede estar representada por la conveniencia de tener actualmente restaurada la cosa dañada; c) respecto a esta parte, surge la elección de los dos términos contrapuestos de la restauración y del interés correspondiente. Conforme al artículo 1286[503] del *Codice civile*, la elección corresponde al deudor si no se ha concedido expresamente al acreedor. Pero este es criterio rector para las obligaciones contractuales. La obligación alternativa puede nacer de cualquier fuente y es ésta la que decide

---

[500] Art. 1220: "*Offerta non formale: Il debitore non può essere considerato in mora, se tempestivamente ha fatto offerta della prestazione dovuta, anche senza osservare le forme indicate nella sezione III del precedente capo, a meno che il creditore l'abbia rifiutata per un motivo legittimo*". (El deudor no puede ser considerado en mora, si tempestivamente ha ofrecido la prestación debida, aun sin observancia de las formas establecidas en la Sección III del presente Capítulo, a menos que el acreedor la haya rechazado por motivo legítimo).

Art. 1221: "*Effetti della mora sul rischio: Il debitore che è in mora non è liberato per la sopravvenuta impossibilità della prestazione derivante da causa a lui non imputabile, se non prova che l'oggetto della prestazione sarebbe ugualmente perito presso il creditore. In qualunque modo sia perita o smarrita una cosa illecitamente sottratta, la perdita di essa non libera chi l'ha sottratta dall'obbligo di restituirne il valore*". (El deudor que hubiere incurrido en mora no se libera por la imposibilidad sobrevenida de la prestación derivada de causa no imputable a él, si no prueba que el objeto de la prestación se hubiera perdido igualmente en poder del acreedor. Si se perdiere de cualquier modo la cosa ilícitamente sustraída, la pérdida de la misma no libera a quien la sustrajo de la obligación de restituir su valor).

Art. 1222: "*Inadempimento di obbligazioni negative: Le disposizioni sulla mora non si applicano alle obbligazioni di non fare; ogni fatto compiuto in violazione di queste costituisce di per sé inadempimento*" (Las disposiciones sobre la mora no se aplican a las obligaciones de no hacer; todo acto cometido en violación de éstas constituye de por sí incumplimiento).

[501] MANDRIOLI, D. (1922), p. 390.

[502] Esto es: nuevamente, la confusión entre reparación específica y cumplimiento forzoso *in natura*.

[503] Art. 1286: "*Facoltà di scelta. La scelta spetta al debitore, se non è stata attribuita al creditore o ad un terzo. La scelta diviene irrevocabile con l'esecuzione di una delle due prestazioni, ovvero con la dichiarazione di scelta, comunicata all'altra parte, o ad entrambe se la scelta è fatta da un terzo. Se la scelta deve essere fatta da più persone, il giudice può fissare loro un termine. Se la scelta non è fatta nel termine stabilito, essa è fatta dal giudice*".

sobre la facultad de elección. Tampoco vendrían en aplicación las normas sobre la pérdida o perecimiento de uno o todos los objetos de las prestaciones[504].

En un sentido parecido, CASTRONOVO[505] considera que se puede hablar de obligación con facultad alternativa (o facultativa), en la que la *facultas solutionis*, si se ejercita, no extingue la obligación cuando la prestación elegida deviene imposible, en primer lugar, por la razón dogmática de que de que la función resarcitoria de la reparación quebraría gravemente si sólo por devenir imposible la modalidad reparatoria *in natura* el agente pudiera liberarse de la obligación; en segundo lugar, por la razón positiva de que el artículo 2058 del *Codice* prevé la "reintegración en forma específica" si ésta es posible, sin distinguir según que tal imposibilidad preexista o se produzca con posterioridad a la demanda del acreedor.

Para otro sector de la doctrina, sin embargo, no puede hablarse en términos de obligación alternativa con elección del acreedor. Según SCOGNAMIGLIO[506], aunque desde un punto de vista empírico existe una coincidencia del supuesto con el tipo de la obligación alternativa, si se profundiza un poco, vemos que presenta mayores obstáculos que los que pretende superar. Puede faltar un rasgo típico de la obligación alternativa: que dos prestaciones sean deducidas y ejecutables a elección o una u otra. Aquí, por el contrario, parece que las dos prestaciones no se contemplan del mismo modo en la obligación, si la alternatividad puede operar las más de las veces sólo respecto a una parte del resarcimiento (por la eventual insuficiencia de la reintegración en forma específica). Al autor no le convence plenamente el argumento de que, si acaso, se debe limitar la alternatividad de la obligación a la parte del resarcimiento que se puede efectuar de ambos modos, porque lo que está en juego es la entera

[504] Se pregunta, no obstante, el autor, si quedaría liberado el deudor de la prestación del equivalente cuando, habiendo elegido el acreedor la restauración natural, la cosa pereciese, independientemente del deudor, antes o durante las labores de restauración. En este caso, no puede hablarse de liberación del deudor; se trata de que el perecimiento deja la restauración sin interés para el acreedor. En su opinión, el acreedor que ya ejercitó la elección puede renunciarla, pidiendo el equivalente, ya que la elección ya ejercitada no puede implicar la exclusión del *ius variandi*, cuya función esencial radica en la distribución del riesgo [MANDRIOLI, D. (1922), pp. 391-392].

[505] CASTRONOVO, C. (2006), p. 823. A juicio de este autor, la calificación de la elección no es una cuestión inane, como parece considerar MONATERI [(2005), última consulta: 15-12-2011] cuando afirma que tal elección es un acto meramente procesal que no afecta a la elección que cobija. Hablar de obligación alternativa o con facultad alternativa cambia radicalmente la posición del deudor y del acreedor cuando sobrevenga la imposibilidad de la reparación específica; hablar, pues, de la demanda de reparación específica como de un acto meramente procesal significa ignorar que tal acto no afecta sólo a la marcha del proceso, sino que se dirige total y precisamente a satisfacer intereses de aquel que lo hace valer. Y la consecuencia que se deriva –que el deudor deba reparar, in natura o por equivalente– muta la prestación para el deudor y el significado de la misma para el acreedor (tanto más cuanto se considere que las dos modalidades reparatorias puedan representar un coste distinto para el deudor).

[506] SCOGNAMIGLIO, R. (1996), pp. 559-564.

configuración de la obligación de resarcimiento. La obligación alternativa parece tambalearse por uno de sus lados: no sólo es que una de las prestaciones pueda ser insuficiente, sino que a menudo es imposible. En este sentido, las dos formas no parecen estar en el mismo plano: el resarcimiento en dinero es siempre posible y satisfactorio, a diferencia de la reintegración en forma específica, que en determinados casos no puede pretenderse; y lo cierto es que la obligación concierne al mismo resarcimiento del daño, que debe en todo caso realizarse –y puede siempre realizarse–. Analizando las diferencias entre las dos figuras respecto al alcance y la disciplina de la facultad de elección, a SCOGNAMIGLIO[507] no le parece congruente, respecto a la reparación específica, la solución de que la elección, comunicada a la otra parte, devenga irrevocable; y aún menos que se pueda asignar al acreedor, para la elección, un plazo pasado el cual la facultad pasa al deudor.

Una originaria opción por el resarcimiento *in natura* no excluye que se pueda pasar a la pretensión de resarcimiento por equivalente, cuando la primera devenga irrealizable, y que el deudor no pueda considerarse liberado mientras una de las dos formas de resarcimiento haya sido actuada. Por este motivo, considera CIAN[508] que nos hallaríamos en el plano de un concurso de pretensiones y no ante una obligación alternativa. Ambas figuras tienen fundamentos y objetivos diferentes (liberación del deudor, en un caso, la reparación del daño de la forma más adecuada al perjudicado, en el otro).

Esta idea permite superar aún otro obstáculo: de seguir la teoría de la obligación alternativa, habría que concluir que –una vez individualizada la prestación con la elección del acreedor– el riesgo de la imposibilidad sobrevenida recaiga sin más sobre él. Los partidarios de esta teoría se ven entonces obligados a desarrollar forzados argumentos, que resultan a la postre inútiles, ya que en esta materia lo que cuenta no es tanto la elección del acreedor entre las diversas modalidades de resarcimiento, como la exigencia de que el daño sea adecuadamente reparado. No parece aplicable tampoco, a juicio de SCOGNAMIGLIO[509], la solución del 1289-2 del *Codice*[510]: que el deudor se libere de la obligación si una de las prestaciones deviene imposible por culpa del acreedor.

Rechazada la tesis de la obligación alternativa, el autor citado no renuncia a una construcción unitaria de la obligación, afirmando que aquí no solamente la obligación es una –como también sería la alternativa–, sino que, si examinamos

[507] *Ibid.*, p. 561.

[508] CIAN, G. (1998), p. 768.

[509] SCOGNAMIGLIO, R. (1996), p. 561.

[510] "*Quando la scelta spetta al creditore, il debitore è liberato dall'obbligazione, se una delle due prestazioni diviene impossibile per colpa del creditore, salvo che questi preferisca esigere l'altra prestazione e risarcire il danno. Se dell'impossibilità deve rispondere il debitore, il creditore può scegliere l'altra prestazione o esigere il risarcimento del danno*".

más profundamente, también resulta ser única la prestación. El problema es más bien individualizar los términos de esta prestación de resarcir y el criterio a seguir es el de su mismo contenido: el unitario "deber resarcir el daño", puesto que no se trata, como en la obligación alternativa, por ejemplo, de dar A o B, sino siempre y en todo caso de restaurar el patrimonio del lesionado por el hecho dañoso. Más bien debe admitirse que tal prestación, precisamente porque así viene identificada respecto a su función, y al resultado, tolere un cierto margen de indeterminación –por lo que se refiere a los medios destinados a actuarla– y en este sentido una cierta elasticidad.

FRANCESCHETTI[511] excluye asimismo que se pueda hablar de una obligación alternativa: en ésta, las obligaciones son fungibles y absolutamente equivalentes; sin embargo, aquí la elección entre las dos "obligaciones" no es indiferente, ya que el juez puede excluir la reparación específica; la elección de una de las formas de reparación no excluye la concurrencia de la otra. Y el discurso respecto de un concepto de obligación facultativa es similar: aquí la facultad de elegir corresponde al acreedor y no al deudor.

Tampoco le parece adecuada a SCOGNAMIGLIO[512] la tesis de la obligación con facultad alternativa (facultativa) –siempre con poder de elección del acreedor–. Contesta, en este sentido, a CASTRONOVO, que en este tipo de obligación se debe solamente una prestación, pero se permite después al deudor liberarse con otra prestación, mientras que aquí no puede decirse que el responsable debe sólo la prestación pecuniaria, pero puede liberarse después con la reintegración en forma específica. Él debe en todo caso resarcir el daño, sin poder cumplir la obligación de otra forma. Que el legislador pretende en todo caso salvar el carácter unitario de la obligación de resarcimiento se manifiesta en consecuencias prácticas importantes: así, por ejemplo, la reintegración en forma específica se puede pedir no sólo frente al agente, sino también frente al responsable por hecho ajeno; o el hecho de que la prescripción afecta a la acción de resarcimiento del mismo modo cualquiera que sea la pretensión (resarcitoria) esgrimida.

5.3. El modelo germánico

Los modelos alemán y austriaco, al adoptar el carácter principal de la obligación de restauración y una consiguiente subsidiariedad de la prestación del equivalente –que implica que el perjudicado puede recurrir a él sólo previa fijación de un plazo razonable para la actuación de resarcimiento *in natura*, acompañada de la declaración de que, transcurrido dicho plazo, será

[511] FRANCESCHETTI, P. (2009), pp. 339-340.
[512] SCOGNAMIGLIO, R. (1996), p. 563.

rechazada, reduciendo desde ese momento su pretensión al resarcimiento por equivalente[513]–, consagran una solución que limita en gran medida los poderes del lesionado, de forma que con frecuencia se desemboca en la práctica en la incongruencia de estimar necesario conceder el derecho de libre elección del lesionado en los casos de lesiones verdaderamente importantes. De hecho, ya desde los primeros tiempos, estos códigos fueron interpretados *sui generis*, construyéndose la relación entre restauración y resarcimiento pecuniario como una facultad alternativa: el perjudicado actuaba el resarcimiento sin demostrar la imposibilidad de la restauración, aunque por otra parte el deudor podía liberarse con la prestación *in natura*[514].

En relación con el Derecho alemán, el punto de mira de la doctrina, en lo que se refiere a la posible existencia de una relación de alternatividad entre obligaciones, no está situado entre la reparación específica y la reparación pecuniaria, sino entre lo que se consideran las dos formas de reparación específica contenidas en el §249 BGB. No sólo es reparación específica la reposición de las cosas al estado en que se encontrarían si el acontecimiento que da lugar al deber de resarcir no se hubiera producido (§249.1), sino también la entrega de la cantidad de dinero necesaria para dicha reparación o reposición (§249.2).

CIAN[515] interpreta la elección entre las dos formas de resarcimiento en forma específica que contiene el §249 BGB, en clave de una facultad alternativa del acreedor, cuya declaración de ejercicio tiene carácter constitutivo, llevando a la modificación del vínculo obligatorio y transformándolo en una relación con una prestación que tiene como contenido la entrega de una suma de dinero calculada según el parámetro indicado en la última parte del mencionado §249. En caso de excesiva onerosidad de la reconstitución *in natura*, el deudor tiene facultad de sustituirla ofreciendo el resarcimiento por equivalente, de modo que no se trata de inexistencia de la obligación (de resarcir *in natura*), sino de una facultad alternativa para el deudor.

Según FISCHER[516], la segunda parte del §249 del BGB confiere, efectivamente, al perjudicado un derecho de opción (*facultas alternativa*). *In obligatione* sólo entra primariamente el deber de reparación, pero esta obligación es *resolutoriamente condicional*. La condición se realiza si el acreedor elige la suma de dinero equivalente, y se frustra ("incumple") cuando la reparación es efectuada (si bien, no basta que el deudor comience la reparación para que decaiga la opción del acreedor) o cuando el acreedor se decida por ésta. La

---

513 §250 BGB, que recoge un mecanismo análogo al del §362 por lo que se refiere a las relaciones entre mora y pretensión resarcitoria por incumplimiento.

514 MANDRIOLI, D. (1922), p. 389.

515 CIAN, G. (1998), p. 768.

516 FISCHER, H. (1928), pp. 172-174.

situación del obligado, en tanto que el acreedor no se decida, es incierta y dudosa y la elección del acreedor, una vez decidida, es irrevocable y ha de ser declarada al deudor. Así lo infiere de la analogía con las obligaciones alternativas[517]. Pero ahí acaba la semejanza con éstas, cuya naturaleza es distinta de la presente opción creditoria; no entran *in obligatione* correlativamente el derecho a reclamar la reparación y el de exigir la suma de dinero necesaria para pagarla. Este segundo se halla, por el momento, suspensivamente condicionado. Si no se opta por esta prestación antes de dictar sentencia, la condena no puede recaer sobre la suma en metálico. Los derechos suspensivamente condicionados, cuya condición penda todavía en el momento de dictar sentencia, no pueden ser objeto del fallo condenatorio.

Distinto es el caso de la indemnización a través del §251-2[518], que permite al obligado resarcir en dinero cuando la reparación natural resulte excesivamente onerosa. Este precepto concede al deudor una facultad alternativa o derecho de opción. *In obligatione* entra tan sólo la reparación natural; *in solutione*, esa prestación concurre con la indemnización en metálico. Una vez que cese la reparación natural, porque las grandes dificultades que implica la hagan realmente imposible, no queda margen para la facultad alternativa del §251-2, pero no por ello se libera el deudor, como en las verdaderas obligaciones con facultad alternativa, sino que la prestación se concreta en la indemnización pecuniaria, con arreglo al §251-1[519]. La alternativa del deudor existe no sólo en los casos de reparación natural "ordinaria", sino también cuando el acreedor exija el dinero necesario para efectuarla, y cuando reclame ambas modalidades de forma parcial[520].

La mecánica procesal del §251-2 es la siguiente: el acreedor sólo puede reclamar judicialmente la reparación natural, y en este sentido debe formular la demanda, y sobre la reparación natural recae el procedimiento ejecutivo. Para que el acreedor pueda exigir indemnización en metálico han de concurrir los requisitos de los §§ 251-1, 250[521] y 249; no bastan los del §251-2. Al deudor incumbe aducir y probar en juicio que la reparación exige gastos desmesurados.

[517] El §263 BGB, desarrollando el ejercicio del derecho de elección en las deudas alternativas, establece que: *"La elección resulta de la declaración frente a la otra parte. La prestación elegida vale como la única debida desde el principio"*.

[518] *"El obligado al resarcimiento puede indemnizar al acreedor en dinero si la reparación sólo es posible con gastos desproporcionados. Los gastos causados para la curación de un animal lesionado no son en todo caso desproporcionados aunque superen sustancialmente su valor"*.

[519] *"En la medida en que la reparación no es posible o no basta para indemnizar al acreedor, el obligado al resarcimiento debe indemnizar al acreedor en dinero"*.

[520] FISCHER, H. (1928), p. 178.

[521] *"El acreedor puede fijar al obligado al resarcimiento un plazo razonable para la reparación, con la declaración que una vez transcurrido el plazo rechazará la reparación. Una vez transcurrido el plazo el acreedor puede solicitar el resarcimiento en dinero si la reparación no ha sido tempestiva; la pretensión a la reparación está excluida"*.

El decidir esta cuestión corre a cargo del juez, según su libre arbitrio, aunque para decidir deberá tener en cuenta el interés de afección que el perjudicado pueda tener en que se repare naturalmente el daño. Del mismo modo que el §251-2 admite la indemnización en metálico para favorecer al deudor, el §250 confiere al acreedor la posibilidad de transformar su derecho a reclamar la reparación en el derecho a exigir el resarcimiento de su interés. Sin el §250, el acreedor debería alegar y probar la imposibilidad de la reparación natural (§251-1), o conseguir primero que se condenase al deudor a reparar el daño, para venir luego a la indemnización pecuniaria a través del §283[522]. El §250, a juicio del autor, pone remedio a esta anomalía, impidiendo que el obligado dilate más de lo debido la indemnización[523].

6. La tesis de la adecuación

No es, a mi juicio, necesario acudir a un criterio de *preferencia* de la reparación específica, ni a un criterio de alternatividad entre las formas de reparación. La obligación de reparar el daño presenta un contenido múltiple y variable, en cuanto la reparación del daño –finalidad única– puede obtenerse a través de diferentes medios. Cuál sea en cada caso el medio a utilizar es algo que debe hacerse depender del objeto, la naturaleza y las circunstancias del daño: en definitiva, estas coordenadas nos indicarán la *adecuación* o pertinencia del medio a elegir. Ninguna preferencia clara –y, mucho menos de la reparación específica– se deduce de ninguna de las normas sustantivas que regulan la responsabilidad civil –que nada tiene que ver con el cumplimiento forzoso de las obligaciones–. La idea –predominante en la doctrina italiana– de la "fuerza o tensión lógica del derecho" a ser realizado o ejercitado en sus propios términos tampoco es indicativa de una preferencia de la reparación específica, por cuanto, por definición, todo derecho nace con vocación de actuarse.

Lo que el perjudicado tiene derecho a hacer efectivo en sus propios términos es, simplemente, el derecho a que, *sea como sea*, le sea reparado el daño. De este modo, entre los posibles criterios sobre la relación que media entre las diversas formas mediante las cuales, en un supuesto determinado, es posible llevar a cabo la reparación, parece el más razonable el de considerar

[522] *"Resarcimiento del daño en lugar de la prestación por exclusión del deber de prestación"* (ámbito responsabilidad contractual): *"Si el deudor no debe cumplir la prestación, de acuerdo con el §275, apartados 1 a 3* (supuestos de exclusión del deber de prestación: imposibilidad, grave desequilibrio de intereses e inexigibilidad de prestación personal), *el acreedor puede exigir resarcimiento del daño en lugar de la prestación si se cumplen los requisitos del §280, apartado 1 (...)* (El §281 recoge los "supuestos de resarcimiento del daño en lugar de la prestación por falta de cumplimiento de la prestación o de cumplimiento según lo debido").

[523] FISCHER, H. (1928), pp. 179-181.

tendencial o virtualmente iguales[524], pero no excluyentes sino compatibles, y por tanto susceptibles, en su caso, de actuación simultánea, ambas formas repararatorias, cuya actuabilidad dependería no de la propia entidad de la forma reparatoria en sí misma y en abstracto considerada, sino de criterios exógenos de posibilidad, de adecuación, de oportunidad, requeridos por o proyectados al caso concreto.

En esta misma línea parece situarse el Borrador del Marco Común de Referencia, cuyo artículo VI.-6:101, tras declarar que *reparar es restaurar al perjudicado en la misma situación que tendría si el daño no se hubiera producido*[525], pone en pie de igualdad las diversas opciones de reparación, debiendo decantarse por la forma (dineraria o "de otro modo") que sea más apropiada a la naturaleza y gravedad del daño y en atención a todas las circunstancias concurrentes[526], es decir, la reparación debe hacerse de la manera que mejor que mejor se ajuste o adecúe al tipo y entidad del daño en cada caso[527].

II. LAS FORMAS QUE PUEDE ADOPTAR LA REPARACIÓN EN FORMA ESPECÍFICA

1. La multiformidad o ductilidad de la reparación en forma específica

Suele afirmarse que la reparación –en cualquiera de sus formas– no aspira a borrar o eliminar absolutamente el daño, objetivo éste imposible de lograr desde el momento en que el daño se manifiesta en el mundo real, del cual no puede ser suprimido o cancelado[528]. Así las cosas, la función de esta forma

---

[524] No debe olvidarse que, *a posteriori* y en el plano de la realidad, otras circunstancias condicionan o mediatizan el juego de la reparación específica: la imposibilidad y la excesiva onerosidad.

[525] Art. VI.-6:101(1): "*Reparation is to reinstate the person suffering the legally relevant damage in the position that person would have been in had the legally relevant damage not occurred*".

[526] Art. VI.-6:101(2): "*Reparation may be in money (compensation) or otherwise, as is most appropriate, having regard to the kind and extent of damage suffered and all the other circumstances of the case*".

[527] VON BAR, C. y CLIVE, E., (2009), p. 3722; SAN JULIÁN PUIG, V., (2011), p. 467.

[528] Se trata de una idea manifestada por multitud de autores; entre otros, y dentro de nuestro país, por GARCÍA LÓPEZ [(1990), p. 113] y NAVEIRA ZARRA [(2006), p. 216]; y, dentro de la doctrina italiana, por DE CUPIS [(1975), p. 812]: "*(n)i siquiera la reintegración específica alcanza a borrar totalmente el daño en el mundo de los hechos, por la sencilla razón de que* quod factum est, infectum fieri nequit. *El ordenamiento jurídico debe contentarse con aportar medios capaces de remediar el daño, de repararlo, sin poder conseguir que desaparezca de la serie de acontecimientos producidos en el mundo real, es decir, que cese de formar parte de la realidad histórica*"; por CASTRONOVO [(1989), p. 481], cuando asume "*la consideración ya centenaria de que el daño no se elimina con el resarcimiento, sino que éste tan sólo lo desplaza hacia una esfera jurídica distinta de aquélla en la que se ha producido la lesión*" –o el "cambio de bolsillo", en los términos de PANTALEÓN PRIETO [(2001), p. 197]– y se ratifica cuando expresa su empeño por encontrar "*una manera más ágil de entender la reintegración en forma específica que no esté*

de reparación es, al igual que acontece con el resarcimiento por equivalente, reponer al sujeto dañado en una situación lo más parecida posible a aquélla en la que se encontraría de no haberse producido el evento dañoso. La cuestión es cómo puede esto conseguirse.

Tal como hemos expresado en un Capítulo anterior, la mayoría de la doctrina acepta, en torno a la reparación específica, la idea de que ésta puede adoptar en la práctica formas diversas, que le permiten adaptarse a la naturaleza y a la clase de daño a resarcir para, en función de estas circunstancias, restablecer la situación *ex ante* de la manera más adecuada; es decir, la reparación específica puede consistir en obligaciones de dar o en obligaciones de hacer, aunque no faltan autores que consideran que siempre consiste en una obligación de hacer[529].

Afirma DE CUPIS[530] que "*no hay un concepto que pueda expresar mejor la variedad de formas que es susceptible de abarcar la reintegración en forma específica, que su determinación en vía negativa (...) La determinación más eficaz de los modos en que puede producirse, está en su carácter negativo, para comprender todos aquellos que no tienen naturaleza resarcitoria, o sea, que se presentan como contrapuestos al resarcimiento (es decir, a la subrogación del equivalente dinerario)*".

Sin embargo, y tal como hemos tenido oportunidad de demostrar, es importante advertir del peligro que esta consideración implica: que ciertos mecanismos reaccionales sean contemplados –como así ha sido tradicional y mayoritariamente– como formas de reparación específica, cuando, en realidad, se trata de mecanismos reconducibles a un fenómeno mucho más general

tan preocupada por mimar el estado anterior en el intento irrealizable de eliminar el daño, sino más bien pragmáticamente orientada a resolver en el modo específicamente más adecuado las consecuencias negativas en las que el ilícito se convierte para el perjudicado" [CASTRONOVO, C. (2006), p. 836]; por POGLIANI [(1964), p. 419], cuando afirma que *"las dos modalidades de resarcimiento pertenecen a una misma categoría: en ambos casos nos encontramos ante una prestación que tiene como finalidad eliminar el daño y no el hecho dañoso y, en consecuencia, sea la reintegración en forma específica o el resarcimiento por equivalente, explican sus efectos sólo en el momento en que se actúan (ejercitan) y no, como es lógico, retroactivamente al momento de verificación del ilícito"*; por SALVI [(1989), p. 1085]: *"como lo ya ocurrido no puede ser eliminado, el problema del resarcimiento deviene en el del criterio o método más adecuado para eliminar las consecuencias dañosas del ilícito y poner a la víctima en una situación en cuanto sea posible equivalente a la que existiría en ausencia del hecho lesivo"*; y también, en la doctrina alemana, la misma idea es expresada por FISCHER [(1928), p. 132]: *"No está en la mano del hombre descartar del mundo de la realidad los hechos acaecidos. A lo sumo, se podrán detener sus efectos presentes y futuros, mediante ciertas providencias y precauciones, pero nunca borrar los ya ocurridos o realizados"*.

529 En nuestro país, ALBALADEJO, M. (2008), p. 972; también STIGLITZ, G.A. y ECHEVESTI, C.A. (1992), p. 290.

530 DE CUPIS, A. (1975), p. 826. Expresan la misma idea EBENE COBELLI, C. (1987), p. 364, y, dentro de nuestro país, NAVEIRA ZARRA, M.M. (2006), p. 230.

y amplio de *transgresión del Derecho*, mecanismos que no dependen de la verificación de un daño resarcible, sino de la mera violación del Derecho[531]. Otra cosa es que se produzca una eventual interferencia o "superposición de remedios" que conduzca a una acumulación de tutelas judiciales[532].

La propia determinación del concepto de reparación específica por vía negativa, es decir, considerando como tal toda forma de reparación del daño que, llevada a efecto en cualquier forma que no sea la entrega de una suma de dinero, tenga como propósito ubicar a la víctima en la situación en que se encontraría si el hecho dañoso no se hubiera producido[533], evidencia la dificultad de establecer un elenco cerrado de modalidades de reparación específica, ya que, una de sus particularidades consiste en que se trata de un remedio dúctil, al poder concretarse tanto en obligaciones de dar como en obligaciones de hacer, pudiendo adoptar en la práctica formas diversas, que le permiten adaptarse a la naturaleza y a la clase de daño a resarcir para, en función de estas circunstancias, restablecer la situación *ex ante* de la manera más adecuada[534].

Así, la reparación específica puede abarcar desde la reposición del inmueble modificado por obras del arrendatario al estado anterior a dicha modificación, hasta la destrucción de fotografías lesivas al derecho a la intimidad, pasando por las variadas formas en que un menor pueda reparar el daño causado por su delito, o por las aún más variadas formas en que puede materializarse la reparación de los daños medioambientales.

No obstante, podemos establecer una relación de las modalidades de reparación específica más importantes o frecuentes en la práctica judicial o en los desarrollos doctrinales.

---

[531] Así lo puso de manifiesto, en su día, SCOGNAMIGLIO [(1996), pp. 538-539], y lo ha destacado recientemente RODRÍGUEZ FERNÁNDEZ [(2009), pp. 83-158; RODRÍGUEZ FERNÁNDEZ y DEL MORAL GARCÍA, A. (2010), p. 63]. Se trata de una idea que hemos desarrollado *supra*, a propósito de la distinción entre la tutela reparadora y otros tipos de tutela.

[532] Formulan esta idea, dentro de nuestras fronteras, RODRÍGUEZ FERNÁNDEZ y DEL MORAL GARCÍA [(2010) p. 63] y, en la doctrina italiana, entre otros, SCOGNAMIGLIO [(1969), p. 476; (1996), p. 544] o BELLELLI [(1977), p. 1299].

[533] DE CUPIS, A. (1975), p. 826.

[534] Así lo expresa la sentencia del Tribunal de Casación italiano de 03/08/1960: *"el resarcimiento en forma específica puede consistir en la prestación de una cosa igual a la destruida; en la reparación material de la avería ocasionada a la cosa, de forma que se restituya a su condición anterior; en ejecutar a costa del obligado, autor del daño, las obras necesarias para restaurar la cosa a su primitivo estado, eliminando lo que se hubiere hecho en violación del derecho del propietario"* (N. 2269, en Rep. *Giur. It.*, 1960, col. 2991, n. 351) (La traducción es mía).

2. Modalidades más frecuentes de reparación específica

2.1. Sustitución del bien destruido por otro

En ocasiones, el restablecimiento de la situación antecedente a la causación del evento dañoso, con el fin de reponer al perjudicado en el disfrute de las mismas utilidades que perdió con ocasión de aquel evento, puede exigir la *sustitución* del bien destruido por otro análogo; tal sustitución procede de forma diferente según se trate de una cosa genérica o de una cosa específica.

a) Sustitución de cosa genérica perdida, destruida o deteriorada

Si se pierde, destruye o deteriora una cosa genérica, la reparación específica puede consistir en entregar al perjudicado una cosa de la misma clase y características y de una calidad similar a la que tenía la cosa perdida o destruida.

b) Sustitución de cosa específica destruida o sustancialmente deteriorada

En tales supuestos, ningún problema se plantea cuando es posible encontrar en el mercado un bien sustitutivo con unas condiciones de uso idénticas a las del bien destruido o inutilizado. Sin embargo, existen casos en los que el mercado solamente ofrece bienes sustitutivos en condiciones distintas de las que tenía el bien destruido (por ejemplo, el mercado sólo ofrece ejemplares nuevos frente al bien destruido que estaba usado o el bien destruido ha dejado de fabricarse y sólo se fabrican otros del mismo tipo pero de superior calidad); en tales supuestos, el perjudicado obtiene gratuitamente una mejora patrimonial que despierta la alarma sobre la eventualidad de un enriquecimiento injustificado[535].

NAVEIRA ZARRA[536] considera que la diferencia de valor entre la cosa usada y la nueva por la que se sustituye sólo puede ser puesta a cargo del perjudicado cuando la sustitución de la cosa destruida por otra nueva no es el único modo posible de reparación íntegra del daño y, aún así, el perjudicado procede a dicha sustitución. En tales supuestos, parece lógico que se le haga asumir parte del coste de la sustitución. Ahora bien, fuera de estos casos, es decir, cuando la entrega de la cosa nueva es el único modo posible de reparación completa, no le parece justo que el dañado tenga que realizar un desembolso que no habría tenido que hacer en ausencia del evento dañoso, en cuanto que todavía conservaría un objeto útil durante más o menos tiempo. La autora citada estima que, dentro de los límites expuestos, la cuestión tiene que resolverse en favor del dañado, aunque en todo caso deben tomarse en consideración las circunstancias del caso

[535] Lo cual constituye un motivo más para que la doctrina y la jurisprudencia cuestionen la validez y eficacia de este remedio reparador.

[536] NAVEIRA ZARRA, M.M. (2006), p. 234.

concreto, las cuales pueden determinar, en ciertas ocasiones, la necesidad de poner a cargo del dañado parte del beneficio que el mismo obtiene mediante la adquisición de un objeto nuevo en sustitución del dañado.

En opinión de SOLARTE RODRÍGUEZ[537], cuando el efecto del daño es la destrucción o el deterioro sustancial de una especie o cuerpo cierto, sólo de manera excepcional cabe la posibilidad de considerar pertinente una reparación *in natura*, en la medida en que el bien pueda ser reemplazado por otro que por sus características específicas proporcione al perjudicado la misma utilidad. Es decir, a su juicio, el criterio de fungibilidad no es exclusivo de la comparación entre cosas genéricas, sino que también las cosas específicas, que se hayan perdido o hayan sufrido un deterioro de tal entidad que no resulten aptas para ser utilizadas según su destino natural, pueden ser reemplazadas o sustituidas en caso de que existan otras que tengan las mismas cualidades y características y, por ende, dentro de la conciencia social proporcionen idéntica satisfacción. Si la cosa destruida es irreemplazable, no será posible la sustitución, quedando al perjudicado sólo la opción de la reparación por equivalente.

2.2. *Reparación o restauración de la cosa dañada*

Correspondiendo a una de las acepciones del término "reparar" contempladas por el DRAE ("enmendar, corregir o arreglar la cosa que está rota o estropeada"), esta forma de reparación específica es la más frecuente en el ámbito de los daños económicos o patrimoniales y procederá en los casos en los que el daño haya recaído sobre una cosa y la acción del dañador no haya logrado destruirla o inutilizarla totalmente. Si el deterioro no afecta a la posibilidad de continuar utilizándolo en su destino natural, se estima aceptable como reparación específica la restauración, refacción o recomposición del bien.

La reparación en forma específica exigiría, en puridad, la sustitución de todo lo dañado con recambios de la misma naturaleza y grado de uso, por respeto a la equivalencia entre daño y resarcimiento. Ningún problema se plantea cuando la reparación del objeto dañado puede llevarse a cabo sin necesidad de sustituir piezas, como tampoco se plantearía si las sustitutivas no introducen ninguna mejora en el bien a reparar. Como la mayoría de las veces esto no sucede, se procede a la reparación con piezas nuevas, que, evidentemente, cuestan más que las dañadas. En estos casos, CASTRONOVO[538] considera que, en el terreno de la especificidad, es difícil decir que la sustitución de una pieza usada por una nueva sea *reintegración*, porque de ella emerge una diferencia cualitativa que evidencia cómo, en rigor, la pieza sustitutiva debe tener las mismas caracterís-

537 SOLARTE RODRÍGUEZ, A. (2005), p. 227.
538 CASTRONOVO, C. (2006), pp. 827-829.

ticas de uso que la sustituida. Y esto conlleva, en muchos casos, una condena por equivalente invocando la excesiva onerosidad para el agente.

El autor italiano cree que la excesiva onerosidad de la que habla el artículo 2058 del *Codice civile* se entiende de modo diferente. El término de referencia para valorar la excesiva onerosidad no puede ser el coste de la cosa nueva, que representa un valor diverso por definición del de la cosa usada dañada, sino justamente el valor de ésta última; en segundo lugar, respecto a éste último, que representa el coste máximo del resarcimiento por equivalente, el coste de la reintegración en forma específica no deberá resultar superior. Es el principio que en Francia la doctrina extrae de la jurisprudencia: si lo máximo que la víctima puede pedir es el coste de sustitución del bien, no puede permitirse que la reparación en forma específica, que tienda a recuperar la cosa dañada, cueste más del valor que la cosa tenía antes del daño. Ésta sería una reparación específica excesivamente onerosa. De hecho, puesto que el acreedor tendría derecho a la sustitución de la misma en caso de imposibilidad de sustitución de las únicas partes dañadas con otras que funcionan, el coste de sustitución de la cosa entera representa el valor que no se podrá traspasar cuando, en alternativa a la sustitución integral, se ordene la parcial, que, sin embargo, renueva la cosa. Una regla de responsabilidad rigurosa exige la calculabilidad previa del coste del daño[539].

Cuando tiene lugar la introducción de mejoras en el bien dañado, mediante la sustitución de piezas usadas por piezas nuevas, un sector de la doctrina considera que el perjudicado obtiene gratuitamente una mejora patrimonial, considerada como un enriquecimiento injusto, por lo que debería moderarse la suma a fin de que esto no ocurra. Por el contrario, NAVEIRA ZARRA cree que la mejora que experimenta la cosa dañada como consecuencia de la sustitución de piezas o elementos usados por otros nuevos no puede ser concebida como

539 La *Relazione* (Exposición de Motivos) del *Codice civile*, dentro de su extremo laconismo, es, sin embargo, significativa para CASTRONOVO (*Ibid*., p. 829), cuando dirige el artículo 2058 a proporcionar la "reintegración en forma específica de la situación patrimonial anterior", expresando claramente la tendencia funcional de la reparación en forma específica en los mismos términos que el resarcimiento por equivalente, refiriéndose ambos a la situación patrimonial a reconstruir y, por tanto, según medidas que no pueden resultar diversas en su significado patrimonial. El resarcimiento, justamente porque representa un coste, no puede resultar mayor que el daño; esto bastaría para desalentar manías obsesivas de reintegración en forma específica, que, en la ilusión de adecuar completamente el hecho al derecho se revelan un remedio peor que el mal, terminando por costar más de lo que fueran capaces de recuperar en el patrimonio del perjudicado. Más bien –y confirmando la idea de que la reintegración en forma específica deberá ajustarse a la lesión producida hasta cuando tal ajuste no se revele antieconómico– debe encontrarse una manera más ágil de entender aquélla, que no esté tan preocupada por mimar el "estado anterior" en el intento irrealizable de "cancelar" el daño, sino que esté pragmáticamente orientada a resolver en el modo más adecuado en el caso concreto las consecuencias negativas en las que el ilícito se convierte para el perjudicado.

un enriquecimiento injustificado, porque el dañado no habría procedido a la sustitución de no producirse el evento dañoso que se imputa al responsable. En consecuencia, cuando la sustitución de piezas usadas por otras nuevas sea el único modo posible de recuperar enteramente el valor de uso del bien dañado, no habrá lugar a poner a cargo del perjudicado el mayor valor de cambio que la cosa pueda alcanzar[540].

3. La "restauración económica": ¿reparación en forma específica o reparación por equivalente?

Aunque, en el análisis de la reparación en forma específica, parece inexorable la correspondencia resarcimiento por equivalente/prestación pecuniaria y reintegración en forma específica/prestación de hacer o de dar cosa distinta de dinero, cabe cuestionarse[541] si la explícita alternativa que, sobre las formas que puede asumir la reparación específica, presenta la legislación alemana, según la cual ésta puede consistir en una pretensión de hacer material o jurídico a cargo del responsable, o en una pretensión de que se le condene a entregar la suma necesaria para que el perjudicado pueda proceder directamente a aquella operación, es extensible a nuestro Derecho.

Lo más frecuente es que la reparación específica se concrete en una obligación de hacer, que se pone a cargo del sujeto obligado a reparar; este *facere* puede ser llevado a cabo directamente por el responsable o bien por otra persona a su costa: al perjudicado sólo le interesa ver el daño reparado. Pero hemos admitido anteriormente que la reparación específica también podría consistir en un *dare*; resulta, entonces, necesario precisar si, consistiendo en una obligación de dar, la reparación en forma específica debe tener por contenido necesariamente bienes distintos del dinero o si resulta viable igualmente una reparación *in natura* concretada en una obligación de dar de contenido pecuniario.

Nos referimos a aquellos supuestos en los que el perjudicado solicita que se condene al responsable, no a efectuar las reparaciones precisas para reponer la situación anterior al perjuicio, sino al pago de los gastos necesarios para acometer la reparación o restablecimiento del bien o interés dañado, ya sea porque el propio perjudicado ya ha afrontado tales gastos procediendo a la reparación del objeto por sí mismo o a través de otro, ya porque tenga previsto proceder a dicha reparación.

Esta –considerada por cierto sector doctrinal– *modalidad pecuniaria del resarcimiento en forma específica* no está prevista legalmente –por desconta-

---

540 NAVEIRA ZARRA, M. M. (2006), p. 235.

541 Como, entre la doctrina italiana, se cuestionó CIAN, G. (1998), pp. 757-762.

do– en nuestro propio ordenamiento jurídico, pero es frecuentemente utilizada con el fin de reparar vicios constructivos apreciados en inmuebles, reponer los vehículos automóviles accidentados en su anterior estado o, incluso, curar las lesiones corporales y psíquicas. En cambio, constituye una de las modalidades de reparación expresamente previstas por el BGB, cuyo §249-2 establece que *"si debe prestarse el resarcimiento de un daño por la lesión a una persona o por el menoscabo de una cosa, el acreedor puede exigir en lugar de la reparación la cantidad de dinero necesaria para ella (...)"*, configurando, de este modo, la llamada "restauración económica".

Aunque esta "modalidad de reparación específica" no es expresamente reconocida en el MCR, VON BAR y CLIVE[542] consideran que, conforme a los Principios, "reparación en especie", propiamente, significa restauración de la situación que habría existido si no hubiera existido el hecho dañoso, pero no necesariamente por medio de la actuación personal del dañador o de un tercero encargado de ello. La reparación en forma de entrega de una cantidad de dinero (compensación) también puede ser restauración (o en provecho de ella). En este caso, el principio de reparación tiene la "labor" de contribuir a concretar la cantidad que ha de hacerse efectiva. Siempre que la víctima asuma la remoción del daño por sí mismo o por un tercero, la reclamación de daños se cifrará en los costes incurridos.

En estos casos, en los que la obligación del responsable consiste en la entrega de una cantidad de dinero igual al coste de las operaciones necesarias para restablecer el *status quo ante*, consideramos, con NAVEIRA ZARRA, que la cuestión que se plantea es si dicha obligación pecuniaria puesta a cargo del responsable constituye una reparación por equivalente o un resarcimiento en forma específica[543].

La atribución al perjudicado de las mismas utilidades que perdió a causa del daño no siempre puede ser realizada directamente por el propio responsable, que tal vez no cuente con los medios o con los conocimientos adecuados para reponer el objeto a su anterior estado, por lo que, en ocasiones, ha de ser un tercero el que ejecute las reparaciones necesarias; e, incluso, a veces, aunque el responsable pueda proceder por sí mismo a la reparación, el perjudicado puede preferir encomendársela a terceras personas, pues parece del todo punto lógico que no confíe en la persona cuya conducta fue determinante del daño por él sufrido. Por este motivo, le parece completamente lógico a la autora citada atribuir al perjudicado la posibilidad de reclamar al responsable, en lugar de

[542] VON BAR, C., y CLIVE, E., (2009), p. 3723.

[543] NAVEIRA ZARRA, M.M. (2006), p. 212. El criterio de distinción esbozado por la autora permite considerar como reparación específica esta modalidad "híbrida" de reparación –cuya catalogación como tal conforme al primer criterio referido no está exenta de problemas–.

la reparación en sí, el importe al que ascienden los gastos de reparación. Así las cosas, cuando esos gastos ya hayan sido afrontados por el perjudicado con anterioridad a la demanda, NAVEIRA considera que la condena del responsable a reintegrar su importe (obligación pecuniaria) constituye una reparación en forma específica, porque el dinero en que dicha obligación se concreta fue invertido en recuperar las utilidades perdidas, restableciendo de ese modo el *status quo ante.*

Para los hermanos franceses MAZEAUD y TUNC, desde el punto de vista del responsable, esa obligación de dar una suma de dinero podría considerarse como una reparación por equivalente; pero desde el punto de vista de la víctima, que es el que, en realidad, importa, dicha reparación es *in natura*, porque la víctima se sitúa, por el hecho de la ejecución de las reparaciones necesarias, en la misma situación en la que estaría si el responsable hubiera procedido por sí mismo a tales reparaciones[544]. Comparten esta misma opinión los italianos DE CUPIS, FERRI, FRANZONI o CASTRONOVO.

Para éste último, esta modalidad de reparación específica sólo conservaría de ésta el nombre, ya que se trata de un resarcimiento por equivalente, distinto sólo por el parámetro de medida, pero cuyo resultado económico final no podrá ser distinto del resultado del resarcimiento por equivalente en sentido propio[545].

DE CUPIS descarta asimismo de lleno esta posibilidad, porque para él la expresión "resarcimiento o reparación *in natura*" supone precisamente, desde un punto de vista negativo, la exclusión del dinero como medio de subrogación[546].

Según FERRI, en tales casos no puede pedirse el resarcimiento en forma específica, desde el momento en que éste resulta (materialmente) imposible, porque la reparación en la que se sustancia, ya se ha producido: en otras palabras, "la realización de la reparación por parte del propio perjudicado precluye el acceso a tal modalidad, no pudiéndose pedir que el responsable efectúe lo que ya ha sido hecho"[547]. En tal caso, por tanto, "la pretensión no puede dirigirse sino al resarcimiento por equivalente, en particular, al pecuniario, cuya entidad no puede superar el valor de cambio del bien lesionado: la diferencia entre tal valor y el coste de la reparación queda, por tanto, a cargo del perjudicado que la ha efectuado".

544 MAZEAUD, H., L. y J. y TUNC, A. [(1977), p. 489].
545 CASTRONOVO, C. (2006), p. 834.
546 DE CUPIS, A. (1975), p. 826.
547 FERRI, G. (Jr.) (1992), p. 816-817.

Para FRANZONI, la obligación consistente en el reembolso de los gastos afrontados por el perjudicado para reparar la cosa debe incluirse en la categoría de la reparación por equivalente, porque, a su juicio, cuando, de hecho, los gastos son afrontados por el perjudicado, *"el destino económico de la cantidad no es bastante para determinar la forma del resarcimiento"*[548].

Sobre esta forma de reparación específica (*natural*), llamada *restauración económica*, señala el alemán FISCHER[549] que «*la razón legislativa de esta norma es bien fundada. No debe exigirse del perjudicado que permita al causante del daño "intervenir en su persona o en sus cosas para remediar el mal causado, mediante actos de resultado muchas veces dudoso"*», porque si así se hiciera, entiende el autor que «*la reparación natural podría prácticamente convertirse en una carga injusta para el perjudicado, el cual, muchas veces preferiría renunciar totalmente a la indemnización a poner objetos que le son caros en manos del causante del perjuicio*».

Esta admisión se explica –según CIAN[550]– por su funcionalidad respecto a la lógica reparatoria. Si, en cualquier caso, se llegaría al mismo resultado a través de la ejecución forzosa en forma específica en caso de que el condenado a la reparación no procediese a hacerlo, no se ve razón para no "atajar" permitiendo directamente la condena del sujeto al pago de las sumas correspondientes a tales costes.

La idea de que la forma que puede asumir la reparación en forma específica no tiene que consistir necesariamente en una obligación de hacer o en una obligación de dar cosas distintas al dinero, sino que puede igualmente concretarse en una obligación pecuniaria, suele desembocar, en las argumentaciones doctrinales, en la aceptación de otra idea: la de que, a pesar de tratarse en ambos casos de condenas relativas a prestaciones pecuniarias, se trata de condenas diferentes, lo cual queda de manifiesto, para este sector de la doctrina, al analizar los diversos parámetros económicos que entran en consideración para calcular la cantidad debida en los respectivos casos[551]: en estos casos, el montante al que ascienda la reparación *in natura* puede no coincidir –y en la mayor parte de los casos, lo superará– con el montante al que ascendería la reparación por equivalente del mismo daño, porque la primera contempla el daño, no como un simple desequilibrio patrimonial, como hace la reparación por equivalente, sino como una injusta privación o disminución de una determinada utilidad, a la que el perjudicado, en función de su propio orden de preferencias y de la

548 FRANZONI, M. (1996), p. 647.

549 FISCHER, H. (1975), pp. 169-170.

550 CIAN, G. (1998), p. 758.

551 Diferencia que resulta particularmente relevante a efectos de la valoración de la excesiva onerosidad.

concreta naturaleza del interés dañado, puede negarse a renunciar a cambio del equivalente dinerario.

Así las cosas, habrá que tomar en consideración esos dos parámetros (orden de preferencias del perjudicado y naturaleza del interés dañado), además de los que puedan concernir al responsable, para determinar si resulta justo que el exceso de gasto que la reparación *in natura* comporta en comparación con la reparación por equivalente sea soportado por el responsable, es decir, para determinar la excesiva onerosidad de la reparación específica. De ahí la importancia, para este sector doctrinal, de calificar la obligación pecuniaria que se pone a cargo del responsable como reparación en forma específica o como resarcimiento por equivalente.

Si bien la lógica de la autonomía reconocida al titular del bien –continúa argumentando CIAN[552]– exige atribuirle la libertad de decidir quién debe efectuar la reparación –si él o el agente– como incluso la libertad de proceder efectivamente a ella o no, y, en consecuencia, el derecho a obtener la reparación no se puede hacer depender de la efectiva utilización a tal fin de la suma recibida, sin embargo esto debe negarse cuando la reparación devenga imposible, en cuyo caso, sólo queda espacio para el resarcimiento por equivalente. Y es entonces cuando, a pesar de estar en juego en ambos casos una pretensión a una prestación pecuniaria, los criterios de cálculo de la suma a satisfacer sitúan esta forma de resarcimiento en plano distinto del resarcimiento por equivalente, ya que mientras que en el primer caso la suma es calculada sobre los costes de reconstitución, en el segundo operan otros criterios. Para el daño que se concreta en la lesión de bienes patrimoniales, dichos conceptos están representados por el valor de mercado del bien, los gastos –distintos evidentemente de los antedichos costes de reconstitución–, el daño emergente y el lucro cesante: en definitiva la disminución global del patrimonio de la víctima. Hablamos, pues, de daño no como evento material o jurídico a eliminar, sino como entidad contable, como conjunto de valores económicos o valorables económicamente, cuya pérdida se compensa a través de una prestación pecuniaria.

Como se ve, en ambos casos entran en juego valores económicos y desembolsos; lo que cambia son los conceptos y los parámetros de cálculo. Y es justamente esta diferencia la que permite introducir, para la reintegración en forma específica, la noción de "excesiva onerosidad", que no afecta al resarcimiento por equivalente, el cual es debido siempre e íntegramente, cualquiera que sea su montante y su peso para el sujeto obligado.

El autor estima que la consideración del sentido conjunto del sistema de tutela resarcitoria y de la naturaleza de los intereses en conflicto llevan a afirmar

---

552 *Ibid.*, p. 760.

que la denegación del resarcimiento en forma específica no queda legitimado *per se* por la simple superación –por consistente que sea– de la cantidad que debería ser satisfecha a título de resarcimiento por equivalente, sino que también deben tenerse en cuenta la naturaleza y la dimensión de los intereses, incluso los no económicos, del perjudicado con relación a la entidad del sacrificio (económico) que se debería imponer al agente. Así, por ejemplo, habría que ser cauto, en su opinión, a la hora de considerar la excesiva onerosidad en caso de daño corporal (daño estético).

Mayor problema se plantea, en cambio, como señala NAVEIRA ZARRA[553], cuando el perjudicado reclama del responsable el importe de los gastos de reparación sin haber procedido a ella, porque en tales casos, en virtud de la libertad que asiste al perjudicado a la hora de decidir el destino del dinero percibido, podría suceder que éste no fuera empleado finalmente en llevar a cabo las operaciones de reparación, por lo que el restablecimiento de la situación *ex ante* no tendría lugar mediante la obtención de las mismas utilidades que las perdidas y no se podría hablar, en consecuencia, de resarcimiento *in natura*. Por el contrario, sí estaríamos, según la autora, ante este último cuando el dinero fuese destinado efectivamente a la realización de las operaciones de reparación[554].

Ahora bien, la admisión de una reparación específica de contenido pecuniario en los términos expresados debería condicionarse a dos circunstancias: de un lado, hace aconsejable establecer elementos objetivos de verificación sobre la calidad de los trabajos que se vayan a efectuar, con el fin de que no se presenten discrepancias entre las partes acerca del efectivo cumplimiento de la orden judicial de reparación del daño causado[555]; de otro lado, tal posibilidad debería someterse al ejercicio de un control jurisdiccional acerca del destino del dinero percibido, es decir, habría que limitar la libertad de disposición patrimonial del perjudicado vinculando necesariamente las sumas recibidas en concepto de resarcimiento *in natura* a la efectiva reparación del bien o interés dañado.

Esta cuestión ha sido abordada con detenimiento por CARRASCO PERERA –especialmente en relación con los ámbitos de la responsabilidad por ruina de los edificios y de los accidentes de circulación y consiguiente reparación de automóviles–, junto con otra particularidad de la reparación específica, como es la frecuente existencia de una notable asimetría entre los costes de reparación de ésta y la indemnización puramente compensatoria que hubiera

[553] NAVEIRA ZARRA (2006), pp. 213-214.

[554] No deja de resultar paradójico el hecho de que la calificación de la forma de reparación (como específica o por equivalente) se realice *a posteriori*, haciéndola depender del destino efectivo de la cantidad entregada a las reparaciones.

[555] SOLARTE RODRÍGUEZ, A. (2005), p. 229.

de corresponder al dañado si la pretensión de reparación no fuera reconocida, que se cifraría en el valor venal, valor en cambio o precio de mercado. La decisión sobre cuál es el factor indemnizatorio relevante presupone decisiones que afectan al alcance y la función del Derecho de daños, planteándose si éste está llamado a cumplir funciones de reintegración específica y no una simple función de compensación[556].

La consideración de la entrega de una suma destinada a la restauración como una medida de reparación en forma específica, en lugar de considerarla una medida de reparación pecuniaria o por equivalente, tiene consecuencias a la hora de la ejecución de la obligación. Podrían trazarse, respectivamente, dos esquemas representativos de cada una de las posibilidades:

- si el agente causante del daño es condenado a entregar una suma de dinero al damnificado (para que éste pueda, por su cuenta, proceder a la restauración), la ejecución de tal condena conllevará, para el agente, las medidas propias de la ejecución de las obligaciones de dar. Pero entonces el perjudicado sigue sufriendo un daño adicional, pues es él quien tiene que (literalmente, se ve obligado a) actuar para ver definitivamente eliminado el daño, teniendo –generalmente– que constituir una nueva relación jurídica, con todos sus derechos, pero también con sus obligaciones y cargas, con un tercero, que será quien procederá materialmente a la restauración.

- la "auténtica" reparación en forma específica debería implicar que el damnificado no tuviese que verse obligado a hacer absolutamente nada para ver restablecidos sus bienes y derechos, y que al agente condenado se le impusiera una obligación de hacer: la de constituir tal ulterior relación con el tercero que llevará a cabo la reparación, un tipo, ciertamente, *sui generis* de relación jurídica –que usualmente será contractual–, en la que dicho agente condenado sea quien soporte las cargas y obligaciones, y el damnificado ostente ciertos derechos (aquéllos que permitan que la restauración se efectúe a su plena satisfacción). Y en este caso, la ejecución de la obligación de reparar incumplida conlleva las medidas coercitivas propias de las obligaciones de hacer.

Entre nuestra jurisprudencia, cabe hacer mención a la sentencia de la Audiencia Provincial de Granada de 4 de mayo de 1994, que representa –aparentemente– un caso excepcional en relación con la jurisprudencia sobre daños causados por la circulación de vehículos, por cuanto, contra lo que habitualmente sucede, sustituye la condena pecuniaria pedida en la demanda por la "obligación de reparar *in natura*". Nos sorprende menos cuando vemos que el Tribunal está llamando "reparación en forma específica" a la obligación

---

556 CARRASCO PERERA, A. (1996), p. 52.

impuesta al asegurador del deudor de pagar la factura de la reparación acometida por un taller.

Parece que de todo lo anterior puede extraerse una conclusión: la dialéctica en torno a la naturaleza jurídica de la reparación específica, sobre si ésta constituye un remedio autónomo independiente de la lógica reparatoria, o una forma de reparación del daño, puede verse ampliada por la irrupción de una tercera concepción: aquélla que considera que la forma específica de reparación del daño no es sino un mero criterio de cuantificación de éste[557]. Éste es, en realidad, el sentido que introduce la jurisprudencia italiana, cuando, conforme a sus pronunciamientos, y a pesar de las críticas por parte de un sector doctrinal, sitúa la distinción entre resarcimiento en forma específica y resarcimiento por equivalente en el hecho de que, en el primer caso, la extensión de la reparación se evalúa sobre la base de los costes de la restauración del *status quo ante*; en el segundo, se calcula sobre la pérdida de valor sufrida.

A nuestro juicio, no pueden ser *los fines* de la reparación lo que identifique cada una de sus formas, pues el fin de la reparación del daño es siempre el mismo: eliminar sus efectos y consecuencias; lo que interesa es cómo se pretende conseguir ese fin: *directamente*, mediante acciones dirigidas a obtener ciertos actos del demandado que proporcionen a la víctima las mismas utilidades perdidas o reducidas por la acción dañosa, o bien *indirectamente*, por medio de la entrega de una suma de dinero que le proporcione otras utilidades compensatorias, en defecto de las perdidas y no recuperadas. Igual de indirecta es, desde esta perspectiva, la reparación consistente en la entrega de una suma de dinero compensatoria, que la consistente en la entrega de una suma calculada, real o eventualmente destinada –"de forma específica"– a la restauración.

III. LOS LÍMITES DE LA OPERATIVIDAD DE LA REPARACIÓN EN FORMA ESPECÍFICA

El motivo más importante por el cual la forma de reparación que estudiamos sufre la paradójica situación que estamos tratando de describir, de –en términos platónicos– preferencia "en el mundo de las ideas" y subordinación a la reparación por equivalente "en el mundo real", está constituido por la concurrencia de diversas circunstancias que, en el caso concreto, pueden hacer total o parcialmente inoperante la forma específica de reparación.

En efecto, las legislaciones que han contemplado expresamente el remedio reparador en forma específica establecen como excepciones –o, más bien, limitaciones– a su aplicación práctica la *imposibilidad*, la *excesiva onerosidad*

557 Al mismo nos hemos referido en el Capítulo Primero de este trabajo.

y la *insuficiencia*[558]. Pero también en los ordenamientos jurídicos en los que la reparación específica no se encuentra admitida de forma expresa por las leyes, la doctrina y la jurisprudencia han configurado, sobre todo, la imposibilidad y la excesiva onerosidad de tal forma de reparación como excepciones o limitaciones a su aplicación práctica.

Hay, por otra parte, autores que afirman que la imposibilidad y la excesiva onerosidad pueden quedar subsumidas en una única categoría, ya que ésta última no sería, en realidad, sino un supuesto concreto de imposibilidad[559].

1. La imposibilidad

Constituye un criterio bastante generalizado en la doctrina el de que, por regla general, la reparación en forma específica suele resultar posible cuando se trata de reparar perjuicios de carácter patrimonial, mientras que los daños

---

[558] Conforme al artículo 2058 del *Codice civile* italiano, "*(e)l perjudicado puede pedir la reintegración en forma específica cuando sea posible en todo o en parte. Sin embargo, el juez puede disponer que el resarcimiento tenga lugar sólo por equivalente, si la reintegración en forma específica resulta excesivamente onerosa para el deudor*".

Según el §251 del BGB: *"(1) En la medida en que la reparación no es posible o no basta para indemnizar al acreedor, el obligado al resarcimiento debe indemnizar al acreedor en dinero. (2) El obligado al resarcimiento puede indemnizar al acreedor en dinero si la reparación sólo es posible con gastos desproporcionados"*.

El artículo 1323 del ABGB dispone que *"(P)ara indemnizar los daños causados ha de restablecerse la situación anterior a su causación o, si esto no es posible, indemnizar el valor en que se aprecien aquellos. Si la indemnización se refiere solamente a los daños sufridos ha de obtenerse con ella una reparación completa de aquéllos, incluso las ganancias frustradas y una reparación de las ofensas sufridas, hasta su completa satisfacción"*.

Conforme al artículo 356 del Código civil húngaro de 1960, "*(L)a persona responsable del perjuicio debe restablecer la situación anterior y cuando esto fuese imposible o la víctima, por un motivo justificado no lo deseara, debe reparar el perjuicio"*.

Finalmente, el artículo 566 del Código civil portugués establece que *"(l)a indemnización es fijada en dinero, siempre que la reconstitución natural no sea posible, no repare integralmente los daños o sea excesivamente onerosa para el deudor"*.

[559] Lo que podríamos considerar un supuesto de "imposibilidad económica", según expresión de NANCLARES VALLE [(2011), p. 211], y al que indirectamente podrían referirse ALONSO PÉREZ y LLAMAS POMBO. Según éste último, la imposibilidad debe entenderse en términos relativos [LLAMAS POMBO, E. (2009), p. 59], como los propuestos por ALONSO PÉREZ [(1972), p. 72], cuando éste último afirma que *"en el plano normal en que se desarrollan las relaciones humanas, es decir, desde un criterio relativo y no absoluto de la imposibilidad, la excesiva onerosidad puede considerarse en determinados casos como un obstáculo invencible que se opone al cumplimiento"*.

En relación con la legislación italiana, DE CUPIS [(1975), p. 834)] distingue entre ambas circunstancias en razón de su incidencia en la facultad del acreedor de elegir la forma de reparación: mientras la imposibilidad excluye a priori la reintegración en forma específica y, por tanto, el poder de elección, la onerosidad excesiva puede paralizar tal facultad, en virtud de la potestad concedida al juez de disponer que la reparación tenga lugar por equivalente, sea cual sea la elección del perjudicado.

extrapatrimoniales (morales, corporales) quedan excluidos de dicha forma de reparación, por recaer sobre bienes y derechos inherentes a la persona, que resultan normalmente irreparables e insustituibles. Sin embargo, tales afirmaciones se realizan con carácter general, por lo que no están exentas de excepciones. Así, se señala que existen hipótesis de daños patrimoniales no susceptibles de reparación en forma específica, como en el caso en que resulte destruida una antigüedad o una obra de arte, para las que no existe sustitutivo en el mercado. E, igualmente, existen casos en los que el daño no patrimonial se entiende reparado, al menos, parcialmente, en forma específica, como ocurre, a veces, en el ámbito de las lesiones al honor, a la intimidad o a la propia imagen, donde muchos autores identifican la publicación de la sentencia condenatoria con una especie de reparación *in natura*[560].

Como dice la italiana EBENE COBELLI[561], como quiera que, en realidad, una perfecta reintegración de la situación que habría habido en ausencia del hecho dañoso es en sí siempre imposible, el concepto de imposibilidad ha de referirse al concepto mismo de reparación en forma específica: cuanto más se amplíe la esfera de ésta, tanto menos oponible será la excepción de imposibilidad.

La imposibilidad constituye una circunstancia que puede resultar jurídicamente relevante en diversas situaciones y relaciones jurídicas, si bien, con una mínima sistematización, es contemplada por el Código Civil como circunstancia extintiva de la obligación[562]. Sin embargo, creemos que la imposibilidad relevante a efectos de la reparación específica es distinta de la imposibilidad relevante a efectos de extinción de las obligaciones. La imposibilidad que ahora nos interesa, ni tiene relevancia alguna a efectos de imputabilidad o inimputabilidad del responsable ni extingue la obligación[563]; a lo sumo, puede

560 NAVEIRA ZARRA, M.M. (2004), p. 54. Nos remitimos, sobre esta cuestión, a lo ya expuesto *supra*.

561 EBENE COBELLI, C. (1987), p. 367.

562 LLAMAS POMBO [(1999), pp. 167-182] efectúa un profundo análisis de la imposibilidad jurídicamente relevante desde una "perspectiva de los remedios" –bastante similar a los planteamientos de MARELLA– del cual deduce que la imposibilidad de la prestación que, en el ámbito de la responsabilidad contractual, da lugar a la sustitución por el equivalente pecuniario debe revestir las siguientes características: debe tratarse de una imposibilidad sobrevenida o subsiguiente, y no originaria o inicial; debe tratarse de una imposibilidad definitiva, permanente, al menos, desde un punto de vista relativo; debe tratarse de una imposibilidad de carácter objetivo, que afectaría a todo deudor; no importa que la imposibilidad sea física o jurídica, de hecho o económica; por último, para que se pueda producir la *perpetuatio obligationis* y el correspondiente deber de prestación por equivalente, ha de venir adjetivada por uno de dos requisitos alternativos: o que sea imputable al deudor o que suceda cuando éste ya se haya constituido en mora.

563 El concepto "imposibilidad liberatoria", a juicio de LLAMAS POMBO, encierra en su empleo un sentido ambiguo: por una parte, se está contemplando la imposibilidad como fenómeno extintivo de la obligación y, por otra, como fundamento de la responsabilidad del deudor (*Ib*., p. 175). A propósito de la relación entre la imposibilidad y la excesiva onerosidad, afirma JORDANO

jugar como causa de "transformación" de la obligación, ya que sólo afecta a una de las formas –*a priori*– posibles de la ejecución de la *única* obligación de reparar el daño[564].

Por otra parte, que el esquema de la imposibilidad como fenómeno extintivo de la obligación no es exactamente trasladable a nuestro ámbito, se pone en evidencia por el hecho de que, en el primero, la única imposibilidad relevante es la imposibilidad sobrevenida, esto es, la ocurrida durante el tiempo que media entre la constitución y la ejecución de la obligación. No existe en el concepto de imposibilidad como límite de la reparación del daño en forma específica esa dualidad de referencias temporales: el primer y único momento para considerar la posibilidad o imposibilidad de la forma de reparación es el mismo momento en que propiamente se constituye la obligación de reparar –que, de no cumplirse espontáneamente por el responsable, será el momento en que se dicte la sentencia declarando y condenando–, siendo a estos efectos indiferente que la posibilidad de reparar en forma específica haya desaparecido en el lapso temporal que media entre la causación del daño y la sentencia (es poco probable que la cosa dañada se halle *medio tempore* en poder del agente).

La doctrina, tradicional y generalmente, distingue varios tipos de imposibilidad, en razón de diversos criterios:

La imposibilidad puede ser *total* o *parcial*, según afecte a la totalidad o sólo a una parte de la prestación.

La imposibilidad puede ser *física (o material)* o *jurídica (o formal)*, según que el bien o interés dañado sea, por naturaleza, irreparable e insustituible o haya sido destruido y resulte irremplazable, al carecer de sustitutivo en el mercado, o bien que exista un obstáculo normativo a la prestación debida por el responsable, o la reparación en forma específica conlleve un resultado ilícito o deba ser cumplida mediante el recurso a una actividad ilícita[565].

FRAGA [(1987), p. 318] que en tanto la imposibilidad liberatoria supone la extinción de la obligación, la resolución por excesiva onerosidad presupone su subsistencia, ofreciendo, precisamente por ello, el remedio de la resolución, que puede ser evitada con la modificación equitativa de las condiciones del contrato ofrecida por el acreedor.

564 Si bien, podría argumentarse, desde una perspectiva distinta de la del carácter unitario de la obligación de reparar, que la imposibilidad de la obligación de restaurar, reintegrar o arreglar extingue la obligación de reparar en forma específica, haciendo nacer la obligación de reparar mediante equivalente pecuniario. Sólo que este nacimiento será independiente de la imputabilidad o no de la imposibilidad al responsable.

565 Un supuesto que, a juicio de NAVEIRA ZARRA [(2006), pp. 223-224], encaja en las hipótesis de imposibilidad jurídica de la reparación específica, se produce cuando la ejecución de ese modo de reparación implica necesariamente la contravención de una autorización administrativa. Pone la autora como ejemplo un establecimiento industrial –cuyo funcionamiento ha sido autorizado por resolución administrativa– que causa daños a los vecinos de la zona por emisión de humos y ruidos. En el caso de que los perjudicados reclamen judicialmente el resarcimiento de sus daños y

La imposibilidad puede ser *objetiva* y *subjetiva*. Según LLAMAS POMBO[566], la imposibilidad objetiva afectaría a todo deudor: ha de consistir en un acontecimiento que torna irrealizable la prestación comprometida, al margen de las concretas circunstancias del momento y con independencia de que se contemple la persona del deudor u otra persona. SOLARTE se refiere a la imposibilidad objetiva cuando una cosa específica se pierde, se destruye o sufre un deterioro de tal entidad que pierde la utilidad que naturalmente le corresponde y no resulta factible restaurar el interés que el sujeto tenía en esa cosa con otra que pudiera resultar fungible en relación con la pérdida o deteriorada, como también concurriría en el supuesto de destrucción completa de un género limitado o cuando los bienes estén en poder de personas que no desean desprenderse de los mismos. En todos estos casos, es objetivamente imposible restaurar la situación que existiría si el daño no se hubiese presentado, ya que el bien, entendido como interés de un sujeto en relación con una determinada cosa, no es objetivamente reemplazable, en cuyo caso se impondría, a su juicio, la reparación por equivalente[567]. Para estos supuestos, el alemán FISCHER recomienda explorar la posibilidad de una "reparación analógica", entregando, por ejemplo, una cosa

---

perjuicios, resulta que sólo podrán ser resarcidos mediante la entrega de un equivalente pecuniario, sin que pueda decretarse el cierre de la fábrica ni la modificación de sus condiciones de funcionamiento –medidas éstas que, en cuanto dirigidas a restablecer la situación anterior a la producción del daño, impidiendo la prolongación del mismo en el tiempo, constituirían una reparación en forma específica–. El motivo de esa imposibilidad radica en que la adopción judicial de esas medidas supondría la vulneración de una resolución administrativa y, con ello, una infracción del principio de división de poderes.

Ya tratada esta cuestión por los autores franceses, también en España ha llamado la atención esa posible concurrencia de resoluciones administrativas y civiles contradictorias y, en ese sentido, se ha llegado a afirmar, en relación, sobre todo, con las relaciones de vecindad, que "*la unidad, coherencia y armonía del Sistema jurídico constituye (...), una de sus exigencias insoslayables, y resulta cuando menos incongruente que un poder público que actúa en dicho sistema considere compatible con el mismo una determinada actividad material al tiempo que otro poder público del mismo sistema jurídico la declara incompatible*" [GALERA RODRIGO, S. (2003), pág. 379]. Es esa afirmación la que determina que la jurisdicción civil se declare incompetente, en beneficio de la jurisdicción contencioso-administrativa, para pronunciarse acerca de la corrección de las autorizaciones concedidas por los órganos administrativos, así como para adoptar medidas reparadoras contrarias a las mismas. Así se observa en la STS (Sala Primera) de 11 de julio de 1986 (4136/1986), en la que el Alto Tribunal casó, por incompetencia de la jurisdicción civil por razón de la materia, la sentencia impugnada en la parte en que en ella se condenaba a la entidad demandada –que, amparada en una licencia municipal, había construido un frontón sin respetar las distancias prevenidas con la finca colindante– a restablecer la situación preexistente en la parte en que no se guardaban dichas distancias reglamentarias. Asimismo, dicha incompetencia se declaró en la STS (Sala 1ª) de 18 de marzo de 1992 (2339/1992), en la que se pretendía la condena a «*levantar las instalaciones construidas* (vaquerías, corrales y establos, que habían sido edificados frente a la casa perteneciente al actor) *y situárselas en el lugar que la Comisión de Saneamiento correspondiente establezca*».

566 LLAMAS POMBO, E. (1999), p. 170.

567 SOLARTE RODRÍGUEZ, A. (2005), p. 213.

igual a la perdida, destruida o deteriorada, en interés de preservar el principio de la reparación natural propio del Derecho germánico[568].

En opinión de SCOGNAMIGLIO[569] y de CECCHERINI[570], la posibilidad o imposibilidad deben configurarse mediante criterios objetivos, deben referirse a la efectiva y objetiva posibilidad de reconstituir o reponer el bien lesionado en su utilidad funcional, de modo que se reproduzca una situación, si no igual, similar a la preexistente, debiendo rechazarse el criterio abstracto y subjetivo –seguido por la doctrina alemana– que considera que basta un resultado económicamente equivalente, valiendo el discurso tanto para la imposibilidad inicial como para la sobrevenida.

Concurre la imposibilidad de tipo subjetivo cuando el deudor de la obligación de reparar el daño sea la única persona que se encuentre en posibilidad de realizar la actividad tendente a lograr la reparación específica y éste no pueda hacerlo o se niegue a ello. Este tipo de imposibilidad se presenta de manera particular cuando la reparación se obtendría con una actividad o con una abstención que sólo puede provenir del obligado a reparar, pero al supuesto descrito cabe asimilar aquél en el que la reparación sólo pueda llevarse a efecto mediante la intervención personal e insustituible de un tercero que se opone a ejecutar la actividad necesaria para reparar el perjuicio[571]. En tales casos, a juicio de SOLARTE, el Derecho expresa su impotencia para obligarlo a cumplir en especie (conforme a la máxima *nemo potest praecise cogi ad factum*), pues no se pueden ejercer medidas sobre la persona, no se puede forzar u obligar al deudor o a un tercero a actuar (positiva o negativamente) en contra de su voluntad; se podrán practicar sobre los bienes del deudor, a modo de coacción jurídica, para que cumpla, pero si aún así no lo hace, el damnificado deberá conformarse con la reparación por equivalente[572].

La imposibilidad, finalmente, puede ser absoluta o relativa. Imposibilidad objetiva no es lo mismo que imposibilidad absoluta. Para OSTI[573], el carácter absoluto de la imposibilidad es una cuestión de intensidad del impedimento. Es absoluta la imposibilidad que no puede ser vencida por las fuerzas huma-

568 FISCHER, H. (1975), pp. 148-149. En relación con los daños causados por incumplimiento, el autor señala que, en caso de imposibilidad subjetiva, la prestación originaria sigue siendo conceptualmente posible, al contrario de lo que ocurre en caso de imposibilidad objetiva, lo cual no debe llevar a deducir que la imposibilidad objetiva es necesariamente incompatible con la reparación natural, pues ésta puede consistir, si no en el cumplimiento, por ejemplo, en la liberación de obligaciones contraídas (*Ibid.*, p. 166).

569 SCOGNAMIGLIO, R. (1996), p. 566.

570 CECCHERINI, G. (1989), p. 78.

571 NAVEIRA ZARRA [(2006), p. 222] considera éste como un supuesto de imposibilidad jurídica.

572 Sobre el equivocado entendimiento de la máxima transcrita volveremos *infra.*

573 OSTI, G. (1918), p. 216.

nas, mientras que es relativa la constituida por una intensidad de esfuerzo, de sacrificio, de diligencia, superior a un cierto grado considerado como típico, como normal, en la concreta relación obligatoria. GALGANO[574] estima que la imposibilidad debe ser objetiva, pero no absoluta, basta una imposibilidad en sentido económico, en la relación entre medios y fines: la prestación es imposible cuando el impedimento a su ejecución no puede ser vencido con el empeño exigible al deudor en esa obligación dada[575].

2. La excesiva onerosidad

La excesiva onerosidad constituye una excepción que es generalmente admitida por la doctrina y tratada de forma irregular por los ordenamientos jurídicos en los que se prevé y regula la reparación en forma específica. Así, mientras que es expresamente contemplada por los Códigos civiles respectivos de Italia[576] o Polonia[577], es sin embargo ignorada por el Código civil argentino[578].

---

574 GALGANO, F. (1990), p. 51.

575 En cualquier caso, a juicio de LLAMAS POMBO [(1999), p. 175], y, concretamente en relación con el daño contractual, más que el carácter absoluto o relativo de la imposibilidad, interesa la imputabilidad-inimputabilidad de tal imposibilidad concreta a la conducta del deudor. Y, en este sentido, la imposibilidad es imputable al deudor cuando podía haber sido vencida o evitada desplegando la conducta exigible, con arreglo a la naturaleza de la obligación. En sede de verdadera responsabilidad (resarcimiento del daño contractual irrogado al acreedor como consecuencia de la imposibilidad sobrevenida), la imposibilidad no debe entenderse en términos absolutos, sino –citando a ALONSO PÉREZ– "en el plano normal en que se desarrollan las relaciones humanas".

576 Conforme al artículo 2058 del Codice civile: *"El perjudicado puede pedir la reintegración en forma específica, siempre que sea en todo o en parte posible. Sin embargo, el juez puede disponer que el resarcimiento tenga lugar sólo por equivalente, si la reintegración en forma específica resulta excesivamente onerosa para el deudor"*.

577 Según el artículo 363 del Código civil polaco: "*El daño debe ser reparado, a elección de quien ha sufrido el daño, sea por la restitución del estado anterior, sea por el pago de una suma adecuada de dinero. Sin embargo, si la restitución al estado anterior fuese imposible o si ella acarrease dificultades o gastos excesivo a la parte obligada, la pretensión del que ha sufrido el daño quedará limitada al cobro de una prestación en dinero[...]*".

578 Conforme al artículo 1083 del Código civil argentino: *"El resarcimiento de daños consistirá en la reposición de las cosas a su estado anterior, excepto si fuera imposible, en cuyo caso la indemnización se fijará en dinero. También podrá el damnificado optar por la indemnización en dinero"*. Algunos autores argentinos han sostenido que, pese al silencio de la norma, quizás podría llegar a admitirse indirectamente dicho límite por aplicación del nuevo artículo 1071 (*"El ejercicio regular de un derecho propio o el cumplimiento de una obligación legal no puede constituir como ilícito ningún acto. La ley no ampara el ejercicio abusivo de los derechos. Se considerará tal al que contraríe los fines que aquélla tuvo en mira al reconocerlos o al que exceda los límites impuestos por la buena fe, la moral y las buenas costumbres"*) porque si el perjudicado insiste en optar por la reparación específica cuando resulta excesivamente onerosa para el obligado a resarcir, ello supondría un abuso del derecho de opción (RAMELLA y MOSSET ITURRASPE, *Curso sobre "Las reformas al Código Civil"*, celebrado en Rosario en 1968). Otros autores han opinado que esa diferencia resulta más aparente que real, por cuanto el artículo 1069 (*"El daño comprende no sólo el perjuicio efectivamente sufrido, sino también la ganancia de que fue privado el damnificado por*

No obstante, puede afirmarse con carácter general que en todos ellos, como incluso en los ordenamientos donde se ignora a la reparación específica, planea sobre todo el sistema de responsabilidad un criterio de valoración del juez de las diversas circunstancias que, a la vista de los intereses en juego –intereses que, en ocasiones, incluso pueden exceder los del perjudicado y el responsable– pueden influir en su decisión sobre la forma adecuada de reparar el daño, concediendo al perjudicado la restitución o restauración de la cosa, imponiendo al agente medidas idóneas para restablecer el estado de cosas alterado, o sólo su mero equivalente pecuniario.

Se trata de una de las cuestiones que, en el "universo" de la reparación específica, ponen de manifiesto con mayor evidencia la abismal diferencia que, en cuanto a tratamiento y profundidad del análisis, media –salvo honrosas excepciones– entre la doctrina patria y la doctrina italiana, debido ello también, sin duda, a la presencia legal de la excepción, en el segundo párrafo del artículo 2058 del *Codice Civile*[579].

La excesiva onerosidad es tratada en el MCR como un límite que opera no sólo en el concreto ámbito de la forma específica de reparación del daño, sino también en el de la forma específica de cumplimiento forzoso de cualquier obligación. En este amplio contexto, este documento declara, en el Capítulo III de su Libro III, que no podrá procederse a la ejecución forzosa en forma específica o *in natura* cuando ésta resulte ilícita, imposible, irrazonablemente onerosa o cara, o cuando el cumplimiento tenga un carácter personal tal que sea irrazonable imponer su cumplimiento[580]. Se establece, asimismo, la "carga",

---

el acto ilícito, y que en este Código se designa por las palabras "pérdidas e intereses". Los jueces, al fijar las indemnizaciones por daños, podrán considerar la situación patrimonial del deudor, atenuándola si fuere equitativo; pero no será aplicable esta facultad si el daño fuere imputable a dolo del responsable") faculta a los jueces para considerar la situación patrimonial del deudor, atenuándola si fuere equitativo, por lo que el juez podrá establecer el pago de una suma de dinero cuando la reparación específica produzca una situación tal que determine una carga intolerable para el deudor y no determine una ventaja patrimonial insustituible para el acreedor [GARRIDO y ANDORNO, (1968), p. 137].

Sin embargo, el artículo 1638 del Proyecto de Código Civil argentino, entre lo que denomina *"Circunstancias de la reparación del daño"*, sí prevé como eventual circunstancia la excesiva onerosidad de la reparación en especie, que da lugar a la atribución al tribunal de la libre potestad de desestimar tal forma de reparación: *"Reparación en especie. El tribunal tiene atribuciones para desestimar, total o parcialmente, la pretensión de reparación en especie, si ella no es posible o resulta excesivamente onerosa"*.

579 El cual, tras establecer el derecho del perjudicado de pedir la reparación específica –sometido a la condición de su posibilidad–, establece que *"(t)uttavia il giudice può disporre che il risarcimento avvenga solo per equivalente, se la reintegrazione in forma specifica risulta eccessivamente onerosa per il debitore"*.

580 "III. – III. – 3:302: *Enforcement of non-monetary obligations*

(1) The creditor is entitled to enforce specific performance of an obligation other than one to pay money.

para el acreedor, de observar una diligencia razonable en cuanto al plazo para reclamar el cumplimiento forzoso en forma específica, desde el momento en que el mismo sea consciente del incumplimiento[581], así como la improcedencia de la recuperación del incremento en el daño que se derive de la irrazonable insistencia del acreedor en el cumplimiento específico por el deudor[582].

En todo caso, hablar de la excesiva onerosidad como límite de la reparación (específica) implica una admisión implícita de la posibilidad de una diferencia –si bien en un grado no excesivamente gravoso– entre el coste de la reintegración específica y el coste del resarcimiento. Esto quiere decir que "coste de reparación" y "daño resarcible" pueden no coincidir[583].

2.1. *Los criterios de interpretación de la excepción*

Tal como ya hemos apuntado anteriormente, el límite de la excesiva onerosidad es considerada por algunos como una forma de imposibilidad. JORDANO FRAGA[584] señala, sin embargo –en el ámbito de la responsabilidad contractual–, una frontera entre la imposibilidad y la excesiva onerosidad: en el primer caso,

---

(2) Specific performance includes the remedying free of charge of a performance which is not in conformity with the terms regulating the obligation.

(3) Specific performance cannot, however, be enforced where:

(a) performance would be unlawful or impossible;

(b) performance would be unreasonably burdensome or expensive; or

(c) performance would be of such a personal character that it would be unreasonable to enforce it".

581 *"(4) The creditor loses the right to enforce specific performance if performance is not requested within a reasonable time after the creditor has become, or could reasonably be expected to have become, aware of the non-performance".*

582 *"(5) The creditor cannot recover damages for loss or a stipulated payment for non-performance to the extent that the creditor has increased the loss or the amount of the payment by insisting unreasonably on specific performance in circumstances where the creditor could have made a reasonable substitute transaction without significant effort or expense".*

["(1) El acreedor tiene derecho a exigir el cumplimiento específico de una obligación, aparte del cumplimiento por equivalente.

(2) El cumplimiento específico incluye la reparación gratuita de una actuación que no sea conforme con los normas que regulan la obligación.

(3) No podrá, sin embargo, exigirse el cumplimiento específico:

(a) cuando sea ilícito o imposible;

(b) cuando fuere irrazonablemente oneroso o caro; o

(c) cuando tuviere tal carácter personalísimo que fuere irrazonable su ejecución.

(4) el acreedor no podrá instar la indemnización de pérdidas o de pagos estipulados para el caso de incumplimiento, en la medida en que dicho acreedor haya incrementado las pérdidas o la cantidad del pago, como consecuencia de su insistencia en el cumplimiento específico en circunstancias en las que el acreedor pudiera haber llegado a un acuerdo razonable sin esfuerzo o gasto significativo"] (La traducción es mía).

583 DI MAJO, A. (2003), pp. 269-270.

584 JORDANO FRAGA, J. (1987), p. 318.

los medios necesarios para cumplir ante el impedimento sobrevenido son anormales o extraños al contenido de la prestación; en el segundo, los medios son los normales pero excesivamente encarecidos en su coste. En tanto la imposibilidad liberatoria supone la extinción de la obligación, la resolución por excesiva onerosidad presupone su subsistencia, ofreciendo, precisamente por ello, el remedio de la resolución, que puede ser evitada con la modificación equitativa de las condiciones del contrato ofrecida por el acreedor. En el mismo sentido limita LLAMAS POMBO[585] esta identificación de la excesiva onerosidad como una forma de imposibilidad –también en el ámbito de la responsabilidad contractual– a los efectos de mera responsabilidad civil y reparación del daño causado, pues en sede de extinción y perpetuación de la obligación, la adecuada tutela del interés del acreedor conduce a que la imposibilidad de prestar se revele como un plus respecto de la mera dificultad de prestar, y también como algo más que la excesiva onerosidad de prestación.

Se alegan fundamentos de diversa índole para justificar el acogimiento de esta excepción o limitación a la reparación en forma específica. De un lado, se alegan razones de justicia material, por quienes afirman que la misma encuentra su razón de ser en la necesidad de procurar un equilibrio entre los intereses del perjudicado y del responsable, de modo que éste no pueda ser forzado por la víctima, mediante la manifestación de su preferencia por la reparación en forma específica, a acometer sacrificios excesivamente gravosos y no estrictamente necesarios para resarcir el daño causado. Así, señala LLAMAS POMBO[586] que la reparación específica, en cuanto realización de una prestación "a costa" del deudor, no significa, sin embargo, "a toda costa". El derecho de la víctima a verse indemne no puede conllevar un esfuerzo desproporcionado a cargo del responsable, máxime si existe un desequilibrio notable entre el (pequeño) interés que la conducta satisface y el (enorme) sacrificio que su realización representa para el deudor. En el mismo sentido, SOLARTE RODRÍGUEZ[587] afirma que el derecho de elección de la forma de reparación por el perjudicado, como todo derecho subjetivo, debe ser ejercido dentro de los cauces que su propia funcionalidad le imprime y teniendo en cuenta los principios superiores que informan el Derecho positivo, como son la buena fe y la prohibición del abuso del derecho. Por ello, una facultad de elegir contraria a los principios básicos de corrección y lealtad en el tráfico jurídico, o desbordada en relación con los cauces que su propia función le señalan, no debería ser aceptada por el juez.

Pero también desde una perspectiva económica se ha querido dar una explicación al límite de la excesiva onerosidad. Se ha dicho en tal sentido que con esa

585 LLAMAS POMBO, E. (2009), p. 59.
586 LLAMAS POMBO, E. (1999), p. 174.
587 SOLARTE RODRÍGUEZ, A. (2005), p. 216.

expresión se ha querido hacer referencia a hipótesis en las cuales la reparación, aun siendo posible, no responde a criterios de racionalidad económica. Es decir, se trataría de casos en los que el mercado, además de reconocer al bien dañado la aptitud o idoneidad para satisfacer, si bien en menor medida, las mismas necesidades a las que estaba destinado antes de la lesión, le atribuye un valor de cambio que resulta inferior al coste de las reparaciones necesarias para recuperar plenamente su valor de uso. Siendo así, la reparación en forma específica, o lo que sería igual, la reparación del valor de uso del bien sería contraria a la racionalidad económica, desde el momento en que el coste de esa reparación, que tendría que ser soportado por el dañador, excedería la efectiva pérdida sufrida por el perjudicado, la cual se concreta en la diferencia entre los valores de cambio del bien antes y después de la lesión. Por ello, en tales supuestos la lógica económica aconseja recurrir a la reparación por equivalente[588].

Ahora bien, como ha señalado la doctrina, la expresión "excesiva onerosidad" es demasiado indeterminada. Por ello, se hace necesario buscar criterios de interpretación que se adapten a la finalidad pretendida. En este sentido, entiende la autora citada que corresponde a los jueces, en el marco del necesario carácter restrictivo que debe presidir la interpretación de toda excepción, buscar los criterios precisos con los que alcanzar la solución más adecuada para equilibrar los intereses en juego.

La decisión sobre el instrumento de la reintegración en lugar de la liquidación del daño a través del equivalente pecuniario, depende, en la práctica, de la interpretación que se dé a la excesiva onerosidad que el deudor pueda encontrar en la reparación del daño. Los criterios existentes en orden a la interpretación del límite o excepción de la excesiva onerosidad de la reparación específica son los siguientes:

A. Criterio subjetivo

Conforme a un criterio subjetivo, en la apreciación de la excepción se daría relevancia a las específicas condiciones y capacidades económicas del obligado a reparar en cada caso, pudiéndose configurar como excesiva onerosidad una particular dificultad para el autor del ilícito para procurar la cosa *in natura* al perjudicado, de modo que el sacrificio que el primero tendría que soportar resultaría desproporcionado en relación con su propia situación económica,

[588] NAVEIRA ZARRA, M. M. (2006), p. 225. Esta suerte de "conversión" de la lógica reparatoria da lugar, en opinión de algunos, tal como veremos *infra*, a una utilización abusiva de la excepción por parte de la jurisprudencia.

mientras que sería irrelevante la diferencia, por pequeña o grande que fuere, entre coste y utilidad[589].

B. Criterio objetivo

En opinión de NAVEIRA ZARRA[590], no parece que la operatividad de la reparación en forma específica pueda depender de las particulares condiciones económicas del obligado a reparar (aunque en la práctica jurisprudencial, muchas veces influye la condición del obligado, si es un particular o una aseguradora), porque difícilmente cabe interpretar que el artículo 1902 del Código Civil, que no limita o atenúa dicha obligación ni siquiera en razón del grado de culpa del responsable, quisiera haberla atenuado en atención a las condiciones o circunstancias personales del obligado a reparar.

Siguiendo el criterio objetivo, en cambio, se prescinde de la consideración de las condiciones económicas del deudor, teniendo en cuenta la proporción entre coste y utilidad de la reparación, esto es, un criterio en virtud del cual la excesiva onerosidad sería entendida como la desproporción manifiesta entre el coste o sacrificio que el responsable tendría que soportar de proceder a la reparación en forma específica y el coste o sacrificio que comportaría para él la reparación por equivalente. Es decir, la interpretación objetiva de la excesiva onerosidad supone siempre una comparación entre ambas formas de resarcimiento, que lleva a excepcionar la reparación específica siempre que su coste supere, de forma significativa, el del resarcimiento pecuniario.

El criterio adecuado para determinar cuándo la onerosidad es excesiva, señalan SOLARTE RODRÍGUEZ[591] y NAVEIRA ZARRA[592] consiste en establecer si el coste en que incurre el deudor para realizar la reparación específica es excesivo frente a la utilidad que obtendría el acreedor con otros remedios equivalentes. Es decir, si las varias alternativas de reparación proporcionan al damnificado similar satisfacción, no puede éste escoger de todas ellas la que le reporte al causante del daño un esfuerzo desproporcionado frente a las demás que podrían estar a su alcance sin dicho esfuerzo desmedido. En sede de responsabilidad extracontractual, este límite de la operatividad de la reparación en forma específica implica que se debe acudir al resarcimiento pecuniario en lugar de la primera, cuando la misma suponga para el deudor responsable un sacrificio manifiestamente desproporcionado *en relación con la utilidad* que tal modo de

589 Aunque EBENE COBELLI [(1987), p. 368] descarta, en todo caso, que la excesiva onerosidad pueda ser consecuencia del comportamiento del propio agente.

590 NAVEIRA ZARRA, M. (2006), p. 227.

591 SOLARTE RODRÍGUEZ, A. (2005), p. 214.

592 NAVEIRA ZARRA, M.M. (2006), p. 224.

resarcimiento vaya a procurar al sujeto perjudicado. Se trata, en definitiva, de evitar que el responsable tenga que realizar un esfuerzo excesivamente gravoso o asumir un coste excesivamente elevado para reparar un daño que puede ser resarcido, también íntegramente, a un coste menor por medio de la entrega de una indemnización pecuniaria.

Entre la doctrina italiana, se pronuncian en sentido similar MONATERI[593] y SALVI[594], quienes entienden que el pronunciamiento debe tener en cuenta la proporción entre daño, coste y utilidad[595]; esto es, el límite de la excesiva onerosidad concierne a la entidad del coste para el deudor; no ya del coste del daño en sí (ya que el deudor debe responder en cualquier caso de todo el daño), sino más bien del coste de la adopción de la forma específica de resarcimiento, en lugar de la otra. La desproporción injustificada puede afirmarse, en realidad, sólo con referencia a cuanto, de todos modos, el responsable está obligado a pagar; y, en efecto, el juez, si aprecia la excesiva onerosidad, dispone precisamente que "el resarcimiento tenga lugar sólo por equivalente"[596]. La excesiva onerosidad existe, en definitiva, cuando el sacrificio económico necesario para el resarcimiento en forma específica supere el valor que correspondería en base al resarcimiento por equivalente, de un modo, precisamente, excesivo. La valoración de este coste para el deudor ha de hacerse teniendo en cuenta las características objetivas de su posición, en relación con el caso concreto.

No se trata, por tanto, según el citado autor, de un límite genérico encaminado a evitar abusos de derecho por parte del actor, (tanto es así que la norma no opera en la tutela real), sino de un criterio que reconduce la forma específica de resarcimiento dentro de la lógica del principio de equivalencia con la pérdida económica, que subyace al sistema de responsabilidad por daños. Es al resarcimiento por equivalente al que ha de considerarse "adaptado" el funcionamiento de la reparación específica. Cuando se afirma el papel subalterno del remedio específico respecto al resarcimiento por equivalente, por tanto, se expresa el dato normativo que adapta el funcionamiento de aquel remedio a reglas de compatibilidad respecto a la función propia del resarcimiento del daño, que es la de compensar una pérdida económica, y no reintegrar, actuar, prevenir la violación de la situación lesionada. Funciones, éstas, a las que, según el citado autor, están llamadas otros remedios diferentes del contemplado por el artículo 2058 del *Codice*.

---

[593] MONATERI, G. (2005) (última consulta: 15-01-2012).

[594] SALVI, C. (1989), p. 1097.

[595] Pese a que una interpretación literal del artículo 2058-2 del *Codice* pueda llevar a sostener que la excesiva onerosidad debe determinarse comparando el daño a restaurar y los costes de reparación normales.

[596] Artículo 2058-2 del Código civil italiano.

C. Criterio ecléctico

Pero la adopción de criterios exclusivamente objetivos también despierta recelo. Así, por una parte, se ha afirmado que es perfectamente normal que el coste de las dos técnicas resarcitorias sea divergente, porque la reparación en forma específica, a diferencia de la reparación por equivalente, es apta o idónea para reflejar las valoraciones subjetivas del perjudicado acerca del interés dañado, poniendo de relieve así su propio orden de preferencias. Por esta razón, el valor objetivo de la cosa –que es el que tiene en cuenta la reparación pecuniaria– no puede constituir un límite a aquella reparación *in natura*, de modo tal que, en cuanto supere lo más mínimo ese valor, se oponga la excesiva onerosidad y se recurra, en consecuencia, al resarcimiento en dinero. Y, por otra parte, la comparación con la reparación por equivalente no siempre es posible. Así ocurre con los daños no patrimoniales, respecto de los cuales la excesiva onerosidad no puede determinarse por la comparación entre el coste de la reparación en forma específica y el coste de la reparación por equivalente, porque este último consiste precisamente en el valor objetivo o de mercado del bien o interés dañado, valor del que carecen los bienes extrapatrimoniales al no ser, por su propia naturaleza, susceptibles de valoración pecuniaria.

Por estos motivos, la doctrina[597], de forma progresiva, se va decantando, para determinar la concurrencia de la excesiva onerosidad y su valor excluyente del recurso a la reparación específica, por el criterio ecléctico, según el cual el juez ha de atender a todas las circunstancias, tanto de carácter subjetivo como de carácter objetivo, concurrentes en el caso concreto.

Así, SCOGNAMIGLIO cree que no debe estarse solamente a las condiciones subjetivas del deudor, sino que debe valorarse con respecto a todas las circunstancias concretas del caso. Excesivamente onerosa sería la reintegración en forma específica cuando requeriría, en las mismas condiciones, un esfuerzo demasiado grande *para cualquier otro deudor*. El artículo 2058 del *Codice* no se refiere a la eventual dificultad (económica) del deudor para resarcir el daño, sino a la excesiva onerosidad de la *reintegrazione in forma specifica* como forma particular de resarcimiento. En su opinión, se trata de no abandonar al responsable a merced del perjudicado, cuando podría en condiciones mucho mejores liberarse resarciendo en dinero. La expresión "excesiva onerosidad" es bastante genérica –salvo lo que se refiere al carácter especialmente pesado de la carga–, correspondiendo al juez resolver atemperando los opuestos intereses respecto a la proporción entre coste y utilidad de la reparación específica[598].

---

[597] Especialmente, la italiana. La previsión expresa de la excepción por parte del legislador italiano en el artículo 2058 del *Codice civile,* ha hecho que, también en esta cuestión, la doctrina italiana se haya detenido con cierto interés.

[598] SCOGNAMIGLIO, R. (2006), p. 567.

El sentido conjunto del mecanismo de tutela de los bienes representado por la tutela resarcitoria en su diversos perfiles y la consideración de la naturaleza de los intereses en conflicto, llevan a considerar que una superación importante, o incluso la simple superación, de la cantidad que debería ser satisfecha a título de resarcimiento por equivalente no puede legitimar *per se* la denegación de la reparación específica, sino que también deben tenerse presentes la naturaleza y dimensión de los intereses, también los no económicos, del perjudicado en relación a la entidad del sacrificio (económico) que se debería imponer al agente[599].

A juicio de POGLIANI[600], tanto la interpretación subjetiva como la objetiva aparecen como restrictivas respecto a la *ratio* de la norma contenida en el artículo 2058 del *Codice*, el cual, al referirse al concepto genérico de excesiva onerosidad, evidentemente ha considerado ambos aspectos –subjetivo y objetivo– de la situación de dificultad en que pudiere encontrarse el deudor que fuese declarado obligado a la prestación en forma específica, desde el momento en que el precepto mencionado no hace distinción alguna.

También EBENE COBELLI[601] y CECCHERINI[602] se declaran partidarias de la declaración de excesiva onerosidad en relación con la especificidad de las circunstancias, de toda índole, del caso concreto, entre las cuales también pueden encontrarse las condiciones particulares del deudor o cualquier otra de orden subjetivo, sin que éstas tengan más o menos relevancia que las objetivas, entre las cuales estaría la comparación entre coste y utilidad.

Optar exclusivamente por la adopción de un criterio u otro con el fin de establecer la existencia, en el caso concreto, del límite constituido por la excesiva onerosidad, en opinión de CECCHERINI, no sólo es reductivo, sino también engañoso respecto al epígrafe 2 del artículo 2058 del *Codice civile* italiano[603]. Una vez que el juez constate la desproporción entre el coste de la reparación y el valor del bien antes del accidente, nada podrá hacer a menos

---

599 CIAN, G. (1998), pp. 760-761. A juicio de este autor, se ha de ser cauto, por ejemplo, antes de afirmar la excesiva onerosidad cuando se trate de daños (eliminables) a la salud y a la integridad física. Por ejemplo, la excesiva onerosidad no debería desempeñar su función limitadora ante el elevado coste del tratamiento odontológico necesario para la recuperación de una lesión corporal, con la misma intensidad o con los mismos parámetros que ante el alto coste de restitución de unas piezas de automóvil. Los valores económicos y desembolsos que entran en juego en la reparación específica y los que entran en juego en el resarcimiento por equivalente –afirma CIAN– son los mismos; lo que cambia son los conceptos y los parámetros de cálculo. Y es justo esta diferencia la que permite introducir, para la reparación específica, la noción de excesiva onerosidad.

600 POGLIANI, M. (1964), p. 425.

601 EBENE COBELLI, C. (1987), p. 368.

602 CECCHERINI, G. (1989), p. 67.

603 Artículo 2058-2: *"Tuttavia il giudice può disporre che il risarcimento avvenga solo per equivalente, se la reintegrazione in forma specifica risulta eccessivamente onerosa per il debitore"*.

que se refiera –en la búsqueda de una solución equitativa para contemporizar los opuestos intereses de las partes– a otros y diversos factores. Así, el interés del perjudicado, al que no se puede callar con una cantidad irrisoria igual al valor venal del vehículo usado, con la que evidentemente no podrá procurarse otro del mismo tipo y de las mismas condiciones de eficiencia, con el contrario interés del agente que no puede verse expuesto a una prestación excesivamente onerosa para sus condiciones. En este sentido, deben ser apreciados, además de elementos de naturaleza objetiva, que puedan resultar de la declaración de las circunstancias concretas en las que ocurrió el incidente, también las circunstancias subjetivas del hecho, como, por ejemplo, la existencia de un comportamiento doloso o culposo del agente.

La jurisprudencia italiana ha declarado que el límite debe estimarse, no en relación con el valor del bien dañado o destruido, sino en relación con las dificultades objetivas con que el deudor se encuentra al ejecutar la prestación, prescindiendo de la consideración de las condiciones económicas subjetivas del responsable. Según la sentencia de casación de 4-3-1998, la excesiva onerosidad se da *"cuando el sacrificio económico impuesto al agente para reparar en forma específica supere en una excesiva medida, dadas las circunstancias, el valor que correspondería en base al criterio del equivalente pecuniario"*.

Ahora bien, si parte de las sentencias privilegian, en la interpretación de las condiciones de admisibilidad, un criterio puramente objetivo, consistente en la exclusiva referencia a la desproporción de valores –esto es, a la relación existente entre el coste de la reparación a efectuar y, en consecuencia, el sacrificio sufrido por el causante del daño, y la utilidad que de ella se deriva para el acreedor perjudicado–, excluyendo que puedan venir en consideración las condiciones personales del deudor, no faltan, sin embargo, numerosos pronunciamientos que en la valoración y, por tanto, en la consideración de la propia existencia del límite en cuestión, tienden a este último criterio, dando así relevancia a la eventual dificultad material o económica que pueda encontrar el obligado en el cumplimiento en forma específica.

MESSINEO[604] sostiene, sin embargo, que es innecesario un término comparativo: la expresión "excesivamente onerosa" que se menciona en la legislación italiana "alude a excesiva gravedad de lo que ha de hacerse efectivo, pero sin referencia a un término de comparación, cual es la contraprestación, y sin hacerla depender de eventos extraordinarios e imprevisibles; la excesiva onerosidad es tomada aquí en sentido *absoluto* (no comparativo), como onerosidad que *sobrepasa los límites de lo normal"*[605].

[604] MESSINEO, F. (1955), p. 565.

[605] Podríamos decir "a los ojos de un observador imparcial".

La doctrina patria se inclina aún de forma predominante por el criterio objetivo. Sin embargo, es de esperar que, una vez más, la realidad ejerza su inevitable influjo en la interpretación de las normas y que, dada la desmesurada importancia que las vicisitudes de la economía adquieren, en los tiempos actuales, en el desenvolvimiento de todos los demás aspectos sociales, y las consecuencias –raramente favorables– que ello comporta para la capacidad económica de los individuos –potenciales agentes/responsables civiles–, el criterio ecléctico adquiera, cada vez, un mayor predicamento entre la jurisprudencia.

2.2. Los supuestos de "reparaciones antieconómicas"

Las llamadas "reparaciones antieconómicas" constituyen un nutrido grupo de supuestos que presenta, a la vez que un gran interés desde el punto de vista teórico, una especial riqueza casuística, especialmente, en el ámbito de la responsabilidad derivada de accidentes de circulación. En este ámbito, la cuestión no consiste tanto en determinar cuándo se debe optar por la reparación por equivalente como consecuencia de la excesiva onerosidad de la reparación específica, como en determinar cuándo el coste de reparación del vehículo no es concedido como indemnización, por excesivo, actuando, en consecuencia, como un límite a la libertad de opción de la víctima.

Tal situación suele tener lugar por razones cuantitativas, cuando tal coste de reparación exceda del coste de adquisición de un vehículo nuevo de la misma clase y marca o cuando sea desmesuradamente superior al valor venal del vehículo[606], pero en otras ocasiones, las Audiencias Provinciales utilizan como límite a la libertad de opción de la víctima un criterio cualitativo, en tanto que excluyen la reparación específica en favor de la indemnización de los daños y perjuicios cuando la reparación plantea serias dificultades o es muy compleja[607].

En opinión de MARELLA[608], la aplicación de la excepción de la excesiva onerosidad en estos supuestos tiende a restringir en gran medida el ámbito de operatividad de la reparación específica en el sistema, por cuanto considera que, cuando la jurisprudencia italiana hace uso de la misma, aplicando el párrafo 2º del artículo 2058 del *Codice* civile a supuestos como aquél en que, en un accidente de circulación en el que se ven involucrados A y B, el vehículo de A resulta gravemente dañado y A acciona en juicio contra la aseguradora de B para obtener a título de reintegración en forma específica el reembolso de los gastos sostenidos para hacer reparar el vehículo, reconoce al perjudicado un derecho al

[606] CARRASCO PERERA, A. (1996), p. 58.
[607] LUNA YERGA Y OTROS (2002), p. 6.
[608] MARELLA, M. R. (2000), p. 176.

resarcimiento limitado a la disminución de valor sufrida por el vehículo como consecuencia del accidente, más los gastos necesarios para matricular y proporcionar un vehículo sustitutivo, al considerar que las reparaciones efectuadas han aumentado el valor del vehículo respecto al que era su valor inicial.

La autora citada reprocha a la jurisprudencia italiana una lectura superficial y simplificadora del artículo 2058-2 y de la tutela *in natura*, a la luz de la cual el límite de la excesiva onerosidad opera siempre que el coste de la reintegración en forma específica supere –y no importa cuánto– el valor inicial del bien dañado. Pero no sólo eso: con excesiva frecuencia el límite es invocado a despropósito en supuestos en los que no debería jugar en absoluto. El límite antedicho representa de hecho un criterio que responde a un principio "de eficiencia económica", recortado sobre el cotejo entre reparación en forma específica y reparación por equivalente; mientras que en el caso ejemplificado el juez niega el (total) reembolso de los gastos de reparación a favor de una solución resarcitoria cuando menos sincrética, si no incluso acuñada sobre una diversa modalidad de reparación específica. Si de hecho se considera que la disminución de valor del vehículo siniestrado (base del resarcimiento acordado a la víctima) más el valor del desguace se aproximan *grosso modo* al precio de un vehículo de reemplazo, esto es, de un vehículo del mismo tipo y grado de uso que el dañado, resulta evidente cómo esta suma, más los ulteriores gastos de de accesorios y matriculación reembolsados al perjudicado a título de resarcimiento por equivalente, representan aproximadamente el coste necesario para reintegrar el daño sufrido por A en forma específica a través del hallazgo de un vehículo sustitutivo. Esto equivale a decir que el juez ha considerado los gastos de reparación excesivamente onerosos no respecto al resarcimiento por equivalente del daño en cuestión, sino respecto al coste de un bien de reemplazo; esto es, ha aplicado un criterio de valoración que la ley refiere exclusivamente al parámetro del resarcimiento por equivalente, para discriminar entre los diversos posibles modos de reintegrar el daño en forma específica y, especialmente, para censurar la modalidad reintegratoria elegida por el acreedor como la menos eficiente entre las posibles.

El artículo 2058 del *Codice*, sin embargo, no pone límites a la elección del perjudicado entre las posibles modalidades de reparación del daño en forma específica, en sintonía con la lógica misma del remedio, que tiende a restablecer la situación patrimonial alterada según el orden de preferencia expresado por el perjudicado.

Una simple divergencia en la cuantificación de los costes de las dos modalidades reparatorias no basta, en opinión de MARELLA, para adosar una parte del daño sobre quien lo ha sufrido. De hecho, si, para la citada autora, tiene un sentido diferenciar la reparación en forma específica del resarcimiento por equivalente, es porque el primero permite una estimación idiosincrática del perjuicio sufrido, que el segundo no contempla. Sin embargo, si, sobre esta base, es normal que las dos técnicas resarcitorias diverjan en la cuantificación, es también lógico que puedan diverger entre sí dos diversas modalidades de reparación específica y que esta divergencia deba, dentro de ciertos límites, ser soportada por el agente. Así, por ejemplo, la divergencia entre coste de reparación y coste de reemplazo puede ser justificada por la aptitud del primero para salvaguardar el valor del vehículo de primera mano del coche siniestrado, que en el segundo no está representado, perdiéndose así definitivamente para el perjudicado. En este caso, el perjudicado que opta por la reparación del vehículo no hace una elección antieconómica y no agrava las consecuencias del ilícito. Más bien expresa una diferente valoración del derecho que el tercero ha lesionado.

En cambio, en el sistema italiano de cuantificación de los daños, el énfasis que esta interpretación jurisprudencial, a veces con el apoyo de la doctrina, ha puesto sobre la hipótesis de la reparación antieconómica como ejemplo crítico de reparación específica excesivamente onerosa, impide considerar cómo pueda darse también el caso inverso, el del automovilista dañado que no admita un vehículo reparado y que pretenda el reembolso del coste de un coche sustitutivo en lugar de los costes de reparación –en teoría más económico– del coche siniestrado. A juicio de la autora, también en este caso la alternativa vendría a ponerse entre dos diversas modalidades de reparación específica. Y tampoco en este caso sería correcto rastrear en el segundo párrafo del artículo 2058 del *Codice* un criterio de solución del problema, ya que su función es la de excluir de la valoración del daño la lógica idiosincrática propia de la reparación específica.

Volviendo al supuesto mencionado, a MARELLA[609] le parece bastante evidente que el recurso al criterio de la excesiva onerosidad en él aplicado revela una lógica extraña a la *ratio* de la norma en cuestión y no sólo por el hecho de entender el valor inicial de la cosa dañada como un límite –impropio– a su accionabilidad. Su infausto resultado, en el que se 'reduce' la entidad de la reparación en forma específica, de modo que se sustituye por el resarcimiento por equivalente, es, en definitiva, el de contravenir de un modo patente el elemental principio del "todo o nada", también en la base de la simple opción tutela por equivalente/tutela específica, en el caso de excesiva onerosidad de ésta última, por el cual, una vez considerado el daño resarcible, debe ser integralmente reparado, no admitiéndose reducción alguna de la cantidad debida a favor del dañante. Estamos, en suma, frente a una, a su juicio, torpe utilización del artículo 2058-2 del *Codice*, como una especie de "técnica de división"

609 *Ibid.*, p. 180.

(*splitting tecnique*) –esto es, como técnica de repartición del daño entre actor y demandado de acuerdo con la función disuasoria, compensatoria, punitiva que, de vez en cuando, algunos estiman oportuno que la tutela resarcitoria asuma–. No viene resarcido el daño integral, una parte del mismo se deja al perjudicado, en una medida obtenida arbitrariamente de un uso poco ortodoxo del límite de la excesiva onerosidad.

El término de referencia para valorar la excesiva onerosidad no puede ser, a juicio de CASTRONOVO[610], el coste de la cosa nueva, que representa un valor diverso por definición del de la cosa usada dañada, sino justamente el valor de ésta última; en segundo lugar, respecto a éste último, que representa el coste máximo del resarcimiento por equivalente, el coste de la reintegración en forma específica no deberá resultar superior. Es el principio que en Francia la doctrina extrae de la jurisprudencia: si lo máximo que la víctima puede pedir es el coste de sustitución del bien, la reparación en forma específica que tienda a recuperar la cosa dañada, pero no puede permitirse que cueste más del valor que la cosa tenía antes del daño. Ésta sería una reparación específica excesivamente onerosa. Apenas identificado, el autor ve aquí un criterio cierto a lo largo del cual trazar la línea de separación entre la reparación en forma específica permitida y la que no lo es. Pero se trata de darle una explicación, dado que de por sí la reparación en forma específica debería referirse a la restitución de la cosa dañada al estado en que se encontraba, no su sustitución por otra, salvo que la cosa no haya sido destruida. En efecto, la reparación en forma específica exigiría la sustitución de todo lo dañado con recambios de la misma naturaleza y grado de uso, por respeto a la equivalencia entre daño y resarcimiento. Como la mayoría de las veces esto no es posible, se provee con piezas nuevas, que evidentemente cuestan más que las dañadas. Tal coste, sin embargo, no puede superar el valor que la cosa íntegra tiene en el momento de la lesión. De hecho, puesto que el acreedor tendría derecho a la sustitución de la misma en caso de imposibilidad de sustitución de las únicas partes dañadas con otras que funcionan, el coste de sustitución de la cosa entera representa el valor que no se podrá traspasar cuando, en alternativa a la sustitución integral, se ordene la parcial, que, sin embargo, renueva la cosa. Una regla de responsabilidad rigurosa exige la calculabilidad previa del coste del daño.

3. La insuficiencia de la forma específica de reparación

Puede afirmarse que la insuficiencia de la forma específica de reparación no constituye habitualmente sino la consecuencia de la concurrencia de un supuesto de imposibilidad (o posibilidad) parcial. Y coincido con NAVEIRA

[610] CASTRONOVO, C., (2006), p. 829.

ZARRA[611], en primer lugar, en que ni la insuficiencia ni la imposibilidad parcial de la reparación en forma específica constituyen verdaderas excepciones a esta forma de reparación, porque no la excluyen necesariamente. Por el contrario, se configuran simplemente como una limitación a su plena operatividad reparatoria en ciertos ámbitos, la cual puede ser suplida o complementada, no obstante, con el recurso al resarcimiento pecuniario; en segundo lugar, en que los efectos que se derivan de una y otra limitación son los mismos: la oportunidad de obtener una reparación específica parcial, complementada con una indemnización pecuniaria que dé cobertura al daño no reparado a través del primer remedio reparador. Ello podrá acontecer cuando entre las consecuencias perjudiciales del hecho dañoso se encuentren, además de perjuicios susceptibles de reparación *in natura*, daños sufridos *medio tempore*, daños a bienes de la personalidad no susceptibles de ser reparados en forma específica, destrucción de objetos irreparables o insustituibles, etc.

Esta solución habitualmente dada a la insuficiencia, circunstancia específicamente prevista como tal límite en los ordenamientos que regulan la reparación en forma específica, como el alemán[612], el portugués[613], el etíope[614] o, indirectamente, el italiano[615] (en el cual parece subyacer la concepción antes descrita de la misma como situación particular de imposibilidad parcial), afianza el carácter complementario e integrador de ambas formas de reparación, que pueden entrar en juego simultáneamente para lograr la reparación íntegra del daño.

---

611 NAVEIRA ZARRA, M.M. (2006), p. 229.

612 Según el § 251-1 BGB: *"En la medida en que la reparación no es posible o no basta para indemnizar al acreedor, el obligado al resarcimiento debe indemnizar al acreedor en dinero".*

613 Conforme al artículo 566-1 del Código Civil portugués: *"La indemnización es fijada en dinero, siempre que la reconstitución natural no sea posible, no repare integralmente los daños o sea excesivamente onerosa para el deudor (...)*".

614 El artículo 2090 del Código Civil etíope establece que "(e)*l perjuicio se repara, en principio, por equivalencia, pagando a la víctima los daños y perjuicios"* y en su epígrafe 2° que "(l)*os jueces pueden, respetando la libertad de las personas y los derechos de terceros, prescribir –en lugar o además de los daños y perjuicios– todas las medidas apropiadas para reparar o limitar el daño"*, aclarando, por tanto, el precepto que cuando el juez se inclina a elegir otros medios puede hacerlo no solamente como sustitutivos de la reparación en dinero, sino de manera simultánea, en clara alusión a la reparación pecuniaria parcial del daño *medio tempore*.

615 Conforme al artículo 2058 del Código civil italiano, *"(e)l perjudicado puede pedir la reintegración en forma específica, siempre que sea en todo o en parte posible".*

CAPÍTULO QUINTO
LA INFLUENCIA DE LA INTERPRETACIÓN DE LAS NORMAS PROCESALES EN LA OPERATIVIDAD DE LA REPARACIÓN EN FORMA ESPECÍFICA

I. INTRODUCCIÓN

En el presente y último capítulo nos proponemos dar una muy somera pincelada[616] del contexto procesal de la reparación en forma específica, esto es, la indispensable para poner de manifiesto cómo la "nebulosa" que envuelve a ésta tiene también, en parte, un origen de esta índole.

Tal como hemos afirmado en anterior Capítulo, la obligación de reparar un daño es, sin perjuicio de su particular origen, una *obligación* con todas sus consecuencias, incluidas las relativas a su ejecutabilidad. Si el cumplimiento de una obligación contractual es reclamado extrajudicialmente, los términos para su exigencia y satisfacción habrán sido fijados conjunta y voluntariamente por ambas partes; lo mismo puede suceder si lo que se reclama es la reparación del daño causado por el incumplimiento; si se trata de la obligación extracontractual de reparar el daño causado, esa voluntad conjunta es sustituida por la voluntad única del perjudicado-reclamante, que solicitará en su reclamación al responsable la reparación en forma específica o la reparación por equivalente o, en su caso, ambas cosas.

Pero en todos los casos, el afectado que ve desatendida su reclamación extrajudicial puede recabar la tutela judicial, pudiendo obtener una sentencia de condena que abra paso a la ejecución forzosa. Si se trata de una demanda de reparación de daños, el juez determinará en la sentencia declarativa de condena, de conformidad con las pretensiones del demandante, si la reparación se ha de verificar por equivalente pecuniario o en forma específica, en cuyo último caso

[616] Como no podría ser de otra forma, dada mi condición de profesora de Derecho Civil, y no de Derecho Procesal.

deberá especificar las concretas actuaciones –eventualmente constitutivas de prestaciones de dar, hacer o no hacer[617]– en que la reparación debe consistir.

La identidad propia de la reparación específica como modalidad de cumplimiento de la obligación reparatoria ha sido injustificadamente desfigurada por su reconstrucción procesalística (*sic*)[618]. Son diversos los factores que han contribuido a ello:

- en primer término, el cambio que en la propia médula del sistema procesal supuso la formulación –por la doctrina científica procesal alemana– del concepto general y abstracto de los derechos subjetivos y de la categoría también abstracta de la acción;

- de otra parte, y como consecuencia de lo anterior, la formulación y progresiva consagración en los textos constitucionales del derecho a la tutela judicial efectiva;

- la desigualdad de la tutela otorgada a las relaciones reales y a las relaciones obligatorias, debida al espíritu de protección dominical que preside el Derecho civil codificado, y que tiene como corolario –y principal escollo a la tutela específica– el principio de incoercibilidad de la voluntad;

- por último, la "desfiguración" de la reparación específica tiene relación, especialmente, con la falta de una distinción clara entre los órdenes material y procesal, con ciertos equívocos en la interpretación de algunos preceptos, ocasionados, quizá, por la anómala ubicación de normas de naturaleza procesal en un cuerpo legal de Derecho sustantivo. Nos referimos, concretamente, a los artículos 1094 a 1099 –especialmente, los artículos 1098 y 1099– del Código Civil.

II. LA FORMULACIÓN DE LA CATEGORÍA ABSTRACTA DE LA ACCIÓN

La creación de la categoría general y abstracta de acción, en Alemania en el siglo XIX, que pervive hoy a nivel constitucionalizado, garantizando la posibilidad de acudir a la jurisdicción para la protección de cualquier derecho, con independencia de que un precepto concreto así lo prevea para ese singular derecho, supuso el paso, como dice PROTO PISANI[619], de una cultura jurídica

[617] YZQUIERDO TOLSADA [(2001), p. 480] no cree posible que una obligación negativa pueda reparar un daño ya causado, siempre que la prestación de no hacer sea considerada la prestación principal. Cosa distinta son las "consecuencias accesorias de no hacer" que a veces acompañan a una prestación positiva, las cuales no pertenecen propiamente al campo de la responsabilidad civil, sino a medidas de tutela inhibitoria o de tutela cautelar.

[618] CASTRONOVO, C. (2006), p. 830.

[619] PROTO PISANI, A. (1983), p. 129.

–como la romana– en el que Derecho sustantivo y Derecho procesal se encuentran imbricados entre sí y en el que se privilegia el lenguaje de las acciones sobre el lenguaje de los derechos subjetivos, a una cultura jurídica que escinde el Derecho sustantivo del Derecho procesal y reconstruye éste sobre la base del concepto unitario y abstracto de acción. Desde el punto de vista procesal, el contenido de la tutela se va a deducir no del concreto derecho hecho valer en juicio, sino de las distintas formas de tutela (de condena, constitutivas, declarativas, ejecutivas) predispuestas indiferenciadamente por el ordenamiento procesal con carácter general para todo derecho que pueda verse violado, conforme al postulado chiovendiano por el cual el proceso debe proporcionar, en la medida de lo posible, a quien ostenta un derecho todas –y precisamente– las utilidades que le son garantizadas por el derecho sustantivo.

De esta forma, la contraposición entre tutela específica y tutela resarcitoria se vacía de contenido procesal, y sobrevive sólo a nivel de la disciplina sustantiva de las diversas situaciones subjetivas.

III. EL DERECHO A LA TUTELA JUDICIAL EFECTIVA

El descubrimiento de la dimensión de la efectividad de la tutela judicial de los derechos supone una auténtica revolución en nuestra cultura jurídica, de la que NIVARRA[620] deduce diversas claves de lectura: una clave *ético-política* (la búsqueda de efectividad se inscribiría en el más amplio impulso de actuación de los principios constitucionales); una clave *cultural* (la deseada primacía de la efectividad sería el obvio corolario en sede técnica, al afirmarse desde una óptica remedial que privilegia el perfil de los instrumentos judiciales de tutela, antes que las posiciones sustantivas ventajosas reconocidas en abstracto por las normas singulares); una clave *institucional* (la percepción de la efectividad como valor primario se muestra conforme con el creciente activismo de la magistratura); por último, una clave *sociológica* (la efectividad representaría el modo en que el Derecho reconoce y tutela necesidades e intereses de otra forma carentes de relevancia jurídica).

Este giro hacia la efectividad se desarrolla, a juicio del autor citado, en diversas etapas que desembocan en el creciente auge y revalorización, en concreto, de la reparación del daño en forma específica y, en general, de la tutela específica, en una interpretación sistemática que afirma su plena atipicidad y por tanto su plena aplicabilidad –salvo alguna excepción– también a las relaciones obligatorias.

---

620 NIVARRA, L. (1997) (última consulta: 15-12-2011)

En primer lugar, la petición de efectividad se traduce en una hipertrofia del daño aquiliano. Así, es posible ver cómo la responsabilidad extracontractual ha ampliado notablemente su ámbito y la esfera de los intereses susceptibles de una determinada forma de tutela judicial, desde una protección casi exclusiva frente a la lesión de los derechos absolutos, a los derechos de crédito, las meras expectativas, la posesión o el patrimonio y, más recientemente, a los derechos de la personalidad o los relacionados con el medio ambiente. Similar discurso vale para la tutela inhibitoria, que en nuestro ordenamiento está prevista sólo en casos específicos, mientras la doctrina se esfuerza por encontrar el fundamento normativo de una inhibitoria general. Incluso en el caso de la ejecución en forma específica, se propugna la eliminación de límites arbitrarios, derivados de opciones dogmáticas injustificadamente restrictivas o de una noción naturalística y demasiado amplia de la infungibilidad.

En segundo lugar, la instancia de efectividad se traduce en un aligeramiento o adaptación de los principios que presiden la aplicación de las diversas formas de tutela. Así, la "degradación" de la culpa, de su puesto de elemento subjetivo del ilícito por antonomasia, a criterio de imputación de categoría igual y no superior respecto de otros; o la elaboración de la noción de daño-hecho, solidaria con el reconocimiento de nuevos tipos de daños, pero asimétrica respecto a la lógica del sistema, por el cual el daño resarcible es fundamentalmente el daño-consecuencia patrimonial.

En tercer lugar, la instancia de efectividad se traduce en una valorización de la tutela *in natura* y en una contextual desvalorización de la tutela por equivalente, fenómeno que nos asoma a la tutela judicial de bienes no evaluables económicamente, respecto a los que no parece suficiente una reparación exclusivamente pecuniaria. Así, los intentos de extender el campo de aplicación de medios de tutela típica y esporádicamente previstos, como la inhibitoria, o de deducir de las normas sobre la ejecución en forma específica un principio más general pro cumplimiento *in natura*. En suma, se intenta dotar al sistema de "nuevas tutelas específicas"[621].

Toda esta demanda de efectividad encuentra en la tutela específica una respuesta y un soporte más o menos adecuado a la estrategia complementaria de legitimación y radicación en el sistema de técnicas de tutela real y defiende su atipicidad. Pero esta lectura de la tutela específica bajo el signo de la efectividad presenta la gran antinomia que supone su inserción en un sistema de acciones que presenta unas características que delimitan un modelo de reparación del daño de muy distinta naturaleza.

[621] PROTO PISANI, A. (1983), p. 131.

IV. EL MODELO CODIFICADO DE REPARACIÓN DEL DAÑO

En los ordenamientos "de corte romano" se produce de modo más acentuado el desajuste que venimos describiendo, de un lado, por la diversa intensidad de la tutela otorgada a las relaciones reales y a las obligatorias y, de otro, por la "actitud" de resarcimiento pecuniario ante la reparación del daño: el modelo de reparación de daños que estructuran los Códigos francés, español o italiano es, fundamentalmente, el del resarcimiento pecuniario, considerando la forma específica de reparación como una mera variante subalterna de la reparación por equivalente económico[622]: un modelo que se revela completamente inadecuado para la prestación de la tutela reparatoria en forma específica y para atender a los derechos que mejor se adaptan a esta forma de reparación, cuyo escollo paradigmático está constituido por la vigencia de la regla *"nemo praecise ad factum cogi potest"*[623].

En los países cuyo ordenamiento responde a este modelo, y concretamente, en nuestro país, bajo la vigencia de la Ley de Enjuiciamiento Civil de 1881, el sistema de ejecución negaba por vía legal la efectividad de la tutela judicial reconocida y *garantizada* en vía constitucional, cuando se trataba de ejecutar obligaciones de hacer y no hacer.

Aunque no faltan autores que atribuyen a diversas motivaciones la explicación de tal situación, la razón esencial es una actitud generalizada de adscripción legal, doctrinal y jurisprudencial a un supuesto principio general que, en su formulación originaria, tenía connotaciones liberadoras en un sistema de relaciones de naturaleza feudal que afectaba a la libertad *personal* del deudor. Pero tal principio ha sufrido a lo largo de la Historia diversas malinterpretaciones. Los tratadistas del siglo XVI, analizando las fuentes romanas para resolver la polémica suscitada acerca de la coercibilidad de la obligación del vendedor de entregar la cosa vendida[624], hicieron una errónea interpretación y extensión de tal principio y excluyeron la coercibilidad de todas las obligaciones de hacer. De esta forma, se impedía, de forma general, la coerción sobre la

---

[622] NIVARRA, L. (1997) (última consulta 15-12-2011).

[623] Señala CATALÁ COMAS [(1998), p. 29] que fue Antonius Faber, presidente del Senado de Saboya, quien dijo, a finales del siglo XVI: *"Nemo praecise potest cogi ad factum quia sine vi et impressione id fieri non potest, ideoque in obligationibus faciendi succedit praestatio ejus quod interest"*.

[624] Concretamente, la siguiente máxima contenida en el Digesto: *"Si quis promiserit prohibere se, ut aliquid damnum stipulator patiatur, et faciat ne quod ex ea re damnum ita habeatur faciat quod promisit: si minus, quia non faciat quod promisit, in pecuniam numeratam condemnatur, sicut evenit in omnibus faciendo obligationibus"* (D. 42, 1, 13). ["Si alguien hubiera prometido impedir que el estipulante sufra un perjuicio y hace que no tenga daño en aquel asunto, cumple lo que prometió; si no, como no cumple lo prometido, se le condena en dinero como ocurre también en todas las obligaciones de hacer" (D'ORS, A. y otros [1975], p. 341)].

voluntad del condenado, vedando de tal modo en la práctica toda viabilidad a cualquier pretensión judicial de cumplimiento en forma específica de este tipo de obligaciones[625], situación profusamente tratada y criticada por la doctrina procesal[626].

A pesar de la evolución operada en el sentido opuesto durante el Derecho intermedio[627], el principio fue acogido por la doctrina francesa post-revolucionaria, por adaptarse perfectamente a la acusada tendencia de este país de rechazar todo lo que pudiera atentar contra las libertades individuales reivindicadas por la Revolución[628] y fue recogido en el *Code* a través de su artículo 1142[629] e introducido en los ordenamientos de su órbita de influencia. Y el legislador francés volvió a interpretar erróneamente la regla "*nemo praecise ad factum cogi potest*", haciendo que dejase de ser un incidente del proceso de ejecución para convertirse inadecuadamente en una ordenación de los remedios materiales[630].

Pero la extensión y asunción de tal principio, que lleva a la negación de la ejecución en sus propios términos, se vio también favorecida por otros factores. Según BORRÉ[631], la causa sustancial no se situó tanto en la exigencia de defender la libertad del deudor como en la propia incapacidad del sistema para

---

[625] El cumplimiento forzoso *in natura* de las obligaciones de hacer y no hacer requeriría, así, la voluntad de ejecutar la prestación por parte del obligado, con lo cual se hace difícil imaginar en qué caso podría obtener el demandante *judicialmente* lo que no ha podido conseguir *extrajudicialmente*.

[626] La bibliografía existente sobre esta cuestión es amplísima, pero considero necesario expresar, por su sencillez y contundencia, el argumento de R. PERROT [(1987), pp. 329-330] a favor de la ejecución *in natura* como forma de ejecución por antonomasia y para excluir radicalmente de la ejecución los reparos que dimanan del principio *nemo ad factum praecise cogi potest*: la resolución judicial, buena o mala, ya se ha pronunciado, y el orden público exige que sea cumplida. Es la misma idea que, claramente, expresaban Las Partidas: *"Cumplidos deuen ser los juyzios valederos en esta manera. Ca deuen primero catar los que los mandan cumplir, si aquel que es vencido, otorgo la debda por si; o si le fue prouado, de guisa que no lo pueda contradecir: e deue fazer esto llanamente sin agrauamiento, e con buenas palabras, entregando al vencedor contra el demandado, o a sus herederos, en tanta quantia, o en aquellas cosas que señaladamente son puestas en el juyzio. E si por auentura aquellos contra quien fuesse dado el juyzio, fuesen rebeldes, de manera que refertasen la entrega, queriéndose amparar por fuerça; estonce deuen los Judjadores ayuntar homes armados, e venir al lugar con ellos, e cumplir su juyzio poderosamente, demanera que la justicia vença"* (Ley II, Título XXVII, Tercera Partida).

[627] El Derecho intermedio destaca por una amplísima tutela de las condenas de hacer y no hacer mediante medidas de ejecución indirecta o por coacción, no sólo como reflejo del principio ético-religioso del libre albedrío, sino también para garantizar el prestigio de la jurisdicción en sí [CATALÁ COMAS, CH. (1998) cit., p.32].

[628] *Ibid.*, p. 29.

[629] *"Toute obligation de faire ou de ne pas faire se résout en dommages-intérêts, en cas d'inexècution de la parte du debiteur"*.

[630] CARRASCO PERERA, A. [(1996), p. 11), citando los comentarios de GARCÍA GOYENA sobre el artículo 1008 del proyecto isabelino, paralelo al actual artículo 1098.

[631] BORRÉ, G. (1966), p. 17.

concebir la ejecución en términos de actividad subrogatoria y en la dificultad de organizar formas procesales idóneas para garantizarla; a esta circunstancia puede añadirse también que el principio era muy conveniente para la transición a un modelo liberal-individualista y para las transformaciones del sistema económico en un sistema burgués y capitalista[632], todo lo cual revistió al principio de incoercibilidad de las obligaciones de hacer de un "velo de sacralidad", de una "atmósfera totémica, entre la veneración y el temor"[633].

Refiriéndose a los valores subyacentes a esta cuestión, señala RESCIGNO[634] que las justificaciones de la incoercibilidad de la voluntad, de la no ejercitabilidad de la violencia sobre el hombre libre, han venido a sustituirse en los últimos tiempos por motivos más afinados y explícitos, que van desde la libertad personal hasta la autonomía negocial, desde la intimidad de la esfera privada a la garantía de la iniciativa económica. En cualquier caso, la incoercibilidad de las obligaciones de hacer y la limitación del remedio resarcitorio, más allá de las comprensibles preocupaciones por la dignidad y la autonomía individual, responden a la lógica de un sistema –el orden del Estado garantista en la experiencia liberal– que permanecía apegado al respeto a la igualdad formal de los sujetos y ajeno a los conflictos del mercado.

Los medios de coacción indirecta –como la inhibitoria, las *astreintes*, el *civil contempt*, la *Geldstrafe*– se mueven justamente y todos ellos en una perspectiva de generalización de la tutela específica. Fue la jurisprudencia francesa –consciente, quizá, de los perjuicios que se derivaban de su radical interpretación del principio de incoercibilidad de las obligaciones– quien tomó la iniciativa en este sentido, comenzando a aplicar –*contra legem*, o, cuando menos, *praeter legem*– las astricciones o *astreintes*[635]. La astricción es una medida conminatoria, provisional o definitiva –y, según ARAGONESES[636], discrecional–, impuesta por el juzgador al "deudor recalcitrante"[637] para constreñirle al cumplimiento *in natura* de una obligación de hacer, de no hacer, o de deshacer, ordenada en una resolución judicial, que consiste en la imposición de una condena a pagar una cantidad de dinero por día u otro periodo de atraso

632 MAZZAMUTO, S. (1990), p. 254.

633 MANCINI, G.F. (1972), p. 300.

634 RESCIGNO, P. (1979), p. 210.

635 El término original se ha extendido y asumido universalmente, aunque CATALÁ COMAS [(1998), p. 113] estima más correcto, dado que existe traducción del término al castellano, utilizar el término astricción.

636 ARAGONESES MARTÍNES, S. (1985), p. 53.

637 Es la expresiva locución utilizada en la definición que ofrecen de la astricción el francés CHABAS, F., en Encyclopédie Juridique Dalloz-Repertoire de Procédure Civile, Jouve, París, 1993, pp. 1 a 14, p. 2, y el argentino REIMUNDÍN, R., en Código Procesal Civil y Comercial de la Nación, Comentarios y concordancias, Víctor P. de Zavalía, Buenos Aires, 1970 [ambos, *apud* CATALÁ COMAS (1998), p.114].

o en la imposición de una suma fija debida por cada violación en que incurra, cantidad que aumenta progresivamente, salvo reducción o reajuste del juez. Su finalidad, por tanto, es lograr el cumplimiento específico de una condena por parte del propio condenado, para lo cual intenta forzar su voluntad mediante la coacción que supone el coste económico progresivo de su inactividad[638]. Tras una evolución, con sucesivos adelantos y retrocesos, la medida fue consagrada por el legislador francés, al principio de forma indirecta y parcial y, finalmente con carácter general a través de la reforma del proceso civil francés de 1972.

La expresión *contempt of court*, cubre una amplia gama de actividades que interfieren u obstruyen el curso de la justicia. La definición con más predicamento es la que la describe como la desobediencia a un tribunal por actuar en oposición a su autoridad, a su justicia o a su dignidad. Se trata de una institución con un cierto tinte penal, cuya variedad civil (*civil contempt*) pierde carácter punitivo en favor del carácter coercitivo (el objetivo de las medidas que se adopten es coaccionar a la obediencia) y se caracteriza por su discrecionalidad, su conminatoriedad, su accesoriedad y su modificabilidad.

Su diferencia esencial con las astricciones se encuentra en la propia filosofía subyacente: el *contempt of court* se basa más en la idea de atropello a la dignidad y prestigio del tribunal o en la idea de proteger la administración de justicia; las astricciones se inspiran más bien en un intento de restablecer y solucionar la situación patrimonial del ejecutante.

En nuestro país, el artículo 18 de la Ley Orgánica 6/1985 del Poder Judicial establece que:

> *"1. Las resoluciones judiciales solo podrán dejarse sin efecto en virtud de los recursos previstos en las Leyes.*
> *2. Las sentencias se ejecutarán en sus propios términos. Si la ejecución resultare imposible, el Juez o Tribunal adoptará las medidas necesarias que aseguren la mayor efectividad de la ejecutoria, y fijará en todo caso la indemnización que sea procedente en la parte en que aquella no pueda ser objeto de cumplimiento pleno".*

Si bien este precepto servía a la doctrina como argumento contra la incoercibilidad de las obligaciones y como vehículo para reclamar una interpretación de todo el sistema de ejecución conforme a la Constitución y al principio de tutela judicial efectiva[639], en su globalidad, constituía, en realidad, un brindis al

[638] CATALÁ COMAS, C. (1998), p. 113.

[639] Afirmando, por ejemplo, la inconstitucionalidad de una interpretación del artículo 923.1 de la LEC 1881 que limitara los medios para la ejecución de condenas de hacer y no hacer a los previstos en los preceptos siguientes, por introducir una restricción a la garantía de ejecución de una sentencia sin guardar una proporción inmediata o directa con otro derecho fundamental, es

sol, por cuanto la práctica judicial aplicaba de modo inmediato una Ley –la de 1881– que respondía al modelo codificado y a sus principios "colaterales".

La Ley 1/2000 de Enjuiciamiento Civil ha venido a cambiar ostensiblemente este panorama, acogiendo en su seno una amplia serie de medidas coercitivas que pretenden garantizar el cumplimiento de la condenas de hacer y no hacer; en efecto, nuestro legislador ha consagrado, según los casos, la astricción, el apercibimiento de desobediencia a la autoridad judicial y el embargo de garantía.

Las disposiciones generales sobre la ejecución no dineraria (artículos 699 y 700) prevén con carácter general la posibilidad de requerimiento al ejecutado para que, dentro del plazo que el tribunal estime adecuado, cumpla en sus propios términos lo que establezca el título ejecutivo, y el apercibimiento al ejecutado con el empleo de apremios personales o multas pecuniarias, además de la posibilidad de embargo de garantía y consiguiente caución sustitutoria de éste. Es más adelante, al regular concretamente la ejecución de cada tipo de condena, cuando el legislador destina una medida coercitiva a cada uno de ellos: requerimiento y embargo de bienes del ejecutado para las condenas de hacer no personalísimo[640], astricciones para las condenas de hacer personalísimo[641]

---

decir, sin razón atendible; o la inconstitucionalidad de una interpretación de los artículos 924 y 925 de la misma norma como una opción del ejecutado.

[640] Artículo 706 LEC: "*Condena de hacer no personalísimo.*

1. Cuando el hacer a que obligue el título ejecutivo no sea personalísimo, si el ejecutado no lo llevara a cabo en el plazo señalado por el Secretario judicial, el ejecutante podrá pedir que se le faculte para encargarlo a un tercero, a costa del ejecutado, o reclamar el resarcimiento de daños y perjuicios.

Cuando el título contenga una disposición expresa para el caso de incumplimiento del deudor, se estará a lo dispuesto en aquel, sin que el ejecutante pueda optar entre la realización por tercero o el resarcimiento.

2. Si, conforme a lo dispuesto en el apartado anterior, el ejecutante optare por encargar el hacer a un tercero, se valorará previamente el coste de dicho hacer por un perito tasador designado por el Secretario judicial y, si el ejecutado no depositase la cantidad que éste apruebe mediante decreto, susceptible de recurso directo de revisión sin efecto suspensivo ante el Tribunal que dictó la orden general de ejecución, o no afianzase el pago, se procederá de inmediato al embargo de bienes y a su realización forzosa hasta obtener la suma que sea necesaria.

Cuando el ejecutante optare por el resarcimiento de daños y perjuicios, se procederá a cuantificarlos conforme a lo previsto en los artículos 712 y siguientes".

[641] Artículo 709 LEC: "*Condena de hacer personalísimo.*

1. Cuando el título ejecutivo se refiera a un hacer personalísimo, el ejecutado podrá manifestar al tribunal, dentro del plazo que se le haya concedido para cumplir el requerimiento a que se refiere el artículo 699, los motivos por los que se niega a hacer lo que el título dispone y alegar lo que tenga por conveniente sobre el carácter personalísimo o no personalísimo de la prestación debida. Transcurrido este plazo sin que el ejecutado haya realizado la prestación, el ejecutante podrá optar entre pedir que la ejecución siga adelante para entregar a aquel un equivalente pecuniario de la prestación de hacer o solicitar que se apremie al ejecutado con una multa por cada mes que transcurra sin llevarlo a cabo desde la finalización del plazo. El tribunal resolverá por medio de auto lo que proceda, accediendo a lo solicitado por el ejecutante cuando estime que la prestación que y apercibimiento de desobediencia a la autoridad judicial para las condenas de no hacer[642].

V. LAS NORMAS PROCESALES CONTENIDAS EN EL CÓDIGO CIVIL

1. Los artículos 1098 y 1099 del Código Civil

Resulta necesario hacer una referencia al papel que, en la situación que hemos tratado de describir, ha desempeñado una incorrecta interpretación de algunos preceptos del Código Civil. Se trata de los artículos 1098 y 1099, que dentro de sí contienen normas de naturaleza procesal, auténticos "troyanos" que, introducidos en un cuerpo legal de Derecho material, producen el indeseable efecto de confundir ambos órdenes de normas, cuando, tal como señala CARRASCO PERERA[643], ninguna consecuencia de orden material ha de inferirse del lenguaje de las normas procesales[644].

---

sea objeto de la condena tiene las especiales cualidades que caracterizan el hacer personalísimo. En otro caso, ordenará proseguir la ejecución con arreglo a lo dispuesto en el artículo 706.

2. Si se acordase seguir adelante la ejecución para obtener el equivalente pecuniario de la prestación debida, en la misma resolución se impondrá al ejecutado una única multa con arreglo a lo dispuesto en el artículo 711.

3. Cuando se acuerde apremiar al ejecutado con multas mensuales, se reiterarán trimestralmente por el Secretario judicial responsable de la ejecución los requerimientos, hasta que se cumpla un año desde el primero. Si, al cabo del año, el ejecutado continuare rehusando hacer lo que dispusiese el título, proseguirá la ejecución para entregar al ejecutante un equivalente pecuniario de la prestación o para la adopción de cualesquiera otras medidas que resulten idóneas para la satisfacción del ejecutante y que, a petición de éste y oído el ejecutado, podrá acordar el Tribunal.

4. No serán de aplicación las disposiciones de los anteriores apartados de este artículo cuando el título ejecutivo contenga una disposición expresa para el caso de incumplimiento del deudor. En tal caso, se estará a lo dispuesto en aquel".

642 Artículo 710 LEC: *"Condenas de no hacer.*

1. Si el condenado a no hacer alguna cosa quebrantare la sentencia, se le requerirá, a instancia del ejecutante por parte del Secretario judicial responsable de la ejecución, para que deshaga lo mal hecho si fuere posible, indemnice los daños y perjuicios causados y, en su caso, se abstenga de reiterar el quebrantamiento, con apercibimiento de incurrir en el delito de desobediencia a la autoridad judicial.

Se procederá de esta forma cuantas veces incumpla la condena y para que deshaga lo mal hecho se le intimará por el Secretario judicial con la imposición de multas por cada mes que transcurra sin deshacerlo.

2. Si, atendida la naturaleza de la condena de no hacer, su incumplimiento no fuera susceptible de reiteración y tampoco fuera posible deshacer lo mal hecho, la ejecución procederá para resarcir al ejecutante por los daños y perjuicios que se le hayan causado".

643 CARRASCO PERERA, A. (1996), p. 13.

644 El MCR parece llamar la atención especialmente sobre esta cuestión, por cuanto el parágrafo 1:101 (Libro I) expresamente declara que las reglas-modelo que contienen los Principios regulan exclusivamente cuestiones de derecho sustantivo. Todo lo relacionado con el procedimiento o ejecución queda al margen de las mismas:

Como es sabido, conforme al artículo 1098 del Código Civil:

> *"Si el obligado a hacer alguna cosa no la hiciere, se mandará ejecutar a su costa.*
> *Esto mismo se observará si la hiciere contraviniendo al tenor de la obligación. Además podrá decretarse que se deshaga lo mal hecho".*

Y, según el artículo 1099:

> *"Lo dispuesto en el párrafo segundo del artículo anterior se observará también cuando la obligación consista en no hacer y el deudor ejecutare lo que le había sido prohibido".*

Recomienda CARRASCO PERERA[645] una lectura "desapasionada" de estos preceptos y entender que en ellos se contienen normas de naturaleza procesal, cuyo destinatario es el juez. Si es el juez el que "manda ejecutar", el incumplimiento de la obligación de hacer tiene que haberse producido dentro del proceso de ejecución. Y el título ejecutivo que se actúa en este proceso, la sentencia que se ejecuta es la que impone específicamente al deudor la condena de hacer, como consecuencia de la declaración de responsabilidad.

La ejecución no es sino un medio para conseguir el objeto de cualquier obligación[646]. El artículo 1098 del Código Civil no impone una jerarquía u orden de remedios de Derecho material, no tiene como cometido definir y ordenar los diversos remedios que corresponden al acreedor insatisfecho, ni limita ni ordena el contenido de las pretensiones posibles. Se limita a establecer cómo se ejecuta determinado tipo de sentencias, que, si han sido congruentes, se habrán producido como consecuencia de una demanda en la que se pidió precisamente la reparación por el propio deudor y en forma específica. Lo que se manda es la ejecución a costa del deudor. No es contenido del mandato (despacho de ejecución) que el ejecutado cumpla con la obligación de hacer

---

"I. – 1:101: Intended field of application

(1) These rules are intended to be used primarily in relation to contracts and other juridical acts, contractual and non-contractual rights and obligations and related property matters.

(2) They are not intended to be used, or used without modification or supplementation, in relation to rights and obligations of a public law nature or, except where otherwise provided, in relation to: (...) (h) matters relating primarily to procedure or enforcement".

["Ámbito de aplicación: (1) Estas reglas pretenden ser utilizadas ante todo en el ámbito de los contratos y otros actos jurídicos, de los derechos y obligaciones contractuales y extracontractuales, y del derecho de propiedad. (2) No se dirigen a ser aplicadas, o a usarse sin modificación o suplemento alguno, en el ámbito de los derechos y obligaciones de naturaleza pública o, excepto previsión en contrario, en relación con: (...) (h) las cuestiones relativas al procedimiento o a la ejecución"].

645 *Ibid.*, p. 10.

646 INVREA, F. (1929), p. 645.

declarada en la sentencia. No hay en puridad, frente a los arts. 705[647] y 706[648] de la Ley de Enjuiciamiento Civil, una ejecución en forma específica de la obligación de hacer. No se "manda" hacer lo debido y sentenciado. Nadie puede ser físicamente compelido a hacer lo que no quiere. Pero esta es una barrera que hay que establecer en el proceso de ejecución, no un límite de los remedios accesibles al acreedor. Este puede en todo caso reclamar el cumplimiento en forma específica, y puede obtener sentencia que condene a un hacer. Lo que no puede hacer es ejecutarla en especie si el ejecutado se opone. En suma, el artículo 1098 no tiene como objetivo delimitar el universo de los remedios o acciones contractuales disponibles por el acreedor, sino definir en qué términos puede ejecutarse una sentencia que condena a un hacer no fungible[649]. Y los artículos 699[650], 705 y 706 de la Ley de Enjuiciamiento civil tampoco dicen nada de los remedios y acciones disponibles para el caso de incumplimiento de la obligación de reparar. Presuponen que es uno de estos remedios el que se ha actuado y el que se ha reconocido en sentencia. En el mismo sentido, observan LUNA YERGA, PIÑEIRO SALGUERO, RAMOS GONZÁLEZ y RUBÍ I PUIG[651] que el artículo 699 se limita a señalar que cuando el título ejecutivo contuviere una condena u obligación de hacer o no hacer o de entregar cosa distinta a una cantidad de dinero, el ejecutado deberá cumplir en sus propios términos lo que establezca el título ejecutivo, esto es, la sentencia. Es decir,

---

647 Artículo 705 LEC: *"Si el título ejecutivo obliga a hacer alguna cosa, el tribunal requerirá al deudor para que la haga dentro de un plazo que fijará según la naturaleza del hacer y las circunstancias que concurran".*

648 Artículo 706 LEC: *"1. Cuando el hacer a que obligue el título ejecutivo no sea personalísimo, si el ejecutado no lo llevara a cabo en el plazo señalado por el Secretario judicial, el ejecutante podrá pedir que se le faculte para encargarlo a un tercero, a costa del ejecutado, o reclamar el resarcimiento de daños y perjuicios.*

Cuando el título contenga una disposición expresa para el caso de incumplimiento del deudor, se estará a lo dispuesto en aquel, sin que el ejecutante pueda optar entre la realización por tercero o el resarcimiento.

2. Si, conforme a lo dispuesto en el apartado anterior, el ejecutante optare por encargar el hacer a un tercero, se valorará previamente el coste de dicho hacer por un perito tasador designado por el Secretario judicial y, si el ejecutado no depositase la cantidad que éste apruebe mediante decreto, susceptible de recurso directo de revisión sin efecto suspensivo ante el Tribunal que dictó la orden general de ejecución, o no afianzase el pago, se procederá de inmediato al embargo de bienes y a su realización forzosa hasta obtener la suma que sea necesaria.

Cuando el ejecutante optare por el resarcimiento de daños y perjuicios, se procederá a cuantificarlos conforme a lo previsto en los artículos 712 y siguientes".

649 CARRASCO PERERA, A. (1996), pp. 11-12.

650 Artículo 699 LEC: *"Cuando el título ejecutivo contuviere condena u obligación de hacer o no hacer o de entregar cosa distinta a una cantidad de dinero, en el auto por el que se despache ejecución se requerirá al ejecutado para que, dentro del plazo que el tribunal estime adecuado, cumpla en sus propios términos lo que establezca el título ejecutivo.*

En el requerimiento, el tribunal podrá apercibir al ejecutado con el empleo de apremios personales o multas pecuniarias".

651 LUNA YERGA, A. y otros (2002), p. 8.

el juicio acerca de la preferencia por una u otra forma de reparación del daño ya ha sido realizado durante el proceso y su resultado ya ha sido plasmado en el fallo. Así, en sede de ejecución, ya no tiene sentido plantearse la cuestión acerca de la opción de la víctima.

La medida complementaria de destrucción de la "obra mal hecha" que el Código Civil prevé tanto para las obligaciones de hacer (artículo 1098) como para las de no hacer (artículo 1099) es entendida por BADOSA COLL[652] con un sentido, una naturaleza y una función diferentes en cada uno de los casos. A su juicio, cuando tal medida es establecida en el segundo párrafo del artículo 1098, no se trata de una medida integrante de la ejecución forzosa, sino que la institución que incorpora es la indemnización de daños y, en concreto, su reparación en forma específica, ya que la petición del acreedor de deshacer lo mal hecho sólo es concebible cuando lo contempla como un perjuicio incompatible con el cumplimiento; su destrucción debe, pues, someterse al régimen de aquélla y no de éste. Sin embargo, la misma medida prevista por el artículo 1099 para las obligaciones de no hacer es, en este caso, una medida de ejecución forzosa, ya que se trata de asegurar que la observancia del deber de prestación no quede al arbitrio del deudor sino que su vinculación se hará efectiva aún en contra de su voluntad.

Esta diferencia de sentido entre ambos preceptos, a pesar de la identidad de la medida, viene dada por la diversidad de las obligaciones de hacer y no hacer. En las obligaciones de hacer, "lo mal hecho" no es el incumplimiento propiamente dicho sino un mero resultado ulterior del mismo, de modo que normalmente se puede "volver a cumplir" "bien", supuesto en que coexistirán "lo mal hecho" inicial y "lo bien hecho" posterior; si se procede a la destrucción de lo primero es para borrar el daño que para el acreedor puede derivarse de su existencia. En cambio, en las obligaciones de no hacer, "lo mal hecho" es el incumplimiento en sí mismo, es decir, es lo absolutamente incompatible con el cumplimiento de la obligación, de modo que éste no puede existir sino es mediante la citada destrucción.

2. El principio dispositivo y el deber de congruencia

En anterior capítulo decíamos que, en la determinación de la forma en que se ha de llevar a cabo la reparación del daño, juega un importante papel el principio dispositivo que preside el proceso civil, conforme al cual es al actor al que corresponde conducir el proceso, en el sentido de que no sólo el inicio del proceso, sino también la delimitación del objeto del mismo queda supeditada

[652] BADOSA COLL, J. (1991), pp. 30-31.

a la voluntad de las partes, de modo que la determinación concreta del interés cuya satisfacción se solicita de los órganos jurisdiccionales es facultad exclusiva de aquéllas. Y también decíamos que una de las manifestaciones del principio dispositivo está constituida por la obligación del juez de dictar una sentencia congruente con las pretensiones de las partes, exigencia que viene establecida en el artículo 218 de la Ley de Enjuiciamiento Civil, cuyo epígrafe 1 establece que "*las sentencias deben ser claras, precisas y congruentes con las demandas y con las demás pretensiones de las partes, deducidas oportunamente en el pleito. Harán las declaraciones que aquéllas exijan, condenando o absolviendo al demandado y decidiendo todos los puntos litigiosos que hayan sido objeto del debate. El tribunal, sin apartarse de la causa de pedir acudiendo a fundamentos de hecho o de Derecho distintos de los que las partes hayan querido hacer valer, resolverá conforme a las normas aplicables al caso, aunque no hayan sido acertadamente citadas o alegadas por los litigantes*".

Este deber de congruencia del juez –que es reclamable tanto en fase declarativa como en fase de impugnación y que no es hoy, tal como observa GIMENO SENDRA[653], una mera obligación procesal, sino que ha adquirido rango constitucional, por obra de la interpretación del derecho a la tutela judicial efectiva por parte del Tribunal Constitucional– exige una exacta correlación entre las pretensiones y resistencias de las partes, reflejadas en el "suplico" de los escritos de demanda y contestación –o reconvención– y el fallo o parte dispositiva de la sentencia, de modo que una sentencia será incongruente cuando su parte dispositiva otorgue más de lo solicitado por el actor (incongruencia *supra petita*), menos de lo resistido por el demandado (incongruencia *citra petita*), omita pronunciarse sobre alguna de las pretensiones u otorgue cosa distinta a la solicitada por las partes (incongruencia *extra petita*).

Sin embargo, la congruencia no es interpretada por los órganos judiciales en sentido estricto o de forma rigurosa, de modo que la sentencia deba recoger literalmente las peticiones de los litigantes, sino, simplemente, en el sentido de no alterar los hechos ni la causa de pedir (entendida la causa de pedir a estos efectos como "*los hechos alegados como justificación de las pretensiones de cada una de las partes*", de manera que "*únicamente cuando el juzgador cambie esos hechos para fundamentar su fallo podrá hablarse de indefensión de la parte perjudicada por el mismo*")[654], sin conceder excesivo valor a la cita de preceptos legales en los que la demanda se sustente; es decir, la jurisprudencia suele seguir, en este sentido, la llamada *teoría de la sustanciación*, una de las dos teorías existentes en torno al modo en que ha de expresarse en la demanda la *causa petendi*, o fundamento de la acción.

[653] GIMENO SENDRA, V. (1986), p. 315.
[654] BERCOVITZ RODRÍGUEZ-CANO, R. (1998), p. 13.

Según los partidarios de la *teoría de la individualización*, hay que indicar los caracteres o datos que permitan distinguir la relación jurídica en que se funde la pretensión de otras relaciones, no exigiéndose para ello la designación de hechos de modo necesario, aunque sea posible y lícito[655]. Según los defensores de la *teoría de la sustanciación*, por "fundamento" o *causa petendi* hay que entender sólo "hechos", y, concretamente, la suma de todos aquéllos que, puestos bajo una norma jurídica, son susceptibles de producir el efecto jurídico de la norma y exigibles para ello.

La asunción de esta última tesis por parte de la jurisprudencia se traduce en una aplicación del principio tal que no exige un ajuste perfecto entre la pretensión y el fallo, de donde resulta que, en ocasiones, el cambio decretado por el juez de la forma de reparación elegida por el actor no implicará incongruencia. Lo cual ocurrirá generalmente cuando con dicho cambio no se alteren los presupuestos fácticos de los que deriva el derecho del actor, o lo que es lo mismo, cuando se mantenga inalterada la *causa petendi*[656]. Así, los tribunales han entendido que no se produce incongruencia en las hipótesis en las que el perjudicado solicite alternativamente la reparación en forma específica y la reparación por equivalente, en las cuales el juez es libre de ordenar una u

[655] Observa GÓMEZ ORBANEJA [(1976), p. 249] que la individualización de una relación jurídica, sin indicar el hecho mismo del que haya nacido, es factible en el caso de las relaciones jurídico-reales, en las que el derecho puede ser identificado con la simple designación de su naturaleza y su objeto, con indiferencia del hecho (título de adquisición) del que haya nacido, pero no tanto en las relaciones jurídico-personales o de crédito, en las que, por lo general, no cabe individualizar una relación si no se indica precisamente el hecho del que ha nacido.

[656] Así, encontramos declaraciones jurisprudenciales como las siguientes: "(el principio de congruencia) *no impone sino una racional adecuación del fallo a las pretensiones de las partes, y a los hechos que las fundamentan, pero no una literal concordancia, por ello, guardando el debido acatamiento al componente jurídico de la acción y a la base fáctica aportada, le está permitido al órgano jurisdiccional establecer su juicio crítico de la manera que entienda más ajustada*"; "*la armonía entre los pedimentos de las partes con la sentencia, no implica necesariamente un acomodo rígido a la literalidad de lo suplicado, sino que ha de hacerse extensiva a aquellos extremos que le complementen y precisen o que contribuyan a la fijación de sus lógicas consecuencias, bien surjan de los alegatos de las partes, bien sean precisiones o aportaciones en sus probanzas, porque lo perseguido no es otra cosa que el Tribunal se atenga a sustancia de lo pedido y no a su literalidad*" y "*no se produce incongruencia por el cambio de punto de vista del Tribunal respecto al mantenido por los interesados, siempre que se observe absoluto respeto para los hechos, que son los únicos elementos que pertenecen a la exclusiva disposición de las partes, si bien con la facultad del juzgador de fijar los alegados de modo definitivo según el resultado de las pruebas*"; "*el requisito de la congruencia (...), si exige que se resuelvan las cuestiones discutidas, no impone, en cambio, que los pronunciamientos del fallo se ajusten literal y rigurosamente a las peticiones de las partes*", sino que "*el principio de congruencia exige no alterar la sustancial pretensión de las partes, de manera que no se requiere una literal sumisión del fallo a las peticiones de los litigantes y sí, únicamente, que el mismo guarde el debido acatamiento al componente jurídico de la acción así como a las bases fácticas aportadas por los contendientes*" (SSTS, Sala Primera, 4451/1993, de 24/06/1993, 16104/1993, de 19/10/1993, 22384/1994, de 16/06/1994, 2873/1996, de 13/05/1996 y 5432/1997, de 15/09/1997.

otra; ni cuando formuladas dos pretensiones, una principal y otra subsidiaria, se desestima razonadamente la primera y se acoge la formulada con carácter subsidiario.

Fuera de estos casos –de pretensiones alternativas o con carácter principal/subsidiario–, existe una reiterada jurisprudencia que considera que, aun cuando los verbos «indemnizar» y «reparar», contenidos respectivamente en los artículos 1101 y 1902 del Código civil, responden a la misma finalidad de restablecer la situación del perjudicado mediante el pleno resarcimiento o reparación del daño causado, el primero de ellos (indemnizar) tiene un significado más amplio que el segundo (reparar), por lo que este último, y con ello, la petición de reparación *in natura* del daño, ha de entenderse incluida en la petición de indemnización por equivalente que pueda interesar el demandante[657]. De esta doctrina jurisprudencial se deriva que no incurren en incongruencia aquellas sentencias en las que, habiéndose pedido por el actor perjudicado la reparación por equivalente de su daño, el órgano judicial ordena la reparación en forma específica, porque esta última, al tener un significado más limitado que la indemnización pecuniaria, se encuentra comprendida en ella: la opción de indemnizar, mediante la reparación *in natura* de la obra es congruente con la petición por el actor del equivalente pecuniario de los daños y perjuicios causados. Por la misma razón, si los Tribunales entienden que el alcance del término «reparar» es más restringido que el de «indemnizar», entiende NAVEIRA ZARA[658] que sí serán incongruentes, en cambio, aquellas otras sentencias en las que la reparación *in natura* solicitada por el actor en su demanda resulta sustituida por la indemnización pecuniaria decretada por el juez[659].

Una síntesis parecida presenta CARRASCO PERERA[660], quien ha analizado minuciosamente la doctrina jurisprudencial sobre la incongruencia, en los concretos ámbitos de la reparación de edificios y automóviles. Señala dicho autor que los tribunales aprecian incongruencia cuando se pretende una condena a reparar y la sentencia condena a indemnizar, no existiendo aquélla, por el contrario, cuando solicitado el resarcimiento, la sentencia condena a la reparación. A su juicio, sin embargo, debería apreciarse incongruencia en los siguientes casos:

- cuando se solicita la condena a los costes de reparación ya invertidos y la sentencia condena a reparar por el propio deudor;

[657] SSTS Sala Tercera, 4106/1995, de 11/07/1995, 7303/2000, de 11/10/2000 y 6386/2001, de 19/07/2001.

[658] NAVEIRA ZARRA, M. (2006), pp. 250-251.

[659] STS (Sala Primera) 3327/2002, de 11/05/2002.

[660] CARRASCO PERERA, A. (1996), pp. 66-68.

- cuando se pide la condena a la reparación específica y la sentencia condena a la indemnización pecuniaria;

- cuando se solicita la indemnización pecuniaria y la sentencia condena a reparar.

Y, por el contrario, no habría de apreciarse incongruencia en los casos siguientes:

- cuando se solicita la "indemnización" en general y la sentencia condena a reparar por el deudor o a su costa;

- cuando se pide la condena a la indemnización pecuniaria y la sentencia condena a la indemnización de los costes de reparación; y

- (en el caso de los daños derivados de la circulación) cuando se solicita la condena a la indemnización de los costes de reparación y la sentencia condena a la indemnización del valor venal.

La solución habitualmente adoptada por nuestra jurisprudencia es, sin embargo, opuesta a la sostenida por la doctrina y jurisprudencia italianas, que parten de una premisa básica radicalmente distinta: la de que la indemnización pecuniaria es un *minus* respecto de la *reintegrazione in forma specifica*. En consecuencia, mientras que el órgano judicial puede conceder la reparación por equivalente en lugar de la reparación en forma específica solicitada por el dañado, lo contrario implicaría una vulneración del principio procesal de congruencia[661].

De acuerdo con el principio dispositivo, la delimitación de la pretensión, del objeto del proceso, queda supeditada a la voluntad de las partes, de modo que la determinación concreta del interés cuya satisfacción se solicita de los órganos jurisdiccionales es facultad exclusiva de aquéllas; el demandante es quien determina si el objeto del proceso será la pretensión de que el daño sea reparado en forma específica o lo sea por equivalente. Es decir, en la demanda solicitará (o podrá solicitar), no que "se le repare el daño", sino "que se le repara en daño en tal u otra forma". En consecuencia, en todo aquello en lo que el órgano judicial se aparte de esta delimitación, fuera de los márgenes de apreciación que le marcan la imposibilidad y la excesiva onerosidad, incurrirá en incongruencia, porque estará concediendo algo distinto a lo solicitado.

En suma: como decíamos en la introducción de este trabajo, de la causación de un daño, surge para su autor la obligación de repararlo. Si éste asume y cumple su obligación voluntariamente, en los términos –en forma específica o

[661] Así lo han considerado, entre otros, EBENE COBELLI, M.C. [(1987), pág. 521], BALDASSARI, A. [(1991), pág. 291] y VISINTINI, G. y PINORI, A. [(1999), pp. 16, 17 y 19).

por equivalente– solicitados por el perjudicado, nada más hay que añadir. Pero si, solicitada la reparación al responsable por el perjudicado –insisto, en los términos y modo que éste prefiera–, aquél no cumpliera su obligación legal, el perjudicado deberá instar la declaración judicial de responsabilidad y consiguiente condena a reparar, en los términos solicitados o estimados pertinentes por el juez. Tal condena a la reparación del daño podrá consistir en una o varias prestaciones de dar, hacer o (al menos en teoría) de no hacer, esto es, podrá tratarse de una reparación en forma específica o de una reparación por equivalente. Y si tal obligación legal de reparar el daño –en la forma que fuere–, ya declarada judicialmente, es incumplida por el responsable, podrá el perjudicado instar la ejecución de la sentencia, en los términos que correspondan según se trate de tales prestaciones de dar, hacer o no hacer.

CONCLUSIONES

I

La reparación en forma específica no es, en nuestro Derecho, ni un remedio autónomo, ajeno a la "órbita" de la reparación del daño, ni un mero criterio de cuantificación de éste, sino una auténtica forma de reparación del daño. Como tal es contemplada por la interpretación que, en nuestro ordenamiento jurídico, efectúan hoy, con carácter general, la doctrina y la jurisprudencia, interpretación que constituye el resultado de la sedimentación de diversas y sucesivas configuraciones del contenido de la obligación de reparar el daño, conforme a su evolución histórica.

II

El sistema general español de responsabilidad establecido por el Código Civil se adscribe, tal como hemos expresado, al grupo de los llamados ordenamientos *romanistas*, esto es, aquéllos que nada dicen expresamente sobre las formas de reparación del daño, o, cuando menos, no mencionan expresamente la forma específica de reparación ni, *a fortiori*, la privilegian respecto de la reparación por equivalente pecuniario, como, en cambio, suele suceder en los llamados ordenamientos *germanistas*. Esta actitud del legislador, con toda probabilidad, se debe a la propia herencia recibida por el Código, claramente decantada a favor del carácter pecuniario de la obligación de reparar el daño.

Son, paradójicamente, las normas penales las que sí contienen menciones a la reparación en forma específica: de un lado, la expresión "reparación del daño" que el artículo 110 del Código Penal incluye entre los conceptos que comprende la responsabilidad civil derivada de hecho delictivo, aclarando el artículo 112 que *"(l)a reparación del daño podrá consistir en obligaciones de dar, de hacer o de no hacer que el Juez o Tribunal establecerá atendiendo a la naturaleza de aquél y a las condiciones personales y patrimoniales del culpable, determinando si han de ser cumplidas por él mismo o pueden ser ejecutadas a su costa"*. De otro lado, destaca la extraña figura prevista por el artículo 19 de la Ley Orgánica de Responsabilidad Penal de los Menores, un auténtico supuesto de reparación del daño –más concretamente, de un supuesto de reparación en forma específica–, que reviste, no obstante, unas especiales características que nos sitúan ante una figura *sui generis* de reparación del daño "instrumental", utilizada por el legislador como cauce para conseguir la resocialización del menor y que funciona como una especie de punto de intersección entre los aspectos penales y civiles de las consecuencias de la conducta de aquél, por cuanto a la misma también le son atribuidos efectos reflejos de índole penal: la consecuencia principal (a la cual coadyuva) es la posibilidad de que el Ministerio Fiscal inste el desistimiento y archivo de las actuaciones penales.

III

El derecho constitucional a la tutela judicial efectiva se articula, desde un punto de vista sustantivo, en una variada gama de tutelas, cada una de ellas sobre la base de unas situaciones y presupuestos distintos y cada una de ellas con su propia función y finalidad. Pero todas ellas deben situarse, a su vez, en uno sólo o en los dos grandes ámbitos que es posible distinguir dentro del concepto general de la tutela judicial efectiva: la tutela específica o la tutela por equivalente.

La tutela judicial efectiva puede lograr su objetivo proporcionando a su titular el propio derecho o interés reclamado, esto es, las mismas utilidades que constituyen el objeto de su interés (tutela específica) o bien proporcionándole un equivalente compensatorio del mismo, es decir, utilidades equivalentes (tutela por equivalente). Ambos tipos de tutela constituyen categorías genéricas, ya que pueden, a la vez que venir exigida por distintos motivos, hacerse efectiva –o materializarse– de diversos modos. La noción de tutela específica puede eventualmente actuar, de forma transversal o simultánea, con las de tutela restitutoria, tutela reintegradora, tutela inhibitoria, tutela ejecutiva (específica) y también la tutela reparadora (en forma específica). Toda la tutela reintegradora, la tutela restitutoria y la tutela inhibitoria son tutelas específicas, como también lo es la tutela reparadora del daño cuando se realiza en forma específica; forman parte de la tutela por equivalente la tutela de ejecución, cuando ésta no se realiza a través del cumplimiento forzoso específico, sino a través del equivalente, y la tutela reparadora cuando la reparación se realiza mediante indemnización económica.

Las líneas que separan entre sí algunos de estos tipos de tutela cuando, simultáneamente, dos o más de ellas entran en actuación, se muestran claras desde el punto de vista técnico-jurídico y conceptual, pero, en la práctica, aparecen, de ordinario, en gran medida, desdibujadas por la aplicación jurisprudencial, fenómeno que no se reduce a nuestras fronteras y se muestra especialmente patente, por ejemplo, en el ordenamiento italiano. Es probable que la causa de la evanescente situación de la reparación en forma específica se deba a que la misma se halla en una posición crítica, por su proximidad –a veces sustantiva, a veces procesal, a veces simplemente en los propios resultados– a otras instituciones o remedios jurídicos, con los que a menudo puede coexistir. Las líneas fronterizas esenciales que, en este sentido, es necesario trazar, son las que individualizan la reparación en forma específica frente a los respectivos ámbitos de la tutela reintegradora, la tutela ejecutiva y la tutela inhibitoria.

IV

La tutela reparadora, la tutela restitutoria y la tutela reintegradora tienen presupuestos y consecuencias diversas. La reparación en forma específica es un remedio del perjudicado, esto es, se adscribe a los medios de tutela reparadora del daño, constituyendo una de las formas que puede adoptar tal reparación; ahora bien, tal reparación puede, eventualmente, consistir en un *dare* o un *facere* que, sin perseguirlo directamente, logre *–de facto–* de forma indirecta los mismos fines de la tutela reintegradora o de la tutela restitutoria: la reconstitución de un estado de hecho. Es decir, las diferencias estructurales y funcionales entre ellas no impiden que puedan proyectarse o actuar simultáneamente en un mismo supuesto de hecho, y pueda una de ellas lograr, indirectamente, la finalidad perseguida por la otra. Pero no habrá reparación en forma específica cuando la reintegración o restitución vengan exigidas por la sanción a la mera violación de un derecho (real, en el caso de la restitución). La reparación del daño no es un mecanismo de reacción para lograr la reintegración de la posición subjetiva lesionada, ya que ésta, fundada en la simple ilicitud, no necesita, para su operatividad, de la existencia de un daño, ni de un título de imputación. Ambos tipos de tutelas (reintegradora y restitutoria, de un lado; reparadora o curativa, por otro) tienen objetivos, funciones y presupuestos propios y diferentes, todo ello, a pesar del anfibológico uso jurisprudencial del remedio que ha sido objeto de análisis.

V

El resarcimiento económico parece constituir la única forma prevista por el legislador para la reparación del daño causado por el incumplimiento contractual. Sin embargo, la práctica jurisprudencial, *de facto*, tiene en cuenta y aplica la reparación en forma específica, si bien desdibuja con frecuencia las líneas fronterizas entre cumplimiento y reparación, incurriendo en dos errores muy comunes: de un lado, asociar el daño al incumplimiento con carácter necesario –y no eventual– y, de otro, confundir la pretensión de cumplimiento (por supuesto, en forma específica), la responsabilidad contractual (o –eventual– pretensión reparadora del daño contractual) y la resolución por incumplimiento. Esta situación se produce con especial frecuencia en el ámbito de la responsabilidad por ruina, en el que la jurisprudencia aplica una "compatibilidad alternativa de remedios".

Para que proceda la pretensión de cumplimiento sólo se requiere la existencia del derecho de crédito y que la prestación sea aún posible, siendo irrelevante que el incumplimiento cause o no daño al acreedor y que pueda o no ser subjetivamente imputado al deudor. Además, la ejecución en forma específica está constituida por un conjunto de normas e instrumentos jurídicos que entran en juego –para la satisfacción del interés del acreedor, cuando falta la cooperación espontánea del deudor– siempre que haya un título ejecutivo en el que se prevea para el sujeto obligado el deber de cumplir una prestación de contenido diverso de la prestación de una suma de dinero. Cuando estemos ante cumplimiento de lo originariamente debido, siempre que éste sea aún posible, no haya concurrido una causa de extinción de la obligación o sobrevenido la inexigibilidad de la prestación, estaremos fuera del ámbito de la tutela reparadora. Tampoco el daño ni su imputabilidad subjetiva a la parte incumplidora son condiciones de ejercicio de la acción de resolución por incumplimiento de un contrato sinalagmático. Sin embargo, asistimos a una especie de fungibilidad de remedios o de fundamentos normativos.

VI

Esta recíproca sustituibilidad de fundamentos normativos se produce, asimismo, no sólo entre los diversos preceptos reguladores de la responsabilidad civil, y entre los remedios reparatorios y reintegradores, sino también entre los remedios reparatorios y los remedios inhibitorios. Del mismo modo que puede afirmarse, con los más reputados autores, que nuestra jurisprudencia asocia el daño al incumplimiento contractual con carácter necesario, también ha quedado demostrado que asocia las acciones inhibitorias al daño –ya causado–, aplicando preceptos atinentes a la responsabilidad civil a supuestos en los que sólo se ejercitan acciones inhibitorias o preventivas del daño. Y esto va más allá de postular una función preventiva de la responsabilidad civil, junto a su función esencialmente reparadora.

VII

No es, a mi juicio, necesario ni acertado acudir a un criterio de preferencia de la reparación en forma específica, como tampoco ha de identificarse una relación de alternatividad entre los diversos posibles contenidos de la obligación de reparar el daño. De ninguna de las normas sustantivas que regulan la responsabilidad civil se deduce preferencia expresa alguna de ninguna de las formas de reparación –y, mucho menos de la reparación en forma específica–. La idea –predominante en la doctrina italiana– de la "fuerza o tensión lógica del derecho" a ser realizado o ejercitado en sus propios términos tampoco es indicativa de una preferencia de la reparación específica, ya que, por definición, todo derecho nace con vocación de actuarse; y lo que el perjudicado tiene derecho a hacer efectivo en sus propios términos, en ausencia de pretensiones específicas sobre la forma de reparación, es, simplemente, el derecho *a que le sea reparado el daño*.

Probablemente, el origen de la "trampa naturalística" de la tesis de la pretendida preferencia o carácter ideal de la reparación en forma específica se halla en la frecuente confusión entre los conceptos de *cumplimiento o ejecución forzosa en forma específica* y *reparación del daño en forma específica*, que provoca una inconsciente remisión al concepto de cumplimiento (*in natura* y por equivalente) y a la mecánica de comportamiento de estas formas de cumplimiento forzoso de las obligaciones.

VIII

Si la reparación del daño puede llevarse a cabo por diversos medios, la determinación de cuál sea en cada caso el medio a utilizar es algo que debe depender del objeto, la naturaleza y las circunstancias del daño: en definitiva, estas coordenadas nos indicarán la *adecuación* o pertinencia del medio a elegir, teniendo en cuenta que las formas repararatorias son iguales, no excluyentes sino compatibles y, por tanto, susceptibles de actuación simultánea, hasta conseguir el objetivo común y global. La concreta posibilidad de actuar cada una de esas formas dependerá no de la propia entidad de la forma reparatoria en sí misma y en abstracto considerada, sino de criterios exógenos de posibilidad, de adecuación, de oportunidad, requeridos por o proyectados al caso concreto.

IX

No pueden ser *los fines* de la reparación los que identifiquen cada una de sus formas, pues el fin de la reparación del daño es siempre el mismo: eliminar sus efectos y consecuencias; lo que interesa es cómo se pretende conseguir ese fin: *directamente*, mediante acciones dirigidas a obtener ciertos actos u omisiones reparadoras del demandado, o bien *indirectamente*, por medio de la entrega de una suma de dinero. Igual de indirecta es, desde esta perspectiva, la reparación consistente en la entrega de una suma de dinero compensatoria, que la consistente en la entrega de una suma, real o eventualmente destinada –"de forma específica"– a la restauración (o "restauración económica").

A mi juicio, la reparación en forma específica puede definirse como aquella forma de reparación que, persiguiendo el objetivo general de la reparación del daño, esto es, la eliminación de las consecuencias de éste, consiste en la obligación del responsable de ejecutar una o varias prestaciones no pecuniarias dirigidas a reconstruir o restaurar física y económicamente la situación jurídica que el perjudicado tendría de no haber ocurrido el hecho dañoso, y siempre que tales prestaciones no constituyan medidas de reintegración o restitución de un derecho, o de cumplimiento forzoso *in natura* de una obligación.

X

La reparación en forma específica suele resultar posible cuando se trata de reparar perjuicios de carácter patrimonial, mientras que los daños extrapatrimoniales (morales, corporales) quedan excluidos de dicha forma de reparación, por recaer sobre bienes y derechos inherentes a la persona, que resultan normalmente irreparables e insustituibles. Sin embargo, tales afirmaciones se realizan con carácter general, por lo que no están exentas de excepciones. En todo caso, la imposibilidad relevante a efectos de la reparación específica es distinta de la imposibilidad relevante a efectos de extinción de las obligaciones. La imposibilidad que ahora interesa, ni tiene relevancia alguna a efectos de imputabilidad o inimputabilidad del responsable ni extingue la obligación; de otra parte, no puede hablarse, en nuestro caso, de imposibilidad sobrevenida, esto es, no existe en el concepto de imposibilidad como límite de la reparación del daño en forma específica la dualidad de referencias temporales propia de la imposibilidad relevante a efectos extintivos de las obligaciones: el primer y único momento para considerar la posibilidad o imposibilidad de la forma específica de reparación es el mismo momento en que propiamente se constituye la obligación de reparar.

XI

La identidad propia de la reparación en forma específica como modalidad de cumplimiento de la obligación reparatoria ha sido injustificadamente desfigurada por su reconstrucción procesal, debido, fundamentalmente, a la formulación de la categoría abstracta de la acción y a la formulación y consagración constitucional del derecho a la tutela judicial efectiva. Pero los factores de mayor incidencia en esta desfiguración, quizá, sean: de un lado el dogma de la incoercibilidad de la voluntad, propio del modelo codificado de reparación del daño, el cual configura un panorama que la Ley 1/2000 de Enjuiciamiento Civil ha venido a cambiar ostensiblemente, acogiendo en su seno una amplia serie de medidas coercitivas que pretenden garantizar el cumplimiento de la condenas de hacer y no hacer –en efecto, nuestro legislador ha consagrado, según los casos, la astricción, el apercibimiento de desobediencia a la autoridad judicial y el embargo de garantía–; y, de otro lado, la incorrecta interpretación de algunos preceptos del Código Civil, los artículos 1098 y 1099, los cuales no imponen una jerarquía u orden de remedios de Derecho material, no tienen como cometido definir y ordenar los diversos remedios que corresponden al acreedor insatisfecho, ni limitan ni ordenan el contenido de las pretensiones posibles: sólo establecen cómo se ejecuta determinado tipo de sentencias. En suma, constituyen normas de naturaleza procesal que, a modo de verdaderos "troyanos" introducidos en un cuerpo legal de Derecho material, producen el indeseable efecto de confundir ambos órdenes de normas.

XII

De acuerdo con el principio dispositivo, la delimitación de la pretensión –del objeto del proceso– queda supeditada a la voluntad de las partes, de modo que la determinación concreta del interés cuya satisfacción se solicita de los órganos jurisdiccionales es facultad exclusiva de aquéllas; el demandante es quien determina si el objeto del proceso será la pretensión de que el daño sea reparado en forma específica o lo sea por equivalente. Es decir, en la demanda solicitará (*rectius*, debería solicitar), no que "se le repare el daño", sino "que se le repare el daño en tal u otra forma". En consecuencia, en todo aquello en lo que el órgano judicial se aparte de esta delimitación, fuera de los márgenes de apreciación que le marcan los límites de la imposibilidad y la excesiva onerosidad, incurrirá en incongruencia, porque estará concediendo algo distinto a lo solicitado.

XIII

De la causación de un daño, surge para su autor la obligación de repararlo. Si éste asume y cumple su obligación voluntariamente, en los términos –en forma específica o por equivalente– solicitados por el perjudicado, nada más hay que añadir. Pero si, solicitada la reparación al responsable por el perjudicado –insisto, en los términos y modo que éste prefiera–, aquél no cumpliera su obligación legal, el perjudicado deberá instar la declaración judicial de responsabilidad y consiguiente condena a reparar, en los términos solicitados (o estimados pertinentes por el juez, en su lícita valoración de la concurrencia de alguno de los límites que afectan a la forma específica de reparación). Tal condena a la reparación del daño podrá consistir en una o varias prestaciones de dar o hacer, esto es, podrá tratarse de una reparación en forma específica o de una reparación por equivalente. Y si tal obligación legal de reparar el daño en la forma que fuere, ya declarada judicialmente, es incumplida por el responsable, podrá el perjudicado instar la ejecución de la sentencia, en los términos que correspondan según se trate de tales prestaciones de dar, hacer o no hacer.

XIV

Finalmente, es obligado responder a la cuestión enunciada en el subtítulo de este trabajo, en los términos expresados en su Introducción. He tratado de demostrar las dificultades que la reparación en forma específica del daño afronta a diario para encontrar y ocupar el puesto que, dentro del abanico de medios de tutela ofrecidos por el ordenamiento jurídico, éste verdaderamente le adjudica. De un lado, la doctrina y la jurisprudencia patrias sitúan a la reparación del daño en forma específica en una especie de pedestal –sustentado por argumentos más iusfilosóficos que jurídicos–, en una posición de superioridad ideal o teórica respecto a la otra forma de reparación; que la debilidad de esa pretendida o sólo nominal superioridad quede en evidencia a poco que se profundiza en los fallos judiciales, se debe, probablemente, a que no existe ni se justifica tan especial consideración de la forma específica de reparación, la cual, en cambio, se sitúa en una posición de absoluta igualdad –también inicialmente y en teoría– con la reparación por equivalente, aunque en la práctica, resulte más frecuente o adecuada ésta última (aunque no, por ello, "superior"), por no afectarle las circunstancias (imposibilidad o excesiva onerosidad) que sí pueden impedir o limitar el juego de la forma específica de reparación. De otro lado, el remedio de la reparación específica del daño no debería ocupar –y está ocupando, de hecho y nominalmente– puestos y funciones que corresponden, en buena técnica jurídica, a otros medios de tutela, reintegradora, ejecutiva o inhibitoria: no se repara un daño cuando a alguien se le devuelve lo que era suyo, como tampoco se repara un daño cuando a alguien es compelido, simplemente, a cumplir lo acordado, y, obviamente, no puede haber reparación de un daño que aún no se ha producido.

ÍNDICE CRONOLÓGICO DE SENTENCIAS[662]

Sentencias del Tribunal Supremo (Sala Primera):

STS RJ 1245/1932, de 22/10/1932
STS RJ 730/1949, de 09/06/1949
STS RJ 759/1978, de 03/03/1978
STS 5079/1980, de 12/12/1980 (Pte.: Excmo. Sr. De Castro García)
STS 4136/1986, de 11/07/1986 (Pte.: Excmo. Sr. Casares Córdoba)
STS 3968/1989, de 03/07/1989 (Pte.: Excmo. Sr. Burgos Pérez de Andrade)
STS 8435/1990, de 21/11/1990 (Pte.: Excmo. Sr. Casares Córdoba)
STS 9140/1990, de 12/12/1990 (Pte.: Excmo. Sr. González Poveda)
STS 2339/1992, de 18/03/1992 (Pte.: Excmo. Sr. Malpica González-Elipe)
STS 17234/1992, de 03/09/1992 (Pte.: Excmo. Sr. González Poveda)
STS 18983/1993, de 15/03/1993 (Pte.: Excmo. Sr. Morales Morales)
STS 4451/1993, de 24/06/1993 (Pte.: Excmo. Sr. Barcala Trillo-Figueroa)
STS 16104/1993, de 19/10/1993 (Pte.: Excmo. Sr. Morales Morales)
STS 22384/1994, de 16/06/1994 (Pte.: Excmo. Sr. Barcala Trillo-Figueroa)
STS 19503/1994, de 02/12/1994 (Pte.: Excmo. Sr. González Poveda)
STS 1616/1995, de 17/03/1995 (Pte.: Excmo. Sr. Morales Morales)
STS (3ª) 4106/1995, de 11/07/1995 (Pte. Excmo. Sr. Sieira Míguez)
STS 11462/1995, de 13/07/1995 (Pte.: Excmo. Sr. Villagómez Rodil)
STS 2873/1996, de 13/05/1996 (Pte.: Excmo. Sr. Barcala Trillo-Figueroa)
STS 6361/1996, de 14/11/1996 (Pte.: Excmo. Sr. Gullón Ballesteros)
STS 3772/1997, de 29/05/1997 (Pte.: Excmo. Sr. O'Callaghan Muñoz)
STS 5432/1997, de 15/09/1997 (Pte.: Excmo. Sr. Barcala Trillo-Figueroa)
STS 381/1999, de 27/01/1999 (Pte.: Excmo. Sr. Gullón Ballesteros)
STS 8172/1999, de 18/12/1999 (Pte.: Excmo. Sr. Villagómez Rodil)
STS (3ª) 7303/2000, de 11/10/2000 (Pte.: Excmo. Sr. Sieira Míguez)
STS 3201/2002, de 07/05/2002 (Pte.: Excmo. Sr. Romero Lorenzo)

---

[662] La mayoría de las citas de jurisprudencia contenidas en este trabajo están extraídas de la base de datos del Centro de Documentación Judicial (CENDOJ) (www.poderjudicial.es). Las pocas excepciones a esta regla se expresan mediante la cita a la base de datos RJ de ARANZADI-WESTLAW.

STS 3327/2002, de 11/05/2002 (Pte.: Excmo. Sr. Martínez-Calcerrada Gómez)
STS 7401/2002, de 08/11/2002 (Pte.: Excmo. Sr. Ortega Torres)
STS 2929/2003, de 29/04/2003 (Pte.: Excmo. Sr. Almagro Nosete)
STS 3535/2003, de 26/05/2003 (Pte.: Excmo. Sr. Romero Lorenzo)
STS 4955/2003, de 14/07/2003 (Pte.: Excmo. Sr. O'Callaghan Muñoz)
STS 5927/2003, de 02/10/2003 (Pte.: Excmo. Sr. Corbal Fernández)
STS 400/2004, de 28/01/2004 (Pte.: Excmo. Sra. Zabalegui Muñoz)
STS 1653/2004, de 10/03/2004 (Pte.: Excmo. Sr. Villagómez Rodil)
STS 8233/2004, de 20/12/2004 (Pte.: Excmo. Sr. Corbal Fernández)
STS 4372/2005, de 30/06/2005 (Pte.: Excmo. Sr. Auger Liñán)
STS 4759/2005, de 13/07/2005 (Pte.: Excmo. Sra. Roca Trías)
STS 5579/2005, de 27/09/2005 (Pte.: Excmo. Sr. Ruiz de la Cuesta Cascajares)
STS 6003/2005, de 10/10/2005 (Pte.: Excmo. Sr. Ferrándiz Gabriel)
STS 6954/2005, de 15/11/2005 (Pte.: Excmo. Sr. González Poveda)
STS 1855/2006, de 05/04/2006 (Pte.: Excmo. Sr. Ruiz de la Cuesta Cascajares)
STS 4429/2006, de19/07/2006 (Pte.: Excmo. Sr. Sierra Gil de la Cuesta)
STS 3625/2007, de 31/05/2007 (Pte.: Excmo. Sr. Marín Castán)
STS 4444/2007, de 12/06/2007 (Pte.: Excmo. Sr. Corbal Fernández)
STS 4286/2007, de 20/06/2007 (Pte.: Excmo. Sr. Sierra Gil de la Cuesta)
STS 7775/2007, de 27/11/2007 (Pte.: Excmo. Sr. Almagro Nosete)
STS 2933/2008, de 29/05/2008 (Pte.: Excmo. Sr. García Varela)
STS 4753/2008, de 22/07/2008 (Pte.: Excmo. Sr. Auger Liñán)

Sentencias de las Audiencias Provinciales:

SAP OU 147/2000, de 04/02/2000 (Pte.: Ilma. Sra. Orosa Rico)
SAP O 802/2000, de 28/02/2000 (Pte.: Ilmo. Sr. Sacristán Represa)
SAP MU 482/2001, de 13/02/2001 (Pte.: Ilmo. Sr. Sánchez Tomás)
SAP J 848/2001, de 30/04/2001 (Pte.: Ilmo. Sr. Cáliz Cobaleda)
SAP AB 396/2001, de 04/05/2001 (Pte.: Ilma. Sra. González Carrasco)
SAP BU 1618/2001, de 12/12/2001 (Pte.: Ilma. Sra. Villimar San Salvador)
SAP CC 539/2002, de 18/06/2002 (Pte.: Ilmo. Sr. Riera Mateos)
SAP B 13000/2002, de 19/12/2002 (Pte.: Ilmo. Sr. Garrido Espa)
SAP B 13129/2002, de 23/12/2002 (Pte.: Ilmo. Sr. Garrido Espa)
SAP B 13279/2002, de 31/12/2002 (Pte.: Ilmo. Sr. Garrido Espa)
SAP BA 1093/2003, de 28/07/2003 (Pte.: Ilmo. Sr. Martínez de la Concha Álvarez del Vayo)
SAP M 9257/2003, de 28/07/2003 (Pte.: Ilmo. Sr. García Fernández)
SAP BI 76/2004, de 19/01/2004 (Pte.: Ilma. Sra. García Larragán)
SAP V 1357/2004, de 26/03/2004 (Pte.: Ilma. Sra. Cerdán Villalba)
SAP CC 15/2005, de 24/01/2005 (Pte.: Ilmo. Sr. Castañeda Bocanegra)
SAP M 4999/2005, de 29/04/2005 (Pte.: Ilma. Sra. Ruiz de Gordejuela-López)
SAP CS 449/2005, de 05/05/2005 (Pte.: Ilma. Sra. Gil Marques)
SAP LU 1032/2005, de 02/11/2005 (Pte.: Ilma. Sra. Ruiz Tovar)
SAP B 16077/2005, de 28/11/2005 (Pte.: Ilmo. Sr. Garrido Espa)
SAP Z 738/2006, de 03/02/2006 (Pte.: Ilma. Sra. De Gracia Muñoz)

SAP IB 702/2006, de 07/03/2006 (Pte.: Ilmo. Sr. Artola Fernández)
SAP BU 260/2006, de 25/04/2006 (Pte.: Ilmo. Sr. Barcala Fernández de Palencia)
SAP C 1179/2006, de 25/05/2006 (Pte.: Ilmo. Sr. Busto Lago)
SAP B 7439/2006, de 30/06/2006 (Pte.: Ilma. Sra. Riera Fiol)
SAP O 2197/2006, de 03/10/2006 (Pte.: Ilma. Sra. Pueyo Mateo)
SAP A 470/2007, de 09/01/2007 (Pte.: Ilmo. Sr. Soler Pascual)
SAP B 1827/2007, de 17/01/2007 (Pte.: Ilma. Sra. Carriedo Mompin)
SAP TO 73/2007, de 29/01/2007 (Pte.: Ilmo. Sr. De la Cruz Mora)
SAP C 1183/2007, de 07/05/2007 (Pte.: Ilmo. Sr. Brañas Santamaría)
SAP B 10987/2007, de 04/09/2007 (Pte.: Ilma. Sra. Gomis Masque)
SAP L 677/2007, de 16/10/2007 (Pte.: Ilma. Sra. Sainz Pereda)
SAP SA 475/2007, de 22/10/2007 (Pte.: Ilmo. Sr. Gómez Herrero)
SAP BA 1131/200, de 23/11/2007 (Pte.: Ilmo. Sr. Paumard Collado)
SAP M 8498/2008, de 16/04/2008 (Pte.: Ilma. Sra. Ruiz de Gordejuela-López)
SAP O 1381/2008, de 23/06/2008 (Pte.: Ilmo. Sr. Riaza García)
SAP OU 493/2008, de 14/07/2008 (Pte.: Ilmo. Sr. Alañón Olmedo)
SAP LE 285/2009, de 15/01/2009 (Pte.: Ilmo. Sr. Muñiz Díez)
SAP BU 89/2009, de 27/02/2009 (Pte.: Ilma. Sra. García Espina)
SAP GC 1952/2009, de 07/04/2009 (Pte.: Ilmo. Sr. Guzmán Montesdeoca)

BIBLIOGRAFÍA

AEDO BARRENA, Cristian: "Los requisitos de la *Lex Aquilia*, con especial referencia al daño. Lecturas desde las distintas teorías sobre el capítulo tercero". *Ius et praxis,* 15 (1):311-337, 2009; versión on-line (última consulta: 10-11-2011):
http://www.scielo.cl/scielo.php?pid=S0718-00122009000100010&script=sci_arttext

ALONSO PÉREZ, Mariano: *El riesgo en el contrato de compraventa,* Montecorvo, Madrid, 1972.

ALPA, Guido: *Atipicità dell'illecito,* Giuffrè, Milán, 1980.

ALPA, Guido y BESSONE, Mario: *La responsabilità civile*, Tomo I, Giuffrè, Milán, 1980.

DE ÁNGEL YAGÜEZ, Ricardo: *Tratado de responsabilidad civil*, Civitas, Madrid, 1993.

- "Puesto que ocupa el Derecho de daños en el Derecho de obligaciones", *ED*, Secc. 54535, artículo 1.864, fascículo 43/1, pp. 13-57.
- "Sobre las palabras 'responder', 'responsable' y 'responsabilidad'", en *Estudios en homenaje al profesor Díez-Picazo*, Vol. 2, Civitas, Madrid, 2002, pp.1323-1352.
- *La responsabilidad civil*, Univ. Deusto, Bilbao, 1989.

ARAGONESES MARTÍNEZ, Sara: *Las astreintes (su aplicación en el proceso español)*, EDERSA, Madrid, 1985.

ASCOLI, Alfredo: "Risarcimento di danni in forma specifica", *Riv. Dir. Civ.*, 1915, pp. 679-681.

BADOSA COLL, Ferrán: Comentario de los artículos 1098 y 1099, en *Comentarios al Código Civil*, Ministerio de Justicia, T. II, Madrid, 1991, pp. 28-32.

BARRIENTOS ZAMORANO, Marcelo: *El resarcimiento por daño moral en España y Europa*, Ratio Legis, Salamanca, 2007.

BELLELLI, Alessandra: "Risarcimento del danno in forma specifica e azione dirette alla tutela dei diritti reali", *Riv. Trim. Dir. Proc. Civ.*, 1977, pp. 1291-1307.

BERCOVITZ RODRÍGUEZ-CANO, Rodrigo: "Congruencia", *Ar. Civ.*, 1998-I, pp. 12-14.

BETTI, Emilio: "Sul cosidetto risarcimento del danno in forma specifica in materia contrattuale", *Giur. It.*, 1948, vol. C, parte I, sez. II, pp. 259-262.

BORRÉ, G.: *Esecuzione forzata degli obblighi di fare e di non fare*, Jovene, Nápoles, 1966.

BUSTO LAGO, José Manuel: "La antijuridicidad", en *Derecho de responsabilidad civil extracontractual*, (dir.) J.Mª Pena López, Cálamo, Barcelona, 2004, pp. 57-75.

CALABRESI, Guido y MELAMED, Douglas: "Propiedad, responsabilidad, inalienabilidad: una perspectiva desde la catedral", *ADC*, 1997-I, pp. 187-235.

CAPILLA RONCERO, José María: *La responsabilidad patrimonial universal y el fortalecimiento de la protección del crédito*, Fundación Universitaria de Jerez, s.l., s.d.

CARRASCO PERERA, Ángel: *Comentarios al Código Civil y las Compilaciones Forales*, (dir.) M. Albaladejo García, XV-1, EDERSA, Madrid, 1989.

- "Reparación del daño en forma específica", *Ar. Civ.*, sept. 1996, pp. 51-68.
- "Reparación en forma específica y reparación a costa del deudor en la responsabilidad por ruina", *Indret*, Nº 320, enero 2006 (www.indret.com).

CASTÁN TOBEÑAS, José: "*Derecho civil español, común y foral*", T. IV, 10ª ed., Reus, Madrid, 2007-2010.

- "Conceptos básicos sobre responsabilidad en el diccionario de autoridades", en *Estudios sobre responsabilidad civil (en homenaje al profesor Roberto López Cabana)*, (coords.) R. De Ángel Yágüez y M. Yzquierdo Tolsada, Dykinson, Madrid, 2001, pp. 67-75.

CASTRONOVO, Carlo: "*La nuova responsabilità civile*", Giuffrè, Milán, 2006.

- "Il risarcimento in forma specifica come risarcimento del danno", en *Processo e tecniche di attuazione dei diritti*, (dir.) Mazzamuto, Jovene Editore, Nápoles, 1989, pp. 481 y ss.

CATALÁ COMAS, Chantal: *Ejecución de condenas de hacer y no hacer*, Bosch, Barcelona, 1998.

CECCHERINI, Grazia: *Risarcimento del danno e riparazione in forma specifica*, Giuffrè, Milán, 1989.

CIAN, Giorgio: "Riflessioni in tema de risarcimento in forma specifica", en *Studi in onore de P. Rescigno*, Vol. V, Giuffrè, Milán, 1998, pp. 753-769.

COBACHO GÓMEZ, José Antonio: Comentario al artículo 109 del Código Penal, en "*Comentarios al Código Penal*", (dir.) Cobo del Rosal, T. IV, EDERSA, Madrid, 2000, pp. 157-220.

CONCEPCIÓN RODRÍGUEZ, José Luis: *Derecho de daños*, Bosch, Barcelona, 1999.

CONDE-PUMPIDO TOURÓN, Cándido y LÓPEZ BARJA DE QUIROGA, Jacobo: Comentario al artículo 109, en "*Comentarios al Código Penal*", Bosch, Barcelona, 2007, 767-771.

DE LA CUESTA RUTE, José María: "Sobre la unificación del Derecho privado patrimonial en Europa", en *Unificación del Derecho Patrimonial Europeo (Marco Común de Referencia y Derecho español)*, (coord.) Valpuesta Gastaminza, Bosch, Barcelona, 2011, pp. 23-59.

DAVID, R.: *Código civil de Etiopía* (Versión en francés), *Lib. Générale de Droit et de Jurisprudence*, París, 1962.

DE CUPIS, Adriano: *El daño. Teoría general de la responsabilidad civil* (Trad. Martínez Sarrión), Bosch, Barcelona, 1975.

DEGENKOLB, Herbert von: "Der spezifische Inhalt des Schadensersatzes", *AcP*, 76 (1890).

DELGADO ECHEVERRÍA, Jesús: *Elementos de Derecho Civil*, Lacruz Berdejo y otros, II-1, Bosch, Barcelona, 1992.

DÍAZ ALABART, Silvia: "Nuevas tendencias en la responsabilidad civil de los menores: el artículo 19 LORPM", en *Estudios de responsabilidad civil (en homenaje al profesor Roberto López Cabana)*, (coords.) R. De Ángel Yágüez y M. Yzquierdo Tolsada, Dykinson, Madrid, 2001, pp. 77-100.

DÍEZ PICAZO, Luis: *Fundamentos de Derecho civil patrimonial*, T. II, Aranzadi, Pamplona, 2009.

- *Derecho de daños,* Civitas, Madrid, 1999.

DÍEZ PICAZO, Luis y GULLÓN BALLESTEROS, Antonio: *Sistema de Derecho civil*, Vol II, Tecnos, Madrid, 2005.

DI MAJO, Antonio: *La tutela civile dei diritti*, Giuffrè, Milán, 2003.

DONNO, Mauro Massimo: "Il risarcimento in forma specifica ai sensi dell'art. 35 d.lgs. 80/98", *DC&P*, versión on-line (última consulta: 15-12-2011): www.diritto2000.it/.../Donnorisarcimentoart35.html

DORAL GARCÍA, José Antonio: "Reparación y sanción. El cumplimiento de las obligaciones en forma específica", *ADC*, 1993, pp. 589-598.

D'ORS, Álvaro; HERNÁNDEZ TEJERO, Francisco; FUENTESECA, Pablo; GARCÍA GARRIDO, Manuel Jesús y BURILLO LOSHUERTOS, Jesús: *El Digesto de Justiniano*, Tomo III, Aranzadi, Pamplona, 1975.

EBENE COBELLI, Cristina: "Risarcimento in forma specifica", en *La responsabilità civile,* Vol. V, (coord.) G. Alpa y M. Bessone, UTET, Turín, 1987, pp. 353-373.

- "Reintegrazione in forma specifica", en *Risarcimento del danno contrattuale ed extracontrattuale*, (dir.) G. Visintini, Giuffrè, Milán, 1984, págs. 91-100.
- "Le «grandi braccia» del risarcimento in forma specifica e della condamnation en nature (Note critiche sulla giurisprudenza italiana e francese)", en *Processo e tecniche di attuazione dei diritti,* (dir.) S. Mazzamuto, Jovene Editore, Nápoles, 1989, pp. 702 y ss.

EGUSQUIZA BALMASEDA, María Ángeles: *La configuración jurídica de las obligaciones negativas*, Bosch, Barcelona, 1990.

FERNÁNDEZ URZAINQUI, Francisco Javier: "Las relaciones de vecindad entre fundos en el Derecho civil común y foral", *CCDJ,* IX, Madrid, 1994.

FERRI, Giuseppe (Jr.): "Danno extracontrattuale e valori di mercato", *Riv. Dir. Comm.*, 1992, 757.

FISCHER, Hans: *Los daños civiles y su reparación* (Trad. por W. Roces), Biblioteca de la Revista de Derecho Privado, Serie B, Vol. V., Madrid, 1928.

FRANCESCHETTI, Paolo: *La responsabilità civile,* Maggioli Editore, Dogana, 2009, versión on-line (última consulta: 15-12-2011):
http://books.google.es/books?id=Z5X_tkUT2pMC&dq=isbn:8838751412&hl=es

DE FRANCISCI, Pietro: *Síntesis histórica del Derecho romano*, Ed. Revista de Derecho Privado, Madrid, 1954.

FRANZONI, Massimo: *Il danno alla persona*, Giuffrè, Milán, 1995.

FREITAS RANGEL, Rui Manuel: *A reparação judicial dos danos na responsabilidade civil (Um ollar sobre a jurisprudencia),* Almedina, Coimbra, 2006.

FUENTESECA DEGENEFFE, Margarita: *"El delito civil en Roma y en el Derecho español",* Tirant lo Blanch, Valencia, 1997.

GALERA RODRIGO, Susana: «Sentencias civiles de condena sobre actividades autorizadas por la administración», *RPJ*, Nº 69, 2003, pp. 427-445.

GALGANO, Francesco: *Diritto Civile e Commerciale*, vol. 2º, tomo I, Cedam, Padua, 1990.

GARCÍA LÓPEZ, Ramón y RUBIO TORRANO, Enrique: *Responsabilidad civil por daños morales (Doctrina y Jurisprudencia)*, Bosch, Madrid, 1990.

GARRIDO, Roque F. y ANDORNO, Luis: *Reformas al Código civil*, T. I, Perrot, Buenos Aires, 1971.

GIMENO SENDRA, Vicente y otros: Derecho procesal, Tomo I, Vol. I (Parte general), Tirant lo Blanch, Valencia, 1986.

GIORGIANNI, Michele: "Tutela del creditore e tutela reale", en *Riv. Trim. Dir. Proc. Civ.*, 1975, pp. 853-863.

GÓMEZ ORBANEJA, José Antonio: "La acción civil del delito", *RDP*, 1949, I, pp. 185-216; también publicado en *Derecho y proceso*, (dir.) E. Gómez Orbaneja, Civitas-Thomson Reuters, Madrid, 2009, pp. 270-307.

GÓMEZ ORBANEJA, Emilio: *Derecho procesal civil (Vol. I, Parte general)*, Artes Gráficas y Ediciones, S.A., Madrid, 1976.

INVREA, Francesco: "Il remedi contro il torto", *Riv. Dir. Comm.*, 1929-I.

JORDANO FRAGA, Jesús: *La responsabilidad contractual,* Civitas, Madrid, 1987.

LACRUZ BERDEJO, José Luis: *Elementos de Derecho Civil (Derecho de obligaciones*), Vol. 2º, 4ª ed., Dykinson, Madrid, 2009.

–*Nociones de Derecho civil patrimonial e introducción al Derecho,* Dykinson, Madrid, 2004.

LAMARCA I MARQUÉS, Albert y ARROYO AMAYUELAS, Esther: *Código civil alemán*, Pons, Madrid, 2008.

LASARTE ÁLVAREZ, Carlos: *Principios de Derecho Civil*, T. Primero (Derecho de la persona), 14ª ed., Pons, Madrid, 2008.

LIBERTINI, Mario: "Le nuove frontiere del danno risarcibile", *Cont. e Imp.*, 1987-1, pp. 85-123.

LÓPEZ BELTRÁN DE HEREDIA, Carmen: *Efectos civiles del delito y responsabilidad extracontractual*, Tirant lo Blanch, Valencia, 1997.

LUNA YERGA, Álvaro; PIÑEIRO SALGUERO, José; RAMOS GONZÁLEZ, Sonia; y RUBÍ I PUIG, Antoni: "La reparación *in natura* y por equivalente: opciones de la víctima en el Derecho español", *Indret*, 2002 (www.indret.com)

LLAMAS POMBO, Eugenio: *Cumplimiento por equivalente y resarcimiento del daño al acreedor*, Trivium, Madrid, 1999.

- "La tutela inhibitoria del daño", *RPDD,* Nº 7, Julio, 2003, pp. 6-23.
- "Prevención y reparación, las dos caras del Derecho de daños", en *La responsabilidad civil y su problemática actual,* (coord.) J.A. Moreno Martínez, Dykinson, Madrid, 2007, pp. 433-478. Versión on-line (última consulta: 10-11-2011):

http://www.asociacionabogadosrcs.org//index.php?option=com_content&task=view&id=46&Itemid=57

- "Formas de reparación del daño", en *Ponencias sobre la Responsabilidad Civil y su Valoración, IX Congreso Nacional de la Asociación Española de Abogados Especializados en Responsabilidad Civil y Seguro*, Almería, 2009 (septiembre), (coord.) Javier López y García de la Serrana y Pedro Torrecillas Jiménez, Sepín,

Madrid, 2009, pp. 15-77; publicado también en *Realidades y tendencias del Derecho en el siglo XXI*, Tomo IV (Derecho privado), vol. 2, 2010, pp. 57-114; *RPDD*, 2010, Nº 80, pp. 5-22, y Nº 81, pp. 5-28; y RRCCS, Año 12, Nº 9, 2010, pp. 3-39.

LLAMAS POMBO, Eugenio y MACÍAS CASTILLO, Agustín: "Algunos paradigmas jurisprudenciales de la responsabilidad civil derivada del ruido", *AC* nº 44, 1998, pp. 1059-1081.

DI MAJO, Antonio: *La tutela civile dei diritti*, Giuffrè, Milán, 2003.

MANDRIOLI, Dino: "Risarcimento del danno in forma specifica", *Riv. Dir. Comm.*, 1922, I, pp. 352-402.

MANDRIOLI, Crisanto: "Natura giurisdizionale e portata sostitutiva dell'esecuzione specifica", *Giur. It.*, 1986, IV, pp. 1-8.

- *L'esecuzione forzata in forma specifica (premesse e nozioni generali)*, Giuffrè, Milán, 1953.

MARELLA, Maria Rosaria: *La riparazione in forma specifica*, CEDAM, Milán, 2000.

MARINONI, Luiz Guilherme.: "Acciones inhibitoria y de resarcimiento en forma específica en el anteproyecto de código modelo de procesos colectivos para Iberoamérica (art. 7º)", en AAVV: *Anteproyecto de Código Modelo de Procesos Colectivos para Iberoamérica*, publicado en el Congreso Mundial de Derecho Procesal, en Ciudad de México, en septiembre de 2003; versión on-line (última consulta: 30-10-2011):
http://ufpr.academia.edu/LuizGuilhermeMarinoni/Papers/148989/Acciones_Inhibitoria_y_de_Resarcimiento_en_Forma_Especifica_en_el_Anteproyecto_de_Codigo_Modelo_de_Procesos_Colectivos_para_Iberoamerica

MARTÍN-CASALS, Miquel: *Principios de Derecho Europeo de la responsabilidad civil (Traducción a cargo de la REDPEC)*, Thomson-Aranzadi, Cizur Menor, 2008.

MAZEAUD, Henri y Leon; y CHABAS, François: *Traité théorique et pratique de la responsabilité civile délictuelle et contractuelle*, 6ª ed., Edition Montchrestien, Paris, 1983.

MAZEAUD, Henri y Leon; y TUNC, André: *Tratado teórico y práctico de la responsabilidad civil, delictual y cotractual,* Tomo III, Vol. I, Ediciones Jurídicas Europa-América, Buenos Aires, 1977.

MAZZAMUTO, Salvatore: "L'esecuzione forzata degli obblighi di fare e non fare", en *Tratatto di Diritto privato*, (coord.) P. Rescigno, UTET, Turín, 1982, pp. 251-298.

- *L'attuazione di obblighi di fare*, Jovene, Nápoles, 1978.

MEDICUS, Dieter: *Tratado de las relaciones obligacionales* (Trad. Martínez Sarrión), Bosch, Barcelona, 1995.

MEDINA ALCOZ, María: *La culpa de la víctima en la producción del daño extracontractual*, Dykinson, Madrid, 2003.

- "La función de la responsabilidad civil extracontractual", en *Anuario 2002-2003-2004, AAJL*, Zaragoza, 2005, pp. 489-522.
- "La subsistencia de la acción civil por la intromisión ilegítima en el derecho al honor tras actuaciones penales frustradas. Comentario de la Sentencia del Tribunal Supremo de 29 de abril de 2009", en *Comentarios a las sentencias de unificación de*

doctrina (civil y mercantil), (dir.) M. Yzquierdo Tolsada, Vol. 3° (2009), Dykinson, Madrid, 2010, pp. 616-658.

MEDINA CRESPO, Mariano: *La valoración civil del daño corporal. Bases para un tratado*, Tomo I, Dykinson, Madrid, 1999,

MESSINEO, Francesco: *Manual de Derecho civil y comercial*, t. VI (Relaciones jurídicas singulares), Ediciones Jurídicas Europa América, Buenos Aires, 1955.

MOISSET DE ESPANÉS, Luis: "Formas de reparación (Estudio de Derecho argentino y comparado)", versión on-line (última consulta: 15-1-2012):
http://www.acaderc.org.ar/doctrina/derecho-civil/ad_folder_listing?b_start:int=180&-C=

MONATERI, Pier Giuseppe: "Responsabilità civile e risarcimento del danno in forma specifica", en Scognamiglio, R. y otros: "Illecito e responsabilità civile", vol. 1 del *Tratatto di Diritto privato,* (dir.) M. Bessone, vol. X, Giappichelli, Turín, 2005; versión on-line (última consulta: 15-12 2011):
http://www.altalex.com/index.php?idnot=10190

MONTERO AROCA, Juan: *Derecho Jurisdiccional I, Parte General*, 18ª ed., Tirant lo Blanch, Valencia, 2010.

MONTESANO, Luigi: *La tutela giurisdizionale dei diritti*, UTET, Turín, 1994.

- "Ripristino di diritti o possessi, risarcimento specifico ed esecuzione specifica in recenti dottrine e sentenze", *Riv. Trim. Dir. Proc. Civ.,* N° 66, 1991, pp. 1041-1048.

MÚRTULA LAFUENTE, Virginia: "Comentario al art. 110 del Código Penal", en *Comentarios al Código Penal*, (dir.) Cobo del Rosal, T. IV, EDERSA, Madrid, 2000, pp. 225-234.

NANCLARES VALLE, Javier: "Libro III. Obligaciones y derechos", en *Unificación del derecho patrimonial europeo: marco común de referencia y derecho español*, (coord.) E. Valpuesta Gastaminza, 2011, pp. 163-218.

NAVEIRA ZARRA, Maita María: *El resarcimiento del daño en la responsabilidad civil extracontractual,* EDERSA, Madrid, 2006.

- "El evento dañoso", en *Derecho de responsabilidad civil extracontractual,* (dir.) J.M. Pena López, Cálamo, Barcelona, 2004, pp. 41-55.

NIVARRA, Luca: "Il risarcimento del danno in forma specifica", en *Cardozo Electronic Law Bulletin*, reproducción del texto de una lección impartida en Siena, en el ámbito del Curso de Derecho Civil; versión on-line (última consulta: 1-12-2011):
http://www.jus.unitn.it/cardozo/Review/Torts/Nivarra-1997/scogna.htm

O'CALLAGHAN MUÑOZ, Xavier: *Introducción al Derecho y Derecho civil patrimonial*, Vol. II, Centro de Estudios Ramón Areces, Madrid, 1995.

OSTI, Giuseppe: "Revisione critica della teoría sulla imposibilità della prestazione", *Riv. Dir. Civ.*, 1918, pp. 209-259, 313-360, 417-471.

PACIFICI, Tito: "In tema di risarcimento del danno in forma specifica nelle obligazioni contrattuali", *FI*, 1950, parte I, pp. 560-566.

PANTALEÓN PRIETO, Fernando: "El sistema de responsabilidad contractual (Materiales para un debate)", *ADC*, t. 44, N° 3, 1991/ jul.-sept., pp. 1043-1049 (1991-1).

- "Las nuevas bases de la responsabilidad contractual", *ADC*, t. 44, N° 3, 1991/ jul.-sept., 1991-2, pp. 1719-1745.

- "Comentario del art. 1902 CC", en *Comentarios al Código Civil*, Edic. Ministerio de Justicia, Tomo II, Madrid, 1991, pp. 1971-2003 (1991-3).
- "La Constitución, el honor y unos abrigos", *DLL*, Nº 4033, 10-05-1996, pp. 209-218.
- "Cómo repensar la responsabilidad civil extracontractual", en *Estudios de responsabilidad civil (en homenaje al profesor R. López Cabana)*, (coords.) R. De Ángel Yágüez y M. Yzquierdo Tolsada, Dykinson, Madrid, 2001, pp. 187-216.

PERROT, Roger: "La efectividad de las resoluciones judiciales en el ámbito civil, mercantil y laboral" (traducido por M.J. Cachón Cadenas), *Just.*, 1987, II, pp. 315-334.

PESSOA JORGE, Fernando: *Ensaio sobre os pressupostos da responsabilidade civil*, Almedina, Coimbra, 1999.

POGLIANI, Mario: *Responsabilità e risarcimento da illecito civile*, Giuffrè, Milán, 1964.

PROTO PISANI, Andrea: "Brevi note in tema di tutela specifica e tutela resarcitoria", *Foro it.*, 1983, V, pp. 127-133.

PUIG BRUTAU, José: *Fundamentos de Derecho Civil*, T. II, Vol. III, 4ª ed., Bosch, Barcelona, 1991.

QUINTERO OLIVARES, Gonzalo: *Curso de Derecho Penal. Parte general*, Aranzadi, Cizur Menor (Navarra), 2007.
- *Manual de Derecho Penal (Parte General)*, Aranzadi, Pamplona, 1999.

QUINTERO OLIVARES, Gonzalo y TAMARIT SUMALLA, Josep Maria: "De la responsabilidad civil derivada de los delitos y faltas y de las costas procesales", en *Comentarios al Código Penal,* Tomo I (Parte General), Thomson-Aranzadi (5ª ed.), Cizur Menor (Navarra), 2008, pp. 743-764.

RESCIGNO, Pietro: *Enciclopedia del diritto*, Vol XXIX, Voz "Obbligazioni", Giuffré, Milán, 1979.

ROCA TRÍAS, Encarnación: *Derecho de daños: textos y materiales*, Tirant lo Blanch, Valencia, 2000.

RODRÍGUEZ FERNÁNDEZ, Ignacio: "La indemnización del daño derivado de intromisiones ilegítimas en el derecho al honor", en *Ponencias sobre la Responsabilidad Civil y su Valoración, IX Congreso Nacional de la Asociación Española de Abogados Especializados en Responsabilidad Civil y Seguro*, Almería, 2009 (septiembre), (coords.) J. López y García de la Serrana y P. Torrecillas Jiménez, Sepín, Madrid, 2009, pp. 83-158.

RODRÍGUEZ FERNÁNDEZ, Ignacio y DEL MORAL GARCÍA, Antonio: *Reparación del honor lesionado (abusos, déficits y excesos: confusionismo promiscuidad en la tutela de un derecho fundamental)*, Comares, Granada, 2010.

RODRÍGUEZ GÓMEZ, M.: "Comentario al artículo 111", en *Comentarios al Código Penal*, (dir.) M. Cobo del Rosal, EDERSA, Madrid, 2000, pp. 245-256.

ROJINA VILLEGAS, Rafael: *Derecho Civil mexicano*, T. V, Obligaciones, vol. II, 7ª ed., Porrúa, México, 1998.

ROUJOU DE BOUBÉE, Marie Eve: *Essai sur la notion de réparation*, Éditorial Librairie Générale de Droit et de Jurisprudence, Paris, 1974.

SAINZ-CANTERO CAPARRÓS, Belén: *El ilícito civil en el Código Penal*, Comares, Granada, 1997.

SALVADOR CODERCH, Pablo y CASTIÑEIRA PALOU, María Teresa: *Prevenir y castigar (libertad de información y expresión, tutela del honor y funciones del Derecho de daños)*, Marcial Pons, Madrid, 1997.

SALVI, Cesare: "Risarcimento del danno" (voz), en AAVV: *Enciclopedia del diritto*, vol XL, ("Restituzione-riunione"), Giuffré, Milán, 1989, pp. 1084-1106.

- Voz "Responsabilità extracontrattuale (diritto vigente)", en AAVV, *Enciclopedia del diritto*, t. XXXIX (reazioni-Responsabilità), Giuffrè, Milán, pp. 1099-1264.

SAN JULIÁN PUIG, Verónica: "Responsabilidad extracontractual", en *Unificación del Derecho Patrimonial europeo (Marco Común de Referencia y Derecho español)*, (coord.) E. Valpuesta Gastaminza, Bosch, Barcelona, 2011, pp. 433-475.

SÁNCHEZ CALERO, Fernando: *Ley de Contrato de Seguro. Comentarios a la Ley 50/1980 y a sus modificaciones*, Thomson-Aranzadi, Cizur Menor (Navarra), 2005.

SANTOS BRIZ, Jaime: *Derecho de daños*, Ed. Revista de Derecho Privado, Madrid, 1963.

- "Comentario al art. 1902", en *Comentarios al Código Civil,* T. XXIV, EDERSA, Madrid, 1984.

- *"La responsabilidad civil (Derecho sustantivo y Derecho procesal)"*, Montecorvo, Madrid, 1991.

SATTA, Salvatore: "L'esecuzione forzata nella tutela giurisdizionale dei diritti", en AAVV: *Scritti giuridici in onore di F. Carnelutti, vol. II, Diritto processuale,* Cedam, Padua, 1950, pp. 1-18.

- *L'esecuzione forzata,* Unione tipografico-editrice torinese, Turín, 1954.

SCOGNAMIGLIO, Renato: "Il risarcimento del danno in forma specifica", en *Scritti giuridici* (Vol. I), Milán, 1996, pp. 537-570.

- "Appunti sulla nozione di danno", en *Riv. Trim. Dir. Proc. Civ.,* 1969, pp. 464-483.

- "El daño moral", *Riv. Dir. Civ*., 1957, I.

SOLARTE RODRÍGUEZ, Arturo: "La reparación in natura del daño", *Vniv.*, nº 109, 2005, Pontificia Universidad Javeriana, Bogotá, pp. 187-238. Accesible en: http://redalyc.uaemex.mx/pdf/825/82510906.pdf

TARZIA, Giuseppe: "Presente e futuro delle misure coercitive civili", *Riv. Trim. Dir. Proc. Civ.*, 1981, pp. 800-808.

TENELLA SILLANI, Chiara: *Il risarcimento del danno da lesione del possesso*, Giuffrè, Milán, 1989.

TOMÉ TAMAME, José Carlos: "Ley Orgánica Reguladora de la Responsabilidad Penal de los Menores: especial consideración a las medidas sancionadoras-educativas", *Noticias Jurídicas*, Diciembre 2002; versión on-line (última consulta: 1-12-2011): http://noticias.juridicas.com/articulos/55-Derecho%20Penal/200212-1855122810102433 10.html

VERDERA SERVER, Rafael Antonio: *El cumplimiento forzoso de las obligaciones*, *Studia Albornotiana*, Pub. Real Colegio de Bolonia, Zaragoza, 1995.

VERGA, Alessandro: "In tema di risarcimento del danno in forma specifica", *Riv. Dir. Pr.*, vol. X, parte I, 1940, pp. 3-22.

VICENTE DOMINGO, Elena: "El daño", en *Tratado de responsabilidad civi"*, (dir.) Reglero Campos, Thomson-Aranzadi, Cizur Menor (Navarra), 2006, pp. 249-337.

VINEY G.: *Traité de droit civil, T. V: Les obligations: La responsabilité: effets*, L.G.D.J., París, 1988.

VON BAR, Christian y CLIVE, Eric: *Principles, Definitions and Model Rules of European Private Law (Draft Common Frame of Reference)*, European Law Publishers GmbH, Munich, 2009.

YZQUIERDO TOLSADA, Mariano: *Aspectos civiles del nuevo Código Penal*, Dykinson, Madrid, 1997.

- *Sistema de responsabilidad civil contractual y extracontractual,* Dykinson, Madrid, 2001.
- "La ley del honor, veinte años después", *DLL*, Nº 5591, 2002, pp. 1-7.
- "Enseñanzas del secuestro de la revista El Jueves para la responsabilidad civil (Apuntes a vuela pluma, recién cumplido un cuarto de siglo de la Ley del honor)", *RAAERCS*, Nº 23, Tercer Trimestre, 2007, pp. 9-22.

COLECCIÓN DE MONOGRAFÍAS DE DERECHO CIVIL

Dirección de D. Mariano Yzquierdo Tolsada

I. PERSONA Y FAMILIA

- I.1. El mantenimiento de la familia en las situaciones de crisis matrimonial (2002). Yolanda B. Bustos Moreno
- I.2. Mediación familiar. Prevención y alternativa al litigio en los conflictos familiares (2003). Lucía García García
- I.3. Aspectos civiles de la sustración internacional de menores. Problemas de aplicación del Convenio de la Haya de 25 de octubre 1980 (2003). Blanca Gómez Bengoechea
- I.4. Masas patrimoniales en la sociedad de gananciales. Transmisión de su titularidad y gestión entre los cónyuges (2004). Montserrat Pereña Vicente
- I.5. La adopción internacional en el derecho español (2004). María Aránzazu Calzadilla Medina
- I.6. Cohabitación y matrimonio (la experiencia escocesa) (2007). Luis Arechederra
- I.7. Derecho a la identidad y filiación: Búsqueda de orígenes en adopción internacional y en otros supuestos de filiación transfronteriza (2007). Blanca Gómez Bengoechea
- I.8. Autonomía, libertad y testamentos vitales (2009). Ana Isabel Berrocal Lanzarot y José Carlos Abellán Salort
- I.9. La protección de los derechos del menor de edad frente a los contenidos discriminatorios por razón de género en los medios de comunicación (2012). M.a Carmen Núñez Zorrilla
- I.10. La autorización al tratamiento de información personal en la contratación de bienes y servicios (2012). M.a Rosa Llácer Matacás
- I.11. Tratamiento legal de las filiaciones no biológicas en el ordenamiento jurídico español: adopción "versus" técnicas de reproducción humana asistida (2013). Daniela Jarufe Contreras

II. OBLIGACIONES Y CONTRATOS

- II.1. La rendición de cuentas en el Código civil con especial examen en la tutela (2003). Eva M.a Martínez Gallego
- II.2. La opción de compra (2003). Camino Sanciñena Asurmendi
- II.3. Evicción parcial en la compraventa en el Código Civil Español (2004). María Martínez Martínez
- II.4. El contrato para persona a designar. Nuevas perspectivas (2004). Mónica Navarro Michel
- II.5. Relajación formal de la donación (2004). Margarita Isabel Poveda Bernal
- II.6. El nuevo regimen legal de saneamiento en la venta de bienes de consumo (2005). Margarita Castilla Barea
- II.7. La cláusula penal ante la armonización del derecho contractual europeo (2009). Germán de Castro Vítores
- II.8. La usura: evolución histórica y patológica de los intereses (2011). Francisco Javier Jiménez Muñoz
- II.9. El contrato para persona por designar y la cláusula de reserva de nombrar (2011). Agustín Luna Serrano
- II.10. La dación en pago en Derecho español y en Derecho comparado (2012). M.a Raquel Belinchón Romo.
- II.11. Cuestiones sobre la compraventa en el Código Civil. Principios europeos y Draft (2012).María del Carmen Gómez Laplaza.
- II.12. El contrato de transporte aéreo de pasajeros: sujetos, estatuto y responsabilidad. Un análisis de la jurisprudencia española (2013). Belén Ferrer Tapia

III. RESPONSABILIDAD CIVIL

- III.1. Sistema de Responsabilidad Civil contractual y extracontractual (2001). Mariano Yzquierdo Tolsada
- III.2. Responsabilidad civil: Los «otros perjudicados» (2002). Miguel Gómez Perals
- III.3. El aseguramiento de la responsabilidad civil por daños al medio ambiente (2002). José Ignacio Hebrero Álvarez

III.4. Daños corporales y Carta Magna. Repercusión de la doctrina constitucional sobre el funcionamiento del sistema valorativo (2003). Mariano Medina Crespo
III.5. La culpa de la víctima en la producción del daño extracontractual (2003). María Medina Alcoz
III.6. La asunción del riesgo por parte de la víctima. Riesgos taurinos y deportivos (2004). María Medina Alcoz
III.7. Nuevas formas de gestión hospitalaria y responsabilidad patrimonial de la Administración (2004). Pedro Rodríguez López
III.8. Responsabilidad del promotor por daños en la edificación (2004). Miguel Gómez Perals
III.9. El riesgo de desarrollo: un supuesto paradójico de la responsabilidad por productos (2005). Ramiro José Prieto Molinero
III.10. La reparación del daño en forma específica. El puesto que ocupa entre los medios de tutela del perjudicado (2013). Paloma Tapia Gutiérrez

IV. PROPIEDAD Y DERECHOS REALES

IV.1. Vías pecuarias y propiedad privada (2002). M.a Ángeles Parra Lucán
IV.2. La posesión mediata e inmediata (2002). Cristina Fuenteseca
IV.3. La división de la cosa común en el Código Civil (3.a ed., 2006). José M.a Abella Rubio
IV.4. La normativa posesoria de la liquidación y su generalización (2005). Miguel L. Lacruz Mantecón
IV.5. Propiedad Horizontal: Sujetos obligados a la contribución de los gastos generales (2006). Carmen Muñoz García
IV.6. El Derecho de propiedad privada en los bienes de interés cultural (2006). Luis A. Anguita Villanueva
IV.7. La inmatriculación por título público (2006). Margarita Herrero Oviedo
IV.8. Aspectos críticos en la estructura de la hipoteca inmobiliaria (2006). Rosa M.a Anguita Ríos
IV.9. La ocupación imposible. Historia y régimen jurídico de los inmuebles mostrencos (2011).Miguel L. Lacruz Mantecón
IV.10. Derechos de vuelo y subsuelo. Doctrina registral y jurisprudencial (2011). José Arturo Matheu Delgado
IV.11. El embargo y la titularidad de los bienes embargados (2012). José Antonio García Vila

V. DERECHO DE SUCESIONES

V.1. El legado alternativo (2003). Carlos Cuadrado Pérez
V.2. El cónyuge supérstite en la sucesión intestada (2003). Marta Pérez Escolar
V.3. La Cautela gualdense o Socini y el artículo 820.3.° del Código Civil (2004). Luis Felipe Ragel Sánchez
V.4. Seguro de vida y derecho de sucesiones (2005). María del Pino Acosta Mérida
V.5. Los derechos sucesorios del cónyuge viudo en la nulidad, la separación y el divorcio (2006). Mª Ángeles Fernández González-Regueral
V.6. El principio *Nemo pro parte testatus pro parte intestatus decedere potest*. Evolución y significado (2006). Esteve Bosch Capdevila
V.7. La Sucesión «Mortis Causa» de los Títulos Nobiliarios. Incluye jurisprudencia actualizada (1978-2006) (2007). Manuel de Peralta y Carrasco
V.8. Ser Heredero. Una defensa del criterio subjetivo (2009). Jesús Ignacio Fernández Domingo
V.9. La sustitución fideocomisaria sobre la legítima estricta en presencia de incapacitados (2010). María Teresa Martín Meléndez
V.10. El derecho de acrecer entre coherededos (2011). Laura Zumaquero Gil
V.11. El legado de la legítma estricta en el derecho común español (2012). Juan C. Menéndez Mato
V.12. El largo camino hacia la libertad de testar (2012). Aurelio Barrio Gallardo
V.13. La preferencia de los acreedores del causante (2013). Carmen Piedad Pita Broncano

VI. TEORÍA GENERAL DE LA NORMA

VI.1. La irretroactividad: Problemática general (2006). Beatriz Verdera Izquierdo

Made in United States
Orlando, FL
05 November 2026

90241898R00166